Angela Mauss-Hanke (Hg.)
Internationale Psychoanalyse 2012

Herausgegeben von Angela Mauss-Hanke

Herausgeberbeirat: Lilli Gast (Berlin),
Andreas Hamburger (München),
Uta Karacaoglan (Köln),
Angela Mauss-Hanke (Wolfratshausen),
Vera Müller (Berlin),
Philipp Soldt (Bremerhaven),
Barbara Strehlow (Berlin),
Timo Storck (Kassel)

BAND 7
AUSGEWÄHLTE BEITRÄGE AUS DEM
INTERNATIONAL JOURNAL
OF PSYCHOANALYSIS

Angela Mauss-Hanke (Hg.)

Internationale Psychoanalyse 2012

Ausgewählte Beiträge aus dem
International Journal of Psychoanalysis,
Band 7

Mit einem Vorwort von Erika Krejci

Mit Beiträgen von Manfred E. Beutel, Rachel B. Blass, Adeline Fohn, David A. S. Garfield, Susann Heenen-Wolff, Otto F. Kernberg, Marie-Thérèse Khair Badawi, Richard D. Lane, Elena Molinari, Elias M. da Rocha Barros, Elizabeth L. da Rocha Barros, Claudia Subic-Wrana, David Taylor und Rudi Vermote

Psychosozial-Verlag

Ausgewählte Beiträge aus
The International Journal of Psychoanalysis,
Jahrgang 92, Ausgaben 1–5,
gegründet von Ernest Jones unter der
Leitung von Sigmund Freud

Herausgeber: Dana Birksted-Breen & Robert Michels

Bibliografische Information der Deutschen Nationalbibliothek
Die Deutsche Nationalbibliothek verzeichnet diese Publikation
in der Deutschen Nationalbibliografie; detaillierte bibliografische Daten
sind im Internet über http://dnb.d-nb.de abrufbar.

Originalausgabe
© 2012 Psychosozial-Verlag
Walltorstr. 10, D-35390 Gießen
Fon: 0641-96 99 78-18; Fax: 0641-96 99 78-19
E-Mail: info@psychosozial-verlag.de
www.psychosozial-verlag.de
Alle Rechte vorbehalten. Kein Teil des Werkes darf in irgendeiner Form
(durch Fotografie, Mikrofilm oder andere Verfahren)
ohne schriftliche Genehmigung des Verlages reproduziert
oder unter Verwendung elektronischer Systeme verarbeitet,
vervielfältigt oder verbreitet werden.
Umschlagabbildung: Logo des *International Journal of Psychoanalysis*, Vol. 92:
Minotaur, 19. Jh. © Interfoto/Lebrecht Music & Arts
Umschlaggestaltung & Satz: Hanspeter Ludwig, Wetzlar
www.imaginary-world.de
Druck: CPI books GmbH, Leck
Printed in Germany
ISBN 978-3-8379-2160-1

Inhalt

Vorwort — 7
Erika Krejci

Einführung — 11
Angela Mauss-Hanke

I Psychoanalytische Kontroverse

**Einleitung zu »Zur Bedeutung von Bions Spätwerk
für die psychoanalytische Theorie und Praxis«** — 25
Rachel B. Blass

**Zur Bedeutung von Bions Spätwerk
für die psychoanalytische Theorie und Praxis** — 37
Rudi Vermote

**Kommentar zu Rudi Vermotes »Zur Bedeutung
von Bions Spätwerk für die analytische Theorie und Praxis«** — 53
David Taylor

Rudi Vermotes Antwort auf David Taylor — 73
Rudi Vermote

II Psychoanalytische Theorie und Technik

(Da-)Sein, Denken, Gestalten — 83
Wenn Krieg das Setting angreift
und die Übertragung zurückschlägt
Marie-Thérèse Khair Badawi

**Von einem Raum in den anderen –
die Geschichte einer Kontamination** — 95
Über die Beziehung zwischen Kinder- und Erwachsenenanalyse
Elena Molinari

| Überlegungen zu den klinischen Implikationen des Symbolismus | 123 |

Elias M. da Rocha Barros & Elizabeth L. da Rocha Barros

| Über die Unmittelbarkeit unbewusster Wahrheit | 155 |

Betty Josephs ›Hier und Jetzt‹ verstehen durch den Vergleich
mit anderen Sichtweisen des ›Hier und Jetzt‹
außerhalb und innerhalb kleinianischen Denkens
Rachel B. Blass

III Psychoanalytische Forschung

| Das Schicksal eines nicht anerkannten Traumas | 187 |

Die Dimension der Nachträglichkeit bei während
des Krieges in Belgien versteckten jüdischen Kindern
Adeline Fohn & Susann Heenen-Wolff

| Psychoanalyse und Universität | 209 |

Eine schwierige Beziehung
Otto F. Kernberg

| Levels of Emotional Awareness | 229 |

Ein Modell der Konzeptualisierung und Messung
emotionszentrierter struktureller Veränderung
*Claudia Subic-Wrana, Manfred E. Beutel,
David A. S. Garfield & Richard D. Lane*

Anhang

Autorinnen und Autoren	263
Herausgeberbeirat	267
Inhaltsverzeichnis des *International Journal of Psychoanalysis*, Jahrgang 92, Ausgaben 1–5	269
Hinweise für Autoren des *International Journal of Psychoanalysis*	275
Sachregister	285
Namenregister	291

Vorwort

Sie haben den siebten Auswahlband 2012 mit ins Deutsche übersetzten Beiträgen aus dem IJP 2011 vor sich. Ein kurzer Rückblick mit einigen Überlegungen zum Übersetzen soll den Anfang machen.

Als das *International Journal of Psychoanalysis (IJP)* 1920 von Ernest Jones ins Leben gerufen wurde, war es das dritte offizielle Vereinsorgan der Internationalen Psychoanalytischen Vereinigung (IPV). Die beiden anderen waren deutschsprachig, nämlich die *Internationale Zeitschrift für Psychoanalyse* und die *Imago*. Das *International Journal* war »für England und Amerika« (Freud) bestimmt. Als die *Internationale Zeitschrift* 1941 ihr Erscheinen einstellte – sie war die letzten zwei Jahre in London erschienen –, endete das Privileg der deutschsprachigen Leser, viele der neuen psychoanalytischen Publikationen in Freuds Sprache und mit Fachbegriffen, die im Deutschen gebildet worden waren, lesen zu können.

Die Vertrautheit der Muttersprache ist auch bei den wissenschaftlichen Texten der Psychoanalyse ein wichtiges Element in der Beziehung zu diesem Text. Das Gefühl, dass ein Text »zu mir spricht«, hängt zwar sicher nicht in erster Linie davon ab, in welcher der Sprachen der Welt er geschrieben wurde und in welcher Sprache ich ihn lese, aber die Aufnahme der emotionalen Feinheiten gelingt nun einmal am leichtesten in der Muttersprache.

Seit 1941 ist das IJP das einzige offizielle Vereinsorgan der IPA, und statt des Deutschen wurde Englisch zur verbindenden Sprache der Psychoanalyse. Über nationale Sonderentwicklungen hinaus dient das IJP als einigendes Forum innerhalb der internationalen Psychoanalyse. Das *Journal* repräsentiert die Diversität psychoanalytischen Denkens und bietet zugleich einen unverzichtbaren Diskussionsraum für Fragen der Theorie, Technik, von Ausbildungsmodellen, Anwendungsbereichen und soziokulturellen Geschehnissen. Die

Bearbeitung von Unterschieden in den Auffassungen, um eventuell dadurch eine Integration zu ermöglichen, ist für die Weiterentwicklung der Psychoanalyse als Wissenschaft eine überlebensnotwendige Funktion. Einen besonderen Stellenwert hat dabei die Arbeit an einer gemeinsamen Begrifflichkeit. Den entsprechenden Diskussionen Raum zu geben, den Platz der neuen Konzepte im internationalen Kontext zu eruieren, sie zu gewichten, wird entscheidend durch die Benutzung einer gemeinsamen Sprache befördert.

Seit seiner Gründung hat das IJP eng die Entwicklung der IPV sowohl begleitet wie auch zum Teil ermöglicht. Es bildet eine entscheidende Verbindung zwischen den nationalen Vereinigungen mit ihren unterschiedlichen Historien, theoretischen Strömungen und Schwerpunkten. Bei vielen bestand und besteht aber der Wunsch, dennoch zusätzlich die internationale Fachliteratur auch in der eigenen Sprache lesen zu können. Die Jahresbände, die inzwischen in acht Sprachen erscheinen, tragen diesem Bedürfnis Rechnung, zumindest einen Teil der Texte in der jeweils eigenen Sprache zur Verfügung zu haben.

Die Organisation um die Auswahlbände herum ist von der *British Psychoanalytic Society* (als Inhaberin des IJP) geregelt, ihr Inhalt aber wird von einem Herausgeber bzw. einer Herausgeberin und einem Beirat des jeweiligen Sprachbereichs ausgewählt, dem für die deutsche Ausgabe derzeit neben der Herausgeberin – seit 2009 Angela Mauss-Hanke – sieben Mitglieder angehören. Diese Auswahl trägt den speziellen Interessen in dem jeweiligen Sprachraum Rechnung und wird erst nach intensiven Diskussionen, oft in der Gestalt von Telefonkonferenzen, aus dem entsprechenden Jahrgang des IJP getroffen.

Die Mitglieder des Beirats tragen aber auch die Verantwortung für die Übersetzungen. Begleitet von intensiven Reflexionen über Implikationen des Übersetzens in Foren auf den Tagungen der *Europäischen Psychoanalytischen Föderation (EPF)* versucht jeder der Beiräte und in besonderem Maße die Herausgeberin, sich den Schwierigkeiten dieser Aufgabe so bewusst wie möglich zu stellen. Daher möchte ich im Folgenden einige Worte zum Übersetzen sagen.

Das Übersetzen wissenschaftlicher Texte unterscheidet sich deutlich von dem literarischer Texte. In wissenschaftlichen Texten ist »die allmähliche Verfertigung von Gedanken« (Kleist) beim Schreiben zu einem vorläufigen Abschluss gekommen. Das Produkt hat einen mehr oder weniger hohen Abstraktionsgrad, und die Aussagen sind in ihrer Formulierung so weit voran getrieben, dass sich bei der Erfassung eines Gedankenganges oder dessen, was ein Autor an Erfahrungen darstellen möchte, eine Sprache von der anderen nicht grundlegend unterscheidet. Die Texte auf dem Stein von Rosette erforderten vor allem die Entschlüsselung der Sprachzeichen, um sie lesen zu können, und das Auffinden des jeweiligen Wortsinnes, sie erforderten aber keine Transformation, wie sie bei der Deutung von Träumen erforderlich ist. Wissenschaftliche Begriffe sollten ja möglichst exakt definiert sein und haben deswegen einen kleineren Hof von Assoziationen um sich, als das in dichterischen Texten der Fall ist. Freuds Texte mit ihren umgangssprachlichen Fachbegriffen suchen allerdings trotz des wissenschaftlichen Zusammenhangs den Anschluss an ein breites Assoziationsfeld und weniger die präzise Definition, was auf der einen Seite zu ihrer Lebendigkeit beiträgt und die Weiterentwicklung erleichtert, andererseits aber mancherlei Probleme nach sich gezogen hat. So verdanken wir Freud auch die Parallelisierung von deuten und übersetzen: »Die Deutung eines Traumes zerfällt in zwei Phasen, die Übersetzung und die Beurteilung oder Verwertung desselben«, schreibt Freud (GW XIII, S. 304). »Es ist, wie wenn man ein Kapitel eines fremdsprachigen Autors vor sich hat.« Zuerst will man wissen, was erzählt wird, dann erst stellt sich die Frage, ob das Gelesene ein Geschichtsbericht oder eine Sage oder eine Abschweifung des Autors ist. Freud betont, dass man zu leicht vergisst, »daß ein Traum zumeist nur ein Gedanke ist wie ein anderer« (ebd.). Dieses »Vergessen« aber liegt daran, dass die Gestalt, die der Gedanke *im Traum* bekommen hat, anders ist als die verbale Gestalt, die Gedanken im bewussten Wachdenken bei ihrer »allmählichen Verfertigung« im Reden oder Schreiben bekommen und die »Übersetzungsarbeit« entsprechend eine andere Qualität hat. Es ist »Transformationsarbeit«, die einen Traumgedanken von der Reihe C des Bion'schen Rasters hin zur Reihe D verwandelt, während die Übersetzung eines Sprachtextes in eine andere verbale Sprache innerhalb derselben Kategorie des Grid bleibt.

Das Bonmot »Traduttore – Traditore« wird nicht deswegen so gerne zitiert, weil es einfach zutreffend wäre, sondern weil es witzig ist und ein tatsächliches Risiko akzentuiert. Auch bei der Übersetzung eines wissenschaftlichen Textes bleibt ja bei der Erfassung des Sprachduktus und der emotionalen Färbung ein Rest von Unwägbarem, was vom Übersetzer zu gestalten ist.

Übersetzen ist also eine schwierige und verantwortungsvolle Arbeit. Besonders die Einführung neuer Begriffe in einem Text verlangt die Entscheidung, ob sie in der fremdsprachlichen Form übernommen werden sollen, ob man eine eigene Übersetzung vorschlägt oder eine aus bereits existierenden Übersetzungen aus psychoanalytischen Wörterbüchern oder früheren Texten übernimmt. Die Übernahme von Fremdworten hat zwar den Anschein der Genauigkeit, immer aber den Nachteil einer leisen Entfremdung. Ihre Übersetzung dagegen, die mit einem muttersprachlichen Wort spontane Assoziationshöfe in der vertrauten Sprache eröffnet, kommt der Lebendigkeit des Textes zugute. Das englische Wort »mind« lässt sich nicht ins Deutsche übersetzen und wird dennoch nicht als Fremdwort verwendet, es sei denn in dem Adjektiv »mental«. Übersetzungen neuer Fachbegriffe bringen in besonderem Maße die Gefahr mit sich, das Gemeinte leicht zu verändern, und sei es nur in der veränderten Akzentuierung eines bestimmten Aspekts. So muss Vorteil und Nachteil der Übersetzung eines neuen Begriffs bzw. des Verzichts auf sie sorgfältig abgewogen werden, insbesondere in einem *Journal* wie dem vorliegenden, das natürlich zur Ausbildung der psychoanalytischen Wissenschaftssprache im Deutschen beitragen kann.

Für den jeweiligen Übersetzer ist eine gute Zusammenarbeit mit »seinem« Autor äußerst hilfreich. Liegt dem *Journal* ein Text in einer nicht-englischen Originalfassung vor, so wird versucht, aus der Originalsprache, z. B. aus dem Französischen oder Italienischen, ins Deutsche zu übersetzen. Wenn es sich um eine nicht so verbreitete Sprache handelt, für die nur schwer ein Übersetzer zu finden ist, ist das jedoch nicht immer möglich. In einem solchen Fall wird versucht, die deutsche Übersetzung wenigstens von einem Muttersprachler gegenlesen und vergleichen zu lassen.

Hat ein nicht englischsprachiger Autor seinen Text von vornherein auf Englisch verfasst, kann bei der Übersetzung deutlich werden, dass manche Formulierungen nicht eindeutig sind. Die Begrifflichkeit kann unklar sein. Übersetzungen machen Schwächen eines Textes, die man im Original leicht überlesen kann, deswegen offenkundiger, weil man ja begriffen haben muss, was man übersetzen will. Es ist Mephistos Sache zu sagen: »Denn eben wo Begriffe fehlen,/da stellt ein Wort zur rechten Zeit sich ein.« Es sollte möglichst nicht unser Vorgehen als Übersetzer sein. Die Frage »Was wollten Sie sagen?« wird nicht von jedem Autor gleichermaßen toleriert. Obwohl viele kooperativ sind, sind es andere nicht. Dann muss man Unklarheiten entweder unklar belassen oder der Übersetzung einen nur vermuteten Sinn unterlegen.

Es gibt also im Prozess der Erarbeitung einer Übersetzung viele Entscheidungen zu treffen. Die intensive Zusammenarbeit des Herausgeberteams ist dabei ein zusätzliches tragendes Element für die Qualität der Arbeit. Als Leser des deutschen Auswahlbandes *Internationale Psychoanalyse* des *International Journal of Psychoanalysis* können wir darauf vertrauen, dass bei der Auswahl wie bei der Übersetzung der Texte große Sorgfalt gewaltet hat.

Erika Krejci

Einführung

Rasch wird der Leser, der dieses Buch zur Hand nimmt und sich darin vertieft, feststellen, dass nicht nur das dritte Kapitel vom psychoanalytischen Forschen handelt. Vielmehr lassen sich alle Beiträge der diesjährigen Auswahl aus dem *International Journal of Psychoanalysis (IJP)* als psychoanalytische Forschungsarbeiten betrachten – u. a. finden sich Konzeptstudien zum Symbolismus und zum ›Hier und Jetzt‹, es wird die Dimension der Nachträglichkeit bei schwersten Traumatisierungen untersucht und der Frage nach den unterschiedlichen Haltungen in Erwachsenen- und in Kinderanalysen nachgegangen, es wird die in der psychodynamischen Prozessforschung mittlerweile viel diskutierte LEA-Methode zur »Messung emotionszentrierter struktureller Veränderung« vorgestellt – und allem voran steht der Versuch, dem ›späten Bion‹ und *seiner* Form der empirischen Forschung auf die Spur zu kommen. Letzteres ist, wie der Leser gleich feststellen wird, ein »work in progress«, ein Unterfangen, das auch in Zukunft auf die Arbeit interessierter psychoanalytischer Forscher angewiesen sein wird.

Es ist zu hoffen, dass dieses weite Spektrum internationaler psychoanalytischer Forschungsarbeiten zeigen kann, welche Vielfalt ebenso spannender wie sorgfältig durchgeführter Studien die Psychoanalyse trotz ihrer allseits beschworenen Krise hervorzubringen vermag. Und es ist zu wünschen, dass durch die Lektüre weitere kreative Kräfte geweckt werden. In diesem Zusammenhang sei unauffällig auf die »Hinweise für Autoren des IJP« verwiesen, die auch im Anhang des vorliegenden Bandes wieder abgedruckt sind. Tatsächlich hat sich in letzter Zeit die Zahl deutschsprachiger Arbeiten im IJP signifikant erhöht, und es wäre erfreulich, wenn sich diese Entwicklung fortsetzt und den Kanon der psychoanalytischen Wissenschaft und Kultur weiterhin bereichert.

I. Editorische Anmerkungen zur aktuellen Bion-Kontroverse

Ausgangspunkt der diesjährigen Reise durch die internationale psychoanalytische Welt ist eine Kontroverse (S. 25–79), in deren Mittelpunkt Bions Spätwerk steht. Rachel Blass, Herausgeberin der Abteilung »Kontroversen« im IJP, hatte Rudi Vermote aus Belgien und David Taylor aus London, zwei ausgewiesene Bion-Kenner, eingeladen, den wissenschaftlichen und klinischen Wert von Bions späten Schriften zu untersuchen. Damit knüpft sie an eine frühere Bion-Kontroverse (IJP 2005, S. 1523–1542) zwischen O'Shaughnessy, de Bianchedi und Ferro an, die ebenfalls im ersten Band dieser Reihe (Junkers 2006: *Verkehrte Liebe*, S. 127–158) erschienen war.

Da es sich auch bei den aktuellen Beiträgen um die Fortsetzung einer zentralen Auseinandersetzung innerhalb der psychoanalytischen Community handelt, die in weiten Teilen auf hohem Niveau geführt wird, erschien ihre Auswahl für die *Internationale Psychoanalyse 2012* geradezu zwingend. Ebenso erschien es mir allerdings im o. g. Sinne des gemeinsamen Weiterforschens sinnvoll zu sein, den Ausführungen von Blass, Vermote und Taylor einige ergänzende Überlegungen hinzuzufügen.[1]

Zu Beginn ihrer Einführung in die aktuelle Kontroverse konstatiert Blass, dass »Londoner Kleinianer nicht viel von Bions Spätwerk (im Gegensatz zu seinen frühen Schriften) [...] halten und die Interpretation und positive Wertschätzung seines Spätwerks sowie die daraus abgeleitete klinische Praxis eher problematisch finden« (S. 26). Sie würden sein Spätwerk für »obskur, inkohärent, mystisch« und »analytisch wenig hilfreich« halten. Arbeiten nach 1966 würden von ihnen »fast nie erwähnt« (ebd.). Die Nennung des Jahres 1966 lässt aufhorchen, verweist diese Zeit doch auf tiefgreifende Veränderungen, die sich damals in Bions Leben und Werk ereigneten. Bis 1965 war er Präsident der British Psychoanalytical Society gewesen, im gleichen Jahr erschienen seine *Transformationen*, die sein sogenanntes Spätwerk begründen sollten und mit einer Zäsur in seinem psychoanalytischen Schaffen einhergingen. Im Januar 1968 übersiedelte Bion mit seiner Frau von London nach Los Angeles – und man kann wohl mit aller Vorsicht sagen, dass dies nicht nur eine äußere Entfernung Bions von seinen Londoner Kollegen darstellte. Umso verdienstvoller ist es, dass sich das IJP bereits zum zweiten Mal mittels einer Kontroverse dem

---

1 In diesem Zusammenhang möchte ich mich bei Johann-Peter Haas für entscheidende Hinweise und grundlegende Gedanken aus seinem enormen Fundus an Erkenntnissen zu Bions ›O‹ und dessen Einordnung in die Psychoanalyse von Herzen bedanken.

umstrittenen Spätwerk Bions zu nähern sucht. Zwischen den Zeilen lässt sich allerdings unschwer der ursprüngliche, niemals offen ausgetragene Konflikt zwischen Bion und den Londoner Kleinianern ausmachen. Zuweilen meint man auch das Ringen darum wahrnehmen zu können, Bions Entfremdung von seinen Londoner kleinianischen Kollegen als alternativloses Geschehen zu begreifen – und zugleich kann die Auseinandersetzung nicht verbergen, dass eine gewisse Qualität von mehr oder minder leisen Entwertungen, Zurückweisungen und Kränkungen bis heute wirksam ist. Freilich ist auch der engagierten Einführung von Blass anzumerken, dass sie noch nicht viel Abstand zu den Ursprüngen dieser Kontroverse gefunden hat. Sie fasst hierin die Beiträge aller an den beiden Kontroversen 2005 und 2011 beteiligten Autoren aus ihrer Sicht zusammen, wobei ihr u. a. manche diskursiven Positionen zu ausschließenden Beurteilungen geraten sind.

An der 2005er Kontroverse war Elizabeth Tabak de Bianchedi beteiligt. Einige ihrer originalen Gedanken sind als Vorbereitung auf die Beiträge von Vermote und Taylor in diesem Band sehr hilfreich, da de Bianchedi in ihrer klaren und ruhigen Weise sowohl in Bions spätere Anweisungen zur Behandlungstechnik als auch in sein zuletzt dargelegtes Konzept der *pränatalen Ebene* der Psyche einführt. Sie betont, dass »Bions Gedanken über das Mystische und die Gruppe eine Abstraktion von der psychoanalytischen Erfahrung darstellen, ein psychoanalytisches Modell des Mystizismus und nicht ein mystisches Modell der Psychoanalyse« (Junkers 2006, S. 140). Auf diesem Hintergrund wendet sie sich der philosophischen Mystik zu, die anerkenne, »dass der menschliche Verstand unfähig ist, die grundlegenden metaphysischen Rätsel zu lösen, und sie stattdessen mit einem besonderen intuitiven Wissen angeht« (ebd.). Hier sieht sie eine Parallele zu uns Psychoanalytikern dergestalt, dass auch wir mit »grundlegenden metaphysischen Problemen zu tun haben: dem Leben und seinem Sinn, dem Tod, dem Sein und der Suche nach der Wahrheit psychischer Realität« (ebd., S. 141). Eines unserer Werkzeuge bei der Suche nach diesem psychischen Bereich sei Intuition, die manchmal zu einer Offenbarung/Entdeckung führen könne. Diesen Weg in der psychoanalytischen Arbeit zu beschreiten, bedürfe allerdings »eines ›Aktes wissenschaftlichen Vertrauens‹ (Bion 1970)« (ebd.). Im Kontext analytischer Praxis bedeutet dies, ohne Erinnern, ohne Wünschen und ohne Verstehen zu sein, um in einen Zustand ›gleichschwebenden Nicht-Denkens‹ zu gelangen, »in dem die Ich-Funktionen von Notation, Aufmerksamkeit und Urteilsfindung, die Kategorie der Kausalität und die Wichtigkeit der Sinnesorgane für die Wahrnehmung der äußeren Welt zeitweise aufgegeben werden« (ebd., 142), keinesfalls jedoch die Wahrnehmung dessen, was in der inneren Welt des Analytikers vor sich geht, da genau dies die Intuition fundiert. Schließlich weist sie darauf hin, dass die Idealisierung der technischen Anweisungen Bions »in ein quasi-religiöses und unwissenschaftliches Konzept […] ein großes Risiko« berge und »leider in Gruppen, die sich selbst ›Bionianer‹ nennen, weit verbreitet« sei (ebd.). Dieser Idealisierung – oder auch ihrem Pendant, einer ebenso weit verbreiteten Trivialisierung – tritt sie entgegen, indem sie verschiedene von Bions späten Konzepten detailliert untersucht und schließlich anmerkt, dass sie stets »das Beste aus einer Arbeit, die nie gut genug ist«, zu machen versuche, einer Arbeit, in der es darum gehe,

> »den emotionalen Sturm, dem man ausgesetzt ist, wenn man psychisch mit jemand anderem in Verbindung steht, zu erleben und auszuhalten, das Beste aus Gefühlen und Gedanken zu machen, ohne seelische Schranken zu errichten, das gefährliche emotionale Erleben zu tolerieren, dass die Begegnung mit pränatalen und postnatalen Anteilen der Persönlichkeit mit sich bringt, Psychoanalyse zu betreiben, ohne sich abzuschotten gegen das intuitive Verständnis der primitiven seelischen Aspekte, und Nichtverstehen auszuhalten, während man hoffentlich weiter nach neuen Gedanken sucht und versucht, diese auf kreative Weise ans Licht zu bringen« (ebd., S. 144).

Diese wenigen Zitate aus der 2005er Kontroverse mögen illustrieren, dass es dem späten Bion wohl um Komplexeres gegangen sein muss als um »die wohl allgemein akzeptierte analytische Haltung der Offenheit« (Blass in diesem Band, S. 30). Bion war – wie Freud – eine ebenso neugierige wie unbeugsame Forschernatur und völlig im Bann der Idee, zu den Ursprüngen des Seelischen vorzudringen, mit anderen Worten: die Quelle dessen, aus dem das Unbewusste entspringt, zu finden. Im Grunde hat er wenig anderes getan, als den von Freud und Klein eingeschlagenen Weg der Erforschung des Unbewussten konsequent weiter zu verfolgen: Freud hat am Anfang seiner psychoanalytischen Suche das dynamisch Verdrängte zutage gefördert. Dem fügte er dann sukzessive weitere Inhalte des Unbewussten hinzu, z.B. das Urverdrängte, die Urphantasien und phylogenetischen Inhalte, um dann all dies und auch noch unbewusste Teile des Ichs und des Über-Ichs in der mächtigen Instanz des Es aufgehen zu lassen. Dieses Es bildet als unbewusster Triebpol der Persönlichkeit nicht nur das große Libidoreservoir der seelischen Energie, das in Bezug auf das Somatische »offen« ist, sondern umfasst auch das, was Freud »ein *drittes* nicht verdrängtes *Ubw*« genannt hat. Hat Klein mit ihrem Konzept der unbewussten Phantasie vor allem die

Transformationen zwischen dem Somatischen und dem Psychischen weiter ausloten können, so trieb Bion seine Erkundungen des Unbewussten bis in die Quellgebiete des *dritten* »nicht verdrängten *Ubw*« voran. Dass es so einen archaisch-primordialen Bereich des Unbewussten tatsächlich geben muss, legte ihm seine klinische Arbeit mit psychotischen Patienten nahe, bei der er auf noch völlig unverdaute, sozusagen rohe Grundbausteine des Seelischen stieß, die er Beta-Elemente nannte. Gleichzeitig wurde Bion deutlich, »dass die aus der körperlichen Quelle kommenden Triebe und auch der Primärprozess, der im Unbewussten herrscht, nichts Letztes, sondern selbst schon das Ergebnis hochkomplizierter Transformationsprozesse sind« (Haas: »Bions O – Bemerkungen zum Verhältnis zwischen Wissen und Werden«. Unv. Vortragsmanuskript 2011, S. 3). Diesem Bereich der Beta-Elemente, den er später mit O (abgeleitet von o = origine/Ursprung) bezeichnete, aus dem alle Transformationsprozesse entspringen, galt Bions Forschen ab Mitte der 1960er Jahre. Seither, so stellt Vermote in der vorliegenden Kontroverse richtig fest,

»konzentrierte sich Bion nicht mehr darauf, wie etwas repräsentiert wird (der sogenannte ›frühe Bion‹), sondern begann darüber nachzudenken, was auf einer Ebene geschieht, auf der es noch keine Repräsentanz und Differenzierung gibt, und wie Veränderungen auf dieser Ebene durch den Analytiker gefördert oder zumindest nicht behindert werden können (der sogenannte ›späte Bion‹)« (S. 40).

Vermotes erklärtes Ziel ist es, zu zeigen, »dass es möglich ist, die beiden Modelle, die im ›frühen‹ und ›späten‹ Werk Bions entworfen werden, zu kombinieren, um ein zweigleisiges Modell psychischer Veränderung zu entwickeln« (S. 37). Seine Betonung des von Bion auch so konzipierten »dual track models« ist sicher ein Gewinn für die aktuelle Diskussion. Wie dieses zweigleisige Modell in vermittel- und erlernbare psychoanalytische Behandlungspraxis umzusetzen ist, welche Gewichtung man bei welchen Patienten bzw. in welchen klinischen Situationen trifft etc., all das gilt es allerdings noch genauer herauszuarbeiten. Denn wird die so wichtige »Vertiefung in die Oberfläche«, wie sie jüngst von Erika Krejci in mehreren Aufsätzen dargelegt wurde, vernachlässigt, dann kann es gleichsam zu vorzeitigen Sprüngen in die diffuse Tiefe einer dann im Beliebigen verdampfenden Selbsterfahrung kommen. Angesichts solcher Fallvignetten kann dann der fälschliche Eindruck entstehen, dass das Arbeiten mit O grundsätzlich zu einem Vernachlässigen des eigentlichen Verstehens führe – und dies wäre fürwahr ein beklagenswerter Verlust psychoanalytischer Essentials. Worauf es in einer auf O gerichteten psychoanalytischen Behandlungstechnik ankommt, ist vor allem eine überzeugende Ausübung der sogenannten »negative capability«, der Fähigkeit also, die Stunde konsequent im Sinne der Rêverie zu ›träumen‹, sowie der Fähigkeit, auf dem Wege einer *disziplinierten Intuition* zum unmittelbaren Er-leben und Er-fahren seelischer Ereignisse vorzudringen, die sich im infiniten psychischen Feld – O – zu konstellieren beginnen.

In seinem Kommentar legt Taylor eine sorgfältige und in weiten Teilen respektvolle und von exzellenten Bion-Kenntnissen getragene Auseinandersetzung mit Vermotes Positionen vor, die dessen klinisches Material auf verschiedenen Ebenen sehr genau erfasst, reflektiert und kritisch beleuchtet. Insgesamt wiederholt Taylor auf etwas gemäßigtere Weise die bereits von O'Shaughnessy 2005 vorgetragene Kritik, dass sich der späte Bion einem »undisziplinierten Denken« überlassen habe. Der nicht nur von Kleinianern vertretene Grundeinwand bezüglich des Umganges mit O bezieht sich vor allem auf das zu hohe Maß an intuitiver »Erkenntnis« samt der dazu geforderten Grundhaltung des Analytikers/Analysanden auf Kosten einer klinisch-exakten Analyse, die dem herkömmlichen Verstehen und Deuten verpflichtet ist.

Aus editorischer Sicht bleiben allerdings in dieser Kontroverse zwei wichtige Aspekte außer Betracht, die ich deshalb hier einfügen möchte. Zum einen betrifft dies die zentrale Rolle der Validierung. Eine Behandlung, die die Realisierung von O einbezieht, muss und sollte keineswegs zur Beliebigkeit, Willkür oder einer Folie à deux führen, denn es gilt stets, das Augenmerk auf den gegenseitigen Konsens und die Validierung des analytischen Prozesses zu richten, und zwar in der Anerkennung der Tatsache, dass eine (Neu-)Konstitution des Ichs ohne diese resonant-konkordanten O-Ereignisse, d.h. ohne die gegenseitige Überein-stimmung im Sinne des at-one-ments nicht möglich sind.

Zum anderen geht es dem späten Bion nicht nur um die Subjektkonstitution als solche, sondern um einen für ihn genauso wichtigen Bereich, nämlich den der schöpferischen Potenz, der Entfaltung der eigenen körperlichen, emotionalen, kognitiven Lebendigkeit, des produktiv-aktiven Sich-Ausdrückens, der authentisch-erfüllten Bezogenheit, kurzum um all das, was für Bion zur »Sprache des Vollbringens« gehört.

Möglicherweise hätte Bion viele negative Reaktionen umgehen können, wenn er sich bei seinen Vergleichen mit O nicht so sehr auf Platons Formen, Kants ›Ding an sich‹ und die Mystiker, d.h. auf relativ schwer verständliche und somit rasch für »mystisch« gehaltene Konzepte, berufen und sich stattdessen mehr auf die moderne Physik bezogen hätte. Denn der Vergleich zu ihr liegt auf der Hand: Die Entdeckung, dass es »hinter« unserer atomaren Wirklichkeit eine subatomare Welt mit völlig anderen – sozusagen »verrückt« spielenden – physikalischen Gesetzen gibt, führte seinerzeit bei Physikern zu ähnlich heftig-ablehnenden Reaktionen. Freud sorgte mit der Einführung des Unbewussten bereits für eine folgenschwere kopernikanische Wende in der wissenschaftlichen Psychologie. Und Bion ging den von Freud eingeschlagenen Weg weiter, indem er die von Freud entdeckte »subatomare Tiefenpsychologie« zu einer »Quanten-Tiefenpsychologie« fortentwickelte, an deren Basis O als psychisches Feld steht, das durch eine generelle seelische Unschärferelation gekennzeichnet ist.

II. Psychoanalytische Theorie und Technik

Das zweite Kapitel des vorliegenden Auswahlbandes eröffnet Marie-Therese Khair Badawi, Gründungsmitglied und Präsidentin der Libanesischen Vereinigung für die Entwicklung der Psychoanalyse, der ersten Forschungsgruppe der IPA in einem arabischen Land. Dass ihr Alltag nicht nur Tausende von Kilometern, sondern gleichsam Lichtjahre von unserem entfernt ist, klingt beispielsweise an, wenn sie berichtet, dass ihre Dissertation *Le désir amputé, vécu sexuel de femmes libanaises* (*Das amputierte Begehren – zum sexuellen Erleben libanesischer Frauen*; L'Harmattan 1986) seitens der UNESCO als »erste ernstzunehmende Forschungsarbeit zu weiblicher Sexualität im Mittleren Osten« gilt (Khair Badawi 2012, persönliche Mitteilung); oder auch, wenn man erfährt, dass sie an einer wichtigen EPF-Konferenz der europäischen Präsidenten der IPA-Gesellschaften in Jerusalem schlechterdings deswegen nicht teilnehmen kann, weil sie als Libanesin keine Einreisebewilligung für Israel bekommt. Liest man die Beschreibung ihres Praxisalltags in Beirut, wo sie ihre psychoanalytische Praxis unterhält, sind zumindest für einen Moment die Lichtjahre aufgehoben. Plötzlich sieht man sich mit Situationen konfrontiert, die unsere sämtlichen, uns unumstößlich erscheinenden Konzepte über die ›total situation‹ der psychoanalytischen Sitzung ins Wanken bringen. Khair Badawis – angesichts ihres Gegenstandes verständlicherweise emotional gefärbte – Arbeit ist eine Studie darüber, was passiert, *wenn Krieg das Setting angreift und die Übertragung sich wehrt* (S. 83–94). Sie geht darin der Frage nach, wie sich das klinische Setting mit all seinen Facetten aufrechterhalten lässt, wenn der psychoanalytische Praxisalltag dort stattfindet, wo Kriegszustand herrscht und tägliche Bombeneinschläge die Sitzungen begleiten.

Die italienische Erwachsenen- und Kinderanalytikerin Elena Molinari untersucht in ihrem Beitrag *Von einem Raum in den anderen – die Geschichte einer Kontamination* (S. 95–121) Aspekte der *Beziehung zwischen Kinder- und Erwachsenenanalyse*. Ihrer Untersuchung stellt sie das ebenso einprägsame wie diskussionswürdige Diktum voran, dass die psychoanalytische Arbeit mit Erwachsenen eher der Literatur nahestehe und jene mit Kindern eher der bildenden Kunst. So sucht sie in ihrer Untersuchung den Unterschieden in ihren »gedanklichen Operationen« auf die Spur zu kommen, die sie während ihrer Arbeit mit Erwachsenen und in der mit Kindern in der jeweiligen konkreten Behandlungssituation vollzieht. Anhand der Untersuchung einer Fallvignette aus der Analyse eines siebenjährigen Jungen filtert Molinari nachträglich heraus, was zu einer Transformation in einer Situation geführt hatte, in der es um Trennungsangst und -erfahrung gegangen war. Nicht ihre verbale Intervention, ihre Deutung der Verlassenheitsangst bewirkten eine Veränderung, sondern das gemeinsame Spiel, in dem Analytikerin und Patient »ein zeitweiliges Verlassensein erlebt und akzeptiert« (S. 106) hatten, in dem also die bevorstehende Trennung gefühlshaft symbolisiert und somit die Fähigkeit, die Trennung auszuhalten, entstanden war. Aus dieser Untersuchung kann Molinari in einem nächsten Schritt die wichtige Hypothese aufstellen, »dass das Spiel nicht nur eine Art der Repräsentation ist, sondern ein Instrument zur Erschaffung von Teilen des Selbst« (S. 107). Im Weiteren zeigt sie diesen Prozess an einem Fallbeispiel aus einer Erwachsenenanalyse.

Aus dem zweiten Teil ihres mit Fallmaterial reich illustrierten Beitrags sei die Auseinandersetzung mit »konkreten Gesten« (S. 116) – beispielsweise dem Kauf eines Feuerwehrautos für ein bestimmtes Kind oder das Hochdrehen der Heizung für einen erwachsenen Patienten – hervorgehoben. Molinari unterscheidet Gesten, die zu einer Änderung des Settings führen, von solchen, die zu seiner »narrativen Ergänzung« (ebd.) beitragen. Man mag ihr vielleicht nicht unbedingt darin folgen, dass in der Kinderanalyse »die verbale Dekodierung so weit wie möglich versteckt sein muss« (S. 117), und man wird vielleicht auch – zumal, wenn man Erfahrungen in der Behandlung von Jugendlichen hat – die relativ klare Grenzziehung zwischen dem analytischen (Denk-)Raum für Erwachsene und dem für Kinder in Zweifel ziehen. Aber ihre Erforschung des Spiels als etwas, das »durch einen Prozess rascher Transformationen die Kategorie des Möglichen [erreicht] und […] eine Sensibilität [gewinnt], die es dem Kind ermöglicht, neue Teile seines Selbst zu erschaffen« (S. 118), ist äußerst anregend. Vielleicht zeigt sie in manchen ihrer Fallbeispiele sogar anschaulicher, als es die Vignetten in der Bion-Kontroverse vermögen, wie sich dessen Konzept der »Sprache des Vorbringens« in psychoanalytische Behandlungspraxis umsetzen lässt.

Die anschließenden *Überlegungen zu den klinischen Implikationen des Symbolismus* (S. 123–154) von Elias und Elizabeth da Rocha Barros sind nichts Geringeres als eine manchmal geradezu akribisch anmutende Konzeptstudie verschiedener Prozesse und Stufen der Symbolbildung und ihrer Störungen. Unter anderem untersuchen sie, was genau in der Psyche geschieht, wenn destruktive Impulse in Symbolbildungsprozesse eingreifen, wenn sich also »innere Angriffe nicht allein auf die inneren Objekte richten, sondern auch auf die Struktur oder Form der mentalen Repräsentationen, noch bevor und während diese in Symbolen gebildet werden« (S. 123).

Ausgangspunkt ihrer Untersuchung ist die These, dass »der Prozess der Symbolbildung an sich in seinen verschiedenen Bestandteilen und Wandlungen von zentraler Wichtigkeit für die zeitgenössische Psychoanalyse ist« (ebd.). Sie zeigen nicht zuletzt anhand der verschiedenen Phasen einer psychoanalytischen Behandlung überzeugend, wie sich mittels eines genauen Verstehens der Mechanismen, die an der symbolischen Repräsentation beteiligt sind, die Gegenübertragung und ihre Funktion verfeinern lassen. Insbesondere auf dem Hintergrund der vorangegangenen Lektüre von Molinaris Beitrag sind schließlich auch ihre Ausführungen zur Rolle von »Evokation und Darstellbarkeit in der menschlichen Psyche als Teil der Rêverie und im Prozess des Durcharbeitens« (S. 127) sowie ihre Ideen zum analytischen Setting als »Symbolinkubator« sehr erhellend.

Im vierten und letzten der Beiträge dieses Kapitels legt Rachel Blass eine psychoanalytische Konzeptforschungsarbeit zum Begriff des ›Hier und Jetzt‹ vor. Blass möchte *Betty Josephs ›Hier und Jetzt‹ verstehen durch den Vergleich mit anderen Sichtweisen des ›Hier und Jetzt‹ außerhalb und innerhalb kleinianischen Denkens* (S. 155–184). Dabei ist es ihr ein erklärtes Anliegen, der Tendenz entgegenzutreten, »die verschiedenen Formen der Unmittelbarkeit, die mit dem Begriff gemeint sein können, zu vermischen, obwohl sie sich in Wirklichkeit grundsätzlich unterscheiden« (S. 165). Dafür grenzt sie drei Formen der Verwendung des ›Hier und Jetzt‹ außerhalb der Kleinianischen Schule von seiner Verwendung innerhalb dieser spezifischen Lehrmeinung ab: ein von Ferenczi und Rank begründetes und heute u. a. in humanistischen und expressiven Psychotherapieformen benutztes Konzept des »Kathartischen ›Hier und Jetzt‹« (S. 160); das in Nordamerika häufig präferierte und u. a. von Gill und Gedo postulierte »interpersonelle ›Hier und Jetzt‹« (S. 161) und schließlich ein »auf das Erleben bezogene ›Hier und Jetzt‹« (S. 162), das u. a. von Fred Busch genutzt werde. Sodann wendet sie sich dem Terrain zu, auf dem sie offensichtlich beheimatet ist, nämlich dem der britischen kleinianischen Schule. Sie arbeitet die Unterschiede und Gemeinsamkeiten in Betty Josephs und Hanna Segals Gebrauch des ›Hier und Jetzt‹ heraus, die sie schließlich mittels »vier Dimensionen der ›Hier-und-Jetzt-Konstellation« (S. 173) ordnet.

Dieser Beitrag gibt einen hervorragenden Einblick in die Behandlungstechnik und Konzeption der britischen kleinianischen Ansätze und verdeutlicht einmal mehr die Unterschiede zwischen ihren Interventionsmethoden und einer an Bions technischen Anweisungen geschulten Behandlungstechnik.

III. Psychoanalytische Forschung

Im dritten Kapitel schließlich finden sich zwei psychoanalytische Studien, die an Universitäten durchgeführt wurden. Adeline Fohn und Susann Heenen-Wolff untersuchen die *Dimension der Nachträglichkeit bei während des Krieges in Belgien versteckten jüdischen Kindern* (S. 187–207). In ihrem Beitrag berichten die Autorinnen über ihr psychoanalytisches Forschungsprojekt zu den psychischen Auswirkungen dieser Erfahrungen, die über eine so außerordentlich lange Latenzzeit verborgen geblieben waren. Die Ergebnisse dieser Studie basieren auf der Analyse von sechzig Lebensberichten und einer psychoanalytisch orientierten Gruppenarbeit. Die Autorinnen zeigen, dass das Trauma dieser ehemals versteckten Kinder maßgeblich durch die psychische Dimension der Nachträglichkeit beeinflusst wurde.

Finanziert wurde das Forschungsprojekt von der Université de Louvain. Die Ausgangshypothese bezüglich der Bedeutung des Phänomens der Nachträglichkeit hatte Susann Heenen-Wolff im persönlichen Kontakt mit ehemals versteckten jüdischen Kindern entwickelt (Heenen-Wolff 2012, persönl. Mitteilung). In der ebenso berührenden wie wissenschaftlich überzeugenden Studie zeigen die Autorinnen, wie die Trennung von den Pflegeeltern, der die meisten von ihnen in der Nachkriegszeit ausgeliefert waren, eine Erinnerung an das erste Trauma, das Herausgerissenwerden aus ihren Herkunftsfamilien, was meist mit dem Tod von Vater, Mutter und/oder Geschwistern verbunden war, überhaupt erst herstellte und dieses dann nachträglich als etwas Traumatisches realisiert wurde.

Auch die zweite Studie ist ein Joint Venture mehrerer Forscher: Wie mir Claudia Subic-Wrana, die Hauptverfasserin der Studie über *Levels of Emotional Awareness* (S. 229–260), mitteilte, gibt es zwischen ihr und Richard Lane, Professor für Psychiatrie und Neurowissenschaften der Universität in Tucson, seit vielen Jahren eine Zusammenarbeit und Freundschaft. Richard Lane interessiert sich sehr für Psychoanalyse, sein Vater war Lehranalytiker in Chicago. Das Thema ihrer Zusammenarbeit ist die Arbeit mit der LEAS, die Richard Lane entwickelte und von Claudia Subic-Wrana ins Deutsche übertragen wurde. Daran schlossen sich einige gemeinsame Forschungsprojekte an, u.a. das hier vorgelegte. Das LEA-Modell operationalisiert strukturelle Veränderung »als Wechsel von impliziter zu expliziter Affektverarbeitung, die mit der LEAS einfach zu erfassen ist« (S. 229). Claudia Subic-Wrana, die ihre Weiterbildung zur Psychoanalytikerin am DPV-Institut in Köln absolvierte und bereits seit vielen Jahren in der Forschung tätig ist, sagte mir auf meine Frage nach ihrer eigenen Einschätzung der LEAS als klinisch tätige Psychoanalytikerin: »Ich halte von dem Ansatz sehr viel – sowohl, was die theoretische Fassung der kognitiv-emotionalen Entwicklung angeht, als auch die recht innovative Art der Messung, und ich meine, dass er sich gut mit analytischem Denken über Affektverarbeitung verbinden lässt« (Subic-Wrana 2012, persönl. Mitteilung). Tatsächlich ist nach Ansicht von Psychoanalytikern, die sich in der psychodynamischen Prozessforschung auskennen, LEAS »aktuell das beste klinische Verlaufs-Selbst-Rating-Instrument, weil sie mit den neuesten Vorstellungen der Affektwahrnehmung, -identifizierung und -regulation, etwa des Neurobiologen Jack Panksepp, kompatibel ist und Instrumenten zur Alexithymie-Messung (wie z.B. dem TAS) deutlich überlegen ist« (Schultz-Venrath 2012, persönl. Mitteilung). Auch wenn für die meisten Psychoanalytiker die empirische Erfassung impliziter und expliziter Affekte und Emotionen während eines analytischen Prozesses nach wie vor etwas befremdliches ist, dass spontan mehr Abwehr als Neugier auslöst, so mag es doch lohnenswert sein, einmal zu versuchen, dieses Unbehagen auszuhalten und sich die Arbeit der Autoren um Subic-Wrana anzuschauen. Es geht ihnen darum, sich »›explizit‹ mit Emotionsverarbeitung und ihren vielfältigen Manifestationen, einem für die Psychoanalyse zentralen, aber zugleich vernachlässigten Thema, [zu] beschäftigen und damit eine Grundlage für die Konzeptualisierung der Transformationsprozesse [zu] schaffen, die die Emotionsverarbeitung bestimmen, sobald sich die Fähigkeit zum bewussten Gefühlserleben ausgebildet hat« (S. 256). Insbesondere die beiden ebenso klar wie sorgfältig und differenziert dargelegten Fallbeispiele lassen manche Vorurteile gegen operationalisierte

Forschungsmethoden milder werden. Anhand der Untersuchung von zwei stationär durchgeführten Psychotherapien können die Autoren genau zeigen, welche strukturellen Veränderungen in diesem Setting möglich waren und welche nicht und in welchem Fall und warum eine weitere Behandlung im ambulanten psychoanalytischen Setting nötig ist.

Last not least findet sich zwischen diesen beiden Studien Kernbergs flammendes Plädoyer für eine bessere Vernetzung zwischen *Psychoanalyse und Universität* (S. 209–227) sowie für eine deutlich größere Gewichtung psychoanalytischer Forschung an den psychoanalytischen Weiterbildungsinstituten. Es ist zu hoffen, dass er mit seinen Thesen zu einer angeregten Diskussion zwischen Universitäten und psychoanalytischen Instituten einerseits sowie innerhalb der psychoanalytischen Institute und Institutionen andererseits beiträgt!

Erika Krejci, die große Übersetzerin der Schriften Bions, folgte zu meiner Freude der Einladung, in diesem Jahr das Vorwort zu verfassen. »Das Gefühl, dass ein Text ›zu mir spricht‹, hängt zwar sicher nicht in erster Linie davon ab, in welcher der Sprachen der Welt er geschrieben wurde und in welcher Sprache ich ihn lese, aber die Aufnahme der emotionalen Feinheiten gelingt nun einmal am leichtesten in der Muttersprache« (S. 7), schreibt sie. Wenn die *Internationale Psychoanalyse (IPsA)* dies dem Leser ermöglicht, dann ist unsere Aufgabe erfüllt. Mein größter Dank gilt meinen Beiratsmitgliedern Lilli Gast, Andreas Hamburger, Uta Karacaoglan, Vera Müller, Barbara Strehlow, Philipp Soldt und Timo Storck. Ihre Arbeit – die gründliche Lektüre des gesamten IJP, das kontinuierliche Diskutieren über eine Vielzahl von Texten und last not least die jährliche Übersetzung eines der Beiträge – kann nicht hoch genug geschätzt werden. Ferner bin ich Antje Vaihinger, die nun schon zum dritten Mal die Übersetzungen gemeinsam mit mir lektorierte, von Herzen dankbar für diese wunderbare Zusammenarbeit. Ebenso gilt mein Dank Ann-Kathrin Günter, die mit unglaublicher Genauigkeit und Schnelligkeit Originalzitate heraussuchte, sämtliche Bibliografien erstellte und zu fast jeder Tages- und Nachtzeit für kleinere und größere Aufgaben ein Ohr hatte. Schließlich danke ich Hans-Jürgen Wirth und dem Psychosozial-Verlag, insbesondere Grit Sündermann und Melanie Fehr, für die Unterstützung dabei, die *Internationale Psychoanalyse* immer mehr zu einem Verständigungsinstrument zwischen der internationalen und der deutschsprachigen Psychoanalyse zu machen.

Angela Mauss-Hanke

I
Psychoanalytische Kontroverse

Einleitung zu »Zur Bedeutung von Bions Spätwerk für die psychoanalytische Theorie und Praxis«[1]

Rachel B. Blass

Zur Bestimmung der Kontroverse

Im Verlauf der letzten zehn Jahre hat das stetig wachsende Interesse der psychoanalytischen Gemeinschaft an Bions Arbeiten weltweit ein neues Niveau erreicht. Es gibt heute eine Vielzahl von Konferenzen, Arbeitsgruppen, Vorträgen und Büchern, die sich mit Bions Werk befassen. Allein in diesem Jahr erscheinen bei Routledge in der Reihe *The New Library of Psychoanalysis* zwei neue Bücher zu diesem Thema. Zu dieser Entwicklung haben einige bekannte Autoren wie Elizabeth Tabak de Bianchedi, Michael Eigen, Antonino Ferro, James Grotstein, Thomas Ogden sowie Joan und Neville Symington beigetragen, die sich alle intensiv mit Bions herausragendem Beitrag zur Psychoanalyse auseinandergesetzt haben. Diese Autoren – und andere, die in ihrer Arbeit einen ähnlichen Ansatz verfolgen – haben sich mit der Frage beschäftigt, welch großen Stellenwert Bions ›Spätwerk‹ ab 1966 für die Psychoanalyse hat, und sie verweisen darauf, dass insbesondere in seinen späteren Jahren das Werk dieses ursprünglich kleinianischen Autors viel zur Weiterentwicklung anderer theoretischer und klinischer Ansätze (interpersonaler, intersubjektiver, bipersonaler, relationaler und solcher, die sich auf Winnicott beziehen) beigetragen und eine neue, originäre Denkweise angeregt hat. Einige Autoren heben besonders hervor, dass sich der späte Bion weit von seinen kleinianischen Wurzeln entfernt hat. Andere behalten zwar ihren kleinianischen Rahmen bei, sehen aber in Bions späten Schriften wichtige und sogar radikal innovative Beiträge innerhalb dieses Rahmens. Einige

---

[1] Introduction to »On the value of ›late Bion‹ to analytic theory and practice«. The International Journal of Psychoanalysis (2011) 92, 1081–1088.

von ihnen meinen sogar, dass seine Innovationen Brücken zu anderen psychoanalytischen Denkrichtungen schlagen können.

Obwohl auch Londoner Kleinianer das Werk Bions sehr schätzen und seine innovative und klinisch wichtige Bedeutung betonen, lässt sich ihre Wertschätzung wohl kaum als Indiz für einen Common Ground innerhalb der von Diversität gekennzeichneten Welt der Psychoanalyse betrachten. Auch wenn hierüber in Vorträgen oder Veröffentlichungen selten offen gesprochen wird, scheinen Londoner Kleinianer nicht viel von Bions Spätwerk (im Gegensatz zu seinen frühen Schriften) zu halten und die Interpretation und positive Wertschätzung seines Spätwerks sowie die daraus abgeleitete klinische Praxis eher problematisch zu finden. Diese Position lernt man in London kennen und man kann sie auch aus beiläufigen Hinweisen in der einschlägigen Literatur sowie aus der Tatsache erschließen, dass die Arbeiten Bions nach 1966 fast nie erwähnt werden. Explizite Einwände werden nicht geäußert, was auch daran liegen könnte, dass es derzeit mehr darum geht, die eigene Arbeitskraft der Beschäftigung mit den für die analytische Praxis wertvollen und relevanten Aspekten seiner Schriften zu widmen als »kontroverse Diskussionen« zu entfachen, die eine kritischere Haltung voraussetzen und selten der einen oder anderen Seite zu einem klaren Sieg verhelfen. Darüber hinaus müsste man sich für eine solche Kontroverse detailliert mit dem Spätwerk Bions befassen und dessen heutige Interpretation durch Londoner Kleinianer untersuchen. Sie halten seine späten Schriften in der Regel für obskur, inkohärent, mystisch und mit einem gewissen Jargon überfrachtet und finden sie analytisch wenig hilfreich.

Um solche Einwände einzuschätzen und den Wert von Bions Spätwerk zu untersuchen, ist eine offene Diskussion seiner Beiträge unerlässlich. Die von ihm eingeführten Innovationen müssen genauer benannt, ihr klinischer Nutzen bewertet und ihr Platz innerhalb des psychoanalytischen Denkens und Handelns herausgearbeitet werden. Fehlt eine solche offene Auseinandersetzung, besteht zudem die Gefahr einer Verzerrung und Beschränkung des analytischen Denkens und der analytischen Praxis. Die vorhandenen Differenzen zwischen unterschiedlichen Ideen und analytischen Traditionen (z. B. zwischen den kleinianischen und den amerikanischen Objektbeziehungstraditionen) könnten verwischt werden, wenn sich alle Seiten auf Bion beziehen, was ihr Denken und Handeln oberflächlich werden lässt. Oder diese Differenzen könnten erkannt und betont werden, ohne dass ihre Bedeutung, tatsächliche Begründung und Herkunft verstanden werden, was zur Entwicklung dogmatisch vertretener Positionen führen würde.

Eine frühere Diskussion im *International Journal* über Bion

Vor sechs Jahren gab es im Rahmen der Sektion »Kontroversen« des IJP einen beachtenswerten Vorstoß, die unterschiedlichen Auffassungen der Werke Bions zu diskutieren. Er enthielt eine Reihe von Aufsätzen, beginnend mit Edna O'Shaughnessys (London) Arbeit »Wessen Bion?« und gefolgt von den Betrachtungen Elizabeth Tabak de Bianchedis (Buenos Aires) und Antonino Ferros (Pavia). Da es bei der jetzigen Kontroverse um den Versuch geht, diese Differenzen noch genauer zu verstehen, soll zunächst kurz an die frühere Diskussion erinnert werden.

Im ersten Aufsatz jener Reihe werden die Unterschiede zwischen Bions frühen und späten Schriften aufgezeigt. Für O'Shaughnessy ist das wichtigste an Bions Beitrag, dass er durch sein »Interesse am Wisstrieb – der *K*-Verbindung« (O'Shaughnessy 2005 [2006], S. 127) unser Verständnis erweitert hat, was seit Freud das zentrale Anliegen der Psychoanalyse ist. Später geht sie ausführlich auf Bions zahlreiche theoretische und klinische Beiträge ein und zeigt, dass »Bions Konzeption von klinischer Arbeit eng verbunden ist mit Kleins Weiterentwicklung von Freud« (ebd., S. 131). Sein Opus, schreibt sie, ist »als eine *Transformation* des Werkes seiner Vorgänger, insbesondere Freuds und Kleins« (ebd., S. 132), und als Auseinandersetzung mit seinen Zeitgenossen, insbesondere Rosenfeld und Segal (ebd., S. 132), zu verstehen.

Dennoch vertritt sie die Auffassung, dass Bions Denken in seinem Spätwerk »weniger diszipliniert« sei und das »Vermischen und Verschwimmen von Kategorien des Diskurses, das Umfassen von Gegensätzen und das Gleiten von einer Idee zur anderen, anstatt sie in Beziehung zu setzen« (ebd., S. 129), deutlich werde. Als Beispiel führt sie Bions Konzept des »O« an, das ihrer Meinung nach in seinem Spätwerk verschiedene widersprüchliche Bedeutungen erhalte und schließlich sogar verworren sei (z. B. indem es eine Verbindung zu einer Gottheit mit einer Psychose vermische). Sie sieht sich damit in einer Linie mit Bléandonu und Meltzer und im Widerspruch zu anderen Autoren (wie z. B. Eigen, Ferro und den Symingtons), die Bions Formulierungen eher als Bestätigung für nicht-kleinianische Auffassungen klinischer Praxis verstehen, wenn nicht sogar als Antagonismus zu Kleins Werk. In diesem Zusammenhang zitiert sie Symington und Symington (1996): »Psychoanalyse, mit den Augen Bions betrachtet, bedeutet einen radikalen Bruch mit allen Konzeptualisierungen, die ihm vorausgingen« (ebd., S. 133; zit. n. O'Shaughnessy 2005 [2006]). Sie stellt ihrer Sicht die Auffassung anderer Autoren gegenüber, die (wie

Grotstein) Bions Spätwerk sehr schätzen, weil es »auf befreiende Art Zäsuren überwinden und das Denken des Autors, insbesondere in Bezug auf klinische Praxis zu einem Höhepunkt [zu] bringen« (ebd., S. 130) vermag.

Während O'Shaughnessys kritische Bemerkungen sich um Fragen der Klarheit, des Stils, der Form und Zugehörigkeit drehen, scheinen ihre Einwände gegen den späten Bion tatsächlich genau den Kern dessen, was er als Psychoanalyse vertritt, zu betreffen. Dies deutet sich in den Schlussbemerkungen ihres Aufsatzes an, wenn sie betont, dass es angesichts der sehr unterschiedlichen Interpretationen der Schriften Bions Aufgabe des Lesers bleibe, herauszufinden, was für Bion wahr ist und was von Bion für die Psychoanalyse wahr ist.

Auch de Bianchedi stellt in ihren Überlegungen, mit denen sie auf O'Shaughnessy antwortet, fest, dass Bions Beitrag in Relation zu dem seiner Vorgänger beurteilt werden sollte und dass man sich eine kritische Haltung ihm gegenüber durchaus erlauben könnte. Auch solle und dürfe man an der Art und Weise, wie Bion gelesen und verwendet wird, durchaus Kritik üben, um der »Seuche der Trivialisierung [...], des Fanatismus oder der Verklärung« (2005 [2006], S. 140) seiner Ideen entgegenzutreten. Allerdings betrachtet sie Bions Spätwerk als ebenso kohärent wie sein Frühwerk, auch wenn es »jetzt eher mehrdeutig und weniger positivistisch« (ebd., S. 140) geschrieben sei. Seine Überlegungen zur »Transformation in O« versteht sie komplementär zu seinen Ausführungen zur »Transformation in K«. Sie verteidigt seine Verwendung mystischer Ausdrücke, weil er damit auf die in der analytischen Situation notwendige und aus der psychoanalytischen Erfahrung gewonnene Intuition hinweise. In einem umfassenderen Sinn vertritt sie die Meinung, dass Bions spätere Begriffe »weniger wissenschaftlich« seien und darauf abzielten, den »zu Gemeinplätzen gewordenen Begriffen [...] etwas wie einen elektrischen Schlag [zu] versetzen« (ebd., S. 143).

Im Weiteren beschreibt sie Bions Überlegungen zu emotionalen Turbulenzen, Containment und einem neuen Bewusstseinszustand, für den er sich ihrer Meinung nach einsetze – einen »einsamen und losgelösten« Zustand, also etwas »sehr viel Komplexeres und schwerer Erreichbares« (ebd., S. 142) als die von Freud empfohlene gleichschwebende Aufmerksamkeit. Aber diese Überlegungen konkurrieren nicht miteinander, sie gehören zu Bions früher Schaffensperiode (ebd.). Seine späteren Konzepte, die von de Bianchedi empfohlen werden, beziehen sich auf »die Begegnung mit pränatalen und postnatalen Anteilen der Persönlichkeit« (ebd., S. 144) und auf »die Existenz eines sub-thalamischen Terrorzustands als Erklärung für gewisse spontane menschliche Gewalttaten, die ohne vorheriges Denken ablaufen« (ebd., S. 143). Sie findet Bions *Memoirs of the Future* (1975, 1977, 1979) zwar etwas eigenartig, aber durchaus wertvoll, ohne zu erklären, wie sie zu dieser Auffassung kommt. In ihrem Fazit fasst de Bianchedi ihre Auffassung Bions zusammen und geht vor allem auf seine Haltung ein, »den emotionalen Sturm, dem man ausgesetzt ist, wenn man psychisch mit jemand in Verbindung steht, zu erleben und auszuhalten […], das gefährliche emotionale Erleben zu tolerieren, das die Begegnung mit pränatalen und postnatalen Anteilen der Persönlichkeit mit sich bringt«, und das »Nicht-Verstehen auszuhalten« (ebd., S. 144), also intuitiv und kreativ offen für Gefühle und Gedanken zu sein.

Diese Zusammenfassung von de Bianchedis Überlegungen zeigt, wie schwer es ist, eine konzentrierte Auseinandersetzung über bestehende Differenzen zu führen. De Bianchedi setzt sich für Bions Spätwerk ein, indem sie es mit seiner analytischen Haltung der Toleranz und Offenheit für Gefühle, Gedanken und verschiedene Persönlichkeitsanteile in Verbindung bringt. Dagegen ließe sich allerdings einwenden, dass wohl alle Analytiker, unabhängig davon, wie sie Bion verstehen, im Großen und Ganzen der Wahrung dieser Haltung zustimmen würden. An dieser Stelle wäre es hilfreich gewesen, auf das Spezifische der von Bion in seinem Spätwerk vertretenen Toleranz und Offenheit und auf die Rolle dieser Einstellung in einem breiteren analytischen Kontext einzugehen. Die Diskussion ließe sich noch weiter vertiefen, wenn gezeigt würde, wie sich seine späteren Ausführungen von der in seinen früheren Schriften vertretenen Auffassung unterscheiden, welche klinischen und theoretischen Implikationen mit dieser veränderten Haltung einhergehen und warum genau de Bianchedi sie so wertvoll findet.

Im dritten Aufsatz dieser Serie antwortet Antonino Ferro auf die Ausführungen von Edna O'Shaughnessy und schreibt, dass (a) Bions Spätwerk für ihn wegen der »Ungesättigtheit seiner Texte und der Vielfalt möglicher Bedeutungen, die sie kontinuierlich entbinden«, besonders wichtig sei (Ferro 2005 [2006], S. 147) und dass er (b) Bions kleinianische Wurzeln zwar anerkenne, sein Denken ab einem gewissen Punkt jedoch einen »qualitativen Sprung, eine Zäsur […], eine katastrophische Veränderung« bedeutet (ebd., S. 147). Im Folgenden beschreibt Ferro seinen eigenen Zugang zu Bion, bei dem die von ihm postulierten »Denk-Werkzeuge« (ebd., S. 148) im Mittelpunkt stehen und er sein Konzept des »Wachtraumgedankens« (ebd., S. 147) noch besonders hervorhebt. Er beschäftigt sich mit deren Transformationen im Analytiker und im Patienten im Verlauf einer Analyse und weist insbesondere auf die

Verwicklung der beiden Beteiligten hin, die es uns schließlich ermögliche, »neue und ungedachte Gedanken zu denken« (ebd., S. 153).

Ferros Erläuterungen dieser Prozesse sind sehr dicht und scheinen vorauszusetzen, dass der Leser mit seinem eigenen Umgang mit Bions Begriffen im Zusammenhang mit »Feldtheorien« vertraut ist. Ähnlich wie bei Bion ist es aber offensichtlich auch für ihn sehr wichtig, dass der Analytiker in seiner Haltung tolerant und offen für die Realität des Patienten ist, sich in primitive Formen des psychischen Funktionierens einfühlen kann und seine eigenen Grenzen kennt. Dies erfordere, stellt er fest, unorthodoxes und spontanes Denken und bestehe nicht darin, eine »Freudsche oder Kleinianische« Deutungen zu geben (ebd., S. 152). Wenig später schränkt er diese Gegenüberstellung jedoch ein und erklärt:

> »Die Alphabetisierung von Beta-Elementen wird nicht nur das Resultat verbaler Deutungen sein, sondern wird aus den Sequenzen von emotionalen und relationalen Bewegungen zwischen den Beteiligten des Paares hervorgehen, wobei beide mit ihrem psychischen Wachstum befaßt sind« (ebd., S. 155f.).

Abschließend betont er, dass die »Theorie« immer der »Fähigkeit des Analytikers, mit seinem Patienten in Übereinstimmung zu gelangen«, im Weg stehe, sodass »der lebendige Kontakt zwischen zwei Seelen – der einzige Faktor, der Wachstum ermöglichen kann« (ebd., S. 157) – erschwert werde, auch daher stammt seine Wertschätzung für die Unabgeschlossenheit oder »Ungesättigtheit« in Bions späten Arbeiten.

Es wird deutlich, dass auch Ferro die wohl allgemein akzeptierte analytische Haltung der Offenheit speziell mit Bions Spätwerk verknüpft. Zugleich weist er aber auch explizit auf Unterschiede zwischen seiner und O'Shaughnessys Lesart und Einschätzung Bions hin. Da Ferro jedoch durchweg eine komplexe theoretische Terminologie benutzt und nicht ausreichend deutlich macht, wie er Bions Werk in seine eigenen feldtheoretischen Konzepte integriert, ist der spezifische Charakter der Unterschiede zwischen beiden und der ihnen zugrunde liegenden Überlegungen nicht leicht zu erkennen. Die Fragen bleiben offen: Worin besteht, genau genommen, aus seiner Sicht die (theoretische wie klinische) Veränderung, die sich in Bions Spätwerk vollzieht? Worin liegt sie begründet, und welche Implikationen folgen aus ihrer Übernahme? Und umgekehrt: Wie könnte ein Londoner Kleinianer auf Ferros Sicht dieser Dinge antworten, und weshalb könnte er trotzdem skeptisch bleiben, was den Wert von Bions Spätwerk anbelangt?

Die aktuelle Bion-Kontroverse

Mit der hier initiierten Kontroverse wollten wir einige dieser Fragen beantworten und so die vor einigen Jahren begonnene Diskussion vertiefen und weiterführen. Wir wollten den Kern der Differenzen erfassen und nicht nur bestehende Vorlieben und Wertschätzungen bestätigen. Um die Bedeutung von Bions späten Arbeiten für die analytische Theorie und Praxis zu verdeutlichen, haben wir den Analytiker Rudi Vermote aus Brüssel eingeladen, der in den vergangenen Jahren viele Veröffentlichungen publiziert und Vorträge zu Bion gehalten hat. Der Autor wurde also gebeten, nicht nur zu zeigen oder einfach nur zu sagen, was er an Bions Denken schätzt, sondern dem Leser zu vermitteln, *warum* er das, was Bion sagte, für wertvoll hält und warum dies insbesondere für die Psychoanalyse wertvoll ist. Wichtig war, dass der Text nicht mit komplexer Terminologie überladen sein sollte, mit der nur diejenigen vertraut sind, die sich in Bions späten Schriften gut auskennen, und dass die Bedeutung für die analytische Praxis durch klinische Beispiele veranschaulicht werden sollte. Die Idee dabei war, dass dies nicht nur die klinischen Implikationen verdeutlichen würde, die mit einer Positionierung innerhalb dieser Kontroverse einhergehen, sondern dass so auch die spezifische klinische Evidenz dieser Positionen erkennbar würde. Um auf diese Darlegung zu antworten, haben wir den Londoner Kleinianer David Taylor eingeladen, der viele Jahre lang Bions Werk am Institute for Psychoanalysis der Britischen Psychoanalytischen Gesellschaft gelehrt hat. Schließlich wurde Vermote die Gelegenheit gegeben, eine Erwiderung auf Taylors Antwort zu schreiben. Da wir uns darüber im Klaren waren, wie schwierig es sein würde, einen offenen und konstruktiven Dialog in dieser kontroversen Debatte zu führen, dachten wir, dass dieser Rahmen eine gute Struktur und ein gutes Containment für einen solchen Dialog bieten könnte.

Der Leser dieser Kontroverse wird feststellen, dass es Vermote in seinem Aufsatz darum geht, uns die Logik der Entwicklung in Bions Denken von den frühen hin zu den späteren Schriften nachvollziehbar zu machen, indem er die Fragen und Erkenntnisse aufzeigt, die Bion zu seinen späteren Formulierungen veranlassten. Auf diese Weise gelingt es Vermote gut darzulegen, was den Kern dieser Veränderungen ausmacht – nämlich Bions Einblick in psychische Veränderung auf einer undifferenzierten und unbekannten psychischen Ebene, die er als »O« bezeichnet. Nachdem er das Wesen dieser Veränderung erläutert hat, beschreibt Vermote, welche positiven Auswirkungen dies auf seine eigene analytische Arbeit hatte. Im Zusammenhang hiermit bringt er zwei klinische

Vignetten. Sie veranschaulichen die besondere Bedeutung der analytischen Haltung von Toleranz und Offenheit, die, wie er betont, Bions späteres Werk von seinen frühen Schriften unterscheidet.

Natürlich ist es nicht nur die analytische Haltung, die sich verändert hat. Modifiziert werden auch die gesamte analytische Grundstruktur (die Art der Beziehung, die Interventionen, die Ziele) und die Art und Weise, wie sie als analytisch betrachtet wird. Vermote betont aber, dass die neue Haltung, die sich aus dem neuen Verständnis psychischer Realität ergibt, Bions früheren und eher traditionellen Beitrag, der auf seiner Idee der »Transformation in K« beruhte, keineswegs überflüssig macht.

Vermote führt aus, dass der »frühe« und »späte« Bion in einem übergreifenden »zweigleisigen Modell« verbunden werden könnten. Seine Überlegungen und sein klinisches Material werden in einer wunderbar offenen Weise dargelegt, die es dem Leser erlaubt, darüber nachzudenken, inwiefern die verschiedenen theoretischen ›Gleise‹ und analytischen Haltungen, die sie beinhalten, tatsächlich innerhalb einer analytischen Struktur und Beziehung zusammengehalten werden können.

In seinem Kommentar zu Vermotes Ausführungen zeichnet David Taylor die Schritte nach, die zu Bions späteren Arbeiten führten. Taylor vermeidet dabei vorsichtig Bions Terminologie, um die Möglichkeit offen zu halten, ihre Validität und ihren Wert zu hinterfragen. Dabei bezieht er sich auf die von Vermote genannten Orientierungspunkte in Bions Entwicklung, aber der Leser wird bemerken, dass er diese und ihre Rolle in Bions Denken in verschiedenen Aspekten etwas anders auffasst. In diesem Zusammenhang betont Taylor, dass bei der Bewegung von K zu O die Beziehung zwischen »Sein« und »Wissen« neu überdacht werden muss. Er liefert eine detaillierte Untersuchung dieses Schritts in Bions Schriften und der Gründe, warum er vollzogen wurde.

Vor diesem Hintergrund äußert er sich dann kritisch zu Vermotes Einschätzung des späten Bion. Zusätzliche Gründe ergeben sich aus Taylors Auseinandersetzung mit den klinischen Schilderungen Bions in seinem Buch *Transformationen* (1965 [1997]). Schließlich meint er, dass die »radikal offene« analytische Haltung, die der ›späte Bion‹ vertritt, zu Lasten des Verstehensprozesses dessen gehen kann, *was* in der analytischen Begegnung geschieht und was dies bedeutet.

Der letzte Teil von Taylors Kommentar beinhaltet Überlegungen über Vermotes klinische Vignetten. Taylor verdeutlicht hier nicht nur die theoretischen Punkte und ihre klinischen Implikationen, die er zuvor dargelegt hatte, sondern lässt den Leser nachvollziehen, wie jemand aus der Londoner kleinianischen Perspektive analytische Begegnungen erlebt und einschätzt, die aus der Perspektive des späten Bion geschildert werden.

In seinen Schlussfolgerungen verweist Taylor auf die Übereinstimmungen zwischen ihm und Vermote, wiederholt aber auch die Gründe für seine »wesentlichen Vorbehalte« gegenüber dem späten Bion. Er betont, dass eine der Schwächen Bions in seinen späteren Arbeiten die unzulängliche Betonung der Darlegung der »›Arbeitsweise‹ der klinischen Beobachtungen und Argumentationen des Analytikers« sei, ohne die, so Taylor, es nicht möglich sei, Einfälle, die in die Irre führen, von jenen zu unterscheiden, die uns näher an »das hinter den oberflächlichen Tatsachen Verborgene« heranbringen. Was nach Taylors Einschätzung an Bions Vermächtnis wertvoll ist und weiterentwickelt werden sollte, ist die kontinuierliche Sammlung und Evaluation klinischer Daten. Die Art und Weise, wie Taylor seine gedankliche Arbeit vermittelt, kann als ein Schritt zur Realisierung dieser Aufgabe gesehen werden.

In seiner Erwiderung auf Taylors Kommentar würdigt Vermote dessen scharfsinnige Analyse, mit der er allerdings in grundlegenden Punkten nicht übereinstimmt. Er hat den Eindruck, dass etwas Wesentliches in Bions Denken wie in seiner eigenen Darstellung in Taylors Reformulierung der Bion'schen Entwicklungen verloren geht. Der Punkt, den Vermote herausheben möchte, ist, dass für den späten Bion »das verstandesmäßige Denken ein Hindernis für Transformationen sowohl in K (Knowledge/Wissen) als auch in O« ist. Die wichtige klinische Konsequenz hieraus ist, dass der Analytiker »sich während der Sitzungen nicht vom verstandesmäßigen Denken leiten […] lassen [sollte], um einen Kontakt mit O zu ermöglichen, ein Kontakt, der zu einer Transformation in O führen kann«.

Nach Bion sollte während einer Sitzung nicht nur auf verstandesmäßiges Denken verzichtet werden, sondern auch auf Verstehen, narrative Kohärenz, Wunsch, Erinnern, Bedeuten oder Liebe-Hass-Wissen, das in den Sitzungen erfahren wird. Hiervon Abstand zu nehmen, ist Teil der Mühe, um in Kontakt mit O zu gelangen, oder, wie Vermote es ausdrückt, der Anstrengung, »die zugrunde liegende psychische Realität und ihre konstanten Verbindungen auf ›seherische Weise‹ zu erfassen« und das »Wesen einer Person« zu berühren. Vermote hat den Eindruck, dass Taylor seine Darlegung dieses Aspekts von Bions Spätwerk nicht nachvollziehen konnte, gibt aber auch zu bedenken, dass es in dieser Auseinandersetzung vor allem um die Frage geht, ob es eine nichtsinnliche psychische Realität gibt und inwiefern es möglich ist, sie klinisch in der von Bion vorgeschlagenen Weise zu erfassen.

Indem er diese Frage aufwirft, berührt Vermote einen wichtigen Punkt, der nach meiner Auffassung nicht übersehen werden darf. Es geht um den Punkt, *wie* man dazu kommt, nach der Existenz einer nicht-sinnlichen Realität zu fragen sowie nach der Möglichkeit, sie klinisch zu erfassen. Eine Option besteht darin, die klinischen Möglichkeiten im Hinblick auf eine nicht-sinnliche Realität aktiv zu explorieren und sich gegenüber dem Unbekannten zu öffnen. Eine andere ist es, diesen unbekannten Bereich aus der Perspektive bereits bestehender analytischer Modelle zu betrachten, in denen es um die Suche nach Verstehen, Bedeutung und Kohärenz geht. Folgt man Vermote, so wird bei der zweiten Option Bions Denken auf technische Hinweise zur analytischen Haltung beschränkt, was als problematisch betrachtet werden kann. Natürlich zieht Vermote die erste Möglichkeit vor, die er als die radikalere und mutigere und zudem als diejenige betrachtet, die näher an Bions eigenem Ansatz liegt.

Im Weiteren geht er darauf ein, inwieweit Bion den von ihm vorgeschlagenen Ansatz selbst in seiner klinischen Praxis anwandte. Um seine eigenen Erfahrungen in dieser Hinsicht zu beschreiben, kommt er auf seine klinischen Vignetten zurück. Er bekräftigt seine Überzeugung, dass ihm dieser Ansatz einen Zugang zum nicht erkennbaren und nicht benennbaren Wesen (ineffable essences) seiner Patienten ermöglicht hat, was zu signifikanten psychischen Veränderungen geführt habe. Die Alternativen, die sich aus einer kleinianischen Sichtweise auf das klinische Material, wie Taylor sie vorschlägt, ergeben, erscheinen Vermote als wichtig und schön außerhalb der Sitzungen; doch er hält daran fest, dass sie die psychische Veränderung verhindert hätten, wenn sie während der Sitzung angewandt worden wären – eben wegen ihrer Ausrichtung auf Verstehen. Vermote erwähnt hier eine Anekdote von Matte-Blanco, der zufolge der traditionelle Zugang zum Verstehen ziemlich beschränkt sei. Dieser übersehe nicht nur, was jenseits jeglicher sinnlichen Erfahrung liegt, sondern auch, wenn man sich engstirnig auf die verbal mitgeteilten Motive konzentriert, darüber hinaus ungeheuer vieles, das sinnlich begreifbar und offensichtlich wichtig ist.

Am Schluss seiner Ausführungen nimmt Vermote eine vorsichtigere wissenschaftliche Haltung ein, wenn er sich für die empirische Untersuchung von Bions Innovationen ausspricht. Zugleich bekräftigt er noch einmal seine Überzeugung, dass er sie für bahnbrechende Beiträge zur Entwicklung psychoanalytischen Denkens und Praktizierens hält.

Diese Erwiderung rückt einige zentrale Fragen bezüglich der Differenzen in den Vordergrund, die im Laufe dieser Debatte aufgekommen waren. Man kann sich fragen: Sind Vermote und Taylor wirklich unterschiedlicher Auffassung darüber, was Bion gesagt hat? Oder sind sie sich einig über das, was er sagt, aber nicht über dessen Validität, d. h. die Validität der Behauptung, dass es eine nicht-sinnliche psychische Realität gebe, die klinisch zugänglich sei? Oder geht es, wenn sie darin übereinstimmen, dass es eine solche Realität gibt, bei dem Dissens zwischen ihnen um die Frage, welche *Relevanz* es für die psychoanalytische Arbeit hätte, einen Zugang zu einer solchen Realität zu finden? Möglicherweise ist also der dahinterliegende Streitpunkt, ob es tatsächlich Aufgabe des Analytikers ist, mit dieser Realität in Kontakt zu kommen, mit dem »unfassbaren Wesen« seiner Patienten, und ob dies (zumindest zeitweise) auf Kosten des Verstehens geschehen sollte.

Vermote würde diese Frage mit einem kräftigen »Ja« beantworten. Es nicht zu tun, würde aus seiner Perspektive bedeuten, um den Preis psychischer Integration an traditionellen analytischen Rollen festzuhalten. Aber dann kann man sich natürlich fragen, ob Psychoanalyse wirklich dazu da ist, Integration um jeden Preis zu erreichen, oder ob sie nur dazu dient, eine durch analytisches Verstehen mögliche Integration herbeizuführen. Hinzu kommt aus der Perspektive Taylors, dass es keineswegs ein Zeichen offener Aufnahme- und Kontaktbereitschaft ist, das Verstehen des Patienten hintanzustellen. Mit dieser Einstellung werde ein solcher Kontakt gerade verhindert, wie Taylor in seiner Untersuchung des klinischen Materials zu zeigen versuchte. Möglicherweise hat dies zum Teil mit der Tatsache zu tun, dass aus Taylors Sicht »Verstehen« ein reichhaltiger Prozess ist und nicht nur eine intellektuelle Anstrengung oder lediglich enge Fokussierung auf verbale Kommunikation. Es geht vielmehr darum, die verschiedenartigen, bewussten und unbewussten Erfahrungen und Bedeutungen auf mentaler Ebene zu erfassen, die sich in einer Beziehung vermitteln. Und aus dieser Perspektive würde eine analytische Haltung, die sich an den ›späten Bion‹ anlehnt, ebenfalls eine Bedeutung vermitteln, die ihrerseits beeinflusst, was der Patient ausdrückt und was es bedeutet. Diese Tatsache auszuklammern, würde aus Taylors Perspektive bedeuten, dass wir unser Verstehen des Patienten einschränken. Genau hierin, so könnte man meinen, liegt der Kern ihrer Differenzen: Vermote würde diese Beschränkung nicht stören, da er der Meinung wäre, dass dies den Kontakt mit etwas Wesentlichem im Patienten fördern würde, das jenseits des Verstehens liegt.

Kann Psychoanalyse diese geheimnisvolle Essenz wirklich erforschen, und ist dies möglich, ohne Worte zu finden für das, was da verstanden wird, wenn der Analytiker in Kontakt »mit einem lebendigen unterirdischen Fluss in sich« tritt? Auch bei dieser Frage vertreten die Autoren unterschiedliche Positionen.

Abschließende Einladung

Dieser Austausch zwischen Rudi Vermote und David Taylor über die Bedeutung des späten Bion zeigt, wie ein Dialog über kontroverse Vorstellungen, bei denen es um den Kern psychoanalytischer Theorie und Praxis geht, auf sinnvolle und respektvolle Weise geführt werden und unser Verstehen vertiefen kann. Natürlich ist es im Rahmen dieses Dialogs nicht zu einer Übereinstimmung gekommen, und so ist es interessant, weiterhin über die bestehenden Differenzen und die ihnen zugrunde liegenden Annahmen und Überlegungen nachzudenken. Das vorgestellte klinische Material samt der unterschiedlichen Auffassungen der Autoren bieten einen besonderen Rahmen, der es ermöglicht, die Validität und Relevanz von Bions späten klinischen Ideen für die Psychoanalyse weiter zu untersuchen. Wie immer ist die Leserschaft des *International Journal* eingeladen, zu diesem Reflexionsprozess und Austausch auf der Website des IJP www.psychoanalysis.org/uk/ijpa eigene Kommentare beizusteuern.

Aus dem Englischen von Antje Vaihinger und Angela Mauss-Hanke

Literatur

Bianchedi, Elizabeth Tabak de (2005): Whose Bion? Who is Bion? I. J. Psychoanal. 86, 1529–1534. Dt.: Wessen Bion? Wer ist Bion? Übers. A. Hanke & H. Skogstad. In: Junkers, Gabriele (Hg.): Verkehrte Liebe. Ausgewählte Beiträge aus dem *International Journal of Psychoanalysis*, Bd 1. Tübingen (edition diskord) 2006, 139–146.

Bion, Wilfried (1965): Transformations. London (Heinemann). Transformationen. Übers. u. hg. von E. Krejci, Frankfurt a. M. (Suhrkamp) 1997.

Bion, Wilfried (1975): A Memoir of the Future. I. The Dream. Rio de Janeiro (Imago Editora).

Bion, Wilfried (1977): A Memoir of the Future. II. The Past Presented. Rio de Janeiro (Imago Editora).

Bion, Wilfried (1979): A Memoir of the Future. III. The Dawn of Oblivion. Rio de Janeiro (Imago Editora).

Ferro, Antonino (2005): Bion: Theoretical and clinical observations. I. J. Psychoanal. 86, 1535–1542. Dt.: BION. Theoretische und klinische Betrachtungen. Übers. A. Hanke. In: Junkers, Gabriele (Hg.): Verkehrte Liebe. Ausgewählte Beiträge aus dem *International Journal of Psychoanalysis*, Bd 1. Tübingen (edition diskord) 2006, 147–158.

O'Shaughnessy, Edna (2005): Whose Bion? I. J. Psychoanal. 86, 1523–1528. Dt.: Wessen Bion? Übers. H. Skogstad. In: Junkers, Gabriele (Hg.): Verkehrte Liebe. Ausgewählte Beiträge aus dem *International Journal of Psychoanalysis*, Bd 1. Tübingen (edition diskord) 2006, 127–136.

Zur Bedeutung von Bions Spätwerk für die psychoanalytische Theorie und Praxis[1]

Rudi Vermote

Die meisten Kollegen werden die Einschätzung teilen, dass Bions Theorie des Denkens zu einem integralen Teil des gemeinsamen Bestandes an psychoanalytischer Theorie geworden ist. Sie gehört zu denjenigen Theorien, die dazu beitragen, dass sich in der Psychoanalyse der Fokus vom Inhalt der Manifestationen des Unbewussten weg und hin zu dessen psychischer Verarbeitung verlagert. Sie eröffnete neue Behandlungsperspektiven, insbesondere für die Behandlung schwerer Pathologien. Dennoch hat Bions Spätwerk mit seinem Schwerpunkt auf ›O‹ und der Empfehlung einer klinischen Haltung von »no memory, no desire, no coherence, no understanding«[2] sehr verschiedenartige Reaktionen ausgelöst, die von einer Verurteilung als Unsinn bis hin zu abgöttischer Bewunderung reichen. Im Folgenden werde ich meinen Standpunkt darlegen, dass Bions Spätwerk einen wichtigen Beitrag zur analytischen Theorie und Praxis darstellt und dass es möglich ist, die beiden Modelle, die im »frühen« und im »späten« Werk Bions entworfen werden, zu kombinieren, um ein zweigleisiges Modell psychischer Veränderung zu entwickeln.

Die Wende in Bions Denken

Es gibt eine Tendenz, die tiefgreifende Veränderung in Bions Denken mit seinem Umzug von London nach Kalifornien in Verbindung zu bringen,

---

1 On the value of ›late Bion‹ to analytic theory and practice. The International Journal of Psychoanalysis (2011) 92, 1089–1098.
2 Anm. d. Ü.: deutsch etwa: »keine Erinnerung (an das Vorangegangene), kein Wunsch, kein Herstellen von Zusammenhängen, kein Verstehenwollen«.

wodurch sie äußeren Faktoren zugeschrieben und so in ihrem essenziellen Gehalt und ihrer Sprengkraft abgeschwächt wird. Mein Eindruck ist, dass es sich umgekehrt verhalten hat, nämlich dass Bions neue Einsichten ihn dazu gebracht haben, seine Lebensumstände so zu verändern, dass er von Grund auf neu beginnen und sich ganz auf das Schreiben konzentrieren konnte. Der Wandel in Bions Sichtweise fand statt, als er sein Buch *Transformationen* (1965 [1997]) abschloss, und wurde in *Aufmerksamkeit und Deutung* (1970 [2006]) weiter ausgearbeitet. Beide Werke entstanden in der Zeit, als Bion noch in London lebte. Nach diesen beiden Büchern entwickelte Bion keine neuen theoretischen Konzepte mehr, sondern stellte seine neuen Sichtweisen in drei Projekten dar, an denen er parallel arbeitete. Eines dieser Projekte waren die Bücher zur Psychoanalyse, die später gemeinsam unter dem Titel *A Memoir of the Future* (1991) herausgegeben wurden. Passend zu seinen neuen Gedanken benutzte Bion darin die Form eines fiktionalen Dramas, weil er hoffte, dass der Inhalt und eine lebendige Sprache aufeinander einwirken würden. Auch seine Seminare und Vorlesungen sowie seine autobiografischen Schriften spiegeln das Bemühen des sogenannten »späten Bion« wider, seine Sicht in einer lebendigen Sprache zu vermitteln. In allen diesen Arbeiten gibt es einen deutlichen stilistischen Unterschied zu seinem früheren Werk: Seine bislang eher trockene, rationale und distanzierte (wenn auch bisweilen humorvolle) Herangehensweise macht einer experimentelleren, offeneren und emotionaleren Haltung Platz. Diese radikale Veränderung zeigt sich auch deutlich in den *Cogitations* (1992), Bions tagebuchartig festgehaltenen theoretischen Notizen (Borgogno/Mercaia 1997). Während Bions spätere Schriften den substanziellen Wandel in seiner inneren Welt bezeugen und voller »wilder« Gedanken sind, zeigen die persönlichen Zeugnisse seiner Analysanden aus jener Zeit, beispielsweise Tustin, Grotstein oder Gooch, dass dieser Wandel in seiner klinischen Arbeit nicht spürbar war: Als Psychoanalytiker blieb er ein strenger und disziplinierter Kleinianer.

Die Erkenntnis, die Bions Theorie auf den Kopf stellte

Vorangegangen war, dass Bion in den 1950er Jahren mit schwer kranken, an Denkstörungen leidenden Patienten gearbeitet hatte, bei denen in einem pathologischen Ausmaß Wahrnehmungen und Gefühle nicht zu etwas Psychischem wurden. Er entwickelte eine Theorie des Denkens, die im klinischen Bereich Anwendung finden konnte (Bion 1962b, 1963), in der er Denken oder die unbewusste Verarbeitung emotionaler Erfahrungen entsprechend dem Klein'schen Konzept der unbewussten Phantasie fasst. Bions grundsätzliche Fragestellung dabei war, wie eine emotionale Erfahrung oder eine Wahrnehmung, die noch nicht psychisch ist, psychisch werden und auf welche Weise dieser Prozess unterstützt werden kann. Dies ist insofern eine schwierige Frage, als sowohl »Nicht-Psychisch« als auch »Gerade-Psychisch« nicht bekannt sind. Um den Übergang zwischen den beiden zu untersuchen, benutzte Bion den mathematischen Funktionsbegriff, mit dem die Beziehung zwischen Variablen, die selbst unbekannt bleiben, untersucht werden kann. Nicht-Psychisch wurde als »Beta« bezeichnet, das »Gerade-Psychische« als »Alpha« und die zwischen beiden bestehende Funktion als »Alpha-Funktion«. Bei der Untersuchung dieser Funktion stützte sich Bion auf Freuds Theorie der »Zwei Prinzipien psychischen Geschehens« (1911) und auf die englischen Empiristen wie zum Beispiel David Hume.

Bion (1963) entwickelte seine Theorie des Denkens weiter, indem er Euklids »Theorie des Denkens« anwandte, um zwischen verschiedenen Elementen des Denkens und deren Gebrauch zu unterscheiden. Diese wurden in einem Raster [grid] kategorisiert. Denken konnte so als der Übergang von einem Element zum anderen gesehen werden, ein Übergang, der durch die Formel »Ps-D, Container-Contained und ausgewählte Tatsache« [selected fact] beschrieben werden kann. Bions nächster Schritt bestand darin, die Übergänge zwischen den Elementen oder den verschiedenen Kategorien des Rasters zu untersuchen, indem er die der Geometrie entlehnte »Theorie der Transformation« anwandte (Bion 1965). Bion hoffte, dass man, indem man die Beziehungen zwischen den Elementen in ein System algebraischer Formeln brachte, die Psychoanalyse von der Begrenztheit einer rein deskriptiven Ebene befreien könnte, so wie es für die Geometrie und die Physik der Fall gewesen war. Er verfolgte diesen Ansatz bis zu einem Grad, der sein Buch *Transformationen* nahezu unlesbar werden ließ, um dann am Ende zu realisieren, dass dieser Versuch zum Scheitern verurteilt war. Ihm wurde klar, dass – wenn man eine Reihe von Transformationen nimmt und mit dem Ergebnis der letzten Transformation beginnt – sich nicht mehr als drei oder vier Transformationen zurückverfolgen lassen. Es gibt zu viele Unbekannte, um weitere Schritte in diesem Prozess rekonstruieren zu können, erst recht, um bis zu dem Punkt zu kommen, an dem die Transformationen ihren Ausgang nahmen. Darüber hinaus wurde ihm klar, dass er, indem er mit seinem Ansatz, die Transformationen der Elemente und ihrer Verknüpfungen in einem System algebraischer Formeln auszudrücken, auf der Ebene der Repräsentanzen blieb, die er als

»Transformationen in Wissen« (T(K)) [Transformation in Knowledge] bezeichnete. Es war unmöglich, den Ursprung der Transformationen, den er O nannte, zu erfassen. Er war jedoch davon überzeugt, dass dies die basale Ebene darstelle, auf der psychische Veränderung stattfinden kann, eine Veränderung, die er »Transformation in O« (T(O)) nannte. Dies ist der qualitative Sprung in Bions Denken (Vermote 1998; Vermote 2010), auf den ich zu Beginn dieser Arbeit hinwies. Von da an konzentrierte sich Bion nicht mehr darauf, wie etwas repräsentiert wird (der sogenannte ›frühe Bion‹), sondern begann darüber nachzudenken, was auf einer Ebene geschieht, auf der es noch keine Repräsentanz und Differenzierung gibt, und wie Veränderungen auf dieser Ebene durch den Analytiker gefördert oder zumindest nicht behindert werden können (der sogenannte ›späte Bion‹).

Die undifferenzierte und die differenzierte Zone

Zur Beschreibung dieser Zone, in der es noch keine Repräsentation und Differenzierung gibt und die per definitionem nicht bekannt sein kann, begann Bion neue Metaphern zu gebrauchen, wie zum Beispiel das mathematische Konzept der Unendlichkeit und das religiöse Konzept der Gottheit. Er wandte sich Philosophen wie Platon oder Kant zu, die sich mit denselben Problemen beschäftigt hatten, die nun ihn herausforderten: Wie kann man den Kontakt zu etwas initiieren, in Worte fassen und konzeptionell begreifen, das jenseits der Grenzen unseres Denkens ist, hinter dem Vorhang der Illusionen? Und ohne selbst ein Mystiker zu sein, fand er in deren Schriften Darstellungen, die er nutzen konnte, um zu beschreiben, was es bedeutet, etwas wahrzunehmen, das jenseits der Repräsentation liegt.

Als Bion seine neuen Ideen mit den klassischen psychoanalytischen Konzepten in Beziehung setzte, unterschied er bemerkenswerterweise zwischen Transformationen in O (T(O)) einerseits und dem Bewusstmachen von Unbewusstem auf der anderen Seite. Seiner Ansicht nach ist die Auflösung unbewusster Konflikte als solche noch keine Garantie für T(O). Will man T(O) ermöglichen, bedarf es zusätzlich einer bewussten Haltung von radikaler Offenheit gegenüber dem Unbekannten. Darüber hinaus fand Bion (1970), dass das Konzept Bw/Ubw zu eng mit dem im Bereich des Sinnlichen angesiedelten Lust-Unlust-Prinzip verknüpft ist, während O und T(O) auf einer nicht-sinnlichen Ebene angesiedelt sind. So entwickelte er das Konzept eines

Unendlichkeits-Endlichkeits-Vektors, den er für den Bereich T(O) für besser geeignet hielt als den Vektor Unbewusst-Bewusst. Er schlug vor, T(O) als eine Bewegung entlang des Vektors Unendlich-Endlich zu sehen. Bion zufolge sollte der Analytiker während der Sitzungen versuchen, an jenem Punkt zu sein, an dem das Undifferenzierte eine feste Form annimmt, mit anderen Worten: an einem Punkt in der Unendlichkeit, an dem er sehen kann, wie die Gedanken auftauchen (Bion 1970).

Von nun an betrachtete Bion jeden Gedanken als »der dunklen und formlosen Unendlichkeit abgewonnen« (Bion 1970 [2006], S. 102). In diesem Sinne könnte T(O) als etwas gesehen werden, das neu geschieht; dies in Unterscheidung zu T(K), welches die Verarbeitung und das Denken schon existierender emotionaler Erfahrungen darstellt, die in den Kategorien von Lust-Unlust gefasst werden können.

In Bions Konzeption ist der undifferenzierte Bereich eine kraftvolle, lebendige und Leben spendende Welt, ein Gedanke, der auf wundervolle Weise von Grotstein (2007) weiter untersucht wurde. Bion glaubte, dass große Künstler wie Leonardo da Vinci, Michelangelo, Shakespeare und andere in direktem Kontakt mit dem undifferenzierten Bereich standen (Bion 1991). Er gab diesem Bereich unterschiedliche Namen – Namen, die er Werken aus früherer Zeit entnahm und denen er nun eine etwas andere Bedeutung gab: die Matrix, ein Begriff aus *Erfahrungen in Gruppen* (Bion 1961 [2001]), die halluzinatorische Zone aus *Second Thoughts* (Bion 1967), die er in ihrer neuen Bedeutung nicht mehr mit einer Psychose in Verbindung brachte, und die Zone des Pränatalen aus *A Memoir of the Future* (Bion 1991).

Neubestimmung der Konzepte und Empfehlungen zur Technik im neuen Modell

Im Modell des »späten Bion« liegt der Fokus nicht mehr auf dem Denken oder T(K), das auf der Ebene der Repräsentationen stattfindet, sondern auf seelischer Veränderung, die sich auf der Ebene von Erfahrung, dem Nicht-Repräsentierten oder T(O) vollzieht. Von dieser neuen Perspektive aus bekam alles, was er früher formuliert hatte, eine neue Bedeutung. Beispielsweise wurde das Raster, das früher als eine Kategorisierung von Repräsentationen betrachtet wurde und dem Verstehen und Ermöglichen von T(K) dienen sollte, nun zu etwas, das Bion (1965) als eine »Realitätsskala« für T(O) bezeichnete: eine Skala, die die Entfernung zu O anzeigt. Auf dieser

Skala ist Beta O am nächsten, während von T(K) aus gesehen Beta-Elemente die noch am wenigsten verarbeiteten Elemente sind.

Wie wir gesehen haben, betrachtete Bion (1962, 1963) Denken oder T(K) als einen Übergang der Elemente von einer Kategorie in die nächste, ein Übergang, den er als PS-D-Oszillation definieren konnte. Dies setzte eine Haltung voraus, die Unsicherheit und Frustration ertragen kann, bis der Container seine Inhalte findet und sich ein Zusammenhang zwischen den verstreuten Elementen zeigt, die »ausgewählte Tatsache«. Mit T(O) nimmt Bion (1970) diese PS-D-Oszillation wieder auf, nun jedoch als Bewegung zwischen Geduld und Sicherheit [Patience-Security], was Warten und Toleranz für Zweifel und Rätselhaftes einschließt, bis eine umgrenzte Form aus dem Grenzenlosen auftaucht.

Bion untersucht diese Unterscheidung in seiner Darstellung der Haltung, die zur Förderung von T(K) beziehungsweise von T(O) notwendig ist. Da O ein nicht-sinnlicher Bereich ist, schlägt Bion (1970) vor, dass sich der Analytiker in Bezug auf O darin üben soll, alles mit den Sinnen in Zusammenhang Stehende hinter sich zu lassen und demzufolge zu versuchen, nicht verstehen, sich zu erinnern oder nach Zusammenhängen suchen zu wollen und sich nach Möglichkeit von allen Wünschen zu befreien. Während für T(K) eine Haltung von entspannter Aufmerksamkeit beim Analytiker wichtig ist, um sich so weit wie möglich für seine Rêverie zu öffnen, ist für T(O) eine Haltung von Zutrauen [faith] und Staunen [awe] (die Kant »Achtung«[3] nannte) wichtig, um das zu ermöglichen, was noch nicht geschehen ist, was Bion später einen »Glaubensakt« [Act of faith] nannte. In diesem Sinne heißt es bei Bion (1970), dass, ebenso wie in T(K) ein ›Nichts‹ [no-thing] mit einem Gedanken verbunden wird, in T(O) etwas, das noch nicht geschehen ist, mit einem ›Glaubensakt‹ verbunden wird. Der letzte Satz erfasst sehr genau die Unterscheidung, die Bion zwischen T(K) und T(O) macht. Beide Prozesse sind notwendig und stehen in einem dynamischen, interaktiven Verhältnis zueinander.

Die Zäsur zwischen den beiden Welten

In seinen »Vorlesungen« (Bion 1980) und »Seminaren« (Bion 1987) sowie in *A Memoir of the Future* (Bion 1991) stellte Bion den als undifferenziert angenommenen Bereich immer häufiger als durch eine Zäsur von der dif-

---

3 Anm. d. Ü.: deutsch im Original.

ferenzierten Welt getrennt dar. Bion (1979) beschrieb die undifferenzierte Zone auf der einen Seite der Zäsur als eine Art unterirdischen Strom, den er mit dem Alpheus verglich – dem mythischen Fluss, der nur hin und wieder an der Oberfläche auftaucht. Bion (1991) ging von einer Kommunikation zwischen den beiden Zonen aus, wobei die Träume eine Reflektion dessen sind, was in der undifferenzierten Zone geschieht. Zudem postulierte er, dass dieser Vorgang auch in umgekehrter Richtung ablaufen könne. Dementsprechend meinte er, dass es, genauso wie auf der einen Seite der Zäsur Träume gedeutet werden müssen, auf der anderen Seite Fakten gäbe, die gedeutet werden sollten. Er sah diese beiden Seiten als zwei Welten, die sich entweder berühren können oder auch nicht.

Immer mehr sah Bion (1991) die Zäsur als einen opaken Schirm, der durch die Sprache gebildet wird. Im Modell des »frühen Bion« sind Sprache und sprachliche Gedanken durch die Alpha-Funktion geprägt und können als lebende, durchlässige Membran betrachtet werden, als psychische Haut (Anzieu 1985); im Modell des »späten Bion« warnt er immer wieder davor, dass die Sprache zu einer Art Chitinpanzer wird, der die Erfahrung der undifferenzierten Zone behindert. Das bedeutet, dass die aus der Zone der Unendlichkeit stammenden Gedanken eine Art Kruste durchdringen müssen. In *A Memoir of the Future* (Bion 1991) beschreibt er auf recht poetische Weise, wie beispielsweise ein fötaler Gedanke nach dem Durchdringen der Zäsur in der Nähe des Zentralen Nervensystems platt auf dem Boden liegt, von Adrenalin-Stimulanzien durchtränkt, und wie sofort logisches Denken und Sprache versuchen, diesen fötalen Gedanken in die Fänge zu bekommen. Der fötale Gedanke wird in diesem Text, der die Form eines fiktionalen Dramas hat, als Person dargestellt, und Bion lässt ihn sagen: »Worte haben nicht das Recht, starre definitorische Schubladen zu sein, die meine Geburt verhindern« (Bion 1991, S. 279).

Um die Durchlässigkeit der Zäsur zu erleichtern, schlug Bion vor, dass der Analytiker eine »Sprache des Vollbringens« [Language of Achievement] benutzen sollte. Eine solche Sprache fungiert sowohl auf dem Wege der Repräsentation als Vorstufe zur Handlung wie auch als Handlung selbst. Sie durchbricht die chitinöse Qualität der Sprache und befreit sie von festgeschriebenen Bedeutungen. Diese Sprache hat, obwohl sie sich in der differenzierten Welt ereignet, ihre Wurzeln oder ihren »Kern« in der Welt der Unendlichkeit. In diesem Sinne ist sie der Poesie nicht unähnlich. Um diese Sprache zu fördern, hielt es Bion (1979, 1997, 2005a, 2005b) für wichtig, den »schöpferischen Einfällen«, wie er sie nennt, der »spekulativen Phantasie« und den »abwegigen Gedanken« besondere Aufmerksamkeit zu widmen. Im gleichen Sinne experimentierte er mit etwas, was er »fotzige« [cuntish] Sprache nannte, und sogar mit Bigotterie, wobei er schrieb, dass »das Unbekannte und die Bigotterie das Wesen der Psychoanalyse sind« (Bion 1991, S. 254). Ich werde versuchen, diese Qualität in einer der in Kürze folgenden Fallstudien zu illustrieren.

Die nicht-sinnlichen psychoanalytischen Objekte

Indem er seinen sich entwickelnden Gedanken das Werk Platons und Kants zugrunde legte, wurde Bion klar, dass Emotionen und Persönlichkeit, bevor sie ihren Ausdruck finden, von nicht-sinnlicher Qualität sind. Schon 1963 hatte Bion die Objekte der Psychoanalyse dahingehend beschrieben, dass sie unfassbar seien und mindestens drei Rasterkategorien benötigten, um unterscheidbar zu werden (Sinn, Mythos, Leidenschaft). Nach der Einführung von O bezeichnete er die psychoanalytischen Objekte als konstante Verbindungen, die auch auf nicht-sinnlicher Ebene vorhanden sind, als Formen, die noch nicht verbalisierbar sind, aber intuitiv erfasst werden können (Bion 1970). Er verglich dieses Wesen der inneren Realität mit Platons Konzept der »Idee«, die sich in der äußeren Realität manifestiert wie die abstrakte »Idee« eines Dreiecks, die sich in der Natur in vielen verschiedenen sinnlich erfahrbaren Objekten realisiert. Diese unveränderlichen, für jeden Patienten spezifischen Formen zeigen sich und werden in der Sitzung als sich ständig verändernde Variationen von Träumen und Übertragungsmanifestationen ›endlich‹ [finite]. Mit anderen Worten bleiben die nicht-sinnlichen konstanten Verbindungen über die vielen sinnlichen Transformationen hinweg, in denen sie sich widerspiegeln, unveränderlich. Sie sind das Wesen des Seelischen [mind] oder der Persönlichkeit eines Individuums, das nicht weiter reduzierbare Minimum des Patienten, das der Analytiker für den Patienten erkennbar werden lassen muss (Bion 1970).

Um dies zu »sehen« oder zu erfahren, ist es wichtig, die Verbindungen zwischen den Elementen zu betrachten und nicht die Elemente selbst. Weil die Verbindungen dem nicht-sinnlichen Bereich entstammen, sollte man darauf achten, sich nicht durch Emotionen oder Sinneseindrücke verwirren zu lassen. Bion zieht hier einen Vergleich mit einer Kamera heran, die nutzlos wird, wenn Licht in sie einfällt. Ebenso sollte auch die Konzentration auf Narrative vermieden werden, die auf illusorischen, im sinnlichen Lust-Unlust-Prinzip begründeten kausalen Verknüpfungen beruhen und die jemanden erfordern, der sie denkt, sowie auf Versuche, Phänomene zu verstehen, indem man sie auf rationale Weise mit vergangenen Ereignissen und der Lebensgeschichte verknüpft. Stattdessen plädierte Bion für eine radikale »docta ignorantia«, eine sokratische Offenheit dem Unbekannten gegenüber. Er meinte, dass es von entscheidender Bedeutung sei, selbst die Erfahrung einer Psychoanalyse gemacht zu haben, um aus einer persönlichen Erfahrung heraus Entwicklungen, die in O stattfinden, von solchen zu unterscheiden, die nicht in O stattfinden.

»Gleichwohl determiniert seine [des Analytikers] Fähigkeit, dem nahezukommen, auch seine Fähigkeit, die ›Blindheit‹ zu erreichen, die eine Voraussetzung dafür ist, daß er die evolvierten Elemente von O ›sehen‹ kann.

Umgekehrt sollte der Umstand, daß er durch die Qualitäten, die zum Bereich der Sinne gehören, (oder durch seine Wahrnehmung dieser Qualitäten) nicht ›geblendet‹ wird, den Analytiker befähigen, jene evolvierten Aspekte von O zu ›sehen‹, die im Analysanden invariant sind« (Bion 1970 [2006], S. 71).

Klinische Beispiele für die Arbeit mit Konzepten des »späten Bions«: ein zweigleisiger Mechanismus psychischer Veränderung

Im Folgenden werde ich einige Beispiele aus meiner eigenen klinischen Arbeit vorstellen, die meiner Meinung nach den klinischen Wert von Bions Spätwerk verdeutlichen. Bion selbst brachte seit den 1950er Jahren keine Fallbeispiele mehr, weil ihm klar geworden war, dass solche Demonstrationen unvermeidlich die lebendige Erfahrung mit dem Unbekannten in einer Sitzung deformieren und deren Offenheit zunichtemachen (Bion 1967). Eine solche Haltung des Analytikers wäre ziemlich genau das Gegenteil von derjenigen, die er herausarbeiten wollte.

Dabei ist es nicht meine Absicht, Bions theoretische und technische Einsichten im Allgemeinen zu kommentieren. Ich möchte lediglich eine Kostprobe davon geben, wie ich die Differenz zwischen dem frühen und dem späten Bion verstehe und wie dieses Verständnis zu einem essenziellen Bestandteil meiner Arbeit geworden ist. Für meinen eigenen Gebrauch in klinischen Situationen habe ich Bions Ideen in die Aufgabe übersetzt, meine Aufmerksamkeit auf die zwei Vertices T(O) und T(K) und auf die Bewegung zwischen T(K) und T(O) zu richten. In dieser Dynamik sind auch das »psychoanalytische Objekt« und die »Sprache des Vollbringens« von Bedeutung.

Ein Blumenfeld

Wenn man mit einem Patienten arbeitet, kommt es manchmal vor, dass T(O) fast unmittelbar präsent ist, wie eine Art Geschenk. Ein Mann mittleren Alters war von einem internistischen Kollegen an mich überwiesen worden, weil er sich seit Langem an nichts mehr hatte freuen können. Er hatte sich damit abgefunden, er lebte so. Er arbeitete nicht mehr, hatte kein Bedürfnis nach Sex, im Grunde schien er an gar nichts mehr Interesse zu haben. Er war blass, und sogar seinen eigenen Geburtstag vergaß er. Im Erstinterview war ich ziemlich zurückhaltend. Der Patient wünschte sich jedoch Hilfe und glaubte, dass ich seine letzte Chance wäre. Eine schwere Depression, Psychose oder somatische Krankheit war vom überweisenden Arzt ausgeschlossen worden. Ich stellte ihm keine Fragen, um irgendetwas zu verstehen, weil ich nicht eine Erfahrung wiederholen wollte, der er schon einige Male ausgesetzt gewesen war, ohne dass dies zu einem Ergebnis geführt hätte. Ich achtete jedoch sehr darauf, was von jenseits der Zäsur kommen könnte.

Die zweite Sitzung war rätselhaft. Er betrat den Raum und sagte: »Sie haben gesagt, dass Träume für das, was wir hier machen, wichtig sein könnten. Normalerweise träume ich nicht oder erinnere mich nicht an Träume, aber seltsamerweise hatte ich letzte Nacht einen Traum.« Es war ein Traum, der die Kruste regelrecht durchbrochen hatte. Er hatte geträumt, dass er in seinem Bauch Ausstülpungen gesehen hatte, die wie Tumore aussahen und schnell wuchsen. Anschließend sah er im Traum, dass Zwiebeln gegen seine Haut drückten; schließlich öffneten sie sich und sein Unterleib wurde zu einem Tulpenfeld. Zu diesem Zeitpunkt war es nicht möglich, den Traum zu deuten oder mit einer Theorie zu verknüpfen. Es fühlte sich jedoch wie eine gute Erfahrung an, die etwas in die Sitzung brachte, das von der anderen Seite der Zäsur kam. Es war die Erfahrung, in Kontakt mit einem lebendigen unterirdischen Fluss in sich gekommen zu sein, der in der Begegnung mit mir, innerhalb des psychoanalytischen Settings oder Rahmens, Ausdruck gefunden hatte. Die Sitzungen begannen mit »Achtung« für diesen Ausdruck und mit dem »Glauben« daran, dass dieser unterirdische Fluss sich wieder zeigen würde. Für diesen Mann war diese Erfahrung von T(O), eines Wandels im Erstgespräch, etwas völlig Neues. Weder er noch ich verstanden dessen Bedeutung, aber wir waren beide erstaunt über die Macht und Rätselhaftigkeit dieses Etwas, das außerhalb seines Bewusstseins in ihm existierte. Das Erlebnis von T(O) unterscheidet sich sehr von demjenigen von T(K). Hier wäre es mehr um Gefühle gegangen, darum, einen Container und eine Repräsentation für seine Gefühle von Abgestorbensein und Leere zur Verfügung zu stellen.

Obwohl dieses Erlebnis im psychoanalytischen Feld einen tiefen Eindruck auf den Patienten gemacht hatte, neigte er dazu, sich wieder zu verschließen und es auf einer bewussten Ebene zu vergessen. Es blieb jedoch ein Orientierungspunkt in der Öffnung seiner inneren Welt und hatte eine unleugbare Veränderung in seiner Art zu funktionieren und in der Beziehung zu mir mit sich gebracht.

Treezebees

An anderer Stelle habe ich herausgearbeitet, dass die basale undifferenzierte Schicht der Übertragung als eine Art Leinwand gesehen werden kann, auf der differenziertere Repräsentationen der Übertragung erscheinen und eine Form annehmen können (Vermote 2009; Godfrind 1993). Der folgende Fall illustriert die Art und Weise, in der jede Übertragungs-Gegenübertragungs-Dynamik in einzigartiger Weise Übergänge durch die Zäsur zwischen den undifferenzierten und den differenzierten Schichten psychischen Funktionierens ermöglicht, nämlich indem sie Schnittstellen zur Verfügung stellt, an denen das Nicht-Sinnliche Einfluss auf das Sinnliche nehmen kann und umgekehrt.

Die Patientin kam wegen Problemen mit ihrer sexuellen Identität in Analyse. Zum damaligen Zeitpunkt hatte sie eine Beziehung zu einem Mann, für den sie tiefen Respekt, Vertrauen und Wärme empfand, aber die sexuelle Beziehung mit ihm war nicht befriedigend. Das Problem mit ihrer sexuellen Identität bedeutete, dass sie sich nicht entscheiden konnte, ob sie Kinder bekommen, heiraten oder ein Haus kaufen wollte, solange sie sich nicht sicher war, ob sie lesbisch war oder nicht.

Es entwickelte sich ein psychoanalytischer Prozess auf mehreren Ebenen. Zum einen konnte sie den frühen Tod ihres Vaters verarbeiten. Eine Integration der gespaltenen inneren Repräsentation ihrer Mutter fand statt, die teilweise als ein sie beeinträchtigendes inneres Objekt erlebt worden war. Allmählich konnte sich die Patientin, die zu Anfang der Behandlung oft verwirrt war und die Tendenz hatte, ihre Mentalisierung (T(K)) mit vorgefertigten Aphorismen abzublocken, mehr und mehr ihren spontanen Gedanken und Träumen gegenüber öffnen. Nach ungefähr zwei Jahren begann sie, sich besser zu fühlen und einiges in ihrem Leben zu regeln, aber in Bezug auf ihre sexuelle Identität kehrte dieselbe Frage immer wieder. Wir bekamen das Gefühl, festzustecken.

In der Übertragung hatte sich ein grundlegendes Gefühl von Sicherheit entwickelt, allerdings erlebte sie mich als eine undifferenzierte Figur im Hintergrund, als eine Art »Funktion«, wie sie sich ausdrückte. Aufgrund ihres mädchenhaften Äußeren, ihrer Vorliebe für Kampfsportarten und anderer Hinweise konnte ich, ohne dass es für mich in Gefühlen oder in sinnlichen Phänomenen präsent gewesen wäre, etwas von einer wilden, undifferenzierten Sinnlichkeit in ihr »sehen« oder intuitiv erfassen, ohne diese zu spüren. Kurz nachdem mir dieser Umstand aufgefallen war und ohne dass ich ihr gegenüber etwas davon erwähnt hätte, waren wir beide überrascht von folgendem Traum: Eine Art von »Wurzel« mit kleinen Ausläufern, die in ihr gewachsen war, musste hinter ihrem Brustbein entfernt werden. Der Traum war sehr lebhaft und hinterließ einen starken Eindruck. Sie war darüber sehr entsetzt. War diese Wurzel etwas, das sie behinderte, etwas, das in ihr wuchs wie ein Fremdkörper, ein Parasit? War es eine Art Geburt? War es ein Ausdruck von Kastrationsangst in Analogie zu Winnicotts (1971) Analyse vom »kleinen Mädchen« in einem Mann? Auf jeden Fall hatte der Traum etwas Kraftvolles kommuniziert, das eine Form gefunden hatte und unbekannt war. Einige Stunden später sprang mich, während ich ihr zuhörte, plötzlich ohne jeden ersichtlichen Grund das Wort »Treezebees« an. Auf Holländisch, der Sprache, in der diese Analyse geführt wurde, bezeichnet dieser Ausdruck ein unattraktives, altmodisches, etwas naives Mädchen. Ich war sehr überrascht, weil dieses Wort weder von einem objektiven Blickwinkel aus gesehen, noch vom sinnlichen Eindruck her auf sie zu passen schien. Ich wollte keine wilde Intervention machen, sie nicht beurteilen oder verärgern, und blieb deshalb still. Nach einer Weile jedoch entschied ich mich, ihr davon zu erzählen, wobei ich darauf hinwies, dass es sich nur um eine Assoziation von mir handelte, die nicht unbedingt die Realität repräsentierte, aber vielleicht etwas mit der Dynamik ihrer inneren Welt zu tun hatte. Diese Intervention, die ich als recht grob empfand, hatte nichtsdestotrotz eine starke Wirkung. Sie meinte, sie hätte jetzt das Gefühl, dass etwas in ihr anfing zu fließen, zu laufen. Dieses Etwas fühlte sich für sie neu an, als ob sich etwas geöffnet hätte. Es schien, als ob sie in einer anderen Schicht berührt worden wäre.

Die Patientin erlebte diese Sitzung als einen Wendepunkt. Sie weinte und weinte und sagte, dass sie nun diese Gefühle loslassen könnte und dass ich da sei, wenn sie fallen würde. Diese unmittelbare Erfahrung, die sie zulassen konnte, und ihre Einfälle dazu waren jedoch etwas Neues, sowohl in der Übertragungsbeziehung als auch in ihrem Leben. In Bions Begriffen können wir die »Treezebees« als Teil einer »Sprache des Vollbringens« sehen, die die Zäsur durchbrach und zu T(O) geführt hatte.

Einige Zeit später hatte sie eine Reihe von Träumen. In einem dieser Träume war ich ein junger Mann, der gerade eine psychoanalytische Ausbildung machte und der in der Lage sein würde, ihr zu helfen. Dieses Bild berührte sie und sie fühlte sich von diesem Mann in ihrem Traum angezogen. Es war das erste Mal, dass ich in einem ihrer Träume als Person vorkam. In der nächsten Sitzung erzählte sie mir von einem anderen Traum, in dem sie zu ihrer Sitzung kam und mich mit einem anderen Mann sprechen sah. Wir hatten beide lange Bärte, lächelten spöttisch und eine verschwörerische Atmosphäre umgab uns. Im Traum legte ich meine Hand auf ihr Knie, was sie schockierte und ängstigte. Sie fühlte sich manipuliert und musste weinen. Ich deutete, dass beide Träume eine sexuelle Komponente hatten, es aber eine Spaltung in diesen Figuren gab. Auf der einen Seite war da Unschuld und Anziehung, auf der anderen Seite etwas, das mit älteren Männern zu tun hatte, die unseriös und bedrohlich waren. Kurze Zeit später bekam sie Besuch von einem Mann, zu dem sie sich als Studentin hingezogen gefühlt hatte. Dass sich dieser Kontakt kurz nach diesem Traum ereignete, war ein seltsames Zusammentreffen, weil es lange her war, dass sie irgendwelche Beziehungen zu Männern gehabt hatte. Es folgte ein weiterer Traum von einem sehr starken Mann, mit dem sie kämpfte, obwohl sie überzeugt war, dass sie nicht gewinnen konnte. Der Mann im Traum bewegte sich nicht. Während des Wochenendes, an dem sie diesen Traum träumte, ereignete sich ein weiterer Zufall: Bei einer Ausstellung begegnete sie einem sehr viel älteren Mann, der auch jahrelang in Analyse gewesen war. Wieder bekam man den Eindruck, dass die Phantasien, die in ihren Träumen und der Übertragung erstmalig eine umrissene Form angenommen hatten, gleichzeitig im täglichen Leben Tatsachen gefunden hatten, durch die sie sich ausdrücken konnten.

In der nächsten Sitzung berichtete sie von einem sehr erotischen Traum von mir. Sowohl das Traummaterial wie auch die Tatsache, dass sie so unbefangen darüber sprechen konnte, waren für sie neu. Und auch hier folgte dem Traum ein Ereignis in ihrem täglichen Leben. Ein Mann kam wegen einer Reparatur in ihr Haus und fing an, sie auf eine romantische und etwas naive Art zu umwerben. Sie genoss es und begegnete ihm ihrerseits verführerisch. Etwas in ihr hatte sich verändert, und zwar nicht auf der Ebene des Verstehens. Die Welten auf beiden Seiten der Zäsur schienen sich gegenseitig zu beeinflussen, was in Tatsachen, Träumen und Übertragungsmanifestationen zum Ausdruck kam.

Es war unklar, welches Erlebnis dazu geführt hatte, dass sich »der Zug in Bewegung gesetzt« und ihr diese vorher unbekannten Landschaften gezeigt hatte. Mein Eindruck ist, dass eine T(O) durch den Traum und die etwas grobe Intervention mit »Treezebees« in Gang gesetzt wurde. Es erscheint mir bemerkenswert, dass das gleiche nicht-sinnliche »Etwas« in der Übertragung Ausdruck in einer umrissenen Form gefunden und Einfluss auf ihre Träume sowie auf die äußere Realität genommen hatte. Obwohl die Patientin zu diesem

Zeitpunkt noch keine neue Beziehung hatte, war da trotzdem das Gefühl, dass über eine Reihe von Sitzungen ihre Fähigkeit zu lieben gewachsen war und wirkliche psychische Veränderung stattgefunden hatte. Vielleicht gibt es dafür auch andere Erklärungen, ich jedoch verstehe es als eine T(K)-T(O)-Dynamik. Zumindest konnte ich so in einer Weise funktionieren, die das Entstehen von etwas Neuem nicht verhinderte. Bei Bion heißt es: Genauso, wie es auf der einen Seite der Zäsur eine Deutung von Träumen gibt, muss es auf ihrer anderen Seite eine Deutung der Fakten geben. In diesem Fall stellte die Patientin überrascht fest, dass sich zum ersten Mal in ihrem Leben Männer von ihr angezogen zu fühlen schienen, und zwei Monate später ging sie eine befriedigende Beziehung ein. Als ich die Patientin einige Monate später fragte, ob ich meine Aufzeichnungen dieser Sitzungen verwenden könnte, schien sie vergessen zu haben, was geschehen war und wie wichtig es ihr damals gewesen war, obwohl ihr die Auswirkungen davon noch deutlich im Bewusstsein waren. Dies zeigt uns, wie schwer fassbar T(O) sein kann, genauso, wie Träume es sind.

Schlussbemerkungen

Bions Beschäftigung mit dem Denken als Transformation psychischer Elemente führte ihn zu der Erkenntnis, dass die Erfassung und Beschreibung von Transformationen nur in einem bestimmten Ausmaß, nämlich auf den differenzierten Ebenen der Repräsentation, möglich ist. Diese Einsicht führte zu einer Verschiebung seines Fokus von der psychischen Verarbeitung beziehungsweise dem Denken emotionaler Erfahrungen weg und hin zu psychischem Wandel auf einer undifferenzierten, nicht-sprachlichen und nicht erfassbaren Ebene, die er »O« nannte. In Erweiterung seiner bereits bestehenden Theorie der »Transformationen in K« beziehungsweise des Denkens entwickelte er eine »Theorie der Transformationen in O«. Auf das erstere Modell wird oft als das des »frühen Bion« und auf das letztere als das des »späten Bion« Bezug genommen. Die beiden Modelle beschreiben zwei verschiedene Dimensionen psychischer Veränderung, die gleichzeitig stattfinden können oder auch nicht. Ich hoffe, ich habe zeigen können, dass dieses zweigleisige Modell psychischer Veränderung und der Gebrauch neuer Metaphern und Empfehlungen zur Behandlungstechnik zum Verständnis und zur Förderung psychischer Veränderung im klinischen Bereich beitragen können.

Aus dem Englischen von Vera Müller

Literatur

Anzieu, Didier (1985): Le Moi-peau. Paris (Bordas). Dt.: Das Haut-Ich. Übers. Meinhard Korte und Marie-Hélène Lebourdais-Weiss. Frankfurt/M. (Suhrkamp) 1991.
Bion, Wilfred R. (1961): Experiences in groups and other papers. London (Tavistock). Dt.: Erfahrungen in Gruppen und andere Schriften. 3. Aufl. Übers. H.O. Rieble. Stuttgart (Klett-Cotta) 2001.
Bion, Wilfred R. (1962): Learning from experience. London (Karnac). Dt.: Lernen durch Erfahrung. Übers. Erika Krejci. Frankfurt/M. (Suhrkamp) 1990.
Bion, Wilfred R. (1963): Elements of Psychoanalysis. London (Karnac). Dt.: Elemente der Psychoanalyse. Übers. Erika Krejci. Frankfurt/M. (Suhrkamp) 1992.
Bion, Wilfred R. (1965): Transformations. London (Karnac). Dt.: Transformationen. Übers. Erika Krejci. Frankfurt/M. (Suhrkamp) 1997.
Bion, Wilfred R. (1967): Second Thoughts: Selected Papers on Psychoanalysis. New York (Jason Aronson).
Bion, Wilfred R. (1970): Attention and interpretation. London (Karnac). Dt.: Aufmerksamkeit und Deutung. Übers. Elisabeth Vorspohl. Tübingen (edition diskord) 2006.
Bion, Wilfred R. (1980): Bion in New York and Sao Paulo. Pertshire (Clunie Press).
Bion, Wilfred R. (1987): Clinical Seminars: Brasilia and Sao Paulo and four Papers. Abingdon (Fleetwood Press).
Bion, Wilfred R. (1990): Brazilian Lectures. London (Karnac).
Bion, Wilfred R. (1991): A Memoir of the Future. London (Karnac).
Bion, Wilfred R. (1992): Cogitations. London (Karnac).
Bion, Wilfred R. (1994): Clinical Seminars and Other Works. London (Karnac).
Bion, Wilfred R. (1997): Taming Wild Thoughts. London (Karnac).
Bion, Wilfred R. (2005a): The Italian seminars. London (Karnac). Dt.: Die italienischen Seminare. Übers. Elisabeth Vorspohl. Tübingen (edition diskord) 2007.
Bion Wilfred R. (2005b): The Tavistock Seminars. London (Karnac). Dt.: Die Tavistock-Seminare. Übers. Elisabeth Vorspohl. Tübingen (edition diskord) 2007.
Borgogno, Franco & Merciai, Silvio A. (2000): Searching for Bion: Cogitations, a new ›Clinical Diary‹? In: Bion, Talamo Parthenope; Borgogno, Franco & Merciai, Silvio A. (Hg.): W. R. Bion: Between Past and Future. London (Karnac), S. 56–78.
Freud, Sigmund (1911b): Formulierungen über die zwei Prinzipien des psychischen Geschehens. GW VIII, S. 230–238.
Godfrind, Jacqueline (1993): Les deux courants du transfer. Paris (PUF).
Grotstein, James S. (2007): A beam of intense darkness: Wilfred Bion's legacy to psychoanalysis. London (Karnac).
Vermote, Rudi (1998): Les transformations psychiques et la Grille de Bion. Revue Belge de Psychanalyse 32, 49–65.
Vermote, Rudi (2010): Reading Bion: A Chronological Exploration of Bions Writings. London (Routledge).
Winnicott, Donald W. (1971): Playing and Reality. New York (Basic Books). Dt.: Vom Spiel zur Kreativität. Übers. Michael Ermann. Stuttgart (Klett-Cotta) 1974.

Kommentar zu Rudi Vermotes »Zur Bedeutung von Bions Spätwerk für die analytische Theorie und Praxis«[1]

David Taylor

Einleitung

In seinem bemerkenswerten Beitrag erläutert uns Rudi Vermote die Veränderungen, die den letzten Teil von Bions beachtlichem Schaffenswerk von seinen frühen und mittleren Teilen unterscheiden, die ich, ohne etwas vorwegnehmen zu wollen, als die Meisterleistung seines psychoanalytischen Schaffens beschreiben werde. Vermote lenkt unsere Aufmerksamkeit speziell auf jene bedeutende und strittige Weiterentwicklung in Bions Denkansatz, die er als *Bions Spätwerk* bezeichnet. Vermote zufolge beginnt es am Ende von *Transformationen* (1965 [1997]), auch wenn es, wie er bemerkt, erst im ungefähr fünf Jahre später publizierten Buch *Aufmerksamkeit und Deutung* (1970 [2006]) vollständig ausgearbeitet war, in einer Zeit, in der Bion (72-jährig) seinen Wohnsitz von London nach Los Angeles verlegt hatte.

Kurz gesagt schien Bion zu der Ansicht gelangt zu sein, dass es nötig wäre, konventionelle oder empirische Formen der *Erkenntnis* hinter sich zu lassen, da er annahm, diese beschränkten den Gegenstand der Psychoanalyse. Es galt, sich über solche Einschränkungen hinwegzusetzen, wenn die Psychoanalyse den Patienten fundamentale Veränderungen in ihrem *Sein* ermöglichen wollte. Diese Ebene war für Bion der Ausgangspunkt aller psychischen Abläufe und Geschehnisse. Indem Vermote diese spezielle Weiterentwicklung der Bion'schen Theoriebildung und zwei eigene klinische Illustrationen darstellt, wirbt er für die Bedeutung Bions später Ideen. Er plädiert dafür, die verschiedenen Modelle

---

[1] Commentary on Vermote's »On the value of ›late Bion‹ to analytic theory and practice«. The International Journal of Psychoanalysis (2011) 92, 1099–1112.

aus Bions Früh- und Spätwerk zu verbinden, um auf diese Weise ein sogenanntes »zweigleisiges Modell psychischer Veränderung« auszuarbeiten.

Angesichts der Dichte und besonderen Inhalte in Bions Spätwerk ist es extrem schwer, die in ihm enthaltenen Neuerungen in einem einzigen Zeitschriftenbeitrag in angemessener Form wiederzugeben. Die Kürze von Vermotes Darstellung ist daher besonders verdienstvoll. Leider ist es mir meinerseits nicht gelungen, mich derart kurz zu fassen. Der Gegenstand von Vermotes Text berührt die Tiefe der menschlichen Seele. Bions technische Hinweise, die Vermote anzuwenden sucht, sind entscheidend für die Art und Weise, in der Psychoanalyse ausgeübt wird. Ich möchte Vermote und den Leser um Nachsicht bitten, dass ich auf seine Argumente nicht angemessen eingehen konnte, ohne meinen Kommentar länger werden zu lassen als den Ausgangstext.

Zunächst möchte ich einige von Bions Thesen und ihre Darstellung durch Vermote wiedergeben, wobei es mir wichtig schien, auf Bions Terminologie zu verzichten, wo immer mir dies möglich war. Im ursprünglichen Kontext wählte Bion eher provisorische Formulierungen, um so vorläufigen Ideen Raum zu geben, die er noch nicht konkreter fassen konnte. Allerdings können Begriffe wie »O« oder »Zäsur« außerhalb ihres ursprünglichen Zusammenhangs leicht den Charakter von real existierenden, bestehenden Entitäten annehmen. Sie zu übernehmen, wirft verschiedene Fragen auf, die die Natur der zu beschreibenden Phänomene betreffen. Zunächst möchte ich die psychoanalytischen Erkenntnisse aus Bions Frühwerk neu formulieren.

Wie wir wissen, beobachtete Bion bei denjenigen seiner Patienten, die überwiegend auf psychotischem Niveau strukturiert waren, eine unüberwindbare Schwierigkeit, aus Erfahrung zu lernen. Für ihn war offensichtlich, wie die psychotischen Mechanismen dieser Patienten bestimmte Tatsachen in der menschlichen Realität zu leugnen suchten und wie die Patienten diesen Effekt durch Ausschalten einiger ihrer Ich-Funktionen herstellten. Die Probleme dieser Patienten blieben das klinische Zentrum in Bions späteren Untersuchungen. Ich denke, Bion realisierte ausgehend von seiner wachsenden analytischen Erfahrung, wie hartnäckig und anpassungsfähig solche Analysanden darauf hin arbeiten, im Analytiker psychoanalytisches Interesse auszulösen und gleichzeitig die Intention seiner Bemühungen im Keim zu ersticken.

Seine Beobachtungen führten Bion anfänglich zu neuen Ideen bezüglich als ureigen psychoanalytisch zu bezeichnender Vorgänge im Individuum (Bion 1957). Wie Vermote beschreibt, begann Bion, von diesem Ausgangspunkt die Möglichkeiten einer ganzen Taxonomie des Wissens und der Funktionen des Denkapparats zu erforschen, aus denen dieser gebildet oder aufgebaut zu sein scheint (Bion 1962, 1963). Um diese zentralen Sachverhalte aus psychoanalytischer Perspektive zu beleuchten, übernahm und adaptierte Bion im Laufe seiner Arbeit einige philosophische Theorien sowie Begriffe der symbolischen Logik und verschiedener Zweige der Mathematik. Dieser frühe und mittlere Bion verstand das seelische Leben psychisch gestörter Individuen auf der Couch (und der Menschen im Allgemeinen) als Ausdruck von Problemen in ihrem Denkapparat, die mit Wissen, Erkenntnis und Lernen zu tun haben. Für dieses Stadium in Bions Werk ist es allerdings wichtig zu verstehen, dass *Wissen* und *Sein* nicht unterschieden wurden. Und der frühe bis mittlere Bion könnte mit dieser Sicht Recht gehabt haben. Unsere inneren Sinne und Wahrnehmungen haben in gleicher Weise entscheidenden Anteil an unserem Sein, und sie sind es, die uns zu Wissen verhelfen. Wie auch immer man das sehen mag, es erscheint passend, dass Bléandonu (1994) in seinem eindrucksvollen Überblick über Bions Werk diese Zeit als seine *erkenntnistheoretische Phase* beschreibt.

Im Gegensatz dazu sehen wir, wie Bion später die Ebene des *Seins* für wichtiger erachtet und auf sie seinen Fokus richtet. Die Schwierigkeiten von Analysanden beim *Werden* [becoming] und *Wachsen* [growing] (und damit ist seelisches Wachstum gemeint) treten jetzt an die Stelle von Lernen aus Erfahrung. Im Mittelpunkt des Interesses steht nicht länger ein *Wissen*, in dem prozesshaft im Lernen aus Erfahrung eine tiefe Akzeptanz der Tatsachen des Lebens erworben wird. Stattdessen sehen wir, wie Bion das defensive Potenzial eines intellektuellen *Wissens über* befürchtet. Seiner Meinung nach sind *Wissen über*, *Ausweichen* und *Lügen* eng miteinander verbunden. Dem stellt er ein Erleben gegenüber, das auf einer mehr verstörenden, aber auch wahrhaftigeren Stufe der Existenz angesiedelt ist. Prinzipiell könnten wir diese verschiedenen Weiterentwicklungen als Bions *ontologische Phase* ansehen. Wie von Vermote beschrieben, führt Bion den Buchstaben »O« ein, um dieses neue Interessenfeld zu kennzeichnen.

Es ist in vielerlei Hinsicht wichtig festzustellen, dass die von Bion gemeinte Erkenntnisebene jenseits von *Wissen* liegt: Wir können beispielsweise immer nur Derivate von etwas wahrnehmen und sind in dem, was wir wissen können, eingeschränkt durch unsere *a-priori*-Kategorien, mit denen wir die Welt sehen und ordnen. Aus diesem Blickwinkel betrachtet ist es nicht möglich, das *Ding an sich* zu erkennen. Ich finde allerdings, dass einige der anderen Positionen aus Bions Spätwerk über eine grundlegende Unerkennbarkeit des *Seins* eher fragwürdig sind. Ich werde später auf die Risiken zurückkommen, die mit der Idealisierung vermeintlicher Unerkennbarkeit von bestimmten klinischen Phänomenen einhergehen.

Bevor wir nun diesen Punkt verlassen, können wir festhalten, dass Bion in seinem Spätwerk *Wahrheit* – womit das *tatsächliche Geschehen* auf psychoanalytischer Ebene gemeint ist – mit *Sein* in direkte Verbindung bringt und gleichzeitig das *Sein* für grundsätzlich nicht erkennbar hält. Trotzdem postuliert er, dass man zwischen wahr und falsch unterscheiden können muss, um zwischen wahren Gedanken und Lügen oder Täuschungen unterscheiden zu können. Dieser Widerspruch kann zur (sowohl klinischen als auch theoretischen) Schwierigkeit führen, *tatsächliche Gegebenheiten* richtig einschätzen zu können und verschiedene Auffassungen derselben *irgendwie* bewerten zu müssen. Auf diese Punkte werde ich später eingehen. Auch ein weiterer Versuch Bions, das menschliche Dasein im Inneren trotz relativer Unzugänglichkeit in seiner Funktionsweise zu beobachten, erwies sich als problematisch. Er kam zu dem Schluss, dass bestimmte theologische Herangehensweisen als prä-psychoanalytische Versuche gesehen werden können, gewisse Anzeichen psychischer Veränderung zu verstehen, die er bei seinen Analysanden beobachtet hatte. Danach erweiterte er das Spektrum der von ihm einbezogenen Wissenszweige um gnostische, offenbarende und religiöse Reflexionen.

Bions Originalität zeigte sich immer darin, wie er sich die Ideen und den Wortschatz dieser anderen Wissenszweige einschließlich der Theologie zunutze machte. Gleichzeitig löst dieser ihm eigene intellektuelle Stil bei einigen Lesern Unbehagen hinsichtlich seiner Schlussfolgerungen aus. Die von ihm einbezogenen Disziplinen waren in der Entwicklung ihrer Denkmodelle bereits weit fortgeschritten. Die Wissenschaften benutzten eine technische, andere Fachgebiete eine poetische, metaphorische oder schlicht mystische Sprache. Dadurch bleibt es für den durchschnittlichen, nicht universal gebildeten Leser schwierig zu beurteilen, ob Bion die Begriffe in ihrer ursprünglichen technischen oder symbolischen Bedeutung richtig einsetzt. Ist das damit verbundene impressionistische Gefühl von Verständnis (oder manchmal Unverständnis?) relevant in Bezug auf die ursprünglichen Inhalte oder die Perspektive der späteren Entwicklungen in diesen Gebieten? Handelt es sich in erster Linie um hoch aufgeladene Metaphern für psychoanalytische Erfahrungen, Beobachtungsmöglichkeiten oder Verständnisweisen? Und wenn das so ist, reflektieren die metaphorischen Begriffe ausreichend, was in unserem Denkapparat und seinen Funktionen tatsächlich vor sich geht?

Natürlich war sich Bion dieser Ungewissheiten voll bewusst. Letztendlich war der Unterschied zwischen dem Gegenstand der Beobachtung und der Art und Weise, ihn zu beschreiben, zentral für seine These (vgl. Bion 1965 [1997], S. 189). Allerdings lässt er sich manchmal von der gnostischen Betrachtungsweise davontragen, deren Modelle er zu benutzen versucht. Auch wenn uns die Tiefe und Nüchternheit in Bions Denken beeindrucken, er bemüht sich nicht immer darum, so direkt wie möglich zu sagen, was er denkt – so direkt, wie es wohl manchmal nötig gewesen wäre. So kann es für den Leser schwierig einzuschätzen sein, auf welchem Grund sich Bion in seinem Spätwerk bewegt.

Unabhängig von unserer Einstellung zu diesen Fragen sollten wir nicht vergessen, dass fast jede Seite in Bions Texten wegen oder gerade trotz des ihm eigenen intellektuellen *Modus operandi* originelle und fesselnde Ideen, Blickwinkel oder Beobachtungen bietet. Für den ernsthaften Leser ist sein Werk deshalb eine bereichernde, wenn auch wahrscheinlich beschwerliche Herausforderung. Bions nicht leicht zu verdauende Inhalte können schnell dazu verleiten, Abkürzungen nehmen zu wollen. Nimmt ein kritischer Leser eine solche Abkürzung, so wird er die klinische Beobachtungsgabe und die genaue Denkweise unterschätzen, auf der Bions Schriften basieren. Als ein Anhänger hat Vermote das Fundament von Bions Ideen sicherlich nicht unterschätzt. Aber ich denke, man muss an dieser Stelle genau differenzieren und demonstrieren, was Bion zu den Änderungen veranlasste, auf die Vermote hier unsere Aufmerksamkeit lenkt. Nur so können wir beurteilen, ob die Formulierungen aus Bions späteren Arbeiten und verschiedene ihrer Interpretationen und Anwendungen auf einer soliden Grundlage stehen.

Der weitere Verlauf dieses Kommentars

Im Folgenden werde ich zunächst zu zeigen versuchen, dass es Bion in seinem Spätwerk nicht unbedingt für nötig hielt, kritisch die Resultate der technischen Grundhaltung zu hinterfragen, die er Analytikern zur Anwendung empfohlen hatte. Dies ist meine zentrale Kritik an Bions späten Arbeiten; und, wie sich zeigen wird, auch an der Priorität, die Vermote ihnen im klinischen Kontext einräumt. Meiner Meinung nach lässt sich die von mir intendierte Herangehensweise auf die Zielsetzungen von Bions Spätwerk anwenden und mit ihnen vereinbaren. Im Weiteren versuche ich die Natur der klinischen Phänomene nachzuzeichnen, aufgrund derer Bion die Wichtigkeit dessen hervorhebt, wodurch sich auf der Ebene des *Seins* etwas verändert. Aus meiner Sicht können wir nicht wissen, was mit Ausdrücken wie »Transformation in O« gemeint ist, wenn über diese Zusammenhänge Unklarheiten bestehen. Trotz dieser Bedenken halte ich Bions erste Beschreibung dieser Phänomene für eines der besten Beispiele klinischer Forschung in der psychoanalytischen Literatur. Dennoch bringt der spätere Verzicht auf die kritisch-beobachtende Perspektive von Bions Frühwerk Schwächen mit sich. Schließlich werde ich auf Grundlage der aus diesen Punkten gezogenen Schlussfolgerungen einen alternativen Zugang zu den klinischen Fallbeispielen präsentieren, die Vermote dankenswerterweise dargestellt hat.

Bions wechselnde Haltung zu wissenschaftlichen und kritischen Untersuchungsmethoden

Zunächst reflektiert Vermote Bions Vorschlag, *Intuitionen* und *Glaubensakte* als Hauptwerkzeuge analytischer Wahrnehmung anzusehen. Die wichtigsten Mittel analytischer Intervention erforderten, was Bion mit Bezug auf Keats die »*Sprache des Vollbringens*« [Language of Achievement] nannte. Obwohl wir uns ungefähr vorstellen können, was das bedeutet, bleibt unklar, welche präzise Vorstellung Bion davon in der klinischen Praxis hatte. Auf diesen Aspekt werde ich bei meinen Kommentaren zu Vermotes klinischen Beispielen zurückkommen.

Bei der Ausarbeitung seiner neuen Ideen hat Bion, wie in seinen früheren Arbeiten, die analytischen Instrumentarien und Interventionen als *wissenschaftlich* bezeichnet, aber seine Haltung in dieser Frage wurde zunehmend unklar. Wenn er in seiner frühen und mittleren Phase die psychoanalytische Beobachtung im Rahmen der Entwicklung seiner Ideen als »wissenschaftlich« bezeichnete, meinte er damit eine bestimmte Forschungshaltung, die es ebenso gegenüber Beobachtungs- und Untersuchungsmethoden einzunehmen gilt, die sich auf jene Sorte von Phänomenen anwenden lassen, mit denen es Psychoanalytiker zu tun haben. Als seine späteren Ideen Gestalt annahmen, gab er die Möglichkeit auf, seine bisher elaborierte Sicht auf wissenschaftliche Untersuchungen mit seinem neuen Zugang in Einklang bringen zu können. Immer öfter bezeichnet er seine Beobachtungen als eher »unbefriedigend für einen Wissenschaftler« (Bion 1965 [1997], S. 45) oder konstatiert, »der wissenschaftliche Zugang, so wie er üblicherweise verstanden wird, ist nicht verfügbar« (ebd., S. 78). Es ist, als ob er einen Widerspruch zwischen der Wissenschaft und seiner neuen Vorgehensweise herstellt. Dieser zeigt sich verbreitet in Bions späteren Arbeiten in der Tendenz, einen unvereinbaren Gegensatz zwischen der beobachtenden Aneignung von *Wissen* und der von ihm für wichtiger erachteten Ebene des *Seins* feststellen zu wollen.

Welche Schwierigkeiten Bions wachsender Anspruch mit sich brachte, die

Psychoanalyse als wissenschaftlichen Vorgang aufzufassen, zeigt sich anhand seiner Verwendung der Ideen des großen französischen Mathematikers und Wissenschaftsphilosophen Henri Poincaré (1854–1912). Poincarés Einfluss auf Bions Einführung des Begriffs der *ausgewählten Tatsache* [selected fact] ist allgemein bekannt und wurde wiederholt von Bion bestätigt (Bion 1962, 1963, 1970). Trotzdem ist der ganze Umfang von Poincarés Einfluss auf Bion nicht ausreichend gewürdigt oder explizit anerkannt worden. In Poincarés Zugang zu den Naturwissenschaften fand Bion eine Haltung, die seinem Gefühl für die psychoanalytische Sache entsprach. Poincaré vertrat die Meinung, dass die wissenschaftliche Qualität einer Theorie danach beurteilt werden sollte, wie sehr sie sonst unvereinbare oder nicht kohärente Fakten miteinander verbinden, vereinfachen und veranschaulichen kann. Darüber hinaus spezifizierte er die Prinzipien, die bei der Auswahl von Fakten angewendet werden. Er dachte, dass dies eine wissenschaftliche Beschreibung von Vorgängen jenseits von *rohen Tatsachen* hin zu der von ihm so genannten *Seele der Tatsache* erlauben müsse. Damit meinte er schlicht unser Verständnis des Prinzips oder des physikalischen Gesetzes, nach welchem der jeweilige Gegenstand funktionieren könnte. Poincaré war ebenfalls der Auffassung, dass das *Ding an sich* niemals erkannt werden kann, dass wissenschaftliche Theorien immer nur Annäherungen sein können und dass sie niemals vollständig bewiesen werden können. Der Leser wird erkennen, wie viele Aspekte jeder dieser Positionen sich in Bions gesamtem Denken wiederfinden.

Poincaré behauptete jedoch nachdrücklich, dass diese Überlegungen nicht implizieren, dass wissenschaftliche Wahrheit unerreichbar ist. In seiner Auffassung bleibt wissenschaftliche Wahrheit zwar immer eine Annäherung, allerdings mit der Absicht, die bestmögliche Annäherung zu sein. Sie wird durch Anwendung zweier sich ergänzender Methoden verifiziert. Eine Methode ist die Überprüfung von Voraussagen, die eine wissenschaftliche Theorie ermöglicht, und der Erkenntnisse, die sich daraus möglicherweise extrapolieren lassen. Die andere Methode ist die Ausarbeitung eines Beweises, der die Entwicklung und Publikation einer nachvollziehbaren Argumentationslinie – mathematischer, logischer, symbolischer, semantischer etc. Art – in Form und Inhalt angemessen zur jeweiligen Disziplin beinhaltet. Dies wiederum ist in einem größeren Bezugssystem von Bedingungen zur Wahrheitsfindung zu sehen. In seinen frühen bis mittleren Arbeiten und, wie ich in Kürze im Detail zeigen werde, auch in *Transformationen* (1965 [1997]), sehen wir, wie Bion zu weiten Teilen die psychoanalytischen Äquivalente der Methoden anwendet, die Poincaré für die Wissenschaft vertrat.

Seine Schrift *Elemente der Psychoanalyse* (1963 [1992]) können wir als beispielhaften Text für Bions frühe bis mittlere Phase ansehen. Darin betont er, dass der Analytiker seine klinische Intuition in einer *vorausschauenden* Weise verwendet, um das Geschehen in der Analyse zu antizipieren. So könnte die *klinische* Intuition des Analytikers erste Hinweise liefern, dass der Patient nahe daran ist, psychische Schmerzen zu empfinden. Bion sagt, dass die ersten Schwingungen in der Intuition des Analytikers von den Vorzeichen derartiger Gefühle angestoßen werden und dass diese grundsätzlich beobachtbar sind. Gleichzeitig warnt er vor der Gefahr, lediglich Offensichtliches festzustellen, wenn der Analytiker nur auf vollständig manifeste Inhalte fokussiert. Um mit Poincaré zu sprechen: Er oder sie stellt dann rohe Tatsachen fest.

In Vermotes Augen versucht Bion in seinem nächsten Buch *Transformationen* (1965 [1997]), die Psychoanalyse vom Schicksal einer zu reduzierten Beschreibungsweise zu befreien, also davon, könnten wir sagen, nur *rohe Tatsachen* festzustellen. Um dies zu erreichen, experimentierte Bion mit primitiver Algebra. Nach Vermotes Auffassung hielt er diesen Ansatz später für gescheitert, weil er das, was Bion zunehmend für die Matrix psychischer Veränderung hielt, nicht erhellte. Für Vermote führte Bion dieses Gefühl des Scheiterns weg von einer Beschäftigung mit der Art einer Repräsentation, die einer Beobachtung als zugänglich gilt, hin zu einem Geschehen »auf einer Ebene […], auf der es noch keine Repräsentanz und Differenzierung gibt«, das einer Beobachtung nicht zugänglich ist. Viele von uns werden mit Vermote darin übereinstimmen, dass Bions beschwerliche Textpassagen durch die Zyklen von Tα und Tβ Teile der *Transformationen* unlesbar machen. Trotzdem bin ich nicht der Meinung, dass *Transformationen* das Scheitern eines irrigen Versuchs einer wissenschaftlichen Schreibweise oder eine intellektuelle *Sackgasse* ist, aus der Bion bloß umkehren wollte. Für mich enthält es die klinischen Erkenntnisse, aufgrund derer Bion den Schwerpunkt auf die Pathologie des Seins legte. Indem er diese Beobachtungen macht, können wir sehen, wie er seine psychoanalytische Methode vergleichbar mit Poincarés Vorgehensweise in der Wissenschaft anwendet.

Transformationen – Die Rolle disziplinierter klinischer Beobachtung und Argumentation

In Bions eigener Wahrnehmung setzten sich in *Transformationen* seine vorherigen Forschungen über die Methode der psychoanalytischen Beobachtung fort. In Anbetracht der ihm zugeschriebenen Undurchdringlichkeit ist es allerdings vielleicht überraschend, dass der erste Teil der *Transformationen* eine Reihe wohlüberlegter klinischer Beispiele enthält. Wie Vermote richtig feststellt, hatte Bion nach den 1950er Jahren aufgehört, detaillierte Verlaufsberichte über Sitzungen zu veröffentlichen. Er hat jedoch weiterhin »Illustrationen« geliefert. Angeblich dienten diese nur dazu, seine von ihm in der Essenz als methodologisch angesehenen Nachforschungen mit Inhalt und Material zu füllen. Tatsächlich sind diese Beispiele in der Regel sehr »erfahrungsnah«. Sie enthalten zum Teil ziemlich detailliertes Traummaterial. Erfreulicherweise konnte Bion in diesem Buch keine Grenze zwischen Form und Inhalt ziehen. Die klinischen Schilderungen aus seinem gesamten Schaffenswerk wurden von erfahrensten Psychoanalytikern für sehr bemerkenswert gehalten. Diejenigen der *Transformationen* sind da keine Ausnahme. Wir werden in ihnen Situationen wiederfinden, mit denen viele von uns in unseren Behandlungen, insbesondere bei dieser schwierigen Patientengruppe, gekämpft haben, aber ohne über die nötige Klarheit und das nötige Verständnis zu verfügen.

In den *Transformationen* beschrieb Bion abwechselnd mikroskopische Details und makroskopische Übersichten einer Reihe klinischer Situationen; diese Prozedur ermöglichte es ihm, die darin enthaltenen winzigen, von Moment zu Moment auftretenden Änderungen und über längere Perioden stattfindenden gröberen Muster zu differenzieren. Er schaut mikroskopisch, teleskopisch und mit bloßem Auge, um verschiedene Schichten nacheinander freizulegen und Stück für Stück die tiefer liegenden Mechanismen zu zeigen, die am Werk zu sein scheinen. Seine Argumentationslinie ist durchdacht und stringent. Meiner Meinung nach ist sie ein eindrucksvolles Beispiel für ein von mir bereits erwähntes, psychoanalytisches Beweisäquivalent. Einen Beweis aufzustellen, bedeutet natürlich nicht, dass der Beweis zutreffend ist. Für mich liegt sein Wert in erster Linie in den Beobachtungen, die hier das Gerüst – die klinische Substanz – bilden, und in dieser Methode der Erklärung. Ich werde jetzt die Beobachtungen so detailliert beschreiben, wie es der begrenzte Rahmen zulässt.

Bions klinische Beobachtungen von den inneren Mechanismen des menschlichen Seins

Auf den ersten Seiten der *Transformationen* beginnt Bion mit einer Beschreibung der Anfangsphase einer Analyse eines Patienten mit Borderline- und psychotischen Zügen sowie ausgeprägten hypochondrischen Symptomen und Ängsten (Bion 1965 [1997], S. 27–30). Er versteht die »*Schmerzen in Knien, Beinen, Abdomen, Ohren etc.*« auf dem Hintergrund von Kleins Vorstellungen über innere Objekte und Beziehungen. Anfangs ist die Atmosphäre in der Analyse wenig emotional und der Analysand ist ängstlich und gehemmt. Bion kommen seine eigenen Interpretationen theoretisch vor. Wenn er auf die Gewalt des Patienten Bezug nähme, würde dies hypothetisch erscheinen. Nach einer Phase weniger äußerer Veränderungen gibt es eine nach außen sichtbare, dramatische Zuspitzung. Innerhalb der Analyse wird der Patient zunehmend verwirrt und seine Gewalt wird real. Außerhalb bekommen Verwandte des Patienten Angst, genauso wie sein Analytiker. Sie rufen ihn an, senden Briefe und kündigen gerichtliche Schritte an. Die beiden Verfassungen von Analysand A sind zueinander komplementäre Zustände, in denen einige der Schlüsselbeziehungen zwischen den zusammenwirkenden Teilen enthalten sind: Dass der Patient von körperlichen Schmerzen verfolgt wird, entspricht der Angst des Analytikers vor einer gerichtlichen Auseinandersetzung, der Befürchtung einer Katastrophe oder drohenden Verderbens. Dieser zweite Umstand ist eine reale Bedrohung der Position des Analytikers in der Welt. Die begleitenden Affekte entstehen, als sowohl Analytiker als auch Analysand realisieren, dass die analytische Arbeit Kräfte geweckt hat, die gewaltsam die ursprünglichen Absichten des Analytikers untergraben. Bion bezeichnet dies als *projektive Transformation* und unterscheidet sie von eher neurotischen Übertragungs-Gegenübertragungssituationen, die er *starre Transformation* nennt.

Auf diese Weise führte Bion sein wichtiges Konzept der Transformation ein. Dazu hatte er sich wieder Poincaré zugewandt. Er übernahm fast vollständig Poincarés Formulierung der Thesen zur Topologie (auch bekannt als Gummiflächen-Geometrie; vgl. Kasner/Newman 1949), um so die Muster darzustellen, die er in der Funktionsweise seines Patienten sah. Bions psychoanalytisches Konzept der Transformation beinhaltet die klassischen Ansichten über Abwehr und die Verknüpfungen zwischen Symptomen, Übertragung und Objektbeziehungen. Es beinhaltet auch Kleins Weiterentwicklung dieser Konzepte in ihrem Verständnis hysterischer Symptome als z. B. internalisierte Objektbeziehungen. Aber Bions Konzept bezieht sich auf das gesamte Spektrum der symbolischen oder kognitiven inneren Funktionsweise (oder Störung) des Patienten in seiner oder ihrer Art zu sein. Es kann auch auf gewisse universal gültige Bedingungen in der menschlichen Spezies angewendet werden. Obwohl es nicht ausformuliert ist, habe ich den Eindruck, dass Bion in seinem Spätwerk von einem unabhängigen Prinzip ausgeht, das diese Transformationen hervorbringt oder antreibt und irgendwie eine zentrale Bedeutung in der Natur des Seins hat. Es ist, als ob das Selbst, das Ich, der Wille oder die Triebe partielle Manifestationen sein mögen, aber hinter all dem verborgen dieses Seinsprinzip aktiv ist. Theoretisch bleibt die Frage bestehen, ob diese Ideen gegenüber früheren Vorstellungen über Psychose und narzisstische Formen der Libido irgendeinen Vorteil bieten oder ob sie sie schlicht in anderen Worten wiedergeben.

Das weitere Schicksal einer solchen projektiven Transformation, wie sie bei Patient A zu beobachten ist, ist der Gegenstand Bions nächster klinischer Illustration (Bion 1965 [1997], S. 42–48). Er untersucht hier einen Zustand, in dem der Patient bereits eine gewisse Vertrautheit mit dem Ablauf der Analyse gewonnen hat. Bion stellt zwei Episoden näher dar. In der ersten berichtet er, was der Patient in den allerersten Minuten nach Betreten des Behandlungszimmers sagte. Obwohl dies so weit wie möglich *verbatim* wiedergegeben ist, zeigt Bion, warum das nicht reicht. Es gibt nicht wieder, was der Patient nonverbal mitteilte, noch kann es die begleitenden Eindrücke vermitteln. Zahllose Nuancen im Ausdruck und Feinheiten in Sprache und Benehmen, durch die ein ganzes Spektrum von fragmentarischen oder fließenden Verfassungen und Mitteilungen – »von Angst, Depression, Vertraulichkeit und anderen« – kommuniziert wird, werden ausgespart.

Um davon einen Eindruck zu vermitteln, beschreibt Bion die gleiche Episode noch einmal anders. Es handelt sich um eine Transkription von vielleicht einer Seite, auf der er seine Eindrücke von den momentanen Mitteilungen des Patienten festgehalten hat. Das kann nichts *Präzises* sein, aber wenn wir lesen, was Shakespeare seinen Edelmann über Ophelia sagen ließ, bekommen wir eine Ahnung von Bions Anliegen:

»Ihr Geschwätz meint nichts,
Doch grad das Ungereimte treibt die Hörer,
Bedeutung drin zu suchen. Man vermutet,
Und stückt sich's, bis man selber Sinn reinlegt,
Wo sie's ja so mit Mienen, Blicken, Gesten sagt,
Dass man tatsächlich denken muss, man könnt
Was denken, zwar nichts Sichres, doch viel Schreckliches.«
Hamlet, Akt 4, Szene 5
[dtv, dt. Frank Günther]

Wenn solche Patienten, wie sie Bion hier beschreibt, den Raum betreten haben, nehmen in den ersten Minuten typischerweise Ausmaß und Grad von Verunsicherung durch die Begegnung mit ihnen zu. Schnell überfordern diese Patienten unsere Kapazität für genauere Wahrnehmung. Jeder Psychoanalytiker kennt die Erfahrung, dass mit zunehmender Anzahl solcher Sitzungen, wie Bion sie beschreibt, eine vage Ahnung von den zentralen Themen des Patienten entsteht. Dies ist eines der Dinge, die Bion – vielleicht ein wenig überstrapaziert – »O« nennt. Auf den folgenden Seiten untersucht er, unter welchen Bedingungen solche Analysanden mithilfe des Analytikers ihre innere Verfassung besser beschreiben können und wann ihre Entwicklung weniger gut voranschreitet. Er befasst sich mit den Letzteren, weil sich anhand ihrer Pathologie grundlegende Funktionsweisen der Psyche besser untersuchen lassen.

Als Bion die Analyse eines solchen Patienten über einen längeren Zeitraum verfolgte, bemerkte er sein eigenes Unbehagen. Er nennt es treffender »eine düstere Vorahnung«, dass »jede Zusammenarbeit mit einem solchen Patienten, und insbesondere jede analytische, nicht lohnend und sogar gefährlich sein würde« (Bion 1965 [1997], S. 48). Eine massive und allgegenwärtige Rivalität mit den Zielen der Analyse ist eingetreten. Moralische Beschuldigungen und moralische Überlegenheit, Befriedigungen und Schmerzen durch Sadomasochismus, Perversion und Fetischismus, Erregung und vieles andere werden aktiv ins Feld geführt, um die Ziele der Analyse zu untergraben. Der Analysand ist sich sicher, dass seine Methoden denen der Analyse überlegen sein werden. Schließlich fühlen sich alle Beteiligten diskreditiert (ebd., S. 50–53). Der Analysand versucht außerdem, mit seinem Verhalten schockierende Empfindungen [sensations] hervorzurufen. Er verleitet den Analytiker permanent zu hilflosen Reaktionen. Bion nimmt an, dass derartige Aktivitäten und Gefühle im Grunde das Gleiche sind wie Halluzinationen. Im Zusammenspiel erschaffen sie eine überhöhte Version der Welt und der Wirklichkeit, die eine »wahrere« Version der zerstörten Welt des Patienten unkenntlich macht. Mittels dieser psychotischen Konstruktion kann jedes Problem, das mit Abwesenheit oder dem Vergehen von Zeit zu tun hat, ausgeblendet werden.

Nun wendet sich Bion einer Untergruppe von Analysanden zu, deren Verfassung eine solche Vorgehensweise ermöglicht und sich in gewisser Weise modifizieren lässt. Er stellt fest, wie sehr ein solcher Analysand selbst das Gefühl hat, an einer Schwelle oder einem *Scheidepunkt* zu stehen. Er hat mehr Rüstzeug als nötig, um sich entscheiden zu können; der freie Wille ist eine grundlegende Eigenschaft des Seins. Der späte Bion beschäftigt sich intensiv mit den Faktoren in der Funktion des Analytikers, die den

Analysanden in die eine oder andere Richtung beeinflussen können. Aber mindestens genauso wichtig sind aus meiner Sicht die Beobachtungen über die Wirkungen aus der Macht oder Kraft des Daseins, die zuvor in Überlegenheit, Omnipotenz, Allwissenheit und einem hypertrophierten Über-Ich gebunden waren und nun freigesetzt werden. Der Patient kann einen eher offenen als verborgenen Größenwahn entwickeln oder sich vor einer solchen Entwicklung fürchten. Bions Standpunkt ist – und das erinnert an Nietzsche –, dass das, was hier von mir »ontologische Macht« und von ihm »O« genannt wird, tatsächlich eine innere Eigenschaft der Seele ist, die im Sein des Individuums objektiv und real existiert. Zuvor setzte der Patient diese Kraft dafür ein, eine überhöhte Welt zu erschaffen. Jetzt, wo er diese Macht zurückgewinnt, fühlt der Patient ihre Präsenz und erlebt eine realistische Angst, verrückt zu werden. Es kann eine beinahe wahnhafte Vorstellung geben, dass er oder sie Gott, der Schöpfer, ist. Die existenzielle Erschütterung bei der Integration dieser »psychotischen« oder gottgleichen Anteile der Persönlichkeit führt zu Veränderungen der gesamten Ich-Struktur und der Sicht auf ihre Beziehungen zur Welt.

Bis hierher habe ich nachgezeichnet, wie Bion diese Ideen in *Transformationen* ausarbeitete und dass ich sie für das Resultat einer sorgfältigen klinischen Beobachtung und Argumentation halte, die man mit gutem Gewissen wissenschaftlich nennen kann. Je weiter man die *Transformationen* durcharbeitet, desto weniger ist dies jedoch der Fall. Bion beschreibt zwar weiterhin klinische Entwicklungen, aber in einer allgemeineren Form. In Anbetracht der enormen Herausforderung, die eine Bearbeitung dieser tiefen Ebenen mit sich bringt, ist dies gut verständlich. Mit zunehmender Schwierigkeit bei der Darstellung wendet Bion sich gnostischen oder theologischen Berichten zu. Gleichzeitig gibt es eine rasante Zunahme dessen, was er als »O« bezeichnet: das *Sein*, die *letzte Realität*, das *Unendliche*, das *Unerkennbare*, das *dunkle und endlose Ungestalte*, das *göttliche Wesen*, *Gott*, *Gottheit*, *Zahl*, *Dreifaltigkeit* werden in eine Art Periodensystem nicht der Elemente, sondern des *Seins* gestellt.

Das waren die Bereiche, die Bion künftig weiterentwickeln wollte. Wie Vermote feststellt, arbeitete er sie in *Aufmerksamkeit und Deutung* (1970 [2006]) aus. Darin entwickelte er seine *Regeln* zur analytischen Haltung, von denen er meinte, dass sie für die Entfaltung der Seinsgrundlage des Patienten notwendig seien, insbesondere die von Vermote beschriebenen Grundsätze »no memory, no desire, no coherence, no understanding«. Um einen Einblick in die Veränderung in Bions Gedanken zur Behandlungstechnik zu gewinnen, kann der Leser seine *Anmerkungen zu Er-*

innerung und Wunsch zu Rate ziehen, die zuerst in *The Psychoanalytic Forum* 1967 (Nachdruck 1992) publiziert wurden. Wieder sind Bions Vorstellungen von der analytischen Haltung ohne Zweifel tiefgründig, aber aus meiner Sicht legt er deutlich weniger Wert auf seine bisherigen Prinzipien bezüglich der Beschreibung und Evaluierung dessen, *was* die Anwendung dieser Grundsätze zeigen soll. Dies scheint der Fall zu sein, auch wenn im Titel von *Aufmerksamkeit und Deutung* der Zusatz *Wissenschaftlicher Ansatz zum Verständnis von Psychoanalyse und Gruppen* steht. Diese Veränderung hat sowohl die weitere Untersuchung der ursprünglichen klinischen Beobachtungen, als auch einige Verständnisweisen der technischen Empfehlungen aus Bions Spätwerk nachteilig beeinflusst. Insbesondere hat er meines Erachtens bisweilen die inspirierte Intuition zugunsten von klinischer Intuition überschätzt. Wenn der Analytiker eine Position »radikaler Offenheit« einzunehmen sucht, kann er zudem möglicherweise schlechter wahrnehmen, wie die Mechanismen des Analysanden ihn tatsächlich beeinflussen und wie man dies für ein besseres Verständnis der Situation des Patienten nutzen kann.

Vermotes Illustration der Anwendung des späten Bion

Deshalb biete ich in meinen folgenden Kommentaren einige andere Sichtweisen auf Vermotes Material. Ich behaupte nicht, Vermotes Patienten besser zu verstehen als er selbst. Ich habe den Eindruck, dass im Verlauf der Analysen beiden Patienten eindeutig geholfen wurde und dass diese Behandlungen sehr sinnvoll für sie waren. So sind diese Alternativen nicht *mit Blick auf einen bestimmten* Patienten gemeint, sondern als Illustration für den von mir favorisierten Zugang, der bereits weitgehend praktiziert wird. Was ich beschreibe, ist in keiner Hinsicht neu.

Zunächst habe ich den Eindruck, dass Vermotes Beispiele sich auf Patienten beziehen, die in ihrer Grundstruktur nicht so gravierend gestört sind wie jene in Bions Untersuchungen der Pathologie des Seins. Abgesehen davon scheint Vermotes erster Patient schwerer gestört zu sein als seine zweite Patientin, deren Problem vermutlich eher neurotisch gelagert ist. Nun ging Bion in späteren Jahren bei seinen klinischen Beobachtungen ebenfalls von den hypochondrischen Ängsten seiner Patienten aus. Beide Patienten von Vermote schildern Träume, in deren Bildern vieldeutige, lebendige oder wachsende Dinge aus ihrem Körper hervorkommen.

Der erste Patient

Vermote beschreibt, wie er Bions technische Empfehlungen umsetzt. In der Sitzung stellt er nicht viele Fragen, um der Möglichkeit vorzubeugen, dass äußere Fakten oder die Vorgeschichte als Abwehr eingesetzt werden. In der folgenden Sitzung erzählt sein Patient, ein Mann mittleren Alters, der keine lustvollen Erlebnisse haben kann, einen Traum, in dem er in seinem Bauch Vorwölbungen wie schnell wachsende Tumore sah. Später wurden daraus Knollen, die durch seine Haut drangen, und sein Abdomen wurde zu einem Tulpenfeld. Vermote sagt, dass er sich nicht in der Lage fühlte, den Inhalt dieses Traums verstehen oder interpretieren zu können, aber er betont die Qualität eines guten, mit dem Erlebten verbundenen Gefühls. Vermote schreibt dies einem »Kontakt mit einem lebendigen unterirdischen Fluss« zu. Er lenkt unsere Aufmerksamkeit auf Gefühle von Ehrfurcht vor der »Macht und Rätselhaftigkeit dieses Etwas, das außerhalb seines Bewusstseins in ihm existierte«, und vom Glauben daran, dass dies in Zukunft wieder auftauchen würde. Diese Sequenz wird zurückgeführt auf »das Erlebnis von T(O)« und die Offenheit dafür. Dies unterscheidet sich von »T(K)«, wovon Vermote denkt, dass es dabei darum gegangen wäre, »einen Container und eine Repräsentation für seine Gefühle von Abgestorbensein und Leere zur Verfügung zu stellen«.

Mein Bedenken ist, dass der Analytiker, der Bions später entwickelte Konzepte in dieser Form anwendet, prädestiniert dazu ist, Aussagen wie die obige für geheimnisvoll zu halten. Diese Tendenz kann analytisches Nachdenken über die Reaktion des Patienten behindern, und auf die Spitze getrieben kann sie die Entwicklung eines Verstehens des Patienten erschweren. Vielleicht erweckte zum Beispiel die Offenheit in Vermotes analytischer Haltung in der ersten Sitzung und seine augenscheinliche Bemerkung zu dem Patienten über den Wert von Träumen die Vorstellung im Patienten, dass Vermote offen *war*. Könnte dies nicht die Vorstellung von Empfänglichkeit hervorgerufen haben, die wir normalerweise mit einem Bauch oder Schoß verbinden? Wenn das so wäre, könnte dies nicht hervorgeholt haben, was im Patienten schlummerte? Zu Beginn erlebt der Patient dies als schnell wachsende Tumore. Vielleicht sind das Anspielungen auf eine Schwangerschaft. Man fragt sich, ob der Patient Geschwister oder eigene Kinder hat und welche Beziehung zu oder Identifizierung mit seiner Mutter es gibt. Könnte das Bild des Blumenbeets einen spöttischen Unterton enthalten? Tulpen können kurzlebig oder aus der Mode sein. Vermote erwähnt die im Anschluss auftretende Neigung des Patienten, zu vergessen oder sich zu *verschließen*. Handelt es sich dabei um eine Form von Unfruchtbarkeit, oder worauf könnte das beruhen? Lässt die anfängliche Unsicherheit über die Bedeutung der Traumbilder darauf schließen, dass der Patient befürchtet, die Analyse könnte neben willkommeneren auch destruktivere oder bösartige Formen von Wachstum in Gang bringen? Der Analytiker könnte den Patienten durch seine Auswahl möglicher Interpretationen verschonen wollen. Er könnte sich selbst auf die Annahme beschränken, dass der Patient seinen Analytiker vielleicht als empfänglich für das wahrgenommen hat, was in ihm sein könnte. Aber überhaupt nichts zu sagen, könnte den Patienten zu der Überzeugung verleiten, dass es nichts zu sagen gibt.

Die zweite Patientin

Vermote beschreibt eine junge, in ihrer sexuellen Identität unsichere Patientin, um zu illustrieren, wie die Übertragungs-Gegenübertragungs-Dynamik bewirkt, was er gemäß Bion als »Übergänge durch die Zäsur« konzeptualisiert. Im ersten Abschnitt der Analyse scheinen Aspekte des Erlebens der Patientin klar durchgearbeitet worden zu sein. Eine Stufe relativer Stabilität wurde erreicht, was jedoch auf einer undifferenzierten Beziehung zum Analytiker zu beruhen schien. Gleichzeitig fühlte der Analytiker in der Beziehung eine undifferenzierte Sinnlichkeit. Es schien nicht möglich zu sein, dies mit Material aus der Analyse auf die übliche Weise in Verbindung zu bringen. In diesem Kontext träumt die Patientin von einem wurzelähnlichen Objekt mit kleinen Ausläufern in ihrem Körper. Dies wird hinter ihrem Brustbein hervorgezogen.

Eine erste Lesart wäre, dass Vermotes Gefühl, wie eine undifferenzierte Hintergrundfigur behandelt zu werden, von dem Ausmaß an Angst und Erregung seiner Patientin herrührt, das durch uneingestandene sexuelle oder inzestuöse Phantasien über einen möglichen Kontakt zwischen ihnen ausgelöst wurde. Die Patientin hatte ihren Vater früh »verloren«. Wahrscheinlich hatte sie nicht die normale Gelegenheit gehabt, sowohl ihre infantilen als auch ihre erwachsenen Phantasien in Anwesenheit einer väterlichen Figur durchzuarbeiten, wie es üblicherweise in einer normalen Eltern-Kind-Beziehung in Kindheit und Jugend geschehen kann. Genauso wie vor ihrer eigenen Sinnlichkeit kann sie sich davor gefürchtet oder dadurch erregt gefühlt haben, möglicherweise etwas Ähnliches bei ihrem Analytiker zu finden. Eine derartige Patientin kann leicht das Gefühl bekommen, dass im Verlauf der Analyse etwas in ihr gewachsen ist.

Die Bildsprache des Traums ist aufrüttelnd. Wenn der Analytiker solch einen Traum in Richtung, sagen wir, eines Incubus oder Succubus interpretiert, begibt er sich ungeschützt in Niemandsland. Seine Äußerung könnte als Spiegelung seiner eigenen Gedanken aufgenommen werden und weniger als Ausdruck dessen, was seiner Meinung nach in der Analysandin vorgeht.

Im weiteren Verlauf berichtet Vermote, wie – vermutlich als Reaktion auf diese Umstände – etwas in ihm aufkam: das holländische Wort »Treezebees«. Übersetzt bedeutet dies »ein unattraktives, altmodisches, etwas naives Mädchen«, das prüde ist oder dessen Sexualität ruht. Vermote berichtet uns, dass er seine Entscheidung, diese Assoziation der Patientin mitzuteilen, mit Bedacht getroffen hat. Wir sollten alle unsere scheinbar irrelevanten Einfälle ernst nehmen, da diese sich oft als Hinweis auf zentrale Themenbereiche erweisen. Vermote möchte allerdings seine Art der Intervention als Beispiel für den Gebrauch einer Sprache des Vollbringens verstanden wissen.

Vorläufig würde ich dies eher als ein Agieren des Analytikers betrachten wollen. Als Analytiker sind wir mehr oder weniger ständig in Inszenierungen und Reinszenierungen verwickelt. Während wir uns alle Mühe geben, dies möglichst zu begrenzen, sollten wir nicht versuchen, fehlerfrei zu sein. Oft lernen wir gerade aus den Folgen unserer Fehler mehr über den Patienten und die entstandene Situation. In meiner Vorstellung wollte Vermotes Patientin von ihrem Analytiker innerlich berührt werden, indem er sich in analytisches Niemandsland vorwagen und hervorholen sollte, wovon sie sich vereinnahmt fühlte. Nachdem er das gemacht hat, bringt sie eine Reihe von Träumen.

Im ersten Traum erscheint der Analytiker als junger Mann in analytischer Ausbildung. Die Patientin fühlt sich zu ihm hingezogen. Es ist nicht weit hergeholt, von der Patientin anzunehmen, dass sie sich ihren Analytiker als jungen Mann vorgestellt hat. Er war schließlich auffallend vorsichtig gewesen und könnte ihr durchaus wie ein Anfänger vorgekommen sein. Dies könnte sowohl eine richtige Wahrnehmung widerspiegeln, als auch die Projektion des Teils der Patientin sein, der sich wie eine Anfängerin fühlt. Der nächste Traum handelt vom Analytiker und einem weiteren Mann. Beide haben lange Bärte und lächeln spöttisch. Der Analytiker legt seine Hand auf das Knie der Patientin. Vielleicht war eine von vielen möglichen Reaktionen der Analysandin auf das »Treezebees« des Analytikers, es als Verführung zu erleben. Vermote beschreibt dann, wie »Zufälle« im Leben der Patientin auftauchen. Sie trifft Männer in Galerien. Andere kommen in ihr Haus, um etwas zu reparieren, aber sie beginnen, ihr auf naive und romantische Weise den Hof zu machen. Die Patientin genießt das und verhält sich ihrerseits ebenfalls verführerisch.

Könnten das nicht Reaktionen auf die Art sein, in der die Patientin die Interventionen ihres Analytikers erlebt, wahrnimmt und genießt?

Ich denke, Vermote wählte diese Sequenz aus, um uns die größere Freiheit der Patientin im Umgang mit symbolischem Material zu zeigen und damit die Effektivität von Interventionen zu belegen, in denen der Analytiker sich gewissermaßen offenherzig verhält. Sie dient als Illustration für das von ihm so genannte »zweigleisige Modell psychischer Veränderung«. Und diese primäre Intention könnte die Ursache sein, warum er uns nicht weiter mitteilt, was in diese Richtung interpretiert wurde. Bion hat auch nicht klar dargelegt, was er genau meinte, wenn er über die Sprache des Vollbringens schrieb. Er beschrieb sie als »ein Vorspiel zum Handeln und eine Handlung«. Er hielt Deutungen für die der Analyse angemessene Form zu handeln, aber der Zusammenhang impliziert, dass er meinte, der Analytiker gebrauche Deutungen so wie ein Arbeiter ein Werkzeug.

Natürlich würde man Vermotes Patientin nicht mit den von mir angeregten Interpretationsmöglichkeiten überschwemmen wollen. Wir folgen dem Patient und nicht dem Material. Aber ich würde für eine detailliertere Beobachtung in den Sitzungen in Bezug auf die Wirkungsweise solcher Optionen plädieren. So kann meiner Ansicht nach die Angst der Patientin gemildert und der analytische Kontakt vertieft werden. Auch erhält die Patientin dann die Möglichkeit zu antworten, zuzustimmen oder zu widersprechen, zu reagieren oder nicht zu reagieren, und es kann zu einem offenen und gleichzeitig forschenden Dialog beitragen.

Abschließende Bemerkungen

Es ist sicher deutlich geworden, dass ich in Übereinstimmung mit Vermote Teile der Theorie von Bions Spätwerk für bedeutende und bleibende Beiträge zur psychoanalytischen Theorie und Praxis ansehe, aber dass ich gleichzeitig wesentliche Vorbehalte dagegen habe. Mein Hauptargument ist, dass Schwächen in Bions Spätwerk dadurch entstanden sind, dass es zunehmend unklar wurde, ob es bedeutungsvoll und notwendig ist, die »Funktionsweise« der klinischen Beobachtungen des Analytikers genauso wie die psychoanalytisch angemessene Vorgehensweise in klinischer Vorhersage und Beweisführung zu zeigen. Ein Problem ergibt sich aus der Tendenz, Bions ursprünglich provisorisch und erklärend gemeinte Terminologie anzuwenden, als ob sie psychische Instanzen verbürgter Tatsachen und von erklärender Kraft benennen würde.

Wir müssen in der Lage sein, die »Arbeitsweise« der klinischen Beobachtungen und Argumentationen des Analytikers zu sehen, wenn wir die feine Webart und Struktur der Verflechtung des Analytikers mit der jeweiligen psychischen Realität erkennen können wollen, auf die seine Hypothesen mutmaßlich zutreffen. Dies ist notwendig, wenn wir beurteilen, diskutieren und entscheiden wollen, ob ein *Glaubensakt* – wenn wir den Vorgang als einen solchen ansehen wollen – sich als gut begründet oder aus der Luft gegriffen erwiesen hat, ob es sozusagen eine zu geringe Entwicklung der eigenen Vorstellungskraft gegeben hat oder ob es im Gegenteil zu viel Selbstzufriedenheit gibt, und schließlich, ob Ahnung und Intuition wirklich diese recht wichtige vorhersagende, extrapolierende oder eine anderweitige Qualität besitzen, die uns das hinter den oberflächlichen Tatsachen Verborgene zugänglich macht.

In Bezug auf Vermotes Vorschlag eines »zweigleisigen Modells psychischer Veränderung« ist es klar, dass *Wissen* und *Sein* nicht das Gleiche sind und dass Analysen zu viel des einen und zu wenig des anderen aufweisen können. Allerdings sind Wissen und Sein eng miteinander verknüpft. Meiner Meinung nach ist es nicht so schwer, wie Vermote annimmt, eine beobachtende und selbstkritische Haltung mit analytischen Formen klinischer Intuition in Einklang zu bringen. Aus meiner Sicht werden derart grundlegende Entwicklungen, wie Bion sie bei seinen Patienten beschreibt, am ehesten gefördert, wenn das Zusammenspiel dieser Haltungen vollständig verstanden wird.

Vielleicht wollte der späte Bion zu hoch hinaus. Dabei hat er uns viel zu denken gegeben, und es gebührt ihm großer Dank seitens der Psychoanalyse. Trotzdem denke ich, dass eine der Aufgaben, die er uns hinterlassen hat, darin besteht, die gewissenhafte Sammlung und Evaluation klinischer Beobachtungen und psychoanalytischer Voraussagen und Beweisführungen fortzusetzen, und dass dies insbesondere an der Stelle nötig ist, an der Bion selbst offenbar lieber andere Wege gehen wollte.

Aus dem Englischen von Uta Karacaoglan

Literatur

Bion, Wilfried R. (1957): Differentiation of the Psychotic from the Non-Psychotic Personalities. I.J. Psychoanal. 38, 266–275.
Bion, Wilfried R. (1962): Learning from Experience. London (Tavistock). Dt.: Lernen durch Erfahrung. Übers. Erika Krejci. Frankfurt/M. (Suhrkamp) 1990.
Bion, Wilfried R. (1963): Elements of Psychoanalysis. Oxford, London (Heinemann Medical Books). Dt.: Elemente der Psychoanalyse. Übers. Erika Krejci. Frankfurt/M. (Suhrkamp) 1992.
Bion, Wilfried R. (1965): Transformations. Oxford, London (Heinemann Medical Books). Dt.: Transformationen. Übers. Erika Krejci. Frankfurt/M. (Suhrkamp) 1997.
Bion, Wilfried R. (1967): Notes on Memory and Desire. Psycho-Analytic Forum 2(3), 271–280. Dt.: Anmerkungen zu Erinnerung und Wunsch. In: Bott Spillius, Elizabeth (Hg., 2002): Melanie Klein heute. Entwicklungen in Theorie und Praxis. Bd. 2: Anwendungen. Übers. Elisabeth Vorspohl. 3. Aufl. Stuttgart (Klett-Cotta), S. 22–28.
Bion, Wilfried R. (1970): Attention & Interpretation. London (Tavistock). Dt.: Aufmerksamkeit und Deutung. Übers. Elisabeth Vorspohl. Tübingen (edition diskord) 2006.
Bléandonu, Gérard (1994): Wilfred Bion: His life and works 1897–1979. London (Free Association Books).
Kasner, Edward & Newman, James Roy (1949): Rubber-Sheet Geometry. In: Kasner, Edward & Newman, James Roy (Hg.): Mathematics and the Imagination. London (G. Bell & Sons).
Poincaré, Henri (1908): Science et method [Science and Method]. In: Gould, Stephen Jay (Hg., 2010): The Value of Science: Essential writings of Henri Poincaré. New York (Random House), S. 357–558.

Rudi Vermotes Antwort auf David Taylor[1]

Rudi Vermote

Ich danke David Taylor für seinen feinfühligen und gedankenreichen Kommentar. Er erläutert darin seine Präferenz für den sogenannten »mittleren Bion«, der das Denken oder die psychische Verarbeitung von Erfahrungen untersuchte, und dabei präzise klinische Beobachtungen mit der Anwendung wissenschaftlicher Modelle verband. Eines dieser Modelle, auf die sich Bion stützte, ist die Theorie von Poincaré. Die Art und Weise, in der Taylor darstellt, wie Bion diese Theorie für seine eigene Theorie der Transformationen verwendete, macht seinen Kommentar zu einem herausragenden Beitrag für das Studium von Bions Werk.

Weiter diskutiert Taylor, wie der »späte Bion« seinen Fokuswechsel zu »O« vollzog, und formuliert dabei diesen Wechsel neu, um ihn von dem über die Jahre hierzu entstandenen Jargon zu befreien. Er spricht von *Wissen* versus *Sein* und von O als ontologischer Macht. Taylors Wechsel der Metaphern ist erfrischend, birgt allerdings die Gefahr, dass wir fälschlicherweise das Gefühl bekommen, uns auf vertrautem Terrain zu wähnen, und er könnte Bions Theorie mit philosophischen Konnotationen von *Sein* befrachten, auf die Bion selbst sich nicht bezog. Nach meinem Verständnis von Bion und meiner Erfahrung ist O ein Bereich, zu dem wir sowohl bewusst als auch unbewusst in Kontakt sein können.

Taylors Hauptkritik am »späten Bion« ist, dass dieser *Sein* als etwas sah, was man nicht wissen kann [unknowable], dass er in seinen klinischen Beobachtungen unpräziser geworden sei und dass seine Versuche, *Sein* zu erfassen, weniger wissenschaftliche Strenge besessen hätten. Was dies

---

[1] Rudi Vermote's response to David Taylor. The International Journal of Psychoanalysis (2011) 92, 1113–1116.

betrifft, scheint Taylor die Meinung vieler Kollegen zu repräsentieren (O'Shaughnessy 2005).

Ich habe Taylors Kommentar gern gelesen, allerdings habe ich aufgrund seiner Erwiderung den Eindruck, dass ich den Punkt, der mir in Bezug auf den späten Bion am wichtigsten war, nicht wirklich deutlich machen konnte. Insofern gibt mir Taylors Text die Gelegenheit, meine Sicht auf Transformationen in O und psychischen Wandel noch einmal pointierter zu formulieren. Aus Platzgründen kann ich hier nicht auf die zahlreichen und wichtigen aktuellen Weiterentwicklungen der Eckpfeiler in Bions Werk eingehen, etwa, um nur einige zu nennen, auf diejenigen von Ferro, Grotstein, Ogden und Britton. Mein zentraler Punkt ist, dass – während der »mittlere Bion« sich mit der psychischen Verarbeitung (oder dem Denken) emotionaler Erfahrungen beschäftigt – der »späte Bion« fundamentale Überlegungen in Bezug auf das Wesen psychischer Veränderung darlegt und davon ausgehend eine verstörende und radikale Technik entwickelt. Während es beim »mittleren Bion« um die Umwandlung psychischen Erlebens in Repräsentanzen und um deren weitere Transformationen geht, zielt der »späte Bion« darauf ab, auf die vermuteten Strukturen (oder Muster) einzuwirken, die noch nicht in sinnlichen, emotionalen oder relationalen Phänomenen Ausdruck gefunden haben (oder, wie Taylor meint, auf »vage Ahnung von den zentralen Themen des Patienten«). Tatsächlich unterschied Bion drei Ebenen psychischen Funktionierens, die sich nicht wesentlich von gegenwärtigen neuropsychologischen Forschungsergebnissen über die Funktionen im kortikalen, präfrontalen und basalen limbischen System unterscheiden. Es gibt erstens eine Ebene des logischen und verstandesmäßigen Denkens, zweitens eine Ebene des kreativen, spontanen, assoziativen, träumerischen sprachlichen Denkens (Ideen oder Wissen) sowie drittens eine Ebene des undifferenzierten, nicht-sinnlichen, noch unrepräsentierten und sich von daher dem Erkennen entziehenden psychischen Funktionierens (für das er den Begriff O prägte, aber auch von »pränataler Zone« und »halluzinatorischer Zone« sprach). Ein wichtiger Punkt ist, dass für den späten Bion die erste Ebene oder das verstandesmäßige Denken [Reason] ein Hindernis für Transformationen sowohl in K (Knowledge/Wissen) als auch in O darstellt. Bion plädiert deswegen dafür, sich während der Sitzungen nicht vom verstandesmäßigen Denken leiten zu lassen, um einen Kontakt mit O zu ermöglichen, ein Kontakt, der zu einer Transformation in O führen kann. Das ist jedoch noch nicht alles: Bion weist darauf hin, dass es noch eine weitaus radikalere Geistesverfassung geben kann als den Verzicht auf das verstandesmäßige Denken, um einen Kontakt zu O zu ermöglichen.

Da die noch undifferenzierte und nicht repräsentierte Realität nicht-sinnlicher Natur ist, sollte der Analytiker sich nicht durch seine Sinne »blenden« lassen und sich daher nicht nur von Verstand, Verstehen, narrativen Zusammenhängen oder Sinngebung lösen (was von vielen Autoren, die sich auf den frühen und mittleren Bion beziehen, als Ziel von T(K) gesehen wird), sondern auch von Wünschen und dem Erleben von Liebe-Hass-Wissen während der Sitzungen. Dies ist insofern eine kontroverse Vorstellung, als wir dazu neigen, diese Erfahrungen in unserer Gegenübertragung als Grundlage unseres analytischen Instrumentariums und als »Stoff« für T(K) zu betrachten. Ebenso sollte sich der Analytiker während der Sitzungen auch seiner Erinnerung entledigen, die Bion als einen auf die Vergangenheit zielenden Wunsch versteht. Bion meint, wir sollten uns auch außerhalb der Sitzungen in dieser radikalen Haltung von Leidenschaftslosigkeit üben und lernen, die zugrunde liegende psychische Realität und ihre konstanten Verbindungen auf »seherische Weise« zu erfassen. Wenn wir uns aller gewohnten Haltepunkte entledigen, ist Glaube das, was übrig bleibt. Bion betrachtet dies als diejenige innere Verfassung, in der man sein sollte, um in Kontakt mit dem Wesen einer Person zu kommen und mit ihm zu interagieren, bevor es zum Ausdruck gekommen ist, oder – anders ausgedrückt – um die Erfahrung zu machen, auf einer Ebene mit diesem Wesen der Person in Kontakt zu sein, die tiefgreifende psychische Veränderung in Gang setzen kann. Wie ich in meinem Beitrag bereits erwähnte, hält Bion diese Erfahrungen für so grundlegend, dass er glaubt, dass sie sich in einer Analyse nur ein oder wenige Male ereignen, dass es aber diese Erfahrungen sind, die eine Analyse zeitlich begrenzen. Diese Transformationen in O sind neue Erfahrungen und nicht eine psychische Verarbeitung oder ein Denken von etwas, das bereits geschehen ist, wie es bei Transformationen in K der Fall ist. Wir können diese transformierenden Erfahrungen nicht willentlich herbeiführen, wir können sie nur zulassen. Diese Erfahrungen können eine Form finden (nicht umgekehrt) und werden dann differenziert (T(K) berührt T(O) tangential). In Bions Worten ausgedrückt, bewegt sich eine solche Erfahrung auf einem Vertex von Unendlich zu Endlich. Eine Deutung, die auf einer solchen Erfahrung von »O trifft auf K« basiert, ist sowohl die Vorstufe einer Handlung wie auch eine Handlung als solche (das Finden einer Form fällt zusammen mit einer neuen Erfahrung). Bion vergleicht dies mit der »Sprache des Vollbringens« bei Keats.

Die zentrale Frage hierbei ist natürlich, ob die Hypothese der Existenz einer nicht-sinnlichen psychischen Realität und der Möglichkeit, während der Sitzungen mit ihr in Kontakt zu kommen, im klinischen Bereich von Bedeutung sein kann. Wenn wir Bions Ideen ernst nehmen, sollten wir sie erproben oder andernfalls als irreführende Phantasie verwerfen. Oder sollten wir diese unbequemen Ideen in abgeschwächter Form in den Rahmen der etablierten Theorie und Technik integrieren und seine technischen Ratschläge neu formulieren, etwa dahingehend, einfach eine Haltung des Nicht-Wissens einzunehmen? Bion selbst scheint dazu eine radikale Position vertreten zu haben. Wie ich dargestellt habe, können wir eine Veränderung in seinem Leben beobachten, nachdem er seine Ideen zu T(O) formuliert hatte. Er schien den Mut zu haben, alles hinter sich zu lassen, was ihn festhielt, um in Kalifornien ganz von vorne anzufangen. Er hörte auf, sich auf Vorträge vorzubereiten, um so weit wie möglich auf der Ebene der Erfahrung zu bleiben, und er schrieb in einer Weise, von der er hoffte, beim Leser Erfahrungen auszulösen, beispielsweise in *A Memoir of the Future* (Bion 1991). Allerdings wissen wir nicht, in welchem Umfang er seine Theorie und Technik in Bezug auf T(O) in seiner eigenen klinischen Arbeit anwandte. Die wenigen Zeugnisse ehemaliger Analysanden legen eher nahe, dass er in einem orthodoxen Kleinianischen Stil arbeitete. Natürlich sagt uns das nichts über seine innere Verfassung. Taylor hat Recht, wenn er meint, dass es weitaus einfacher gewesen wäre, wenn Bion diese Ideen mit klinischen Beispielen illustriert hätte. Bion dachte jedoch, dass solche Falldarstellungen nichts anderes als der Versuch wären, eine Idee beweisen zu wollen – und das wäre das Gegenteil von dem, was er vermitteln wollte, wie er im Kommentar in *Second Thoughts* (1967) darlegte. Was wir jedoch von Tonbandaufzeichnungen her kennen, sind seine nach *Aufmerksamkeit und Deutung* gehaltenen klinischen Seminare und Supervisionen, und es ist auffallend, dass er dort kaum von T(O) spricht. In Einklang mit seinen neugewonnenen Einsichten wollte er lieber Erfahrungen bei seinen Zuhörern anstoßen als Fragen beantworten. Anstelle logischen Denkens benutzte er Techniken wie die Umkehrung der Perspektive und explorierte so Sachverhalte auf eine sehr indirekte Weise, er beantwortete Fragen mit Gegenfragen oder mit Schweigen und betrachtete so Entwicklungen oder Muster von verschiedenen Blickwinkeln [vertices], statt kausale Verknüpfungen herzustellen. Er nahm eine sokratische Fragehaltung ein und verzichtete auf jede Theorie, einschließlich seiner eigenen, um Raum für die Entstehung von etwas Neuem zu lassen. Allerdings waren diese Vorträge und Supervisionen in gewisser Weise auch öffentliche Auftritte mit einer gewissen theatralischen Wirkung.

Wir wissen nicht, wie Bion in seinen Behandlungsstunden wirklich war; wir haben nur seine technischen Empfehlungen in seinen theoretischen Arbeiten, wie zum Beispiel die, darauf zu achten, »daß [der Analytiker] durch die Qualitäten, die zum Bereich der Sinne gehören, (oder durch seine Wahrnehmung dieser Qualitäten) nicht ›geblendet‹ wird, […] jene evolvierten Aspekte von O zu ›sehen‹, die im Analysanden invariant sind« (Bion 1970 [2006], S. 71). Anders ausgedrückt: Der Analytiker sollte versuchen, an dem Punkt zu sein, wo das Unbegrenzte eine begrenzte Form annimmt, ein Punkt im Unbegrenzten, an dem er die Gedanken in ihrem Auftauchen beobachten kann.

Ich kann nicht sagen, dass ich mich auf dieser Ebene befände, aber als ich den Text schrieb, was nun schon lange her ist, suchte ich nach einigen Momenten von tiefgreifender und dauerhafter psychischer Veränderung in meiner psychoanalytischen Arbeit und fragte mich dabei, ob Bions Modell psychischer Veränderung, das er in *Aufmerksamkeit und Deutung* vorgestellt hatte, mit diesen klinischen Erfahrungen in Verbindung gebracht werden könnte. In meinen beiden Beispielen sehen wir eine unerwartete Veränderung, begleitet von einer Haltung, nicht verstehen zu wollen. In beiden Fällen geschah etwas im Patienten in Interaktion mit dem Analytiker, und zwar auf einer undifferenzierten Ebene. In beiden Fällen rief dies einen Traum beim Patienten hervor, der eine sehr wichtige Rolle zu spielen schien. Obwohl die psychischen Veränderungen dauerhaft sind (beim ersten Patient: Kontakt zu seiner psychischen Lebendigkeit finden; bei der zweiten Patientin: ihre sexuelle Identitätsproblematik überwinden), scheint der Moment psychischer Veränderung selbst nicht in Worte fassbar zu sein. Ich selbst konnte mich später daran erinnern, aber die Patienten hatten den Moment der Veränderung vergessen, so wie man einen Traum vergisst. Im zweiten Fall war es ein in einem Zustand von Regression entstandenes Bild – eine Art halluzinatorische Zone –, das uns beide überrascht hatte. Es war, als ob ich eine Art innerer Konstellation in ihr sah, etwas Wesentliches von ihr, das in diesem seltsamen Wort eine Form annahm. Diese Beispiele beweisen nichts, aber sie widersprechen Bions Hypothese und seinem Modell psychischer Veränderung sowie seinen Überlegungen zum Wechselspiel von T(K) und T(O) auch nicht.

In seiner Diskussion dieser Vignetten kommt Taylor zu großartigen, sehr elaborierten Deutungen, an denen die Schönheit der psychoanalytischen Herangehensweise sichtbar wird. Ich stimme zu, dass eine solche Deutungsarbeit außerhalb der Sitzungen von zentraler Bedeutung ist, die entscheidende Frage ist allerdings, ob die beschriebenen Veränderungen stattgefunden hätten, wenn ich als Analytiker während der Sitzungen eine innere Haltung gehabt hätte, die, wie Taylor es formuliert, verstehen will und dem Patienten helfen will zu verstehen (»analytisches Nachdenken« und »die Entwicklung eines Verstehens des Patienten«). Es erinnert mich an Matte-Blanco, der eine Geschichte von einem Mann erzählt, der in einen Pub kommt, über die Wände und dann mit dem Kopf nach unten hängend über die Decke bis zur Bar geht, um dort nach einem Glas Milch zu fragen. Die klassische Psychoanalyse würde die Frage in den Mittelpunkt stellen: »Warum fragte er nach einem Glas Milch?«, was ein Verstehensfokus ist, der das Wunder psychischer Veränderung, das wir noch nicht verstehen, außer Acht lässt.

Ich stimme Taylor zu, dass Bions Modell und Technik auf einer hypothetischen Ebene bleiben, und bevor ich sie vertrete, bin ich, zumal ich selbst in der klinischen Forschung tätig bin (z. B. Vermote et al. 2010), wie er der Meinung, dass es sinnvoll ist, diese Methode, für die so viele Lippenbekenntnisse abgelegt werden, genau zu untersuchen. Man kann hierzu einen qualitativen Forschungsansatz verwenden, indem man detaillierte psychoanalytische Beobachtungen darüber sammelt, was geschieht, wenn eine Veränderung ausgelöst wird, und indem man die Verbindungen dieser Veränderungen zu der von Bion vertretenen inneren Haltung des Analytikers untersucht. Verschiedene Arbeitsgruppen der Europäischen Psychoanalytischen Vereinigung untersuchen bereits das innere Gefüge einer Sitzung, zum Beispiel die Workshops zum »Vergleich klinischer Methoden« oder zur »Besonderheit psychoanalytischer Behandlungen heute« (siehe die Webseiten von IPA und EPF). Vorstellbar ist auch, in stärkerem Umfang als bisher prospektive Forschungsansätze einzusetzen. Bion definierte seine Methode recht genau, sodass es möglich ist, sie dementsprechend zu lehren und anzuwenden. Andere Personen als der Analytiker können dann die Wirkungen dieser Methode auf den Prozess und seine Ergebnisse untersuchen und sie mit denen anderer Ansätze vergleichen. Bion hat den Weg der Psychoanalyse verändert, und wenn wir die Entwicklung seiner Theorie ernst nehmen, sollten wir untersuchen, ob seine dem intuitiven Verständnis zuwiderlaufenden Ideen über das Wesen psychischer Veränderung und die daraus folgende radikale Technik sinnvoll sind. Und falls sie dies sind, sollten wir sie weiterentwickeln.

Aus dem Englischen von Vera Müller

Literatur

Bion, Wilfred R. (1967): Second Thoughts: Selected Papers on Psychoanalysis. New York (Jason Aronson).
Bion, Wilfred R. (1970): Attention and interpretation. New York (Basic Books). Dt.: Aufmerksamkeit und Deutung. Übers. Elisabeth Vorspohl. Tübingen (edition diskord) 2006.
Bion, Wilfred R. (1991): A Memoir of the Future. London (Karnac).
Matte-Blanco, Ignacio (1988): Thinking, Feeling and Being: Clinical Reflections on the Fundamental Antinomy of Human Beings. London (Routledge).
O'Shaughnessy, Edna (2005): Whose Bion? I.J. Psycho-Anal. 86, 1523–1528. Dt.: Wessen Bion? In: Junkers, Gabriele (Hg.): Verkehrte Liebe. Ausgewählte Beiträge aus dem *International Journal of Psychoanalysis*, Band 1. Übers. Helga Skogstad. Tübingen (edition diskord), S. 127–136.
Vermote, Rudi; Lowyck, Benedicte; Luyten, Patrick; Vertommen, Hans; Corveleyn, Jozef; Verhaest, Yannick; Stroobants, Rob; Vandeneede, Bart; Vansteelandt, Kristof & Peuskens, Jozef (2010): Process and Outcome in Psychoanalytic Hospitalisation – Based Treatment for Patients with a Personality Disorder. J. Nerv. Ment. Dis. 198, 110–115.

II
Psychoanalytische Theorie und Technik

(Da-)Sein, Denken, Gestalten[1]

Wenn Krieg das Setting angreift und die Übertragung zurückschlägt

Marie-Thérèse Khair Badawi

Wenn ein Trauma in die Realität des Analytikers und des Analysanden eindringt, wenn es das Setting angreift, was wird dann aus der Rolle des Analytikers? Wie ist Veränderung dann noch möglich? Vor dem Hintergrund dreier klinischer Situationen will die Autorin untersuchen, wie die Verschränkung zwischen Übertragung und Gegenübertragung – die gegenseitige Beziehung (Inter-Relation) – die Situation strukturiert. Der Analytiker muss in ihrer bzw. seiner Rolle als Analytiker bleiben, indem es ihm/ihr gelingt, die klinischen Aspekte dieser Situation zugleich herzustellen und zu reflektieren, während er/sie mit der Unberechenbarkeit und Willkür, die jedem Kriegsgeschehen eigen ist, konfrontiert ist. Erst dann kann sich zeigen, wie die Einwirkung des Negativen auf den äußeren Rahmen des Settings begrenzt werden kann.

> Und Erde, Hafen, Strom und Flotte werden
> Ein Leichenfeld, wo sich der Tod ergötzt.
> O wieviel Thaten, welches Heldenwirken
> Verbarg die Finsternis dem Strahl des Ruhms
> Aus diesem Feld der Tapferkeit, wo jeder
> Sein eigener Zeuge nur, des Schicksals Gang
> Vom Dunkel eingehüllt, nicht ahnen kann!
> *Corneille, Der Cid, Vierter Akt, Dritter Auftritt*
> *(Gotha, Beckersche Buchhandlung, 1811, S. 94, 14–20)*

Im Zuge meiner vielfältigen Begegnungen mit Psychoanalytikern anderer Länder war ich immer von deren Möglichkeit fasziniert, wie leicht

---

[1] Being, thinking, creating: When war attacks the setting and the transference counter-attacks. The International Journal of Psychoanalysis (2011) 92, 401–409.

sie Zukunftspläne schmieden konnten. Immer wenn ein Kollege vorschlug, ich solle doch in dem einen oder anderen Projekt mitmachen, antwortete ich zu seiner Überraschung: »Mal sehen ... Da müssen wir uns noch einmal darüber unterhalten.« Man verstand meine Antwort als Rückzieher, war ich doch zu Beginn unserer Diskussion leidenschaftlich und begeistert bei der Sache gewesen. Mir wurde klar, dass es für jeden von uns etwas ganz anderes bedeutet, in die Zukunft hinein zu planen. Für meinen Kollegen war die Zeit beständig und von vorhersehbaren Rhythmen reguliert, während ich in der Unberechenbarkeit einer Raum-Zeit-Dimension gefangen und einem unerwarteten traumatischen Ereignis auf Gedeih und Verderb ausgeliefert war: Krieg. Krieg kann zu allen Zeiten ausbrechen – und er kann in der Tat beständig und dauerhaft sein, wie ich in den letzten fünfzehn Jahren und sechs Monaten erfahren musste. Es ist, als ob Krieg ein ganz normales, alltägliches Phänomen wäre, als ob wir im permanenten Zustand eines Traumas lebten, in geborgter Zeit unbestimmter Dauer.

In meiner Arbeit möchte ich weder die klinischen Aspekte des Traumas an sich noch die der Zeitlichkeit diskutieren. Ich werde untersuchen, wie ein Psychoanalytiker in einem Milieu, in dem das Unvorhersehbare regiert, überhaupt (weiter-)arbeiten kann. Oftmals erschweren unerwartete Ereignisse in der Außenwelt die Aufgabe des Analytikers – oder sie erweisen sich gar als unvereinbar mit den elementaren Erfordernissen, die eine psychoanalytische Behandlung erst ermöglichen. Was wird aus dem analytischen Setting, wenn es dem Unberechenbaren ausgesetzt wird? Wie kann die unveränderliche Konstanz des Settings geschützt werden, wenn es dauernd angegriffen wird? Was geschieht, wenn sowohl Analytiker als auch Analysand in derselben traumatischen Situation gefangen sind?

Hier[2] haben wir einige Extremsituationen durchlebt, die bis heute nicht angemessen verarbeitet werden konnten. Jeder Versuch, eine Bestandsliste aller einzelnen Angriffe gegen das Setting während des Krieges erstellen zu wollen, wäre in höchstem Maße illusorisch. Gleichwohl ist es möglich – und machbar –, für solch eine Untersuchung Situationen heranzuziehen, die sich tatsächlich in der Realität zugetragen haben. Emile, Paul und Nadine sind drei Patienten, mit denen ich außergewöhnliche, kriegsbedingte Situationen erlebte – Situationen, in denen ich irgendwie reagieren musste. Und zwar sofort. In der Unmittelbarkeit einer Realität, die keinen Aufschub duldete.

---

2 Anm.d.Ü.: In Beirut, Libanon.

Emile

Von meinem Analytikersessel aus kann ich in der Ferne die Einschläge der Bomben hören. Emile spricht mit mir über seinen Vater, seine Mutter, seine Phantasiewelt ...

Der Lärm der Bomben kommt näher. Wie alle meine Landsleute erkenne ich die drei aufeinanderfolgenden Phasen des Geräuschs, das sie machen: das langsam näher kommende Geräusch, wenn sie gezündet werden – *a. k. a. départ* –, das Pfeifen, das man hört, wenn sie vorbeikommen, und das immer näher kommende Echo ihres Berstens, wenn sie ihr Ziel treffen und explodieren – *a. k. a. arrivée*. Ich habe Angst. Um Emile. Um mich. Um meine Familie. Ich denke an einige meiner Verwandten, die womöglich auf irgendeiner Straße mit dem Auto unterwegs sind. Ich habe Angst um sie. Emile erzählt mir von seiner Phantasiewelt.

Ich höre Artilleriegranaten explodieren, deren Splitter in die Wände des Nachbargebäudes einschlagen – ein Zeichen, dass die Bomben immer dichter niedergehen. Ich werde telefonieren müssen, um mich zu vergewissern, dass meine Familie in Sicherheit ist. Emile erzählt mir von seiner Phantasiewelt.

Ich höre das Rufen der Menschen im Hausflur meines Gebäudes, ich höre die Schritte meiner Nachbarn, die Hals über Kopf das Treppenhaus hinunter in den Luftschutzkeller eilen. Vielleicht sollten wir auch dorthin gehen. Ich höre, wie Emile sagt: »Mir kann nichts passieren, weil Sie hier bei mir sind«, und er erzählt mir von seiner Phantasiewelt.

Ich höre ihm nicht mehr zu. Lebe wohl, gleichschwebende Aufmerksamkeit, wohlwollende Neutralität, ›aktive Matrix‹[3], Transformationsprozesse ... Fortan ist für mich nichts anderes mehr von Bedeutung als die Realität und meine Verantwortung. Was soll ich mit Emile machen? Ihn hinaus auf die Straße schicken? Das wäre dann meine Art, die äußere Realität zu ignorieren und diese ›*folie à deux*‹ mitzumachen, der ich nicht mehr angehöre, die von nun an nur noch eine Ein-Personen-›*folie*‹ ist, jedoch die Anwesenheit einer anderen, nicht mehr anwesenden Person halluziniert! Emile erzählt mir von seiner Phantasiewelt.

Ich war nicht mehr ›präsent‹. Ich war völlig von meiner Wahrnehmung der Realität eingenommen, einer traumatischen Realität – eben jener, die Emile gerade im Begriff war zu verleugnen. Er war in seinen innerpsychischen Repräsentanzen und Vorstellungen verfangen, die ihn gegen die Wahrnehmung

---
3 Im Sinne Greens (2003).

der äußeren Realität abschotteten. Er ließ sich zu einer idealisierten Übertragung auf eine omnipotente Analytikerin hinreißen, auf jene schützende und containende, Sicherheit gewährende Mutter, die ich für ihn im Fortbestand seiner inneren Welt darstellte, auch wenn ich selbst diese Rolle nicht länger aufrechterhalten konnte. Er war in eine Übertragungsneurose verstrickt, die von ein paar wahnhaften Aspekten geprägt war – von denen der noch geringfügigste die »fast psychotische Weigerung [war], irgendein Element der Realität zu integrieren« (Neyraut 1994, S. 253). Er ging vollkommen in einer Art regressiv hervorgebrachter Halluzination auf; glücklicherweise fand dies ein rasches Ende, sobald er sich der Realitätsprüfung stellte, die mit dem Ende der Sitzung einsetzte. Aber keine Minute vorher. Wir mussten 45 Minuten warten, 45 lange Minuten, bis sich Emiles Ich der halluzinatorischen Welt der Träume und Phantasien entwinden konnte und endlich in der Lage war, wieder zwischen Halluzinieren und Wahrnehmen zu unterscheiden, als die äußere Realität mit all ihren Sinneseindrücken erneut in den Vordergrund rückte; dann erst konnte er die Bomben hören. Er hörte sie, hatte aber keine Angst, denn, wie er weiterhin betonte, sei ich ja anwesend und beschützte ihn. Obwohl nun keine Verleugnung der Realität mehr vorlag – das Ende der Sitzung konfrontierte ihn direkt mit all den sinnlichen Aspekten, die die Wahrnehmung ganz offenkundiger Gefahr mit sich bringt –, funktionierte die idealisierende Übertragung noch immer als Abwehrschirm, als ein Abwehrmanöver, das sein von einer nur schwer zu verdauenden Realität überwältigtes Ich mobilisiert hatte. Die Übertragungsillusion fungierte als ein Schutzschild zwischen Emile und einer tödlichen Realität. Die Beziehung war ein Schutzschirm gegen etwas, das ihn auf einer intrapsychischen Ebene überwältigte.

Ich quartierte ihn in meinem Wartezimmer ein, gut geschützt von den Innenwänden der Wohnung, im Herzen meiner Praxisräume. Ich musste ihm Wasser, Sandwiches und ein Radiogerät geben, sodass er sich mit den Nachrichten auf dem Laufenden halten konnte – und später eine Matratze, damit er dort übernachten konnte! Zweifellos, dies waren Überlebenshilfen. Erst am darauf folgenden Morgen konnte Emile die Praxis verlassen.

Paul

Für ganze zwei Wochen hatten keine Sitzungen stattgefunden. In den letzten vierzehn Tagen waren wir unaufhörlich bombardiert worden – heftige Bombardements, ohne Unterlass. Bis dahin war eines der Charakteristika des Krieges in diesem Land dessen permanent wechselndes Gesicht gewesen, er verlief unregelmäßig und bewegte sich von Region zu Region (Khair Badawi 1996) – doch nun tobt er ununterbrochen. Alle Regionen sind unter Beschuss.

Deshalb konnte Paul ganze zwei Wochen nicht zu seinen Stunden kommen – und er durchlebte eine sehr instabile Phase.

Ich bin zu Hause. In meinem Morgenmantel. Es ist neun Uhr morgens. Es klingelt an der Tür. Ich öffne die Wohnungstür. Ich sehe Paul im Eingang stehen. Er ist ganz bleich, sein Gesicht fast weiß. Ich kann meine Überraschung kaum verbergen. Er sagt, er müsse unbedingt mit mir sprechen. Ich denke an das Setting, an dessen Beständigkeit, seine unveränderlichen räumlichen und zeitlichen Aspekte ... aber ich denke auch an die Tatsache, dass Paul in Not ist und dass er leidet. Wie kann man Anteil nehmen, empathisch sein und doch Psychoanalytikerin bleiben? »Empathie ist notwendig, aber Denken ist unverzichtbar. Als Psychoanalytiker denken« (Green 2002, S. 33). Ich muss hören, was er zu sagen hat, aber wo? Auf dem Fußboden meines Arbeitszimmers sind überall Matratzen – einige meiner Verwandten haben sich hier einquartiert, weil meine Wohnung in einem Bezirk liegt, der weniger unter Beschuss genommen wird. Sie sind alle hier, fröhlich plaudernd. Ich bin im Morgenmantel, noch nicht einmal gekämmt. Ich bitte Paul um einen Moment Geduld, ich käme gleich zurück und würde ihn dann hereinlassen. Ich flitze in mein Arbeitszimmer, verstaue die Matratzen im Nebenraum, rücke die Möbel an ihren Platz, lege die Fotos meiner Kinder beiseite, sage allen, sie mögen mucksmäuschenstill sein, ziehe mich in Windeseile an und kämme mir die Haare. All das geschieht in wenigen Minuten. Ich gehe zurück, um Paul zu holen. Er steht noch immer an exakt derselben Stelle, an der ich ihn zurückgelassen habe, wie versteinert. Ich bitte ihn herein.

Kaum hat er Platz genommen, beginnt er zu sprechen. Er spricht zu mir. Er sieht mich an, als wäre ich das einzige auf der ganzen Welt, das ihm etwas bedeutet. Als ob sich nichts geändert hätte: die Adresse, der Raum, die Wände, die Zeit, das gesamte Setting – nichts. Die äußere Realität existierte nicht mehr. Nichts existierte – außer mir. Außer mir als ein mit allem Mütterlichen, Väterlichen, Schützenden besetztes Objekt ... Obgleich sich doch einiges Enactment hinsichtlich des ›äußeren‹ räumlichen Settings ereignet hatte, blieb in Bezug auf die ›innere‹ Kontinuität, die ich ihm über eine erweiterte Art des ›Umganges‹ (Winnicott 1949) anbieten konnte und die sich von meinem Behandlungszimmer – 15 km entfernt, aber unerreichbar – bis zu mir nach Hause, dem einzigen Ort, der für ihn erreichbar war und an dem ich ihn empfangen konnte, alles unverändert. Nach meinem Gefühl war ich diejenige, die das Setting aufrechterhielt. Ja, mehr noch – ich hatte das Gefühl, ich *sei* das Setting. Die beschützende Matrix war ich, und ebenso das, was ich aus der Verbindung zwischen uns machte. Was ich aus unserer Begegnung machte – eine psychoanalytische Beziehung. Was ich aus der Wechselbeziehung einer analytischen Kommunikation im Rahmen dieser Begegnung zwischen mir, der Analytikerin, und ihm, dem Analysanden, machte. Ohne Konfusion zwischen der Übertragungsbesetzung und mir als Person (Denis 2006, S. 349).

Nadine

Nadine und Karim kamen seit etwa einem Jahr zu mir. Zusammen. Oder jeder einzeln. Im letzten Monat kamen sie wieder zusammen. Von intensiver Liebe bis zu extremem Hass, von leidenschaftlichem Hochgefühl zu äußerst feindseligen Gefühlen … alles war da. Wie bei jedem Paar.

Montag, 11 Uhr. Ich warte auf Nadine und Karim. 11:15 Uhr – sie sind spät. 11:30 Uhr – sie sind immer noch nicht da. Vermutlich werden sie nicht kommen. Sie kommen tatsächlich nicht. In der Sitzung zuvor hatten sie einen recht heftigen Streit miteinander. Nadine sagte, sie wolle ihn verlassen. Ich denke nun: Vielleicht wollte sie auch mich verlassen? Ich bin ein wenig besorgt. Karim kann recht gewalttätig sein. Hat er sie verletzt?

Mittwoch, 10:15 Uhr. Werden sie heute kommen? 10:20 Uhr – sie sind noch immer nicht da. 10:25 Uhr – es klingelt an der Tür. Ich öffne. Ich sehe Nadine. Alleine. Schwarz gekleidet. Auf dem Kopf ein weißer Schleier – im Islam ein Zeichen der Trauer. Sofort kommt mir eine Verknüpfung in den Sinn: der terroristische Bombenanschlag, den ich im Fernsehen gehen hatte, die zerfetzten Opfer, und Nadines und Karims Adresse, die sie mir in einer der letzten Sitzungen mitgeteilt hatten.

Ich sehe Nadine an. Suchend erwidert sie meinen Blick. Erkennt, dass ich verstanden habe. Sie geht einige Schritte vorwärts. Ich strecke die Hand für unsere übliche Begrüßung aus. Sie weint und wirft sich in meine Arme.

Ich denke an wohlwollende Neutralität, an die Abstinenzregel, an das Gesetz des Dritten … aber ich denke auch an den Schmerz, den sie fühlt, und an ihr Bedürfnis nach Containment in dieser unerwarteten Umarmung, als wolle sie sich vergewissern, dass ich für sie da bin und dass ich ihr das Gefühl von Beständigkeit und Kontinuität geben kann, das sie, nun, da Karim tot ist, so dringend braucht. Für einen kurzen Moment versinkt sie in meinen Armen.

Ich halte sie, bewegungslos. Ich denke an Winnicott. Ich empfinde mich als strukturgebende Stütze für sie. Unter Tränen sagt sie wieder und wieder: »Ich wollte nicht, dass er stirbt ... Ich wollte nicht, dass er stirbt ... Sie haben seine Körperteile aufgesammelt ...« Behutsam löst sie sich von mir, sieht mich an und geht zu dem Sessel, auf dem sie immer sitzt. Für einige Momente ist sie still, dann spricht sie darüber, was an jenem Tag geschah ... und über ihre schier unerträglichen Schuldgefühle.

Die Wechselbeziehung als Schutzschild, wenn die innerseelische Dimension überwältigt wird

In seinem Buch über Freuds Aussprüche und Bemerkungen erwähnt Alain de Mijolla (1982, S. 54) Freuds Erwiderung auf Blantons Frage, ob er denn nach dem Einmarsch der Nazis in Österreich hätte weiterarbeiten können. Freud antwortete: »Nein ... Wenn das Bewusstsein gestört wird, ist es unmöglich, dem Unbewussten ein wie auch immer geartetes Interesse entgegenzubringen.«

Genau das widerfuhr mir mit Emile ... Ich brachte seinem Unbewussten kein Interesse mehr entgegen. Ich hörte ihm nicht mehr zu. Ich war von äußeren Ereignissen dermaßen abgelenkt, dass ich ihm nicht mehr zuhören konnte. Ich hatte Angst um ihn, um mich, um meine Verwandten, die irgendwo draußen herumfuhren ... Wie können Transformationen herbeigeführt werden, wenn das Trauma ein Teil der tatsächlichen Wirklichkeit sowohl der Analytikerin als auch des Analysanden ist? Was wird dann aus der Rolle des Analytikers? Kein aufmerksames Zuhören, keine Deutungen, keine Transformationen – während der Sitzung nur Anwesenheit, wenn plötzlich, draußen, der Krieg das Setting angreift. Doch indem ich da war und seine Spaltung, die Übertragungsneurose und die halluzinatorischen Aspekte in der Sitzung anerkannte – die sich stärker artikulierten als die äußeren traumatischen Dimensionen, die ihn an der Fortsetzung der Sitzung hätten hindern können –, eröffnete ich Emile einen Raum, der ihm als Schutzschild diente, und konnte, innerhalb des Settings, die Entfaltung seines intrapsychischen Konflikts halten [contain]. Es war, als ob ich trotz allem seine psychische Funktionsfähigkeit dank eines Gegenübertragungsschirmes zwischen ihm und der Außenwelt unterstützen konnte. Ich spreche hier selbstverständlich nur über jene Sitzung, in die der Krieg in ein bereits vorhandenes Setting und in einen bereits etablierten Prozess einbrach. Doch wäre es überhaupt jemals möglich, ein Setting herzustellen und die psychoanalytische Beziehung zu besetzen, wenn gleich von Beginn an und ununterbrochen Krieg wäre? In meinen Augen würde dies den Analytiker als Person ad absurdum führen, denn es würde ihn oder sie zu einer allmächtigen, omnipotent abgespaltenen Figur werden lassen. Als ob der Analytiker eine Art Kontrolle über ein unberechenbares Setting hätte – eine rücksichtslos-unbekümmerte Superman-Figur, die sowohl die äußere als auch ihre eigene innere Realität verleugnet.

In Pauls Fall war das Setting schon nicht mehr wie immer. Wenn das Setting aufgrund der traumatischen Kriegseinwirkungen nicht mehr verfügbar ist, scheint die Übertragungsneurose es wiederherzustellen, indem sie seine räumliche und zeitliche Materialität zum Verschwinden bringt – und es auf den Analytiker verlagert, der nun nicht länger der *Hüter* des objektiven Settings[4] ist, sondern zum Setting *wird*. Wo auch immer der Analytiker gerade sein mag. Die Strukturierung der Situation erfolgt durch die Verschränkung der Übertragungs-Gegenübertragungsbeziehung. Was wird der Analytiker mit der Übertragungsneurose anfangen? Mit dieser Verbindung zwischen sich und dem Analysanden? Mit der Begegnung, die in einem Fall, wie ich ihn hier beschreibe, im Rahmen des ursprünglichen Settings unmöglich wird? Für Paul bedeutete die Gefährdung dieser Begegnung eine wirkliche Not. Indem ich Pauls ›Wunsch‹, mich zu sehen, als ›Bedürftigkeit‹ und ›Not‹ (Winnicott 1949, S. 78) verstehen konnte – als Notwendigkeit, um sich gegen ein Überwältigtwerden auf der Ebene seiner psychischen Ökonomie zu schützen –, indem ich ihm jene Zuwendung zuteil werden ließ, die eine auf ihr Kind bezogene Mutter (ebd.) aufbringt, und indem ich einwilligte, mich nicht auf Raum und Zeit eines eng gefassten Settings zu beschränken, dass sowieso nicht zu ermöglichen war, setzte ich die Priorität auf die Begegnung selbst, gab der analytischen Bindung, der psychoanalytischen Beziehung, den Vorrang. Der – unzerstörbaren – Subjektivierung dieser Bindung.

Das gleiche machte ich in meiner Begegnung mit Nadine, auch wenn hier die räumlichen und zeitlichen Aspekte des Settings unverändert geblieben waren. Mit ihrem nonverbalen Verhalten vermittelte sie den tiefen Kummer einer trauernden Frau. Ich war der einzige Mensch, der dem Schmerz in ihren Augen Bedeutung geben konnte – dem Leid, in dem sich auch die immense Schuld wegen ihres Todeswunsches verbarg, der sich durch die Bombe eines Terroristen auf magische Weise unmittelbar erfüllt hatte. Sie warf sich in meine Arme. Was soll ein Analytiker tun, wenn sich das Agieren einer

---

4 In Greens und Donnets Sinn des Wortes.

Übertragung als Wunsch nach Containment eines Kriegstraumas zeigt und, wie in diesem Fall, als Wunsch nach Containment von Schuldgefühlen, die nicht ›mentalisiert‹ werden konnten? Was macht ein Analytiker angesichts des schieren Grauens oder dramatischer, unrepräsentierbarer Ereignisse mit seinen oder ihren Gegenübertragungsgefühlen? Ohne sentimental zu werden, was uns beide in einen nicht mehr zu kontrollierenden emotionalen Zustand versetzt hätte, und auch ohne mich in die Abstinenzregel und den Schutz des Settings zu flüchten, das ja den Ausschluss unangemessener körperlicher Nähe einbegreift, nahm ich Nadine in meine Arme; für ein paar Momente willigte ich ein, sie zu halten, war es doch für das Gleichgewicht ihrer angegriffenen psychischen Ökonomie von essenzieller Wichtigkeit. Auch hier – wie schon bei Emile und Paul – konstruiert und strukturiert die Verschränkung zwischen Übertragung und Gegenübertragung die Situation, während sie zugleich für den Erhalt der psychoanalytischen Dimension sorgt.

Ich stimme André Greens (2002) und Paul Denis' Auffassung zu, dass dies nicht einfach eine Frage der Intersubjektivität ist; es handelt sich vielmehr um eine »Verschränkung zwischen zwei spezifischen psychischen Richtungen und deren aufeinander bezogene, wechselseitige Verarbeitung; psychoanalytische Behandlung ist nicht Interaktion, sondern die Analyse der Interaktion« (Denis 2006, S. 349). Eben dies bezeichne ich als Wechselbeziehung. Beides, die Besetzung der mentalen Funktionen des Analysanden durch den Analytiker und das Verständnis der Übertragungsneurose als einer Übertragung der Besetzung all dessen, was der Analytiker *repräsentiert*, und nicht die Person als solche, wirken als Schutzschild gegen die Bedrohung des Überwältigtwerdens, wenn Destruktivität – im vorliegenden Fall ein Krieg – allgegenwärtig ist und die Entbindung von Triebimpulsen wahrscheinlich wird. In Kriegszeiten, wie bei den hier vorgestellten Fällen, sind die Angriffe gegen das Setting ein Werk des Negativen, das selbst an der Peripherie verbleibt; es kann der Wechselbeziehung nichts anhaben, sie nicht aufheben – sie wird sowohl vom Analytiker als auch vom Analysanden beschützt und besetzt. Diese gegenseitige Beziehung ist wie eine kleine Insel, eine Öffnung für den Wunsch, am Leben zu bleiben, wenn der Analytiker in der Rolle eines Analytikers bleibt und doch das Setting so erweitert, dass er selbst es ist, der das Setting verkörpert. Wenn der Analytiker hingegen nicht in dem Rahmen bleibt, den seine Rolle ihm vorgibt, wenn er bzw. sie sich zu einem manischen Enactment verleiten lässt, um so den Todestrieb zu besiegen, dann bleibt das Negative nicht länger an der Peripherie, sondern geht stattdessen zum Angriff über … Kein Analytiker, kein Analysand, kein Setting, kein Über-Ich, keine Verbote – nichts von alldem existiert mehr;

zurück bleiben lediglich ungebundene Triebe mit all ihrer desorganisierenden und destruktiven Kraft.

In meinen Augen kann dies, zumindest teilweise, als Erklärung dafür dienen, warum es verschiedene Formen der Grenzüberschreitung in Kriegszeiten gegeben hat. Manche Analytiker mussten mit verheerenden Triebimpulsen fertig werden, die sie zur Sabotage des analytischen Settings veranlassten. Da sie für die Beschädigung, die sie ihrer in Isolation ausgeübten Arbeit zufügten, nur sich selbst gegenüber Rechenschaft ablegen mussten, während sie einem ständigen Ansturm negativer Aspekte ausgesetzt waren und von allen Seiten angegriffen wurden, fühlten sie sich wie Götter, die sich alle möglichen regelwidrigen Manöver erlauben konnten, wie Übermenschen, allmächtig und an kein Gesetz gebunden. Ebenso mag auch die Kriegssituation, in der Straflosigkeit an der Tagesordnung ist, eine latent vorhandene perverse Arbeitsweise bei einigen Analytikern verstärkt haben. Sie haben die Gesetzlosigkeit dieser Zeit ausgenutzt, ohne ihr entgegenzutreten oder sie in Schach zu halten. Weil es kein Gesetz mehr gab, wurden sie das Gesetz. Es war nicht der Krieg, der Morbidität erzeugte, er ließ sie nur zum Vorschein kommen; er brachte lediglich einen bereits vorhandenen Zustand in Erscheinung (Khair Badawi 1996, S. 414).

In seinem Buch *Le travail du négatif* schreibt André Green:

> »Das Geschäft des Negativen wird sich einerseits mit der Verbindung zu dem im Kreuzfeuer destruktiver Triebe gefangenen Objekt befassen und andererseits mit den Lebens- oder Sexualtrieben. Letztlich geht es beim Werk des Negativen um eine Frage: Wie kann sich, angesichts der alles bedrohenden Destruktivität, das Verlangen nach Leben und Liebe einen Weg bahnen?« (1993, S. 185).

Ich neige zu folgender Antwort: in Kriegszeiten durch die wechselseitige Beziehung zwischen Analytiker und Analysand, bei der der Analytiker in seiner Rolle als Analytiker bleibt. Dies ist eine objektbezogene Dimension von Liebe und Leben, die den destruktiven und Todesimpulsen trotzt.

Dem Analytiker bleibt so einiges an wirklicher analytischer Arbeit: die Verarbeitung des psychischen Traumas, das sich in einer traumatisierten Umwelt widerspiegelt – denn explodierende Bomben als Metaphern triebhafter Phänomene verwunden und zerstören fortwährend. An diesem Punkt kann das psychoanalytische Setting in den Vordergrund rücken und sichtbar werden. Es kann einen Weg eröffnen, sich von der unaufhörlichen Wiederholung zu befreien, und zwar durch die Reaktualisierung der Traumafragmente, die

Wiederbelebung der triebhaften Phänomene und deren Wiedereingliederung in die Gegenwart. Auf diese Weise wird die analytische Situation als eine Lösung erlebt, als eine Schleife im Trauma selbst, in der es verarbeitet werden kann.

Wenn Destruktivität allgegenwärtig ist und wir mit Unvorhersehbarem konfrontiert sind, kann es nicht mehr darum gehen, auf der Unveränderlichkeit des Settings zu bestehen; es geht auch nicht länger darum, eine »harte Haut« zu entwickeln, um der »›Gegenübertragung‹ Herr«[5] zu werden; es geht nicht mehr um »Gefühlskälte« (Freud 1912e, S. 381); und es geht nicht länger um Deuten und Transformieren. Alles was zählt, ist da zu sein. Präsent zu sein als Psychoanalytiker ... und es zu bleiben. Es zu bleiben und zu gestalten. Während des Denkens zu gestalten. Klinisch zu denken.

Aus dem Englischen von Lilli Gast

---

5 Freud an Jung (McGuire/Sauerländer 1974, S. 255).

Literatur

Denis, Paul (2006): Incontournable contre-transfert. Rev. fr. Psychanal. 70, 331–350.
Freud, Sigmund (1912e): Ratschläge für den Arzt bei der psychoanalytischen Behandlung. GW VIII, S. 375–387.
Green, André (1993): Le travail du négatif. Paris (Ed. de Minuit). Engl.: The work of the negative. Übers. A. Weller. London (Free Association Books) 1999.
Green, André (2002): La pensée clinique. Paris (Ed. Odile Jacob). Engl.: Psychoanalysis: A paradigm for clinical thinking. Übers. A. Weller. London (Free Association Books) 2005.
Green, André (2003): Idées directrices pour une psychanalyse contemporaine. 2nd edition. Paris (PUF). Engl.: Key ideas for a contemporary psychoanalysis: Misrecognition and recognition of the unconscious, Übers. A. Weller. London (Routledge) 2005.
Khair Badawi, Marie-Thérèse (1996): Guerre et survie. Bull. Psychol. Sorbonne 49, 9–12.
McGuire, William (1974): The Freud/Jung letters: The correspondence between Sigmund Freud and C.G. Jung. Übers. Ralph Manheim und R.F.C. Hull. Princeton, NJ (Princeton UP). Dt.: Freud/Jung Briefwechsel. Frankfurt/M. (Fischer) 1974.
Mijolla, Alain de (1982): Les mots de Freud. Paris (Hachette).
Neyraut, Michel (1994): Le transfert. Paris (PUF). Dt.: Die Übertragung. Übers. Eva Moldenhauer. Frankfurt/M. (Suhrkamp) 1976.
Winnicott, Donald W. (1949): Hate in the countertransference. I.J. Psycho-Anal. 30, 69–74. Dt.: Haß in der Gegenübertragung. In: Von der Kinderheilkunde zur Psychoanalyse. Übers. Gudrun Theusner-Stampa. Gießen (Psychosozial-Verlag), 2008, S. 67–78.

Von einem Raum in den anderen – die Geschichte einer Kontamination[1]

Über die Beziehung zwischen Kinder- und Erwachsenenanalyse

Elena Molinari

Sind die gedanklichen Arbeitschritte [mental operations] eines Analytikers, der sowohl Kinder- als auch Erwachsenenanalysen durchführt und anscheinend dasselbe theoretische Modell zugrunde legt, in beiden Arbeitsfeldern dieselben? Die Autorin vertritt die Ansicht, dass die Kinderanalyse aus einem anderen kreativen Prozess als die Erwachsenenanalyse hervorgeht. Sie vergleicht die Kinderanalyse mit dem Malen und die Erwachsenenanalyse mit dem Schreiben, verweist auf die Diskussion zwischen Virginia Woolf und ihrer Schwester Vanessa Bell über die jeweiligen Vorteile von Worten und Bildern und untersucht dabei die Bedeutung der Kinderanalyse für die Entwicklung psychoanalytischer Theorie und Praxis. Kinderanalyse, die ursprünglich als eine Anwendung der Psychoanalyse galt, stellte sich im 20. Jahrhundert durch die Arbeiten Kleins und Bions als Katalysator einer wahren epistemologischen Revolution heraus. Spielen ist im Vergleich zum Sprechen nicht nur ein alternatives Medium, um das Unbewusste zu repräsentieren, sondern eine andere Methode, Repräsentationen vermittels eines spezifischen kreativen Prozesses Gestalt zu geben.

Die Rêverie, die sich im Praxisraum des Kinderanalytikers entfaltet, erwächst aus den körperlichen Handlungen im Spiel, wogegen im Behandlungsraum der Erwachsenen die Fähigkeit des Analytikers zu träumen den Aufschub von Handlungen voraussetzt. Dadurch, dass Kinderanalyse durch den Einsatz des Körpers einen bestimmten kreativen Prozess in Gang setzt und dessen Entwicklung durch Handlung vorangetrieben wird, könnte man sagen, sie werde von einem ähnlichen kreativen Prozess wie die bildende Kunst getragen. Aus diesem Grund richtet sich das Denken des Kinderanalytikers in anderer

---

[1] From one room to the other: A story of contamination. The relationship between child and adult analysis. The International Journal of Psychoanalysis (2011) 92, 791–810.

Weise auf Objekte, da es aufgrund der »Konzentration des Körpers« länger in einem Zustand der Fusion mit ihnen verbleibt. Die Bedeutung der unaussprechlichen Dinge, die geschehen, kann oft nur nachträglich konzeptualisiert werden. Obgleich der Unterschied in der Entwicklung des Prozesses eine bedeutsame Unterscheidung zwischen den beiden »Künsten« der Kinder- und der Erwachsenenanalyse nahe legt, ist die ästhetische Sensibilität, die durch die Kinderanalyse geschärft wird, für die Arbeit mit Erwachsenen ein Gewinn, wie sich anhand einiger klinischer Beispiele zeigen lässt.

»... das Zimmer hatte seine Leidenschaften und Wutausbrüche und Eifersüchte und Kümmernisse, die über es kamen und es umwölkten, wie ein menschliches Wesen.«

Virginia Woolf (1944 [1990], S. 89)

Einleitung

Durch die Tür zu meiner Praxis gelangt man in einen kleinen Warteraum: Links führt eine normale Glastür in das Behandlungszimmer für erwachsene Patienten, rechts eine Schiebetür mit farbigen Scheiben ins Behandlungszimmer für Kinder. Unzählige Male, die ich im Laufe eines Arbeitstages von einem Raum in den anderen wechsle, lasse ich die Reflektion des farbigen Glases an der Wand auftauchen und verschwinden, ohne weiter darüber nachzudenken, welche gemeinsamen Merkmale die Arbeit hat, die jeweils in diesen getrennten Bereichen stattfindet, und was das jeweils Besondere an ihr ist. Lange habe ich mich mit dem Gedanken zufrieden gegeben, dass ich in beiden Räumen versucht habe, Psychoanalyse zu praktizieren, und dass sich das Geschehen in beiden Räumen anhand verschiedener Technik und Sprache unterscheiden ließe. Als ich aber eines Tages beim Betreten des Behandlungsraums für Kinder die farbige Tür öffnete, die im Stil eines Gemäldes von Mondrian gestaltet ist, bemerkte ich, dass meine Liebe zur Malerei und die zur Psychoanalyse sich in mir an einem Punkt verdichteten. Mir schien, als gäbe es im einen Raum eine Spielart der Psychoanalyse, die der Literatur nahe steht, und im anderen eine Spielart, die der bildenden Kunst ähnlich ist. Beim weiteren Nachdenken entdeckte ich zu meiner Überraschung, dass im Rahmen des theoretischen Modells, auf dem meine analytische Arbeit beruht, bestimmte Ereignisse im Behandlungszimmer der Kinder das implizite theoretische Modell, das ich in meiner Arbeit mit Erwachsenen verwende, stillschweigend verändert hatten. Dieser Aufsatz ist ein Versuch, die charakteristischen Merkmale der Kinderanalyse zu definieren und meine Erfahrung mitzuteilen, wie transformierend sich die Praxis der Kinderanalyse auf die Arbeit mit Erwachsenen auswirken kann.

Eine historisch schwierige Beziehung

Ziel der Psychoanalyse ist es nicht, ein künstlerisches Produkt herzustellen, vielmehr ist es eigentlich der Prozess, in dem man analytische Arbeit ausübt; er »kommt der komplexen, quälerischen und rauschhaften Zeit vor der Geburt eines Kunstwerks gleich« (Mahon 2000, S. 136).

Der Gedanke, dass Kinderanalyse der Malerei und Erwachsenenanalyse der Literatur näher steht, kam mir beim Lesen der Tagebücher von Virginia Woolf und der Korrespondenz mit ihrer Schwester Vanessa Bell. Diese beiden Frauen rivalisierten miteinander in ihren zwei unterschiedlichen Ausdrucksformen – Literatur und Malerei – und ließen sich auf einen intensiven Dialog ein, in dem sie sich zu einer wechselseitigen Erkundung der anderen herausforderten und anregten. Ich zitiere hier ein paar Auszüge aus dieser Korrespondenz, um zu veranschaulichen, wie sich die Beziehung zwischen Kinder- und Erwachsenenanalyse historisch gestaltet hat.

»Du mußt doch sehen, wie unendlich die Sprache der Farbe überlegen ist?«, schrieb Virginia Woolf an ihren Neffen im Jahre 1928 (Woolf 1994 [2006], S. 5). Die Autorin erfasst hier die Überlegenheit, die das Wort in der westlichen Welt genossen hat: eine Tradition des Denkens, die zuerst dem *Logos* und dann dem Wort als vornehmlichem Vehikel der Kommunikation den Vorzug gegeben hat. Eher beiläufiges Interesse wird Bildern normalerweise dann zuteil, wenn sie in direkter Verbindung zu einem Text stehen und ihn illustrieren sollen. Sie gelten lediglich als nützlich, um das Verständnis zu unterstützen und um die Worte appetitanregender zu machen. Die Beziehung zwischen Wort und Bild wurde zu einer Quelle erbitterter Auseinandersetzung zwischen den beiden Schwestern, als Vanessa versuchte, einige der Schriften Virginias in einer Weise zu illustrieren, die mit der herkömmlichen Auffassung von Illustration brach. Nicht nur illustrierte sie nicht den Inhalt, sondern am Ende verzierte sie die Seite so, dass der geschriebene Text teilweise verdeckt wurde. Diese Episode kann, wenngleich mit einiger Vorsicht, mit den ersten Schritten der Kinderanalyse verglichen werden. Freuds Position beruhte auf der Vorstellung, dass die Kinderanalyse dem nicht entsprechen könne, was damals zur Durchführung analytischer Therapie als unverzichtbar galt: ein hinreichend entwickeltes Ich und ein verdrängtes Trauma, das durch das Wiedererleben in der Übertragungsneurose geheilt werden könne. Aus diesem Grund hielt Freud die Kinderanalyse für eine Anwendung der Grundlagen der Psychoanalyse auf die Pädagogik, für ein brauchbares Instrument, um die Hypothesen zur kindlichen Entwicklung, die via Induktion anhand der Erinnerungen seiner erwachsenen Patienten formuliert worden waren, zu überprüfen (Freud 1914). Im Gegensatz dazu vertrat Melanie Klein (1932) ihre Auffassung von der Existenz eines primitiven Ichs, das in der Lage ist, in den ersten Lebensmonaten Phantasien zu entwickeln. Damit trennte sie die unbewusste Phantasie vom Mechanismus der Verdrängung, demgemäß eine solche Phantasie erst später möglich wird, nämlich im Heraufdämmern des Ödipuskomplexes. Mit Susan Isaacs Beitrag (Wangh 1950) rückte in jenen Jahren die unbewusste Phantasie immer mehr ins Zentrum des analytischen Prozesses und deckte sich schließlich mit der unbewussten Tätigkeit, die von Geburt an wirksam ist. Diese allmähliche Theoriebildung einer allerprimitivsten unbewussten Phantasie hatte zur Folge, dass das historische Paradigma der Rekonstruktion verworfen wurde, um den Weg für die Entwicklung der Idee freizumachen, dass es die unbewusste Phantasie sei – angeregt durch die Begegnung mit dem Analytiker –, die jede Geste und jede Narration im Behandlungszimmer lebendig macht. Unbewusste Phantasien wie Träume und, allgemeiner gefasst, träumerisches Denken machen Gebrauch von einem primären ikonischen Code, dem beide, Melanie Klein und Vanessa Bell, eine autonome kommunikative Fähigkeit zugesprochen haben. Auf einer Konferenz an der Leighton Park School formulierte Vanessa Bell die grundlegenden Prinzipien ihrer Ästhetik mit der These, dass Schriftsteller trotz ihrer Behauptung, Realität abzubilden, sie doch in Wirklichkeit nicht sehen, sondern sie beobachten, indem sie ihre Einzelheiten beschreiben. Dagegen seien es die Maler, denen es gelinge, die Realität abzubilden, denn ihr Hauptanliegen sei das Studium der Farbe in Beziehung zur Form der Objekte und des sie umgebenden Raumes.[2] Aus derselben Perspektive lässt sich argumentieren, dass sich die Kinderanalyse nicht, wie Freud dachte, als eine Anwendung der Erwachse-

---

2 Vgl. Baraldi et al. (1996), S. 9. Das Problem der Beziehung zwischen den Künsten wurde vom Philosophen Jacques Derrida aufgegriffen. Derrida lehnte die herrschende Kulturauffassung ab und behauptete, die Malerei sei die höchste Kunstform (ein Simulacrum, der eigentliche Fundort einer Wahrheit, die der täuschenden Ordnung des Diskurses noch unbekannt ist), dann komme das Schreiben, das seinen Wert nicht aus der Verwandtschaft mit dem *Logos*, sondern mit dem Bild beziehe, und schließlich das Wort, ein Schiffbrüchiger in einem Meer aus Mehrdeutigkeit.

nenanalyse erwiesen hat, sondern als Katalysator für Bions epistemologische Revolution. Tatsächlich hat Bion, obwohl er nie mit Kindern gearbeitet hat, die Einsichten in die Ursprünge des Denkens und die frühesten Formen mentaler Aktivität, die der Kinderanalyse zu verdanken sind, in sein Denken integriert und auf diesen Prämissen eine Theorie aufgebaut, die sich von einer Theorie auf der Grundlage des Triebmodells unterscheidet (Bion 1962, 1965, 1970). Nun, da die auf solche theoretischen Differenzen zurückgehende Debatte im Wesentlichen friedlich geworden ist (vgl. Abrams 1999; Ablon 2001; Chused 1988) und damit ein Dialog zwischen dem Triebmodell und dem einer Entwicklung des Denkens möglich wird, möchte ich gern zeigen, wie die beiden Künste – die Kinder- und die Erwachsenenanalyse – in der klinischen Arbeit einander weiterhin immer wieder beeinflussen und stimulieren. In Anlehnung an Bion behaupten Ferro und Basile (2006), es gebe keinen Unterschied in der Entwicklung des träumerischen Denkens im Wachleben während analytischer Sitzungen. In der Terminologie Bions ausgedrückt lässt sich sagen, die Alpha-Funktion, das heißt jene mentale Funktion, die die Transformation der Beta-Elemente (Proto-Emotionen und Proto-Sensationen) in visuelle Piktogramme unterstützt, arbeitet auf dieselbe Weise, ungeachtet dessen, ob der Analytiker auf tatsächliches Spielen zurückgreift oder auf die Erzählung von einem Spiel. Diese Autoren behaupten also, es sei für den Analytiker möglich und nützlich, eine Sitzung aus der Sprache der Kinder in die der Erwachsenen zu übersetzen. Das ist gleichbedeutend mit dem Nachweis, dass dieselbe Szene in zwei verschiedenen Sprachen beschrieben und anschaulich gemacht werden kann, ohne dass das einen wesentlichen Unterschied im analytischen Prozess ausmacht. Diesem Gedankengang folgend fügen Ferro und Basile hinzu, dass die Kinderanalyse die Empfänglichkeit des Analytikers für Ausdrucksformen jenseits der Worte schärfen kann, da die beiden Praktiken einander bestärken. Da ich diese Ideen teile, hat mich die Debatte zwischen Vanessa Bell und Virginia Woolf zu folgender Frage geführt: Vollziehe ich, auch wenn ich vielleicht von demselben theoretischen Modell Gebrauch mache, wirklich die gleichen gedanklichen Operationen im Behandlungszimmer der Kinder wie in dem der Erwachsenen?

Das Behandlungszimmer der Kinder

Wenn ich über meine Erfahrung nachdenke, kommt es mir vor, als sei ich in verschiedener Hinsicht in den beiden Räumen jeweils eine andere Psychoanalytikerin. Ein erster Versuch, dieses Gefühl zu beschreiben, führt zu der Aussage, dass ich in der Arbeit mit Kindern »weniger denke«. In der Gegenwart von Kindern lasse ich mich auf praktische Tätigkeiten und auf eine Reihe von Handlungen ein, die das Spiel ausmachen, sodass es mich vom reflektierenden Denken weiter wegführt als es in meiner Praxis mit Erwachsenen der Fall ist. In gewissem Sinne ist Kinderanalyse eine Erfahrung, in der sich Bions Empfehlung, der Psychoanalytiker solle »Erinnerungen und Wünsche aufgeben (um optimal intuitiv und empfänglich für sein eigenes Unbewusstes dem Analysanden gegenüber zu sein)« (Bion 1967, S. 143), von selbst ergibt. Durch das Handeln wird die Aufmerksamkeit vom reflektierenden Denken abgezogen, man entfernt sich von dem, was als ein Zuschütten des gedanklichen Raums erlebt werden kann. Ein weiterer Unterschied wird deutlich, wenn man sich nach einer Sitzung schriftliche Notizen macht. Auf einmal ordnet man den Inhalt der Sitzung einer Erwachsenen- oder Kinderanalyse in einer Weise logisch und systematisch, die die Realität nicht wiedergibt. Man neigt dazu, die analytische Interaktion so zu ordnen, dass man auslässt, was man nicht verstanden hat oder was das eigene Unbewusste nicht in Worte hat übersetzen können. Wenn ich mir aber Notizen über eine kinderanalytische Sitzung mache, dann habe ich in viel größerem Maße das Gefühl, dass ich es mit Fragmenten zu tun habe, die sich nicht ausdrücken lassen, sei es, dass es um eine Spielsequenz geht oder um die Bedeutung der Erzählung. Daneben gibt es die Empfindung, als hätte ich viele Bilder in einen Prozess eingegliedert, der dem einer langsamen Assimilation nahekommt, bis ich das Gefühl habe, die Bilder sind zu meinen eigenen geworden. Ich hatte die Idee, dass der schnellere Rhythmus der Interaktion mit Kindern in gewisser Weise durch den langsameren Rhythmus der eigenen Verarbeitung ausgeglichen wird. Das Kind bringt den Analytiker dazu, sich länger mit der rhythmischen und sensorischen Struktur der Interaktion zu befassen: Die gedankliche Verarbeitung erfordert mehr Zeit, um von dieser Art der Interaktion zur Symbolisierung zu gelangen, sosehr wir auch wünschen, sie zu verstehen. Daraus ergibt sich der Gedanke, dass man das Voranschreiten symbolischer Transformation nicht unter Kontrolle hat, ein Gedanke, der vom Schleier eines vagen Unbehagens umgeben ist. Wenn ich mit Kindern arbeite, neige ich dazu, Emotionen in einer eher figurativen und bildlichen Form darzustellen, sodass ich Gefahr laufe, in einem schweigenden inneren Raum zu landen, wo die Vorstellung von Heilung eher dem Gefühl nahe kommt, man bewege sich gemeinsam auf die Entwicklung symbolischer Formen zu.

Das analytische Spiel

Der Aufschub des Handelns gehört zu den Grundlagen der analytischen Methode, sodass sich der Analytiker selbst in der Kinderanalyse darauf beschränkt, die Spiele des Kindes mit Worten zu begleiten oder zu deuten. Insbesondere Kleinianische Analytiker haben Theorien darüber gebildet, wie wichtig es ist, dass der Analytiker außerhalb des Spiels bleibt, um dessen Bedeutung zu verstehen (Joseph 1998). Während diese Analytiker die ästhetische Sphäre des Spiels – im Unterschied zur rationalen Sphäre – für wenig brauchbar hielten, um etwas analytisch zu erkennen und zu verstehen, wurde für Winnicott das Spielen nicht nur zu einem Mittel, das Unbewusste zu repräsentieren, sondern auch zu einem Vehikel, unterschiedliche Bedeutungen zu vermitteln. Spielen wurde für Winnicott zu einer Kategorie für das, was möglich ist, wenn beide, der Psychoanalytiker und das Kind, in den Moment hineinversetzt werden, in dem ›etwas‹ anfängt, Gestalt anzunehmen. Fast wie eine Art *Logos* im Werden gelingt es dem Spielen im generativen Moment, das analytische Paar auf den Weg hin zu einer Form der Repräsentation mitzunehmen, die der chinesischen Dichtung gleicht. Hier bewahren die meisten ideografischen Wurzeln eine verbale Vorstellung von Handlung in sich auf, und das ›Etwas‹, das sich nach wie vor nicht von Handlung unterscheidet, schließt seine Bewegung in ein dynamisches Rahmenwerk mit ein. Außerdem befinden sich alle Subjekte der Analyse, die anfangs Aktionen ausführen, mitten in einem Dialog mit dem, was sie persönlich angeht, bis diese Aktionen bedeutsam werden und einen Sinn nicht von einer äußeren Zuschreibung erhalten, sondern von derselben bewussten und unbewussten Handlung, die ihn hervorgebracht hat. Winnicott treibt diesen Gedanken zur äußersten Konsequenz und stellt damit das bisherige Bezugssystem auf den Kopf, indem er das Spielen, zuvor lediglich ein Instrument im psychoanalytischen Prozess, zum grundlegenden Element der Analyse erklärt. In der Tat geht er so weit, den psychoanalytischen Prozess als eine »hochdifferenzierte Art des Spielens im Dienste der Kommunikation mit sich selbst und anderen« (Winnicott 1971a [2006], S. 52) zu definieren. Winnicott hat unseren theoretischen Horizont erweitert und ist somit auch der Katalysator für wichtige Veränderungen in der Theorie der Technik geworden. Wenn er beschreibt, wie er mit Kindern über das Squiggeln (1971b) in Beziehung tritt, begegnet er uns als ein Analytiker, der fähig ist, aktiv an der Erschaffung grafischer Darstellungen teilzuhaben, und sich zugleich nicht scheut, aktiv etwas von sich selbst in der Beziehung zu dem sich gerade entfaltenden Prozess zu offenbaren.

Nach Winnicott waren es vor allem die Analytiker, die der Objektbeziehungstheorie nahestanden, die einige der weiter oben diskutierten Ideen aufgriffen und Theorien über die Notwendigkeit gebildet haben, dass der Kinderanalytiker sich ganz in die Metapher des Spiels hinein versenkt, um auf diese Weise aktiv an der Erschaffung möglicher Bedeutungen beteiligt zu sein. Die Auffassung, dass Spielen ein therapeutischer Prozess an sich sei und nicht ein Prozess zur Aktivierung anderer therapeutischer Prozesse, wird heute von vielen Analytikern geteilt (Frankel 1998; Gaines 1995; Krimendahl 1998; Slade 1994). Außerdem findet die interpersonale Beziehung mit ihren vielfältigen Momenten des realen Kontakts und der Trennung ihre Entsprechung in Winnicotts Beschreibung des Spiels als einer physischen Repräsentation der Abbrüche und der heilenden Kräfte, die ein Kind in der Beziehung zu seiner Mutter erlebt. Diese Aspekte des Spielens sind reichhaltig durch die Beobachtung bestätigt worden, welch bedeutsame Rolle die Bindung zwischen Mutter und Kind bei der Entwicklung der Fähigkeit, Gefühle durchzuarbeiten und gesunde Beziehungen einzugehen, spielt (Beebe/Lachmann 2003; Knight 2003; Stern et al. 1998). Als Instrument für die Entwicklung unterschiedlicher möglicher Geschichten ist das Spielen schließlich ein unentbehrliches Werkzeug für Analytiker, die vorrangig in der Ausweitung des bi-personalen Feldes und der Entwicklung des mentalen Containers der beiden Partner des analytischen Paares das Ziel der Analyse sehen (Ferro 2004; Ogden 1985, 2001).

Aus den oben kurz zusammengefassten theoretischen Entwicklungen ergibt sich die technische Konsequenz, dass die verbale Deutung für die Kinderanalyse weniger wichtig geworden ist als für die Erwachsenenanalyse. Zuweilen kann diese Art der Deutung sogar Gefahr laufen, Schaden anzurichten, wenn sie nämlich den natürlichen Prozess unterbricht, durch den das Kind allmählich zwischen Phantasie und Realität zu unterscheiden lernt, indem die Phantasie selbst ausgeweitet wird (Bonoviz 2004). Ich werde nun versuchen, die Frage zu beantworten, mit der ich begonnen habe: Gibt es einen Unterschied zwischen dem physischen Spiel, das im Behandlungszimmer der Kinder praktiziert wird, und dem in erster Linie verbalen Spiel, das die analytische Arbeit mit Erwachsenen kennzeichnet?

Der Körper und das Spielen in Beziehung zur Rêverie

Meine Hypothese, wie das Spiel der Kinder spezifische Prozesse hervorbringen könnte, ist von Marion Milners Überlegungen zum kreativen Prozess beim Zeichnen abgeleitet. Milner meint, es seien zwei mentale Funktionen vonnöten, um zu zeichnen: eine reflexive Funktion und die Fähigkeit, sich dem Unbewussten zu überlassen. Wenn man seine Aufmerksamkeit im Übermaß auf die eigenen ursprünglichen Absichten richtet, dann wird die Zeichnung am Ende steif und hässlich; wenn man sich andererseits zum Sklaven der Linien macht, die zwanglos auf dem Blatt erscheinen, dann wird die Zeichnung eher an einen Tagtraum erinnern. Aus diesem Grund, so Milner, sei es notwendig, dass es beim Zeichnen zu einem Dialog zwischen Handeln und Denken komme, es sei die Begegnung zwischen dem unbewussten Denken und dem Handeln, die zur Entfaltung des Tagträumens führe (Milner 1950). In Anlehnung an ihre Überlegungen bin ich davon überzeugt, dass sich auch in der Analyse, in welcher Form auch immer sie durchgeführt wird, das Träumen und das Gedankenmachen miteinander verflechten, um einen kreativen und transformativen Prozess lebendig werden zu lassen. Ich stimme mit Ferro und Basile überein, wenn sie sagen, dass wir »sogar bei Adoleszenten und Erwachsenen lernen können, zu deuten, ›als ob‹ wir ›spielten‹ oder ›malten‹; das heißt, als benutzten wir Worte in einer Malerei, die kontinuierlich einer Veränderung ausgesetzt ist und Bereicherung im vielfältigen Farbenspiel erfährt« (Ferro/Basile 2006, S. 489; kursive Hervorhebung E. M.). Das ›als ob‹ bedeutet aber, dass malen und Worte gebrauchen, als seien sie ein Spiel oder ein Gemälde, dennoch zwei klar unterschiedene Vorgänge bleiben, hervorgegangen aus unterschiedlichen mentalen Prozessen. Während es im Sprechzimmer der Erwachsenen die körperliche Unbewegtheit ist, die für die träumerische Funktion der Psyche grundlegend ist, findet im Raum der Kinder das Umgekehrte statt. Hier ist es das Handeln, das die *Rêverie* hervorbringt. Im Behandlungszimmer der Kinder ergibt sich aus der Begegnung mit der Spielhandlung ein Denken, das fähig ist, mit sich selbst zu spielen, ein Denken, das wie eine Art *Logos* im Werden unbewusstes und reflexives Denken in einer sonderbaren Weise vermischt.

Wenn ich mit Kindern arbeite, dann tauchen durch das Spielen sehr schnell Tagträume auf. Ich weiß dann, dass ich eine Zeitlang nicht in der Lage sein werde, mit einem klaren gedanklichen Konzept über den Prozess nachzudenken, gerade so, als malte ich gerade ein Bild. Sowohl beim Malen als auch beim Spielen ist es die Handlung, die das Denken führt, und eine Reflexion ist erst dann möglich, wenn man das Gefühl hat, dass der Prozess bis zu einem gewissen Grad vorangeschritten ist. Erst dann ist es möglich, einen Schritt zurückzutreten, Beobachtungen zu machen und aus der Distanz heraus nachzudenken. Den mentalen Prozess, den ich zu beschreiben versuche und der sich speziell in jenem Denken finden lässt, das aus dem Handeln und nicht aus dessen Aufschub hervorgeht, gibt es auch in der Sprache selbst, die Kinder gebrauchen. Wenn ein Kind zum Beispiel ein Objekt in die Hand nimmt und sagt: ›Das wär jetzt aus Spaß ein Gewehr‹, meint es nicht: ›Wir wollen so tun, als wäre dieses Objekt wirklich ein Gewehr.‹ Diese Sprache des ›das wär jetzt …‹ leitet den Therapeuten zwangsläufig zu einem symbolischen Register, das anders ist als ein Register, wie es in den Verben ›sich vorstellen‹ oder ›denken‹ vorausgesetzt ist. Wenn ein Kind einfach ›das wär jetzt …‹ sagt, meint es, dass wir unsere Körper einsetzen und die Form des fraglichen Objekts nicht vermittels eines kognitiven Registers anschauen, das uns erlaubt, das Objekt als das zu erkennen, was es ist. Durch die Gesten des Spiels werden unsere Hände dann ein neues Objekt formen und unsere Augen werden es auf der Ebene der Vorstellungskraft sehen, die anders ist als die Ebene, auf der sich der symbolische Sprachcode bewegt. Wenn das Kind sagt: ›Lass uns so tun, als *wäre* …‹, gibt es dem Analytiker außerdem die Gelegenheit, ihm in einem Übergangsraum zu begegnen, wenn er sich durch diese hier nicht zutreffende Vergangenheitsform in eine andere Zeit versetzt sieht – eine Zeit, die wirklich mit der Vergangenheit zu tun haben könnte, vielleicht aber eher noch mit einer kreativen Zukunft.

Ein weiterer Aspekt, der dazu beiträgt, dass in der Kinderanalyse eine andere Denkmodalität erschaffen wird als in der Erwachsenenanalyse, eine, die an jene beim Malen erinnert, hat mit dem Gebrauch von Spielzeugen zu tun. Auch wenn Spielzeuge so verwendet werden können, als seien sie Figuren in einer Geschichte, wird das Kind oft eins mit den Objekten, die es gebraucht, sobald es anfängt zu spielen. Auch die Therapeutin findet sich rasch in einer Art Verschmelzung mit diesen Objekten wieder, ähnlich der Haltung, die Maler einnehmen, um malen zu können. Dieser Wechsel der Perspektive, den Milner »Konzentration des Körpers« nennt, führt wiederum zu einer ›Ablenkung‹ von der symbolischen Bedeutung, während er zugleich die Aufmerksamkeit für die Form erhöht. Wenn ich daher mit einem Kind spiele, bin ich oft unwillkürlich aufnahmebereiter, nicht allein für die Form der Objekte, sondern auch für jene Gestaltungen, die das Kind im Raum erschafft, indem es herumrennt, viele Dinge aufnimmt und in rascher Folge wieder hinwirft und dieselbe Handlung rhythmisch wiederholt. Diese bewegten Formen nehmen meine Aufmerksamkeit gefangen und erzeugen eine Vielfalt an Möglichkeiten, Emotionen wahrzunehmen. Statt mittels der Gegenübertragung zu verstehen, also mittels einer Empfindung, die ›von innen‹ herrührt, fühle ich durch eine Art von Verwicklung, die sich um das Sehen dreht und bei der es vermieden wird, klare Grenzen zwischen sich und dem anderen oder zwischen sich und den Objekten zu ziehen – ein Gefühl ähnlich dem, wenn einen ein Gemälde ergreift. Manchmal mache ich mir sogar Sorgen, dass ich von einem solchen Gefühl gefangen gehalten werde, sodass meine Fähigkeit zu denken ihm womöglich auf Dauer unterworfen bleiben könnte. Aber dann wiederum gibt mir das Gefühl, eine Auszeit vom reflexiven Denken zu haben, einen größeren Freiraum für Einfälle und Kreativität als in der Erwachsenenanalyse.

Aus beiden erwähnten Gründen – die Mittlerrolle des Körpers, die das Spielen notwendigerweise mit sich bringt, und die *Rêverie*, die der Körper in Aktion hervorbringt – vollziehe ich in den jeweiligen Räumen der Kinder- und Erwachsenenanalyse keine identischen gedanklichen Operationen, obwohl ich von demselben theoretischen Modell Gebrauch mache. Die Kinderanalyse speist sich, wie zu sehen ist, aus einem anderen kreativen Prozess als dem in der Erwachsenenanalyse wirksamen, einem, der der bildenden Kunst näher steht.

In der vorletzten Stunde vor den Sommerferien kommt Luca, ein siebenjähriger Junge, mit einem Spielzeug in seine Analysestunde (eine Analyse mit drei Wochenstunden), das er gerade in einem Laden in der Nähe meiner Praxis gekauft hat. Es handelt sich um genau die gleiche Wurfscheibe, die ich besitze. Er möchte, dass ich sie direkt über meiner anbringe, und fängt an, Haftkugeln darauf zu werfen. Ich sage zu ihm: »So sind unsere beiden Spiele nah beieinander; in diesem Sommer werden sie aber weit weg voneinander sein, das eine in deinem Zimmer und das andere hier in meinem. Aber wenn wir allein spielen, werden wir uns daran erinnern, dass wir in der Vergangenheit zusammen gespielt haben und dass wir es wieder tun können.« Luca ignoriert mich. Da ich die Bedeutung seines Desinteresses verstehe, mache ich einen weiteren Deutungsversuch, der ebenfalls an die Schwierigkeit unserer Trennung gemahnt, aber auch an die Möglichkeit, sie dadurch zu überwinden, dass wir aneinander denken. Luca bringt mich verärgert zum Schweigen: »Hör auf, quatsch nicht! Du störst das Spiel!« Kurz danach geht Luca ins Badezimmer neben dem Behandlungsraum und knipst das Licht aus, um Verhältnisse zu schaffen, die in seiner Phantasie eine dunkle Höhle darstellen. Im Spiel ist das Badezimmer zu einem sicheren Unterschlupf vor einem Sturm geworden. Zuerst ist Luca sehr aufgeregt; seine Angst vor dem, was er nicht sehen kann, und sein Ärger darüber, sein Gefühl der Ohnmacht angesichts der Kräfte der Natur, all diese Emotionen drücken sich durch seinen Körper aus. Ich halte mich sehr eng an diese motosensorische Ebene und mache die Bemerkung: »Weißt du, für mich ist auch alles schwarz, und mein Herz schlägt richtig schnell.« In einem anderen Moment, als ich so tue, als verfolgte ich den Flug und das Geschrei einiger Fledermäuse, sage ich: »Wir sind genauso aufgeregt wie Fledermäuse, wenn sie Angst haben.« Aus dieser körperlichen Erregung heraus entwickelt Luca allmählich die Hoffnung auf mögliche Nähe und beginnt mit der Vorstellung, wir seien Mann und Frau und lebten in bitterster Armut. Er bittet mich, mich nicht zu bewegen, damit mein Körper ruhiger werde; er trägt mir auf, in der Höhle zu bleiben, wo es keine Gefahr gebe, während er nach draußen geht, anfangs ohne erkennbare Absicht, dann, um nacheinander in mehreren Exkursionen Feuerholz, Essen und schließlich eine pelzige Maus herbeizuschaffen. Nachdem er diese Vorräte herangebracht hat, können wir, immer noch im Halbdunkel, miteinander kochen und essen.

Nach der Stunde merke ich, dass das, was ich fälschlich für Desinteresse hielt, in Wirklichkeit eine Abwehr gegen ein allzu starkes, unzureichend symbolisiertes und schwer mitzuteilendes Gefühl war. Ich verstehe auch, warum er so unglücklich und ärgerlich auf meine Worte reagierte: Ich hatte damit unterschätzt, wie weit er imstande ist, die schmerzhaften Gefühle im Zusammenhang mit unserer Trennung zu begreifen und zu verdauen, Worte jeder Art waren darüber hinaus weit von dem entfernt, was er in diesem Moment brauchte. Wie Luca selbst sagte, liefen Worte Gefahr, jenes Spiel zu zerstören, durch das sein und mein Denken einen physischen Ausdruck für Empfindungen wie Entbehrung, Kälte, Hunger und Einsamkeit im Gefolge einer unfreiwilligen Trennung bereitstellen konnten. Nicht durch meine verbale Intervention, sondern durch unser gemeinsames Spiel, in dem ich ebenso wie Luca ein zeitweiliges Verlassensein erlebt und akzeptiert hatte, war eine Transformation zustande gekommen. Nachdem er mich außer Gefahr gebracht hat – nicht nur im Spiel, sondern auch in seinem Inneren –, erlebt Luca das Weggehen aus unserem gemeinsamen Haus und das mehrfache Wiederkommen dorthin, er lernt dabei, die Kontrolle über die nächste große Trennung zu gewinnen und die eigene Fähigkeit zu entdecken, Feuerholz, Essen und sogar ein kleines Tier zu besorgen (das, wie er mir sagte, eine Kanalratte sei), was ihm gestattete, seine Aggression auf nicht-destruktive Weise auszuleben. Durch das Spiel findet Luca eine außerordentlich wirkungsvolle Repräsentanz für seine Gefühlsturbulenz (den Sturm) und sein Bedürfnis nach einem Container, in dem die Alpha-Funktion eine Reihe von Bildern hervorbringen konnte, durch die zuvor undenkbare Gefühle eine Bedeutung erhielten. Hervorzuheben ist die Art und Weise, in der das Kind und ich das Spiel erschaffen haben. Im Badezimmer fühlt Luca dieselbe Angst, die ein Maler vor einer leeren Leinwand oder einem leeren Blatt empfindet: eine erhebliche Angst wegen der Distanz zwischen sich und dem Objekt, das er emotional besetzt hat, eine Angst, die ein erstes Containment im Dunkel der uterinen Höhle findet. Lucas Körper ist zunächst angefüllt mit Gefühlen, die weder eine Gestalt noch einen Namen haben. Es ist nicht leicht mit Worten zu beschreiben, wie vorsichtig tastend eine Bedeutung aus diesem anfänglichen Chaos heraus Gestalt annimmt, dann schrittweise in weiteren Versuchen erprobt, also oft begonnen und dann unvermittelt wieder abgebrochen wird. Zuweilen ist es so, als habe der Junge eine Ahnung von einer Überfülle an pseudo-ästhetischen Gebilden, die ihn von einem wirklichen Durcharbeiten ablenken, oder im Gegenteil von Formen, die viel zu ängstigend sind und die die Kreation seiner bewegenden Bilder prägen. Deutlich wird aber, während wir das Erlebnis des Spiels teilen, dass das Kind durch das Spielen eine wahrnehmende Fähigkeit erlangt. Daher können wir die Hypothese aufstellen, dass das Spiel nicht nur eine Art der Repräsentation ist, sondern ein Instrument zur Erschaffung von Teilen des Selbst.

Darüber hinaus hat die Hypothese, dass die verbale Form vielleicht nicht geeignet war, um diesen Prozess zu fördern, es mir ermöglicht, mich in den schöpferischen Akt einer Handlung einbeziehen zu lassen, die den ersten Keim einer Phantasie hervorbringen konnte, die schon im Spiel mit der Wurfscheibe enthalten war. Dieses Spiel war eigentlich der Beginn eines Prozesses, durch den Luca schließlich seinen ersten symbolischen Versuch unternahm, unsere Trennung gefühlsmäßig zu erfassen, indem er beobachtete, wie die Kugeln an der Scheibe hafteten, ehe sie plötzlich abgerissen wurden. Die Entwicklung dieses frühen Versuchs zu denken konnte nur dadurch möglich werden, dass dem Kind die Fortsetzung des Prozesses durch eine figurative Darstellung eingeräumt wurde. Hätte diese Erkenntnis im obigen Beispiel gefehlt, hätte ich womöglich darauf beharrt, dass Luca die Trennung nicht ertragen könne. Damit wäre seiner Kreativität die Kraft genommen worden, seine reflexive Fähigkeit mit den unbewussten Phantasien, die die bevorstehende Trennung in ihm geweckt hatte, durch Handlung zusammenzuführen.

Elemente der wechselseitigen Kontaminierung beider Räume

Jenseits der Besonderheit der Beziehung und der Sprache, die jede Begegnung zwischen Patient und Analytiker einzigartig macht, gibt es bestimmte Aspekte, die meine innere Arbeitsweise unterscheiden, je nachdem, ob ich Kinder oder Erwachsene vor mir habe. Einige dieser Aspekte, die, allgemein gesprochen, mit einer ästhetischen Sensibilität (das heißt eher mit Form als mit Inhalt) zu tun haben, stammen direkt aus der kinderanalytischen Praxis. Gelegentlich wird mir in der Arbeit mit erwachsenen Patienten immer stärker bewusst, was ich von Kindern gelernt habe und wie ich folglich dieses Wissen auch bei Erwachsenen anwenden konnte.

Die Verwendung sensorischer Fähigkeiten, um darzustellen, was man noch nicht vollständig verstehen kann

Ich möchte jetzt auf ein Beispiel aus der Entwicklung grafisch-expressiver Fähigkeiten in der Darstellung des Körpers zurückgreifen. Nach meiner persönlichen Erfahrung auf diesem Gebiet sind vierjährige Kinder nicht in der Lage, den Körper in Bewegung zu zeichnen. Eine detailliertere Untersuchung (Di Renzo/Nastasi 1989) brachte indes zutage, dass Kinder auf originelle und unerwartete Weise die Idee einer Bewegung zum Ausdruck zu bringen vermögen, indem sie dafür vage Körperempfindungen nutzen, die durch die Bewegung hervorgerufen werden (vgl. Abb. 1–4).

Abb. 1: Rennendes Kind. Die Bewegung ist erkennbar an den hier angedeuteten Empfindungen im Becken.

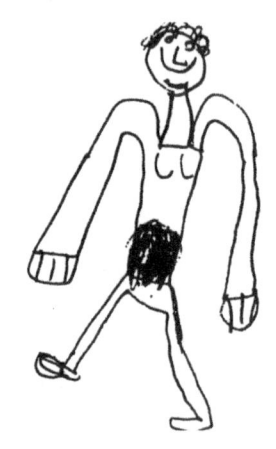

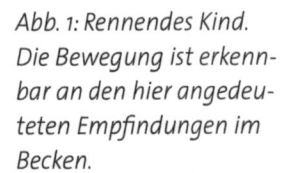

Abb. 2: Springendes Kind. Die Bewegung ist erkennbar an der Haltung der Arme.

Die Strategie, die es dem Kind ermöglicht, auf wirkungsvolle Weise Bewegung darzustellen, stammt nicht aus einer Fähigkeit, das, was es sieht, auf das Blatt zu übertragen, sondern daher, dass es losgelöst in die sinnliche Erinnerung an das Erlebnis eintaucht. Wenn das Kind malt, dann kopiert es nicht ein inneres Bild, sondern beginnt mit der Empfindung, die der Körper durch die Handlung oder in Beziehung zu einem Objekt erlebt. Diese grafischen Beispiele machen uns deutlich, wie wichtig die sensorischen und perzeptorischen Fähigkeiten für die anfängliche Strukturierung von Repräsentanzen sind, aber vor allem zeigen sie beispielhaft, auf welche Weise die Denkfähigkeit des Kindes sich entwickeln kann, indem Empfindungen und innere Bilder enger miteinander verflochten werden, als wir es uns durch eine Kenntnis der Entwicklung figürlicher Darstellung vorstellen können. Diese Erfahrung hat in der Tat meinen Denkansatz auch

Abb. 3 Auf einem Bein stehendes Kind. Die Bewegung ist erkennbar an der Gewichtsverlagerung auf den Fuß des Standbeins.

Abb. 4 Sackhüpfen. Die Bewegung ist erkennbar an den fliegenden Haaren.

bei Erwachsenen verändert (insbesondere, wenn ihre Alpha-Funktion defizitär ist), bei denen es mir durch die Verwendung von Empfindungsvorstellungen inzwischen besser gelingt, die Bildung von Repräsentanzen zu fördern, ehe ich Vorstellungen verwenden kann, um Emotionen zu wecken.

Im Folgenden stelle ich ein klinisches Beispiel aus meiner Arbeit mit einem Erwachsenen vor. Nach der Geburt seines Sohnes gipfelten die Beziehungsstörungen von Herrn F. in Episoden von Kindesmissbrauch und in einem Wiederaufleben homosexueller Wünsche, was zur Trennung von seiner Frau führte. Herr F. hatte seinen eigenen Vater unerwartet früh verloren und hatte danach seine weitere Kindheit in einem Internat verbracht, wo er physischer und psychischer Gewalt ausgesetzt war. Er wusste bereits, dass seine Mutter eine Affäre mit einem anderen Mann hatte; seine Entfremdung von ihr erlebte er als Erfüllung ihres Wunsches, ihn loszuwerden. Nach einigen Jahren Analyse mit vier Wochenstunden träumt Herr F., er sei *allein in seinem Schlafzimmer* und werde *vom Rücken her gestreichelt und liebevoll von den Armen eines Mannes umfangen. Zuerst ist der Traum sehr angenehm, aber dann umschließen ihn die Arme seines Partners immer enger, und er bekommt ein entsetzliches Erstickungsgefühl. Er windet sich aus der Umschlingung und wacht, immer noch im Traum, mühevoll auf und sieht beim Anschalten des Lichts einen schwarzen Schatten, den er immer wieder zu fassen versucht.* Die Angst unterbricht seinen Schlaf und der Traum bricht ab, aber er sieht – nunmehr wach – in Form einer Halluzination den Schatten aus seinem Traum in seinem eigenen Schlafzimmer. Das Verwischen der Grenzen zwischen den Realitäten des Traums und des Wachlebens ist derart beängstigend, dass er mitten in der Nacht seine Wohnung verlässt und zu seiner Mutter geht.

In seinen Assoziationen zum Traum betont Herr F., dass das unangenehmste Gefühl am Anfang die Furcht vor dem Ersticken war, aber dann die Empfindung, sein Körper sei zu schwer, um es mit dem Schatten an der Wand aufzunehmen. »Ich hatte das Gefühl, als sei mein Körper schwer und steif und völlig außerstande, sich zu bewegen, so als würde mich eine geheimnisvolle Macht auf das Bett festnageln ... Ich konnte nicht sagen, ob ich tot oder lebendig war!« Ohne dass ich es Herrn F. mitgeteilt hätte, kam es mir so vor, als betrachte er im Traum seine Art, Kontakt aufzunehmen, als eine Form der Sexualität, die seine rationalen und emotionalen Fähigkeiten erstickt und für andere todbringend ist. Das Gefühl, auf angenehme Weise vom Rücken her gehalten zu werden, fördert bei Herrn F. dann die Erinnerung an ein Foto zutage, das ihn als Kind mit seinem Vater zeigt, aufgenommen in dem Moment, als sie auf einem Jahrmarkt auf eine Zielscheibe schießen. Dieses einzige Foto von seinem Vater, auf dem er lächelt und ihn fest umarmt, lässt Herrn F. allmählich verstehen, dass seine sexuellen Wünsche mit einem Begehren zu tun haben könnten, das intimer und gefährlicher ist als seine Beziehung zu seinem Vater, eine Beziehung, die gewaltsam wie durch einen Gewehrschuss abgerissen wurde.

Ich denke daran, wie sich Kinder die Funktion erobern, durch Körperempfindungen neue Fähigkeiten zu repräsentieren, und beschließe, mit Herrn F. über die Anspannung zu sprechen, die er offenbar im Traum erlebt hat, als er den Schatten an der Wand zu erhaschen und (durch Berührung) zu verstehen versuchte, und auch darüber, wie er das Problem der Distanz zu seiner Mutter in Angriff nahm. Während ich das sage, denke ich darüber nach, wie er im Traum zum ersten Mal mit der psychischen Schwierigkeit in Kontakt gekommen ist, den Schritt vom Bewussten zum Unbewussten zu tun, und so mit der abnormen Durchlässigkeit seiner Kontaktschranke. Beim Aufwachen findet diese neuartige erste Überwindung ein motorisches Äquivalent in dem Versuch, die schmerzliche Distanz zwischen sich und seiner Mutter zu verringern. Als ich mich entschied, eine perzeptive Ebene beizubehalten, folgte ich auch der Richtung, die mir der Patient selbst vorgab: Auch ich durfte nicht zu etwas Erstickendem für ihn werden, sondern musste eine gewisse Distanz

halten und von da aus die Anfänge einer sich entwickelnden Fähigkeit zur
Repräsentanzenbildung abwarten, ehe die katastrophischen Trennungen, die
sein Leben gekennzeichnet haben, ins Auge gefasst werden konnten. Als Herr
F. einige Sitzungen später den Prozess beschreibt, den der Traum eingeleitet
hat, findet er selbst für seine neu gewonnene Fähigkeit, mit undenkbaren
Gefühlen in Berührung zu kommen, eine poetische Sprache: »Wissen Sie«,
sagt er, »es ist, als sei ein Schwarm an Erinnerungen, die ich vergessen hatte,
von meinem Herzen in mein Denken eingeströmt.«

Die in der Form zum Ausdruck kommenden Gefühle

Die Erfahrung, mit Kindern zu malen, hat mich gelehrt, darauf zu achten, wie
eine Form erschaffen wird und wie die ihr innewohnenden Gefühle davon zu
unterscheiden sind. Wie Tisseron (1993) darlegt, wird die Repräsentanz der
Phantasie einer gemeinsamen Haut von Kindern frühzeitig durch Spuren zum
Ausdruck gebracht, die einen Kontakt herstellen, zum Beispiel die Spuren,
die sie mit ihren Fingern durchs Essen ziehen, das auf dem Tisch verschüttet
wurde. Wenn das Kind beginnt, auf ein Blatt zu malen, entwickeln sich diese
primitiven Repräsentationen und werden zu deutlicheren symbolischen Elementen, zu begrenzten Formen wie Kreisen oder Spiralen. Bei Erwachsenen bleiben Spuren dieser alten Erfahrungen in Bildern oder Darstellungen
erhalten, die den Impressionen und weniger den Linien den Vorzug geben,
oder auch in der Vorstellung, die durch eine Art des Denkens geprägt ist,
die nach Ähnlichkeiten sucht. Umgekehrt bringt die Phantasie einer aktiven
Kontrolle über Trennungen Spuren der Bewegung hervor, etwa gepunktete
Gebilde und wellenförmige oder gezackte Linien. Bei Erwachsenen würden
Zeichnungen oder Gemälde dem Stand ihrer Entwicklung entsprechen, in
denen Linien und phantasieanregende Formen vorherrschen, die Phantasien
heraufbeschwören können.

Ein treffendes Beispiel aus der Geschichte der westlichen Kunst veranschaulicht, was auch im Behandlungszimmer vor sich gehen kann. 1926 wurde
eine Bronzefigur von Brancusi – *Vogel am Himmel* – von Beamten des US-amerikanischen Zolls beschlagnahmt und mit der Begründung, dass »dieses
Zeug keine Kunst« (vgl. Edelman 2001) sei, als Industrieprodukt besteuert. Die
Auffassung der Beamten, der Vogel sei zu abstrakt, fand sich bei Kunstkritikern
der Neuen Welt wieder, die die Skulptur als Unheilbringer ansahen, der einen
Bruch mit dem traditionellen ästhetischen Kanon ankündigte. Die provokante

Form rief, zuerst ästhetisch und dann juristisch, eine Abwehrreaktion hervor, was schließlich zu einer kulturellen Debatte führte, die über den ursprünglichen Fall hinausging. Für mich verrät dieses Beispiel viel von dem, was im Behandlungszimmer geschieht, wenn wir nicht in der Lage sind zu erfassen, ob das der Form zugrunde liegende Gefühl eine Verstärkung des Containments aufseiten des Analytikers erforderlich macht oder, im Gegenteil, die Unterstützung einer evokativen und daher transformativen Bewegung. Diese Art »Umwandler« von Emotionen und Bildern, den ich mir in der Arbeit mit Kindern erworben habe, ist für mich zu einem sehr wertvollen Instrument geworden, um die Bilder, die Erwachsene einbringen, zu verstehen. Dadurch kann ich die Form der unterschiedlichen seelischen Bewegungen unterhalb der Repräsentanzen erkennen, sowohl die in den Träumen als auch die in den Tagträumen während einer Stunde, und ich kann treffendere Antworten finden.

Symptome oder Regressionen können auch als Formen der Entwicklung gesehen werden

Regressive Phänomene kommen sehr häufig vor und sind für sich genommen kein Anzeichen für ein Phänomen, das gleichbedeutend mit einer Rückentwicklung der Fähigkeit zur seelischen Arbeit ist. Wie viele Psychoanalytiker denke auch ich inzwischen, dass sie im Zusammenhang mit einer größeren Oszillation vorkommen, die lebendige Wesen kennzeichnet, aber mir ist nie in den Sinn gekommen, sie könnten den formalen Aspekt einer Art psychischer ›Konzentration‹ ausmachen, die geeignet ist, den Prozess voranzutreiben.

Stefano ist ein fünfjähriger Junge, der für sein Alter sehr gut zeichnet. An einem gewissen Punkt seiner Analyse (zweimal wöchentlich) fängt er an, ›höchst regressive‹ Zeichnungen zu produzieren, Skizzen voller fragmentierter Linien, die großes Unbehagen in mir auslösen. Ich erwäge viele Hypothesen und versuche zu verstehen, was ich in die Beziehung eingebracht haben könnte, das ihn veranlasst, sich wie ein jüngeres Kind aufzuführen. Meine Beunruhigung verschwindet, als er mir selbst erläutert, was das Geschehen zwischen uns zu bedeuten hat. Während er zeichnet, sagt Stefano: »Ich kann nicht sehen. Ich kann nicht sehr gut sehen«, oder: »Es ist unmöglich, das zu sehen ...« Durch diesen Hinweis kommt mir der Gedanke, dass er vielleicht teilweise seinen Blick auf ein Ereignis scharf zu stellen versucht, das weniger traumatisch als neu ist, und dadurch kann ich das Geschehen als Progression verstehen. Ebenso wie vor der Geburt jeder neuen Errungenschaft auf dem Weg kognitiver oder psychischer Reifung sind Kinder gezwungen, sich mühsam vorzustellen, was sie nicht wissen, und diese ›Konzentration‹ beim Fokussieren ergibt eine ›Makro‹-Fotografie, die alles andere verschwimmen lässt, auch die bereits erworbenen Fähigkeiten.

Fast unwissentlich wende ich bei Frau M. an, was ich bei Stefano, dem soeben beschriebenen Kind, gelernt habe. Nachdem sie sich eine Zeitlang wohl gefühlt hat, leidet Frau M. – seit drei Jahren in Analyse mit drei Wochenstunden – wieder an den lähmenden Auswirkungen von Panikattacken. Ich mache einige Versuche, mich verstehend in eine Reihe von Beta-Elementen hineinzuversetzen, die meiner Vermutung nach ihre Angst verstärken, außer Haus zu gehen. Daraufhin spreche ich mit ihr über ihre Fähigkeit, sich auf eine Sache zu konzentrieren, wenn sie als Lektorin arbeitet, Manuskripte korrigiert und nach syntaktischen Fehlern oder Schreibfehlern sucht. Ich gebe zu bedenken, dass die Art der Konzentration, die sie bei der Arbeit aufwendet und die ihr Schritt für Schritt gestattet, sich eins zu fühlen mit dem, was sie sieht, wie sie mir früher einmal erzählt hatte, etwas gemeinsam habe mit ihrer Agoraphobie. Auf diese Weise fielen die Dinge, die sie beseitigen wolle, schließlich in eins mit bestimmten äußeren Orten. Diese neue Perspektive, die eher ihre Fähigkeit, sich zu konzentrieren, als ihre Pathologie ins Zentrum rückt, lassen sie verstärkt die zahlreichen Mikro-Situationen ins Auge fassen, die ihren Hass hervorrufen, ein Gefühl, das unannehmbar für sie ist – und oft auch fehl am Platze.

Komposition innerhalb eines Beziehungsraumes: eine Möglichkeit, Gefühle in Verbindung mit Abstand und Nähe plastisch auszudrücken

Wenn ich Geschichten anhöre, in denen es Anzeichen einer mit Räumlichkeit verbundenen Beziehung gibt, dann denke ich unweigerlich daran, dass Abstand eine primäre Realität ist, angefangen mit dem Erlebnis, wenn ein Kind sich mit dem Weggehen von und dem Zurückkehren zu seiner Mutter auseinandersetzt und dann mit all den Umständen, die es von ihr fernhalten können. Fast unwillkürlich komme ich dahin, die Bilder, die in meinem Inneren in Antwort auf diese Geschichten Gestalt angenommen haben, genauso zu betrachten wie die Zeichnung eines Kindes, das heißt, ich überlege, welche emotionale Bedeutung die Distanz und die Nähe haben mögen, die die Komposition und die Perspektive bestimmen.

Guiseppe hat eine Zwillingsschwester, die seine Eltern in der Schule wie auch sonst für viel besser halten als ihn. Im Erstkontakt zeichnet Guiseppe seine Familie (Abb. 5).

Abb. 5

Da ich ihn auf der Zeichnung nicht entdecken kann, frage ich ihn, ob er versteckt ist. Guiseppe fertigt dann eine zweite Zeichnung an, auf der er in der Erde liegt, im Winterschlaf wie ein Insekt, aber bereit, die Leiter hinauf zu klettern, sobald es da draußen ein denkendes und fühlendes Wesen gibt, das imstande ist, die Gefühle von Ausgeschlossensein und Wertlosigkeit, die in ihm hausen, mit ihm zu träumen (Abb. 6).

In seiner Zeichnung vermischt sich sein Wunsch, passiv zu bleiben, unerträglich schmerzhafte Gefühle zur Ruhe zu bringen, kurz: klein zu bleiben, mit dem Wunsch, seine Gefühle hervorbringen und entfalten zu können – einem Wunsch, der vorläufig außerhalb seiner selbst lokalisiert ist, in der Leiter.

Auch bei erwachsenen Patienten habe ich mehrfach erlebt, dass die Komposition einer geträumten oder erzählten Szene nicht zufällig, sondern ziemlich direkt mit dem psychischen Abstand in der Beziehung zu den eigenen inneren Objekten und zu mir verbunden ist. Diese Art, Bilder von einer ästhetisch-emotionalen Warte aus zu betrachten, hat mir manchmal den Weg geebnet, unbewusste Aspekte des Feldes zu entdecken, also Aspekte, die mich und

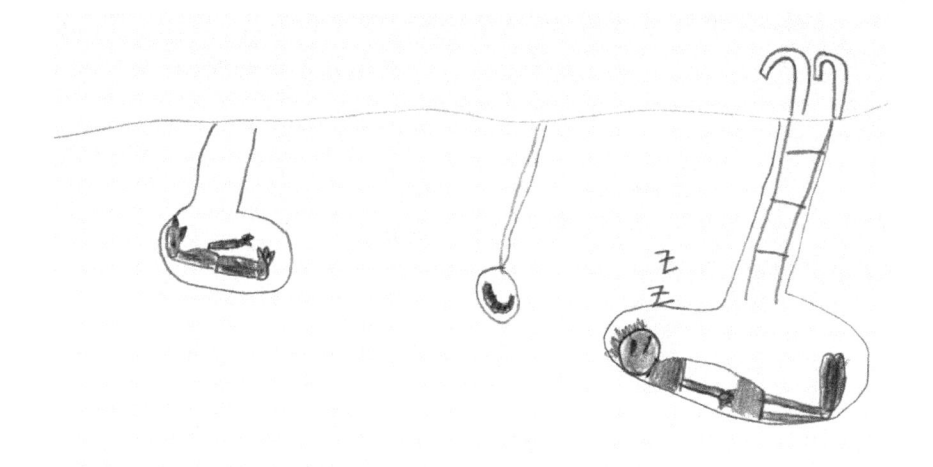

Abb. 6

den Patienten betreffen, während wir gleichzeitig versuchen, gemeinsam über Gefühle nachzudenken.

Herr P. ist ein erwachsener Patient in einer dreistündigen Analyse wegen einer schweren Schlafstörung und wegen neurologischen Schwindels. Eines Tages beschreibt er einen Vorfall, bei dem er auf einem Balkon im vierten Stock steht und bei dem Gedanken, auch nur einen Schritt zu tun, vor Entsetzen gelähmt ist. Eine Freundin versucht ihm zu helfen, aber als sie ihn berührt, wird er noch panischer. Ich fühle mich an ein Detail aus dem Fresko von Lorenzo di Pietro in Siena erinnert, auf dem abgebildet ist, wie sich die Jungfrau aus einer Wolkenlücke herauslehnt. Ihre Arme halten eine Leiter, die ein paar Engel (Kinder, die früh gestorben sind) mühselig erklimmen. Ich beschreibe meinem Patienten das Bild und sage ihm, dass zwei Dinge notwendig sind, um keine Höhenangst zu haben: nicht eine Freundin, die einen berührt, sondern eine Mutter, die sich liebevoll herauslehnt, und eine Leiter, die die Kluft zwischen dem Boden und dem Himmel überbrückt. Herr P. ist ein sehr intelligenter und sensibler Mann, er erfasst intuitiv meine Anspielung, dass Höhen den psychischen Abstand von einem Objekt bezeichnen können, wenn es gleichzeitig geliebt und gehasst wird, und dass die Höhe die Hoffnung und die Fähigkeit zunichte machen kann, das Objekt zu erreichen und die eigenen Emotionen durchzuarbeiten. Seine Schilderung der Freundin, die ihm in seinem Tagtraum offensichtlich nahe steht, sich ihm aber, was ihre Fähigkeiten angeht, überlegen fühlt, und die Vorstellung einer realen Asymmetrie im Fresko, die die Jungfrau mit ihrem liebevollen Hinauslehnen überbrückt, um die Höhenangst zu teilen, lassen mich darüber hinaus kritisch überdenken, auf welche Weise ich ihm nahe bin.

Kleine Änderungen in der Form des Settings: Gelegenheiten zum Spielen, die das Feld erweitern

Für meine Arbeit mit Kindern kaufe ich gelegentlich Spielzeuge oder Materialien, um auf ein spezielles Bedürfnis einzugehen oder weil ich glaube, sie könnten nützlich sein. Solche Einkäufe erschienen mir im Sinne Winnicotts früher als eine Reaktion der Umwelt auf psychische Bedürfnisse. Auch aus Erwachsenenanalysen kenne ich Schilderungen meiner Kollegen, wie innerhalb des Settings konkrete Gesten ausgeführt und ähnlich verstanden wurden. Zum Beispiel kann der Analytiker, auch wenn er die Aussage eines Patienten, ihm sei kalt, als Mitteilung über seine seelische Verfassung versteht, die Umgebung erwärmen, indem er die Temperatur ein wenig höher stellt, ehe er sich mit dem Patienten dessen Gefühl zuwendet, zwischen ihnen herrsche Kälte. Diese Art einer konkreten Geste ist eine mütterliche, körperliche Reaktion, sinnvoll und manchmal notwendig, um Zugang zum verbalen Mitteilen seelischer Kälte zu finden. Durch die Kinderanalyse ist mir klar geworden, dass diese Gesten nicht allein als Antwort auf die Bedürfnisse des Patienten ausgeführt werden. Ogden (2007) hat dargelegt, dass die Assoziationen oder Gedanken des Analytikers, angeblich außerhalb der gerade stattfindenden Kommunikation, auch Tagträume sein können, die vielleicht Aspekte aufgreifen, die im analytischen Dritten – und daher im gemeinsamen Unbewussten von Analytiker und Patient – noch nicht denkbar sind. Als ich mir vorstellte, dass diese Anschaffungen eine Art Traum der psychischen Aspekte wären, die im Feld vorhanden und ans Setting geheftet sind, bekamen sie in meiner Arbeit mit Kindern und Erwachsenen eine andere Bedeutung. Einige der Gesten wurden so nicht zu einer Änderung des Settings, sondern zu seiner narrativen Ergänzung.

Die folgende Episode hat mich letztlich zu dieser Schlussfolgerung gebracht. Tommaso ist ein vierjähriger Junge in einer vierstündigen Analyse, der unter einer Art Entwicklungsdisharmonie leidet. Etwa einen Monat nach Beginn seiner Therapie kaufte ich ein Feuerwehrauto für ihn. Wenn er sich im Spiel obsessiv damit beschäftigt, mich durch Ertränken im Wasser auszulöschen, gelingt es mir, mit meinem brennenden und drängenden Wunsch in Berührung zu kommen, sein unbändiges (uncontainable) Toben durch den ganzen Raum, das durch schwere seelische Verbrennungen verursacht ist, auszulöschen. Ich akzeptiere das Ertränken dieses Wunsches, und das Feld ist transformiert.

Abschließende Bemerkungen

Ich wende mich nun wieder dem Dialog der beiden Schwestern zu, der mich zu einem Vergleich zwischen Kinder- und Erwachsenenanalyse angeregt hat. Einer Gesprächspartnerin, die behauptete, es sei Schriftstellern unmöglich, durch Schreiben die Komplexität der Realität, einschließlich der emotionalen, zu erfassen, antwortete Virginia Woolf, kein moderner Schriftsteller könne mehr mit der formalen Linearität eines Satzes zufrieden sein und Maler und Schriftsteller stünden im Grunde vor denselben Problemen. Genauso sind Psychoanalytiker in erster Linie daran interessiert, in den Erzählungen der Patienten oder in dem Spiel der Kinder den Ausdruck der Emotionen und die Komplexität aufzuspüren, in der sie, ob in der Arbeit mit Kindern oder mit Erwachsenen, repräsentiert sind. Dennoch kehrt Virginia Woolf in ihrem Essay »Der Augenblick« zu ihren Gedanken über die Beziehung zwischen Malen und Schreiben zurück, wenn sie vor Schriftstellern warnt, die die Realität abmalen wie auf einem Gemälde, und vor Malern, die versuchen, Geschichten zu erzählen. Sie stellt dann die Hypothese auf, dass die Arbeit der Künstler, obwohl sie die gleichen Probleme haben, spezifische Züge tragen sollte, die den Materialien ihrer Zunft entsprächen. Während für einen Schriftsteller die Geschichte das zentrale Element seiner Kunst sei, müsse ein Maler Objekte mithilfe der von den Objekten geweckten Emotionen malen, und die Geschichten müssen in den Gemälden versteckt sein wie die »Makrelen hinter dem Glas im Aquarium« (Woolf 1964 [1996], S. 186)

Ich finde, dieses Bild verdeutlicht sehr sinnfällig, dass in der Kinderanalyse, die meiner Meinung nach der Malerei näher steht, die verbale Dekodierung so weit wie möglich versteckt sein muss und dass es die Lebendigkeit des Spiels und seine konkrete Formgebung durch die bewegten Körper sind, die zu Mitteln der Kommunikation werden. Während es im Behandlungszimmer der Erwachsenen die eingeschränkte Bewegung ist, die einen Zustand der *Rêverie* fördert, ist es im Raum der Kinder der Körper, der den Traum gestaltet, und diese Tatsache verändert die Art der Kontrolle, die der Analytiker behalten kann, sobald sich die Stunde entfaltet. Wenn ich es mit einem Erwachsenen zu tun habe, dann weiß ich, dass ich mich ab und zu – ähnlich wie beim Schreiben – in Momente des Schweigens zurückfallen lassen kann, mit dem Patienten ›noch einmal nachlesen‹, d. h. den analytischen Dialog Revue passieren lassen kann, in dem wir uns bemüht haben, unbewusste Gefühle durchzuarbeiten. Der Rhythmus der Interaktion gestattet es meinem Denken, sich in weitgehend rhythmischer Folge zu vertiefen und aus der tiefen emotionalen Anteilnahme wieder aufzutauchen. Wie ich zu beschreiben versucht habe, fließt die Interaktion mit einem Kind anders; das Sich-Vertiefen hält dadurch, dass man Dinge gemeinsam tut, länger an, und eine Reflexion ist oft erst *nachträglich* möglich. Spiel enthält, mehr als Sprache, etwas, das nicht formalisiert werden kann, es erreicht durch einen Prozess rascher Transformationen die Kategorie des Möglichen und gewinnt eine Sensibilität, die es dem Kind ermöglicht, neue Teile seines Selbst zu erschaffen. Die Praxis der Kinderanalyse wirkt sich beim Therapeuten in einer größeren Sensibilität gegenüber rhythmischen und formalen Merkmalen aus, was dem Blick auf die Arbeit mit Erwachsenen neue Perspektiven eröffnet. In solchen Beispielen geht es um eine andere, reifere Sensibilität sensorischen Merkmalen gegenüber, die die Form einer Repräsentanz vorzeichnen, ehe sie im eigentlichen Sinne zu einer solchen geworden ist. Ich habe gelernt, Emotionen, die Formen enthalten, genauer zu erkennen (Tisseron 1993), indem ich zwischen solchen unterscheide, die Linien bevorzugen und eine Vorstellung wecken, und solchen, die geschlossene Formen bevorzugen und Ähnlichkeiten anstreben. Anhand anderer Beispiele habe ich zu zeigen versucht, wie Beziehungsaspekte, etwa ›Abstand‹ oder ›Nähe‹, aus einer formalen Perspektive her betrachtet dem Patienten eine Rückgewinnung darunter liegender Gefühle ermöglichen können, im Unterschied zu dem, was ich mit reflexivem, an Sprache gebundenem Denken erreichen kann. Schließlich habe ich herausgearbeitet, dass kleine, konkrete Handlungen innerhalb des Settings dank der Arbeit mit Kindern eine bestimmte Perspektive gewinnen und verstanden werden können. Der Unterschied in der Art der Interaktionen, die in den beiden Behandlungsräumen stattfinden, scheint mir daher nicht nur in einer unterschiedlichen Technik zu liegen, sondern am Ende die Art und Weise zu beeinflussen, in der Gedanken gebildet werden: durch Rêverie, Assoziationen, Erinnerungen, figurative oder literarische Anspielungen im Behandlungsraum der Erwachsenen; durch Handlungen, Augenmerk auf Form und räumliche Beziehungen, die imaginative Verwendung von Objekten, den Einsatz des Körpers im Behandlungszimmer der Kinder, und daher durch Formen, die einem *Logos* im Werden nahe stehen, einem durch den ›lebendigen Körper‹ erzeugten *Logos*. In einer Kurzgeschichte von Ian

McEwan gibt es eine besonders eindrucksvolle Darstellung des Konflikts, der den Vergleich zwischen Kinder- und Erwachsenenanalyse sowie eine Synthese meiner Gedanken über die Beziehung, in der sie möglicherweise zueinander stehen, angeregt hat.

»Oft hielten sie [Tina und Peter] nur Frieden, indem sie von der Tür her eine gedachte Linie quer durchs Zimmer zogen. Tinas Hälfte dort, Peters Hälfte hier. [...] Die unsichtbare Linie funktionierte so lange, wie sie sich daran erinnerten. [...] Das ging auch eine Weile gut, bis sie eines Tages, an einem regnerischen Sonntagnachmittag, wieder einmal Streit bekamen, einen ihrer schlimmsten: Wo genau verlief die Grenzlinie?« (McEwan 1994 [1995], S. 24–27).

Kinder- und Erwachsenenanalyse sind nicht durch eine echte Trennlinie voneinander geschieden. So wie in Tinas und Peters Zimmer gibt es eine imaginäre Linie, die sie unterteilt, keine unübertretbare Linie, eher eine fließende Grenze, die mit Erlaubnis des anderen übertreten werden kann. Die Versuchung jedoch, die Grenze abzuschaffen, bringt gewisse Gefahren mit sich, wie die Geschichte zeigt. In Wirklichkeit verhilft die Anerkennung ihrer Unterschiedlichkeit dazu, ihre jeweilige Einzigartigkeit zu definieren, und diesen Unterschied klar zu benennen, erfüllt einen kreativen Dialog und eine echte Gegenseitigkeit mit Leben. In diesem Sinne hat das kleine Wartezimmer, das die beiden Behandlungsräume in meiner Praxis verbindet und trennt, eine metaphorische Bedeutung für mich angenommen und erfüllt mich daher mit Neugier und Faszination: Es ist der Ort, wo sozusagen überkreuz ein Zusammentreffen und ein Austausch von Elementen meiner Auffassung von Erwachsenen- und Kinderanalyse stattfinden.

Aus dem Englischen von Barbara Strehlow

Literatur

Ablon, Steven Luria (2001): The work of transformation. Psychoanal. Stud. Child. 56, 27–38.
Abrams, Samuel (1999): How child and adult analysis inform and misinform one another. Ann. Psychoanal. 26, 3–20.
Baraldi, Anna Maria Fioravanti et al. (Hg., 1996): Vanessa Bell e Virginia Woolf. Disegnare la vita. Ferrara (Comune di Ferrara, Civiche gallerie d'arte moderna e contemporanea).
Beebe, Beatrice & Lachmann, Frank (2003): The relational turn in psychoanalysis: A dyadic systems view from infant research. Contemp. Psychoanal. 39, 379–409. Dt.: Die relationale Wende in der Psychoanalyse. Ein dyadischer Systemansatz aus Sicht der Säuglingsforschung. Übers. Martin Altmeyer. In: Altmeyer, Martin & Thomä, Helmut (Hg.): Die vernetzte Seele: Die intersubjektive Wende in der Psychoanalyse. Stuttgart (Klett-Cotta) 2010, S. 122–159.
Bion, Wilfred R. (1962): Learning from experience. London (Heinemann). Dt.: Lernen durch Erfahrung. Übers. Erika Krejci. Frankfurt/M. (Suhrkamp) 2004.
Bion, Wilfred R. (1965): Transformations. London (Heinemann). Dt.: Transformationen. Übers. Erika Krejci. Frankfurt/M. (Suhrkamp) 1997.
Bion, Wilfred R. (1967): Second Thoughts: Selected Papers on Psychoanalysis. London: (Heinemann).
Bion, Wilfred R. (1970): Attention and interpretation. London (Tavistock). Dt.: Aufmerksamkeit und Deutung. Übers. Elisabeth Vorspohl. Tübingen (edition diskord) 2006.
Bonovitz, Christopher (2004): The cocreation of fantasy and the transformation of psychic structure. Psychoanal. Dial. 14, 553–580.
Chused, Judith Fingert (1988): The transference neurosis in child analysis. Psychoanal. Stud. Child. 43, 51–81.
Di Renzo, Magda & Nastasi, Isabella E. (1989): Il movimento disegna. Roma (Armando).
Edelman, Bernard (2001): Addio alle arti: 1926, l'»affaire« Brancusi. Milano (Medusa).
Ferro, Antonino (2004): Seeds of illness and seeds of recovery. Übers. Philip Slotkin. London (Brunner Routledge).
Ferro, Antonino & Basile, Roberto (2006): Unity of analysis: Similarities and differences in the analysis of children and grown-ups. Psa. Q. 75, 477–500.
Frankel, Jay B. (1998): The play's the thing: How the essential processes of therapy are seen most clearly in child therapy. Psychoanal. Dial. 8, 149–182.
Freud, Sigmund (1914): Zur Geschichte der psychoanalytischen Bewegung. GW X, S. 43–113.
Gaines, Robert (1995): The treatment of children. In: Lionells Marylou & Fiscalini, John (Hg.): The handbook of interpersonal psychoanalysis. Hillsdale, NJ (Analytic Press), S. 761–769.
Joseph, Betty (1998): Thinking about a playroom. J. Child Psychother. 24, 359–366.
Klein, Melanie (1932): The psychoanalysis of children. In: Money-Kyrle, Roger (Hg.): The writings of Melanie Klein, Vol. 2. London (Hogarth), S. 1–379. Dt.: Die Psychoanalyse des Kindes. In: Cycon, Ruth (Hg.): Melanie Klein: Gesammelte Schriften, Bd. 2. Übers. Elisabeth Vorspohl. Stuttgart (frommann-holzboog) 1997.
Knight, Rona (2003): Margo and me II: The role of narrative building in child analytic technique. Psychoanal. Stud. Child. 58, 133–164.
Krimendahl, Elizabeth K. (1998): Metaphor in child psychoanalysis: Not simply a means to an end. Contemp. Psychoanal. 34, 49–66.
Mahon, Eugene (2000): A ›good hour‹ in child analysis and adult analysis. Psychoanal. Stud. Child. 55, 124–142.

McEwan, Ian (1994): The daydreamer. New York (Anchor Books). Dt.: Der Tagträumer. Übers. Hans-Christian Oeser. Zürich (Diogenes) 1995.
Milner, Marion (1950): On not being able to paint. Madison, CT (International UP). Dt.: Zeichnen und Malen ohne Scheu: Ein Weg zur kreativen Befreiung. Übers. Wolfgang Rhiel. Köln (DuMont) 1988.
Ogden, Thomas H. (1985): The mother, the infant and the matrix: Interpretations of aspects of the work of Donald Winnicott. Contemp. Psychoanal. 21, 346–371.
Ogden, Thomas H. (2001): Reading Winnicott. Psa. Q. 70, 299–323.
Ogden, Thomas H. (2007): On talking-as-dreaming. I.J. Psycho-Anal. 88, 575–589. Dt.: Träumerisches Sprechen. Übers. Markus Fäh. In: Junkers, Gabriele (Hg.): Vorstoß ins Sprachlose. Ausgewählte Beiträge aus dem International Journal of Psychoanalysis, Bd. 3. Tübingen (edition discord) 2008, S.198–218.
Slade, Arietta (1994): Making meaning and making believe: Their role in the clinical process. In: Slade, Arietta & Wolf, Dennie Palmer (Hg.): Children and play: Clinical and developmental approaches to meaning and representation. Oxford (Oxford UP), S. 81–110.
Stern, Daniel N.; Sander, Louis W.; Nahum, Jeremy P. et al. (1998): Non-interpretative mechanisms in psychoanalytic therapy. The »something more« than interpretation. I.J. Psycho-Anal. 79, 903–921. Dt.: Nicht-deutende Mechanismen in der psychoanalytischen Therapie. Das »Etwas-Mehr« als Deutung. Übers. Elisabeth Vorspohl. Psyche 56, 2002, 974–1006.
Tisseron, Serge (1993): Schèmes d'enveloppe et schèmes de transformation dans le fantasme et dans la cure. In: Anzieu, Didier; Haag, Geneviève; Tisseron, Serge et al. (Hg.): Les contenants de pensée. Paris (Dunod) 2003, S. 61–86.
Wangh, Martin (1950): Abstract. International Journal of Psychoanalysis XXIX, 1948: The nature and function of phantasy. Susan Isaacs, S. 73–97. Psa Q. 19, 606.
Winnicott, Donald W. (1971a): Playing and Reality. London (Tavistock). Dt.: Vom Spiel zur Kreativität. Übers. Michael Ermann. Stuttgart (Klett-Cotta), 11. Aufl. 2006.
Winnicott, Donald W. (1971b): Therapeutic consultations in child psychiatry. London (Hogarth and the Institute of Psycho-Analysis). Dt.: Die therapeutische Arbeit mit Kindern. Übers. Erika Nosbusch. München (Kindler) 1973.
Woolf, Virginia (1944): A haunted house and other short stories. London (Hogarth). Dt.: Ein verwunschenes Haus: Erzählungen. Übers. Marianne Frisch, Brigitte Walitzek u. Claudia Wenne. Frankfurt/ M. (Fischer) 1990.
Woolf, Virginia (1964): Pictures in the moment and other essays. London (Hogarth). Dt.: Der Augenblick. Übers. Hannelore Faden und Helmut Viebrock. Frankfurt/M. (Fischer) 1996.
Woolf, Virginia (1994): Letters 1923–1928. In: Nicolson, Nigel (Hg.): A change of perspective: The letters of Virginia Woolf 1923–1928. London (Hogarth). Dt.: Briefe 2. 1928–1941. Übers. Brigitte Walitzek. Frankfurt/M. (Fischer) 2006.

Überlegungen zu den klinischen Implikationen des Symbolismus[1]

Elias M. da Rocha Barros & Elizabeth L. da Rocha Barros

An den Anfang unserer Überlegungen stellen wir den Gedanken, dass der Prozess der Symbolbildung an sich in seinen verschiedenen Bestandteilen und Wandlungen von zentraler Wichtigkeit für die zeitgenössische Psychoanalyse ist, da Symbole für das Denken, für das Aufbewahren emotionaler Erfahrungen in unserem Gedächtnis und für das Übermitteln unserer Affekte an andere und uns selbst entscheidend sind. Die zugrunde liegende Idee ist, dass sich innere Angriffe nicht allein auf die inneren Objekte richten, sondern auch auf die Struktur oder Form der mentalen Repräsentationen, noch bevor und während diese in Symbolen gebildet werden. Auf diese Weise greifen destruktive Impulse in die Prozesse der Symbolbildung ein. Symbole können ihre Plastizität verlieren und so die Emotionen zum Schweigen bringen und dadurch den Patienten von deren Bedeutungen abschneiden. Anhand unseres klinischen Materials können wir besser verstehen, wie sich die formalen Eigenschaften von Symbolen im mentalen Leben zeigen und sich auf unser Vermögen auswirken, emotionale Erfahrungen durchzuarbeiten. Ausgehend von der Analyse eines Patienten, der Schwierigkeiten hatte, sich auf die Bedeutungen seiner eigenen Symbole zu beziehen, werden wir abschließend zeigen, wie wichtig die Rêverie des Analytikers bei der Formulierung einer Deutung ist. Dieser Aufsatz ist zugleich Teil einer Studie zum Prozess der Rêverie.

Einleitung

In diesem Aufsatz möchten wir die Funktion verschiedener Aspekte der formalen Struktur von Symbolen im mentalen Leben diskutieren und so

---

[1] Reflections on the clinical implications of symbolism. The International Journal of Psychoanalysis (2011) 92, 879–901.

einen Beitrag zum Verständnis des Prozesses der Symbolbildung leisten. Am Beginn unserer Überlegungen steht die These, dass *der Prozess der Symbolbildung an sich in seinen verschiedenen Bestandteilen und Wandlungen von zentraler Wichtigkeit für die zeitgenössische Psychoanalyse* ist, da Symbole entscheidend für das Denken, das Aufbewahren emotionaler Erfahrungen in unserem Gedächtnis und das Übermitteln unserer Affekte an andere sind und auch dafür, sie uns selbst zu vergegenwärtigen. Dabei möchten wir auf Gedanken der Philosophen Susanne Langer (1943; 1953) und Ernst Cassirer (1954) zurückgreifen und sie mit unserer psychoanalytischen Perspektive verknüpfen.

Cassirers Überlegungen zufolge, die tief greifende Implikationen für die Psychoanalyse haben, könne das Symbol nicht auf seine Eigenschaft als ein Kuvert, in dem Bedeutungen übermittelt werden, reduziert werden (wodurch es auf seine repräsentative Funktion beschränkt wäre), weil es zugleich ein entscheidendes Vehikel[2] für das Denken sei. Indem wir den Ausdruck ›Vehikel‹ bezogen auf das Symbol verwenden, betonen wir dessen funktionalen, operationalen Aspekt, der anderen mentalen Funktionen unterliegt; diese werden von symbolischen Formen konstituiert, die tief in den psychischen Apparat und das Unbewusste eingebettet sind. Das Symbol beschränkt sich nicht darauf, den Inhalt von Gedanken zu kommunizieren; es ist auch ein Vehikel, durch das dieser Inhalt erst gebildet wird.

Wir denken und fantasieren, indem wir Symbole gebrauchen. Auch die Transformationen unserer unbewussten Fantasien verinnerlichen wir durch Wandlungen in den Symbolen. Es sind die vielfältigen Formen von unbewussten Fantasien und deren symbolische Transformationen, die unser affektives Leben organisieren und ihm Bedeutung geben. Langer (1942) schlägt die Untersuchung der symbolischen Modi und der wechselseitigen Beziehung zwischen Form und Inhalt als einen ›neuen Weg‹ für die Philosophie vor. Das Symbol ist das vermittelnde Element unseres Verhältnisses zur Welt, und um die wesentlichen Aspekte des Erlebten im Gedächtnis zu behalten, müssen wir sie psychisch aufbewahren, was sie *Fantasie* nennt. Langer benutzt den Begriff, um eine mentale Synthese dessen zu kennzeichnen, was wir vor *unserem geistigen Auge* sehen und das in Kombinationen von Mustern aus visuellen, auditiven und kinästhetischen Symbolen organisiert ist. Diese Muster können in unserem Gedächtnis aufgerufen werden, wenn wir neuen emotionalen Erfahrungen

---

2 Anm.d.Ü.: Die Autoren haben Cassirers Begriff ›Organ‹ durch Vehikel ersetzt.

gegenüberstehen, die wir nicht unmittelbar verstehen, aber dringend verstehen wollen.

In einem wegweisenden Aufsatz über Stufen der Symbolisierung beschäftigen sich Freedman und Russell (2003) mit sehr ähnlichen Fragen. Auch wenn sie sich in Teilen ihrer Argumentation ebenfalls auf Langer und Cassirer beziehen, so gehen wir mit deren Gedanken doch unterschiedlich um. Wir stimmen in vielerlei Hinsicht mit ihren Schlussfolgerungen überein, sind aber in einigen wichtigen Punkten, auf die wir noch zurückkommen werden, anderer Ansicht.

Damit dieser Aufsatz auch von einem breiteren Leserkreis aufgenommen werden kann, möchten wir hier kurz die verschiedenen und grundlegenden Aspekte von Symbolen aufführen, um deren Rolle als Instrumente des Erfassens und Übermittelns von Bedeutung verständlich zu machen.

Zeichen [sign] ist der allgemeine Begriff, der sowohl Symbole als auch Anzeichen [signals] umfasst. Aber eine einfache Zeichensprache kann unsere Gefühle und emotionalen Dilemmata nicht in einer Weise repräsentieren, die es möglich macht, sie zu beobachten oder über sie – in expressiver Form – nachzudenken (Harris-Williams 2010, S. 56). Um unsere emotionale Erfahrung denken zu können, benötigen wir Symbole (eine sehr viel komplexere Art von Zeichen) als Vehikel zu ihrer Bildung. Langer (1942) schlägt eine Unterscheidung zwischen *präsentativem* und *diskursivem* Symbolismus vor. Jede dieser Kategorien folgt einer unterschiedlichen Logik. Beide können Denken zur Anschauung bringen, aber in unterschiedlicher Weise. *Präsentativer* Symbolismus ist verbunden mit den *expressiven* Formen von Emotionen; er ist nicht-diskursiv und hat einen grundlegend *konnotativen* (andere würden sagen ›affektiven‹) Charakter (er bezieht sich auf subjektive Bedeutung und übermittelt Informationen, weil er andere Realitäten durch Assoziationen *hervorruft*). *Diskursiver* Symbolismus ist diskursiv und hat zunächst einen *denotativen* Charakter (er bezieht sich auf die objektive Bedeutung und auf seiner einfachsten Stufe auf Worte in ihrer lexikalischen Schlichtheit). Diskursiver Symbolismus kann in seiner fortgeschrittenen Form auch Ausdruckskraft einschließen. Präsentativer Symbolismus ist intuitiv (oft eine kristallisierte Form von Intuition), nährt sich von den Mustern unseres emotionalen Lebens und ruft auf diese Weise Affekte hervor. Es ist nicht sein Zweck, Aussagen oder Begriffe darzustellen, wie es in der Alltagssprache der Fall ist.

In diesem Aufsatz fassen wir diese beiden Typen des Symbolismus unter dem Begriff *mentale Repräsentation* zusammen, auch wenn wir die Unterscheidung zwischen den beiden symbolischen Formen beibehalten und berücksichtigen, dass diese beiden grundlegenden Repräsentationsweisen unterschiedliche logische und psychologische Funktionen erfüllen.

Langer (1942) erläutert, wie Gefühle durch Symbole erfasst und übermittelt werden, und betont die zentrale Rolle, die der präsentative Symbolismus dabei spielt. Dessen Merkmal sei es, dasjenige zu übermitteln, was sie »likeness« [»Ähnlichkeit«] nennt; das heißt, er »exemplifiziert objektiv, wie das Gefühl subjektiv ist« (Innis 2009, S. 49). Andere Autoren (Dewey 1931; Peirce 1992) beziehen sich auf dasselbe Merkmal von Symbolen und sprechen von *suchness [Sosein]*. Mit *suchness* meinen sie etwas der *likeness* sehr vergleichbares, nämlich das Vermögen, auf *Arten* von Erfahrungen zu verweisen oder diese nahezubringen. Präsentativer Symbolismus benennt diese nicht, er exemplifiziert, ›worum es in ihnen geht‹ (Innis 2009). Innis fügt hinzu: »Das Gefühl selbst, das wahrgenommene Sosein von Dingen, ist eine Form der Herstellung von Bedeutung, und Formen des Gefühls können in materialen Medien[3] ausgedrückt werden, die uns echtes Wissen geben, auch wenn es nicht in Worte gefasst werden kann« (ebd., S. 47f.).

Hier ergibt sich ein wichtiger Unterschied zwischen unseren Gedanken und einigen der Überlegungen bei Freedman und Russel (2003). Wir unterstreichen, dass durch präsentativen Symbolismus unterschiedliche (Formen von) *Erfahrungen* ausgedrückt oder *exemplifiziert* werden können, während sie hauptsächlich die Wichtigkeit der *Benennung* (diskursiver Symbolismus) der in die Erfahrung eingebundenen Emotion betonen.

Pistiner de Cortinas (2009) legt deutlich und in aller Knappheit die Prozesse der Entstehung der Psyche als eines Apparates zur Symbolisierung dar. In diesem Zusammenhang beabsichtigt der vorliegende Aufsatz, spezifischer zu sein und einige ihrer Vorstellungen zu ergänzen.

Hanna Segals (1957) Beitrag (vgl. Riccardo Steiner [2009], der ihre Vorstellungen ausführlich diskutierte und sie mit den Überlegungen von Charles Peirce verknüpfte) ist immer noch wesentlich, um zu verstehen, wie Symbole dazu dienen, ein verlorenes Objekt wiederzuerschaffen und -herzustellen. Um dieses Verhältnis zu erforschen, müssen wir genauer in den Blick nehmen, wie das Symbol in seiner formalen Struktur beeinträchtigt werden kann, während es in der Psyche gebildet wird, und wie seine Funktion durch psychische Abwehrmechanismen verändert werden kann.

In diesem Aufsatz wollen wir zeigen, dass ein tiefer gehendes Verständnis

---

3 Zum Beispiel Bilder.

der an der symbolischen Repräsentation beteiligten Mechanismen die Funktion der Gegenübertragung in der klinischen Situation differenzieren und einen Beitrag zur Klärung ihrer Beziehung zum Prozess der *Rêverie* leisten kann. Wir wollen untersuchen, welche Rolle Evokation und Darstellbarkeit in der menschlichen Psyche als Teil der Rêverie und im Prozess des Durcharbeitens spielen (Botella/Botella 2005). Abschließend möchten wir am Beispiel eines Patienten, der große Schwierigkeiten hatte, sich auf die Bedeutung seiner von ihm selbst produzierten Symbole zu beziehen, zeigen, wie wichtig die Rêverie des Analytikers (die in ihrer Arbeitsweise die Prozesse der Metaphorisierung einschließt) für den Prozess der Formulierung der Deutung ist.

Ogden schreibt:

> »Das Traumerleben im Wachzustand [Rêverie; Anm. d. Ü.] ist ein Prozess, in dem Metaphern entstehen, die der Art, wie der Analytiker die unbewussten Dimensionen der analytischen Beziehung erlebt, Form geben. Das unbewusste Erleben kann nur dann ›gesehen‹ (reflektiert) werden, wenn es für den Betreffenden metaphorisch repräsentiert wird« (1997 [2004], S. 38).

In diesem Zusammenhang sollte das analytische Setting als ein *Symbolinkubator* (Hartke 2005) angesehen werden, als ein Ort, wo sich Repräsentationen und Worte als *Logos spermatikos* (um einen Ausdruck von Sokrates zu gebrauchen) präsentieren (Saatkeime, die Emotion in *Logos* transformieren). Cassirer sagt, dass der Verstand *symbol-händlerisch* (vgl. Innis 2009, S. 34) sei. Dies sind Kernpunkte unseres psychoanalytischen Verständnisses.

Diese Überlegungen wurden durch eine Gruppe von faszinierenden Patienten angestoßen, die wir beobachteten. Sie banden sich an den analytischen Prozess, ihre Träume griffen auf eine Vielzahl von Symbolen zurück, *aber es war ihnen nicht möglich, die volle Bedeutung der emotionalen Erfahrung zu erkennen, die sich in den in ihren Träumen auftauchenden symbolischen Formen[4] zu zeigen schien*. Es war, als ob sie ihre Fähigkeit, den

---

4 Langer (1930, S. 87; vgl. Innis 2009, S. 15) sagt, dass die Form einer Sache »die Art [sei], wie ihre Teile zusammengesetzt sind«. Cassirer (1956, S. 163) sagt: »Unter einer ›symbolischen Form‹ soll jede Energie des Geistes verstanden werden, durch welche ein geistiger Bedeutungsgehalt an ein konkretes sinnliches Zeichen geknüpft und diesem Zeichen innerlich zugeeignet wird. In diesem Sinne tritt uns die Sprache, tritt uns die mythisch-religiöse Welt und die Kunst als je eine besondere symbolische Form entgegen. Denn in ihnen allen prägt sich das Grundphänomen aus, daß unser Bewußtsein sich nicht damit begnügt, den Eindruck des Äußeren zu empfangen, sondern daß es jeden Eindruck mit einer freien Tätigkeit des Ausdrucks verknüpft und durchdringt« (Cassirer 1956, S. 175).

konnotativen[5] (subjektiven) Aspekt der symbolischen Repräsentationen zu verstehen, verloren hatten und nur deren *denotative*[6] (objektive) Seite erfassten. Wie in *symbolischen Gleichsetzungen* wurden die mit der Denotation einhergehenden Analogien zu Anzeichen für konkrete Gleichheit. Daher waren sie nicht empfänglich für die *expressiven*[7] Aspekte der Symbole, die mögliche Bedeutungen der in ihnen dargestellten emotionalen Erfahrung hätten vermitteln können. Freedman und Russell (2003) sprechen bei diesen Patienten von Menschen, die ihre Erfahrung de-symbolisieren. Auch hier stimmen wir teilweise mit den Auffassungen dieser Autoren überein, teilweise aber auch nicht. Sie sind der Meinung, dass De-Symbolisierung drei Dimensionen umfasst, von denen jede eine identifizierbare symbolische Form aufweist. Wir dagegen gehen davon aus, dass diese Patienten ihr Vermögen, ein Symbol zu erzeugen, direkt während dessen Entstehung angreifen, und dass dieses Phänomen besser durch Spaltungsprozesse als durch den Rückgriff auf Mechanismen wie Regression und Verleugnung erklärt werden kann. Während diese sehr interessanten Autoren ihren Schwerpunkt auf Entwicklungsaspekte des Psychischen legen, möchten wir dessen strukturelle Perspektive hervorheben.

Wir werden einen für diese Gruppe repräsentativ erscheinenden Patienten betrachten. Die Patienten dieser Gruppe waren durch das von ihnen erlittene Trauma nicht so stark betäubt, wie wir vielleicht erwarten würden. Auch fehlte ihnen üblicherweise nicht insgesamt der Zugang zu ihrem affektiven Erleben. Weder war ihr Vermögen, Symbole, Träume und Fantasien zu *produzieren*, beeinträchtigt, noch zeigte sich bei ihnen, was Pistiner de Cortinas (2009) bei den in ihrem Buch erwähnten Patienten die ›Arretierung‹ der projektiven Identifizierung nennt. Obwohl sie intelligent und differenziert waren, reagierten diese Patienten auf Deutungen oft mit oberflächlich und irrelevant wirkenden Kommentaren und gingen einzig auf den konkreten Charakter der symbolischen Repräsentationen ein, die beispielsweise in ihren Träumen auftauchten, und behandelten sie nur als Analogien und *selten als Metaphern*.

---

5 Konnotation: eine Bedeutung, Vorstellungen oder Assoziationen, die durch ein Wort oder ein Ding jenseits dieses Wortes oder Dings vergegenwärtigt oder nahegebracht werden.
6 Denotation: eine direkte spezifische Bedeutung im Unterschied zu einer impliziten oder assoziierten Vorstellung.
7 Die grundlegendste und primitivste Art von symbolischer Bedeutung ist expressive Bedeutung, das Produkt dessen, was Cassirer die *Ausdrucksfunktion* des Denkens nennt, die sich mit der Erfahrung von Ereignissen in der Welt um uns herum als aufgeladen mit affektiver und emotionaler Bedeutsamkeit, als begehrenswert oder hasserfüllt, beruhigend oder bedrohlich beschäftigt (Oxford Dictionary of Philosophy).

Oft oszillierten sie zwischen hoher Kooperation hinsichtlich des analytischen Prozesses und Phasen der Taubheit, die nicht bloß durch eine feindselige Haltung gegenüber ihren Analytikern erklärt werden konnten. Von dieser Reaktion waren wir fasziniert.
Melanie Klein schrieb:

> »Patienten mit schizoiden Zügen können etwa sagen: ›Ich höre, was Sie sagen. Sie können recht haben, aber es bedeutet nichts für mich.‹ [...] Der Ausdruck ›keine Bedeutung‹ schließt in diesen Fällen nicht eine Ablehnung der Deutung ein, sondern deutet nur an, daß Teile der Persönlichkeit und der Emotionen abgespalten sind« (1946, S. 155).

Bei so schwer zu erreichenden Patienten schlägt Betty Joseph vor, dass wir unsere Aufmerksamkeit auf »die Kommunikationsweise des Patienten [...] richten, auf die Art, wie er tatsächlich spricht und wie er auf die Deutungen des Analytikers reagiert« (1989 [1994], S. 117). Wir möchten darüber hinaus nahelegen, dass es wichtig ist, die Aufmerksamkeit auf die *Art und Weise des Angriffs* zu richten, *den diese Patienten auf die symbolischen Kanäle unternehmen*, die für einen Kontakt zu ihnen selbst erforderlich sind.

Ogden hebt die Schwierigkeit hervor, »die bislang unträumbaren und unterbrochenen Träume des Patienten zu träumen« (Ogden 2004, S. 857). Zur Beachtung der Kommunikationsweise und der Art des Sprechens und Reagierens auf Deutungen gehört unserer Auffassung nach auch die Beachtung *der Qualität und der Einschränkungen* der vom Patienten produzierten symbolischen mentalen Repräsentationen sowie jener Verstümmelungen, die diese Repräsentationen infolge der Angriffe auf die *Aktivität der Repräsentation* an sich erleiden, wodurch das Denken, Fühlen und die Kommunikation mit sich selbst und anderen beeinträchtigt wird.

Wir werden zeigen, dass destruktive Impulse in den Prozess der Bildung mentaler Repräsentationen eindringen und damit die *Struktur* der symbolischen Form selbst angreifen, während das Symbol noch im Entstehen ist. Aufgrund dieser Angriffe werden die Patienten von denjenigen Verbindungen abgetrennt, die Beziehungen zu bestimmten Arten von Erinnerungen herstellen und die für sie wesentlich sind, um die Bedeutung dessen zu verstehen, was sich in ihrem Seelenleben ausdrückt.

Der Ausgangspunkt dieser Untersuchung war eine Formulierung Meltzers, die Bions Konzept der ›Transformationen‹, eine psychoanalytische Vorstellung *par excellence*, mit einem Konzept der Philosophin Susanne Langer verknüpft,

in dem es um die intrinsische Logik geht, die die Ausweitung der Bedeutung von symbolischen Formen steuere.
Meltzer schreibt:

> »Wenn wir jedoch einräumen sollen, daß ›Bedeutung‹ über die Wahrnehmung von Gestalten hinausgeht, und daß das psychische Leben über alles hinausgeht, was man sich als Eigenschaft von Computern vorstellen kann […]. Wir müßten diesen Begriff ernst nehmen als etwas, das die Möglichkeit bedeutet, ›Denken‹ sei von Beginn an nichtsinnlich; es habe mit Objekten zu tun, für die Formen erfunden oder der äußeren Realität entliehen werden müssen; seine zentrale Erscheinung sei das Gefühl, und seine Gesetze seien nicht die der Logik oder der Mathematik, sondern die der ›Progression‹ in formalen Qualitäten (Langer) oder der ›Verwandlung‹ (Bion)« (Meltzer 1984 [1988], S. 27).

In dieser *Verknüpfung* des von Langer beschriebenen Wesens der Herausbildung symbolischer Prozesse mit Bions Konzepten von ›Transformationen‹[8] und damit der ›alpha dream work‹ (was später zum Konzept der Alpha-Funktion wurde) schien ein Schlüssel zu liegen, *aus psychoanalytischer Perspektive etwas vom Arbeitsmodus der symbolischen Formen an sich zu verstehen, von der Art und Weise, in der sie angegriffen und verstümmelt werden,* sowie von ihrer Beziehung zu ihren Transformationen im Prozess der psychischen Arbeit einschließlich des Durcharbeitens. Um unsere Argumentation zu entfalten, übernahmen wir die von Salomonsson (2007a) vorgeschlagenen Änderungen an Bions Konzept der ›Transformation‹. Daher benutzen wir das Konzept der Transformation gemäß seiner Definition als »ein semiotisches Konzept ohne jegliche transzendentale Verwurzelung in einer unerkennbaren Essenz, wir stellen es als einen kontinuierlichen Prozess heraus« (Salomonsson 2007a, S. 1214).

Die Hauptveränderung des Konzepts, die Salomonsson vorschlägt, ergibt sich aus seiner Kritik am Postulat einer Invarianten in jenen mathematischen Formeln, in denen Bion die Transformation darstellt. Salomonsson besteht darauf, dass es in einer linearen Transformation weder eine Essenz noch eine Invariante gebe, die sich in der Formel verberge, die diese Funktion repräsentiert.

Wir meinen, dass wir besser verstehen können, wie Transformationen im Ich vor sich gehen, wenn wir die Veränderungen und Erweiterungen der Bedeutungen der in Träumen enthaltenen Symbole untersuchen (indem wir das

---

8 Anm. d. Ü.: im oben genannten Zitat ›Verwandlungen‹.

Konzept jetzt als semiotische Einheit gebrauchen, wie Bion es sich ursprünglich vorstellt). Solche Prozesse lassen sich am besten in Träumen beobachten, da diese der vorrangige Bereich von visueller Repräsentation oder Darstellbarkeit (präsentativer Symbolismus) in Reinform sind. Wir möchten einen weiteren Unterschied zwischen unseren Gedanken und denen von Freedman und Russell (2003) herausstellen: Während sie stärker auf die narrativen Formen von Symbolen fokussieren, unterstreichen wir deren visuellen/präsentativen Aspekt.

Das Problem, wie es sich in der klinischen Praxis zeigt: Träume, Symbole und Darstellbarkeit

Wir möchten nun diese Gedanken klinisch anhand des Materials eines Patienten illustrieren, der eine Analyse wiederaufnahm, um die einige Jahre zuvor unterbrochene therapeutische Arbeit fortzuführen. Im Verlauf dieser zweiten Analyse wurde bei ihm Krebs diagnostiziert, was eine schwere Depression hervorrief, die zu einer stationären Behandlung und der Unterbrechung der Analyse führte.

Er war bei Beginn der Analyse fast sechzig, als Kind war er einige Male emigriert. Seine Mutter war eine Überlebende des Holocaust. Sein Vater und der Rest der Familie einschließlich eines Bruders starben in einem Konzentrationslager. Nach der ersten Emigration musste er aufgrund politischer Umstände, die seine Familie in Gefahr brachten, erneut emigrieren.

Er sagte, dass seine Kindheit und Adoleszenz von Armut beherrscht gewesen seien und dass er von den frühen Migrationen stark geprägt sei. Er habe das Gefühl, immer wieder von Neuem beginnen, neue Sprachen lernen und gegen eine feindselige Umgebung ankämpfen zu müssen.

Im fünften Jahr der Analyse sagte er, dass er sich inzwischen viel besser und glücklicher fühle, und er war dem Analytiker sehr dankbar für die erhaltene Hilfe. Er hatte zu jener Zeit keinerlei Absichten, die Analyse zu unterbrechen. Er war ein kooperativer Patient, der Träume und reichhaltige Assoziationen einbrachte und von den Deutungen gut zu profitieren schien.

Als er die Diagnose eines bösartigen Prostatatumors erhielt, fiel er plötzlich in eine tiefe Depression. Er hörte auf zu arbeiten, sprach nicht mehr, hörte auf zu essen und verließ sein Schlafzimmer nicht mehr, in dessen Dunkel er sich zurückzog. Er wurde erfolgreich operiert, aber der Heilungsverlauf war sehr schwierig. Er wurde vorübergehend inkontinent, sexuell desinteressiert und impotent und glaubte, dass sich an seinem Zustand nichts mehr ändern würde, auch wenn die Ärzte das Gegenteil sagten. Er wurde mit Antidepressiva behandelt und erhielt Medikamente zur Stimmungsstabilisierung, außerdem fünf Sitzungen von Elektrokrampftherapie. Während seiner Genesungszeit schlug der Analytiker dem Patienten und seiner Familie mehrmals vor, die Analyse so bald wie möglich fortzusetzen, aber sowohl der Patient als auch seine Familie waren dagegen. Vier Monate nach der Operation sagte er, dass er sich aufgrund der antidepressiven Medikation schon besser fühle, und entschied sich für die Wiederaufnahme der Analyse. Er war immer noch sehr depressiv, hatte aber bereits begonnen, wieder mit anderen Menschen zu kommunizieren, nach draußen zu gehen und zu arbeiten. Er nahm die vier Sitzungen in der Woche wieder auf.

Diese depressive Episode gab dem Analytiker die Möglichkeit, die Funktionsweise des symbolischen Seelenlebens seines Patienten sowie dessen Beeinträchtigung durch seinen emotionalen Zustand zu beobachten, und erlaubte es uns darüber hinaus, einige Annahmen über die Entwicklung der symbolischen Repräsentationen aufzustellen.

Während einer dieser Sitzungen berichtete er einen Traum: *Er flog als Pilot ein Flugzeug, das plötzlich einen beschädigten Kolben hatte, und musste eine Notlandung machen. Aber kein Flughafen erlaubte ihm die Landung, weil es in Burundi registriert war, das als ›wildes‹ Land galt. Alle (so sagte er) verachteten dieses Land von wilden, unzivilisierten Schwarzen. Das Flugzeug stürzte ab, aber er überlebte, wenn auch blind und schwer verletzt.* Da der Traum am Ende der Sitzung berichtet worden war, ging der Analytiker nicht mehr auf ihn ein.

In der nächsten Sitzung berichtete er einen weiteren Traum: *Die israelische Luftwaffe bombardierte das Atomkraftwerk Teherans. Er war einer der Piloten. Sein Flugzeug wurde getroffen, es verlor an Treibstoff und Motorenleistung, und er würde eine Notlandung machen müssen.* Wieder, wie im vorangegangenen Traum, *gab es keine verfügbaren Flughäfen, weil alle in dieser Region gelegenen sich in einem Gebiet befanden, das den Feinden Israels gehörte.*

Er assoziierte, dass der Himmel über Teheran *grau* gewesen sei und die Flugzeuge leichte Ziele, weil sie *gelb* waren.

Zu beiden Träumen sagte er, dass er außer den offensichtlichen nicht viele Assoziationen habe: Die gelbe Farbe der Flugzeuge sei vom gelben *Davidstern* übernommen, den alle Juden während der Nazizeit hatten tragen müssen. Burundi sei ein unbedeutendes und vom Krieg zerstörtes Land, vielleicht ein Hinweis darauf, wie er sich selbst fühle.

Der Analytiker wies ihn darauf hin, dass die Träume möglicherweise wirklich etwas mit der Art und Weise zu tun hätten, wie er sich zu dieser Zeit, in einer sehr schwierigen Situation, fühlte: hilflos, beschämt, diskriminiert und impotent, voller Angst, dass er vielleicht nicht überleben würde. Dies erinnere ihn an seine Vergangenheit als Kind und Jugendlicher, als er sich genauso gefühlt hatte, und diese Verbindung verstärke seine aktuellen Ängste.

Da der Patient nicht reagierte, entschied sich der Analytiker, seine Deutung zu ergänzen und einige Punkte besonders hervorzuheben. Er sagte, dass der beschädigte Kolben vielleicht seine Prostata und seinen Penis darstelle, die er beide als endgültig beschädigt erlebe, deshalb die desaströse Landung nach der Operation. Mit anderen Worten: Als er *auf dem Boden aufgekommen sei*, sei er in Kontakt mit einer ihm katastrophal erscheinenden Realität geraten. Als einzigen Schutz dagegen habe er es erlebt, blind gegenüber seinen Gefühlen zu werden.

Da der Analytiker zunehmend das starke Gefühl hatte, nicht mit dem Patienten in Kontakt zu kommen, insistierte er auf seiner Deutung und führte sie noch weiter aus. Das Gelb der Flugzeuge sei verbunden mit einer Phase in seinem Leben, in der die Angst, nicht zu überleben, und seine Demütigung als Jude samt der realen Bedrohung durch die Nazis vorherrschend gewesen sei. Der Analytiker schlug auch vor, dass die gegenwärtige Situation hinsichtlich seiner Prostata für ihn mit psychischen Zuständen aus der Vergangenheit vermischt sei, als er auch in großer Unsicherheit und Angst gelebt habe, dass er nicht überleben würde. Er fügte dann den aus seiner Sicht wichtigsten Teil der Deutung hinzu: *Diese emotionale Haltung hindere ihn daran, einen Ausweg aus seiner augenblicklichen traumatischen Erfahrung zu finden.* Er hob hervor, dass das Problem, dem er sich gegenüber sehe, mit der durch seine Impotenz hervorgerufenen Selbstverachtung und der dadurch ausgelösten schrecklichen Hilflosigkeit verbunden sei.

Rückblickend haben wir den Eindruck, dass der Analytiker verzweifelt darüber war, dass er seinen Patienten nicht zu einer emotionalen Reaktion auf das bewegen konnte, was in seinen Träumen solch eine klare Repräsentation zu haben schien. Diese Kommunikation durch projektive Identifizierung rief im Analytiker ein tiefes Gefühl von Isoliertheit hervor, es schien keine Möglichkeit der Verständigung zu geben.

Herr C. reagierte mit scheinbarer Gleichgültigkeit auf diese Deutungen, auch wenn er im weiteren Verlauf der Sitzung nicht distanziert oder kalt erschien. Er meinte, dass nichts, was der Analytiker sage, viel Sinn ergebe.

In einer späteren Sitzung merkte er an, er glaube nicht, dass etwas vollständig Materielles und Mechanisches wie ein Flugzeug oder ein Kolben irgendetwas bedeute. Er denke, dass nichts davon irgendetwas mit ihm zu tun habe und dass die Analyse ihm in dieser konkreten traumatischen Situation nicht helfen könne. Er sei impotent, würde vielleicht bald sterben oder sei vielmehr bereits tot. Die Verwendung der Ausdrücke ›materiell‹ und ›mechanisch‹ erweckten die Aufmerksamkeit des Analytikers.

Der Analytiker deutete dann, dass die Reaktion des Patienten auf seine Bemerkungen zu dem Traum in der vorangegangenen Sitzung abbilde, was *jetzt im Moment* in ihm vorgehe. Er wies darauf hin, dass diese Reaktion genau sein Problem veranschauliche: Er halte eine mechanische und konkrete Beziehung zu sich selbst und zu seinem Problem aufrecht, weshalb er sich tot fühle. Das *Töten* der Deutung des Analytikers trage noch zu seinem Zustand bei.

Interessanterweise funktionierte der Patient offensichtlich in einer Weise, die mit dem, was er bewusst fühlte, nicht übereinstimmte, als er jedwede bedeutungsvolle Beziehung zum Analytiker und zum Verständnis seiner Deutungen leugnete. Daher produzierte der Patient weiterhin Traumbilder für die Analyse und kam zu seinen Sitzungen. Wir denken, dass dies die Konsequenz einer psychischen Aktivität ist, die fortgesetzt danach strebt, sich die eigene Psyche verständlich werden zu lassen.

Laplanche (1987, S. 58) erwähnt einen von Daniel Lagache benutzten Ausdruck, wenn er vom ›Zeigarnik-Effekt‹ spricht (unter Bezug auf die russische Psychologin Bluma Zeigarnik, die diesen Effekt 1927 beschrieb), also dem Bedürfnis, an noch nicht gelösten mentalen Aufgaben weiterzuarbeiten. Lagache brachte diesen Ausdruck in die Psychoanalyse ein, um hervorzuheben, dass man über unbewusste *Probleme* oder psychische Konflikte, die noch keine zufriedenstellende emotionale Lösung erfahren haben, unbewusst weiterhin nachdenkt und dazu die jeweils verfügbaren repräsentativen und expressiven Instrumente einsetzt. Ergänzend ließe sich sagen, dass sich der ›Zeigarnik-Effekt‹ idealerweise anhand der formalen Aspekte des Symbols untersuchen lässt, da dieses aus sich heraus nach Progression strebt.

Wir fragten uns, was wohl in diesem Patienten vorgehen könnte. Auf der einen Seite hat er einen gewissen Kontakt zu seiner emotionalen Erfahrung, sodass er einen aus differenzierten Symbolen gebildeten Traum produzieren kann. Auf der anderen Seite scheint er in seinem Prozess des Durcharbeitens, der sich vor unseren Augen ereignet (oder nicht ereignet), nicht die geringste Ahnung von der emotionalen Erfahrung zu haben, die durch den Traum vermittelt wird.

Wie findet dieser Angriff auf das Vermögen, zu fühlen oder sich auf die Symbole seiner Träume zu beziehen, statt?

Freedman und Russell (2003) folgend ließe sich diese Reaktion mit ihrem Konzept der *De-Symbolisierung* erklären, demzufolge der Patient entweder symbolische Gleichsetzungen zwischen zwei Arten von Erfahrungen vollzieht und sein Denken daher sehr konkret war, oder mit einem Verbleiben auf der Ebene einer Verleugnung, um das nicht zu wissen, was er nicht wissen wollte.

Wir sehen zwei Probleme an diesen Erklärungen: Erstens würden wir durch die Annahme einer der beiden (oder beider) Möglichkeiten erklären, *warum* er auf diese Weise funktioniert, aber nicht, *wie* er es tut; und zweitens implizieren beide Möglichkeiten eine vereinheitlichte Konzeption des Psychischen. Der Patient würde betrachtet, als erlaubte er es zwei Bereichen seiner Psyche nicht, sich zu verbinden oder zu verknüpfen.

Wir ziehen eine dritte Erklärung vor, dass nämlich (a) die Psyche nicht vereinheitlicht, sondern in zwei Teile unterteilt ist, die zwei verschiedenen Arten von Logik folgen, basierend auf einer Begrenztheit der expressiven Seite der Symbole, mit denen er seine emotionale Situation darstellt; und (b) die Verbindungen zwischen den beiden Situationen (der realen und der geträumten) niemals existierten, sodass die Gefühle nicht der Verleugnung unterliegen konnten. Die fehlende Verbindung war einem inneren Angriff auf die expressive Seite des Symbols geschuldet (eine der formalen Eigenschaften, die sich nicht entwickelte). Unter diesen Umständen wurden die beiden desaströsen Situationen, die mit den Gefühlen wegen seiner Krebserkrankung und die mit dem Flugzeugabsturz verbundene, als zwei unterschiedliche Erfahrungen erlebt.

Daher glauben wir nicht, dass das, was hier passiert, *allein* durch die Transformation von K in -K oder dadurch erklärt werden kann, dass man es Angriffen auf Verbindungen (Bion 1962) zuschreibt. Wir glauben, dass dies nur das Endresultat eines langen Prozesses sein konnte.

Eine erste Diskussion: visuelle Bilder, Repräsentation und Ausdruckskraft

Unseres Erachtens beeinträchtigt eine traumatische Erfahrung oder eine Überflutung durch intensive Emotionen vor allem das Vermögen aller Menschen, auf die konnotativen/expressiven Aspekte von Symbolen zu reagieren. Diese verlieren ihre Plastizität und bringen die Gefühle zum Schweigen, isolieren den Patienten und schneiden ihn so von ihren Bedeutungen ab, wie in dem von uns dargestellten Fall.

Wir meinen, dass es die *Ausdruckskraft* des Symbols ist, die es dem Patienten erlaubt oder nicht erlaubt, von emotionalen Erfahrungen zu lernen und auf diese Weise semiotische *Transformationen* zu vollziehen (Salomonsson 2007b). Wenn sich die psychisch repräsentierte emotionale Erfahrung nicht ausgehend von ihrer symbolischen Grundlage ausbreitet, kann die *containende Funktion* der Psyche nicht ausgeübt werden (wir folgen immer noch Salomonsson [2007b, S. 1214] darin, Containment als eine semiotische Interaktion aufzufassen). Sie kann dann nicht von der dialektischen Bewegung zwischen PS-D profitieren, da diese blockiert ist.

Die emotionale Erfahrung, die das Symbol repräsentiert, ist der Deutung und Reflexion des Patienten (und/oder auch des Analytikers) vielleicht nur in Teilen zugänglich. Um über die emotionale Erfahrung nachdenken und sich so von ihrer eingeschränkten Bedeutung befreien zu können, muss eine solche Erfahrung eine konnotative Qualität annehmen. Nur im Zuge einer solchen Entwicklung verbindet sie sich mit anderen Erlebnissen, löst die Aktivierung anderer affektiver Netzwerke aus und trägt dazu bei, dass das Symbol seine volle Bedeutung annimmt (oder wiedererlangt). An diesem Punkt zeigt sich, dass es nicht nur um die Frage geht, wie der Patient die Beziehung zum Analytiker als eine Quelle von Bedeutung angreift, sondern auch darum, wie seine emotionale Reaktion gerade die Form des Symbols *beeinträchtigt* und so einen Teufelskreis in Gang setzt.

Diese Situation bringt uns zu der Frage: Wie reifen Symbole oder wie schreiten sie in ihrem Vermögen, Bedeutung zu übermitteln, voran? Langer (1942) antwortet: »durch eine Progression ihrer formalen Eigenschaften«. Symbolische Systeme entstehen durch den Prozess symbolischer Transformationen, so der Kerngedanke, um den sich *Philosophie auf neuen Wegen* rankt. Cassirer (1956) ergänzt:

> »Symbolische Formen sind das stabile Ergebnis eines formgebenden Prozesses, einer Morphogenese, die in einem Feld arbeitet, das zuerst von individuellen kognitiven Prozessen abhängt, zum Beispiel Gehirndynamiken, wo ein stetiger Fluss aus multisensorischem Input, Erinnerungsabgleich und der Bildung imaginärer Formen zu einem hyperkomplexen, aber instabilen Ergebnis beitragen. Nur Invarianten, die aus diesen Dynamiken extrahiert werden, können stabiles Verhalten steuern« (Innis 2009, S. 30).

Überlegungen zum Problem aus klinischer Sicht

In den von uns präsentierten Sitzungen findet zwar psychische Arbeit statt, aber die Fähigkeit zum *Durcharbeiten*, wie wir es im bevorzugten Bereich der Träume und deren assoziativem Kontext beobachten können, ist gelähmt. Der Patient ist insofern emotional kompetent, als er ein Symbolgefüge produziert, das die von ihm erlebte Situation *präsentieren* kann, aber einzig in dem Sinn eines *denotativen Zeigens* und mit einem sehr eingeschränkten Vermögen, die expressiven Aspekte dessen zu erfassen, was diese in Bildern verdichteten emotionalen Situationen *exemplifizieren*. Weil ihnen das Vermögen zur Konnotation fehlt, rufen sie keine Emotionen in ihrem Erzeuger hervor. Unter diesen Umständen ist der präsentative Symbolismus verarmt oder er wird sogar daran gehindert, auf die diskursive Ebene überzugehen, weil seine expressive Funktion blockiert ist. Damit ist zudem die Integration der abgespaltenen Ich-Anteile blockiert, weil keine Werkzeuge vorhanden sind, mit denen die in ihnen enthaltenen Erfahrungen in Austausch treten könnten.

Michael Rustin schreibt:

> »Eine der wesentlichen Entdeckungen Bions war, dass es sich bei dem, was sowohl in Zuständen extremer psychischer Störung als auch von den frühsten Momenten der Persönlichkeitsentwicklung an zählt, nicht allein um die Unterschiede zwischen den primären Emotionen und Wünschen und deren Objekten handelt, sondern auch *um Formen des Denkens, durch das solche Gefühlszustände ausgedrückt, kommuniziert und contained werden*« (2008, Hervorh. d. Autoren).

Der evokative Prozess, der sich im Erleben des Analytikers als ein Resultat der Interaktion während der Sitzung herstellt, wurde von Thomas Ogden und Antonino Ferro sehr erhellend untersucht. Sowohl Ogden als auch Ferro interessieren sich für den Prozess, wie eine *den Patienten emotional berührende* Deutung aus den Erfahrungen, Gefühlen oder Erinnerungen im Erleben des Analytikers erwächst, die aus den Projektionen der psychischen Elemente stammen, die der Patient nicht durcharbeiten kann. Beide Autoren möchten das Denken und die emotionale Erfahrung zusammenbringen. Unter einem anderen Blickwinkel kommen Sara und César Botella (2005) auf die Frage nach den notwendigen Bedingungen zur Bildung psychischer Repräsentanzen zurück. Man könnte sagen, dass all diese Autoren das Konzept der Darstellbarkeit wieder aufgreifen, wie es von Freud (1900a) dargelegt wurde.

Ogdens Aufsatz »This art of psychoanalysis: Dreaming undreamt dreams and interrupted cries« (2004) erschien uns zunächst kurios und enigmatisch, aber wir konnten sehr bald in diesem Titel eine Metapher für unsere Überlegungen sehen, als eröffne er einen Weg zur Erweiterung der Deutungstechnik.

In diesem Aufsatz schreibt er die Schwierigkeiten mancher Menschen, sich zu verändern, ihrem Unvermögen zu, emotionale Erfahrungen durch Symbolisierung zu transformieren, und bezieht sich dabei auf Vorgänge des *Unträumens* psychischer Arbeit. Ogden führt an:

> »Träumen ist ein andauernder Prozess, der sich sowohl im Schlaf als auch im unbewussten wachen Leben ereignet. Wenn jemand nicht fähig ist, die rohen Sinnesdaten in unbewusste Elemente der Erfahrung zu transformieren, die miteinander verbunden werden können, dann kann er keine Traumgedanken generieren und deshalb weder im Schlaf noch im unbewussten wachen Leben träumen« (Ogden 2004, S. 859).

Wir meinen, dass Ogden auf elegante Weise die Auswirkungen der Unfähigkeit beschreibt, *Symbole* (hinsichtlich ihrer formalen Eigenschaften) *zu transformieren* und so durch das Herstellen neuer Verknüpfungen zwischen emotionalen Bedeutungen der abgespaltenen Erfahrungen eine größere Vielfalt von Verbindungen zu schaffen. Weil die Patienten *nicht fähig sind zu träumen*, sind sie in bestimmten inneren Zuständen wie eingeklemmt und eingefroren, weil sie nur eingeschränkte Aspekte der Bedeutung ihrer emotionalen Erfahrungen erfassen können, so als ob sie zwar denotieren, aber nicht konnotieren könnten, wenn sie sich auf ihren Trauminhalt beziehen. Sie haben ihre Fähigkeit zur *suchness* (likeness) (Langer 1942; Peirce 1992) verloren, und um sie zurückzugewinnen, müssen sie wieder träumen (Symbole transformieren).

Freud schreibt, wenn wir die Beziehung zwischen Trauminhalt und Traumgedanken besser verstehen wollten, müssten wir »den Traum selbst zum Ausgangspunkt [nehmen] und [...] die Frage [stellen], was gewisse formale Charaktere der Traumdarstellung in bezug auf die Traumgedanken bedeuten« (Freud 1900a, S. 334). Auf diese Weise erlaubt die Transformation einer zwar *gefühlten*, aber zunächst unbenennbaren und sehr ängstigenden Erfahrung oder die Transformation der Qualität der inneren Welt des Patienten in etwas Symbolisierbares dem Patienten und dem Analytiker von da an, diese Erfahrung zu benennen und über sie nachzudenken.

Der die Rêverie als einen Teil seiner psychoanalytischen Funktion nutzende Analytiker übernimmt damit gewissermaßen die Funktion der Transformation der emotionalen Erfahrungen des Patienten. Um die auf ihn projizierten Gefühle des Patienten zu transformieren, arbeitet der Analytiker mit den in seinem Erleben durch projektive Identifizierung evozierten Gefühlen und gibt entweder diesen Gefühlen ihre erste psychische Repräsentation für nicht-psychische Zustände *(synthetische Alpha-Funktion)* (Caper 2002) oder verändert die psychische Repräsentation unerträglicher psychischer Zustände, sodass die Erfahrung in der neu geschaffenen Repräsentanz durch den psychischen Apparat leichter zu assimilieren ist *(analytische Alpha-Funktion)*. In beiden Fällen erweitert der Analytiker die in seinem Erleben evozierten konnotativen Aspekte der emotionalen Erfahrung.

Die Überlegungen in diesem Aufsatz sind damit Teil einer Studie zum Prozess der Rêverie. Gemeinsam mit den bereits erwähnten Autoren betonen wir jedoch noch einen anderen Aspekt dieses komplizierten und komplexen Prozesses. Rêverie wird für uns daher zu einem intensiven Feld von Kommunikation, Ausdruck, Konstruktion, Rekonstruktion und symbolisch-semiotischer Transformation. In der Konsequenz ist es für uns, wie wir bereits erwähnt haben, nicht genug (und manchmal unangemessen), den destruktiven Angriff auf die Verbindungen zu deuten, der die Deutung des Analytikers zerstört, weil wir dadurch die Verzweiflung eines Patienten vielleicht nur noch verstärken würden. Wir denken, dass es auch wichtig ist, zu verstehen, wie diese Angriffe zugleich auf der Ebene der Bildung symbolischer Formen selbst eingreifen, was auch das Vermögen der Patienten beeinträchtigt, sich auf ihre Symbole zu beziehen.

Wir fragen uns, ob diesen Patienten eine bestimmte Qualität in der symbolischen Form fehlt – die dann verstümmelt wäre. Mit anderen Worten: Kann die symbolische Form vom Patienten produziert werden, ohne dass er die emotionale Erfahrung, die er *ausdrückt*, d.h. zu evozieren beabsichtigt, selbst voll erlebt?

Wir heben hervor, dass die *semiotischen Transformationen* der emotionalen Erfahrung (als Teil des psychoanalytischen Prozesses des Durcharbeitens) durch eine Progression in den formalen Eigenschaften der symbolischen psychischen Repräsentanz erfolgen. Unsere Verwendung des Begriffs ›Progression‹ bezieht sich darauf, welcher Teil eines affektiven und gegenständlichen Bedeutungsfeldes von einer symbolischen Form abgedeckt wird und inwieweit sie daher als ein Schlüssel fungieren kann, der weitere affektive Netzwerke eröffnet. Wir gebrauchen den Begriff in diesem letzteren Sinn. Die Funktion dieser ›Progression‹ ist es, psychische symbolische Repräsentanzen als zunehmend weiter gefasst und zugleich spezifischer zu kennzeichnen. Meltzer (1978) schreibt, dass die in der Traumarbeit benutzten visuellen Bilder als ein Resultat des Durcharbeitens (der Transformation) an Komplexität, Differenziertheit und Abstraktion gewinnen. Auf diese Weise erweitert die Transformation bzw. Entwicklung die *Allgemeinheit* der psychischen Möglichkeiten und erhöht zugleich die Spezifität ihres Gebrauchs. In dem Maß, in dem neue emotionale Netzwerke eröffnet werden, können zuvor abgespaltene oder verdrängte Erinnerungen wachgerufen und in den Fluss von Bedeutungen integriert werden, der das psychische Leben des Patienten konstituiert. Durch seine Rêverie, die sich auf die durch das Material des Patienten in seinem Erleben evozierten Gefühle, Bilder und Erfahrungen richtet, kann der Analytiker einen Zugang dazu finden, was die Symbole in ihren weiter gefassten, denotativen und konnotativen Nuancen repräsentieren.

Diese durch die Projektionen des Patienten im Erleben des Analytikers evozierten Bilder entwickeln sich zu *affektiven Piktogrammen*[9] (Barros 2000), die die gesamte Ausdruckskraft der psychischen Repräsentation beinhalten, und werden zu etwas zwischen reiner Erfahrung und den Abstraktionen dieser Erfahrungen.

Unserer Auffassung nach entfaltet sich Bedeutung, indem Schranken im Kontakt zu anderen emotionalen Erfahrungen durchbrochen werden und die Bedeutung auch auf andere Teile des Selbst bezogen werden kann. Die verborgenen, abwesenden und potenziellen Bedeutungen (Barros 2005, 2006) können durch Bilder erfasst werden, die in Träumen oder Evokationen im Erleben des Analytikers auftauchen. Die emotionalen Erfahrungen, die mit in einem Traum enthaltenen bedeutungsvollen Bildern oder Szenen verbunden

---

9 Der Ausdruck *Piktogramm* wird in Paul Roberts (1984) Wörterbuch als eine Umsetzung von Gedanken in figurative und symbolische Szenen definiert. Ich gebrauche *Piktogramm* in ähnlicher Weise, um mich auf eine sehr frühe Form psychischer Repräsentation von emotionalen Erfahrungen zu beziehen. Diese geht aus der Alpha-Funktion hervor, die Symbole schafft, indem sie dem Traumdenken Formen zur Verfügung stellt, die sowohl die Grundlage für Denkprozesse als auch den ersten Schritt in diese Richtung darstellen. Genau genommen jedoch sind Piktogramme noch keine Denkprozesse, da sie in Bildern statt im verbalen Diskurs ausgedrückt werden und kraftvolle expressiv-evokative Elemente beinhalten, die Teil des präsentativen Symbolismus sind. Gleichwohl unterscheiden sie sich auch sehr von Beta-Elementen (Bion 1962), die rohe Elemente sind, die aus dem psychischen Apparat ausgestoßen werden müssen, wenn sie nicht von der Alpha-Funktion in Alpha-Elemente transformiert werden. Ein affektives Piktogramm kann zu einer abstrakten Variablen werden, die eine ganze Reihe (in ihrer Bedeutung) ähnlicher emotionaler Erfahrungen aufnehmen kann. Im Konstitutionsprozess und in ihrer Gestalt beinhalten affektive Piktogramme der Möglichkeit nach verborgene und abwesende Bedeutungen, die in einem latenten Zustand verbleiben. Diese Abwesenheit von Bedeutung ist nicht reduziert auf das Verbergen einer Präsenz. Sie besteht eher aus einem Zustand der Latenz, dem Hinweis auf eine Abwesenheit, eine Diskontinuität, die nie überwunden werden wird und die beständig die Psyche nötigt, ihre Instrumente der Repräsentation zu erweitern. Repräsentation konstituiert eine Antwort auf eine permanent präsente Abwesenheit und besteht aus einer Diskontinuität, die nie überwunden werden wird.

sind, setzen, wenn sie deutlich werden, Emotionen frei, die neue konnektive Netzwerke von emotionalen Verhältnissen (Bedeutung ist ein Verhältnis, keine Eigenschaft) eröffnen und so ihre Bedeutungen erweitern und anderen potenziellen Bedeutungen den Weg ebnen (Barros 2000, 2006).

Diese durch die Deutungen des Analytikers angeregten Verknüpfungen zwischen affektiven und präsentativen Netzwerken verorten durch ihre konnotative Funktion die verschiedenen abgespaltenen Ebenen der emotionalen Erfahrungen unter demselben emotionalen Schirm. Indem unterschiedliche Gefühle und emotionale Erfahrungen realisiert werden, die abgespalten wurden, bevor sie denselben psychischen Raum teilten, werden neue Möglichkeiten der Verknüpfung zwischen psychischen Erfahrungen geschaffen. Insofern entstehen neue Bedeutungen und es kommt zu einer Erweiterung des Psychischen.

Durch die Integration der abgespaltenen Teile wird ein intimerer *Dialog* zwischen den inneren Objekten ermöglicht. Damit verändert sich die Bedeutung früherer emotionaler Erfahrungen, sodass sich diejenigen Leidenschaften entfalten können, die unserem Leben Bedeutung verleihen und im Lauf der Zeit variieren. Unser klinisches Material zeigt, wie die Integration der abgespaltenen Teile in zwei Abschnitten stattfindet. In einer ersten Phase, wenn sich die projektiven Identifizierungen verringern und das Gedächtnis durch bestimmte, mit gelebten Erfahrungen verbundene Gefühle aktiviert wird, entsteht schon durch das genauere Betrachten ein größeres Gewahrsein emotionaler Erfahrungen, und die abgespaltenen Teile rücken einander näher. Aus *statischen* Abspaltungen werden *dynamische* Abspaltungen. In einem zweiten Abschnitt findet eine wirkliche emotionale Integration infolge der Erweiterung der konnotativen Bedeutungen der Symbole statt, zuerst in Form von Bildern, die sich dann in verbalen Ausdruck transformieren.

Die diskursive symbolische Form hat nur dann die Kraft, psychische Zustände zu verändern, wenn sie eine innige Verknüpfung zwischen den *konnotativen* Aspekten sowohl des präsentativen als auch des diskursiven Symbolismus (welche die emotionale Erfahrung erweitern, indem sie neue emotionale Verbindungen etablieren) und den *denotativen* Aspekten (die mit der Welt des Diskurses verbunden sind) beider herstellen kann. In dieser Weise verändert sie Objektkonfigurationen, weil sie *signifikante Bedeutungskerne* (Green 1999) rekonfiguriert und uns mit entlegeneren und zuvor unzugänglicheren Phasen unseres Lebens in Berührung bringt, um so unseren emotionalen Erfahrungen Bedeutung zuzuschreiben (Barros 2000, 2006). Diese Bedeutungskerne fungieren als Pole, die Bedeutungen anziehen wie ein Magnet.

Bis hierhin ist also unsere These, dass sich durch die Progression der formalen Eigenschaften der in Symbolen etablierten psychischen Repräsentation das Denkvermögen des affektiven Lebens entwickelt und so Teil des Prozesses wird, der von Bion und anderen Autoren metaphorisch *Metabolisierung* des emotionalen Lebens genannt wurde. *Diese Metabolisierung findet statt, wenn sich Bedeutungen erweitern und über mehrere Ebenen des psychischen Funktionierens erstrecken.*

Die zweite Phase in der Analyse von Mr. C.: Die Blockade beginnt sich zu lösen

Wir werden nun eine zweite Phase in der Analyse des Patienten betrachten, in der erste Veränderungen auftauchten. Man könnte sagen, er gewann Zugang *zu den expressiven/konnotativen Aspekten der symbolischen Formen.*

In diesem Zusammenhang betrachten wir die Symbole als Kristallisationen der Intuitionen, die neben der gegenständlichen auch eine expressive Form annehmen können (oder auch nicht). Essayisten und Romanautoren haben immer darauf beharrt, dass dieses Universum nur mithilfe von Kunst und Poesie wegen deren essenzieller Ausdruckskraft erfasst und kommuniziert werden könne. Wie können wir dieses Problem aus psychoanalytischer Perspektive betrachten? Mit anderen Worten, was ist die Rolle der *Ausdruckskraft*[10] auf der nicht-diskursiven Ebene, ihre Beziehung zur Diskursivität in der psychischen Welt und ihr Verhältnis zum bewussten und unbewussten Erleben? Hier sollten wir noch etwas mehr über ›Ausdruckskraft‹ sagen. Dieser Ausdruck wurde von Robin George Collingwood (1938) und Benedetto Croce (1925) geprägt und bezieht sich auf einen Aspekt der Kunst, der Emotionen nicht nur beschreiben oder darstellen, sondern sie vor allem dadurch vermitteln möchte, dass sie im anderen oder einem selbst durch eine mit Gefühlen einhergehende psychische Repräsentation *erzeugt werden*. Diese Eigenschaft

---

10 Die Verbindung zwischen intuitivem Wissen oder Expression und intellektuellem Wissen oder Konzeptualisierung, zwischen Kunst und Wissenschaft, Poesie und Prosa, kann in keiner anderen Weise ausgedrückt werden, als dass über die Verbindung zwischen den beiden Ebenen gesprochen wird. Die erste Ebene ist Expression, die zweite Konzeptualisierung: Die erste kann ohne die zweite existieren; die zweite kann nicht ohne die erste existieren. Es gibt Poesie ohne Prosa, aber es gibt keine Prosa ohne Poesie. Expression ist in der Tat die erste Zuschreibung einer menschlichen Aktivität. Poesie ist »die Muttersprache des Menschengeschlechts« (Croce 1925 [1930], S. 28).

der Ausdruckskraft, im anderen Emotionen *erzeugen* zu können, halten wir für eine wesentliche Voraussetzung, um nicht nur Kunst, sondern auch das affektive Gedächtnis und die Funktion symbolischer Formen im psychischen Erleben zu verstehen. Eine der Funktionen der Ausdruckskraft ist es, die Vorstellungskraft zu aktivieren. Vielleicht ist es sowohl in der Psychoanalyse als auch in den kreativen Prozessen von Künstlern der expressive Charakter des Symbolismus, der in den imaginierten Formen und Situationen eine epiphane Intensität[11] von noch größerem Ausmaß als in Situationen des realen Lebens anregt und daher solche bedeutsamen Veränderungen bewirkt.

Wir möchten nun den Momenten der Aufhebung seiner Blockade und einem Teil seines psychischen Arbeitsprozesses folgen, indem wir die Veränderungen in den Symbolen untersuchen, die mit dem Zeigen und der Darstellung emotionaler Situationen verbunden sind. Um dieses ›Ent-Blockieren‹ zu verstehen, ist es wesentlich, demjenigen Prozess zu folgen, durch den zuvor nur zeigende Symbole sich zu Symbolen entwickeln, die *exemplifizieren*, also die Qualität der *suchness* erwerben.

Dieser Prozess durchlief mehrere Phasen. Wir werden sie zusammenfassen, sodass wir uns ein Bild davon machen können, wie der Prozess des Durcharbeitens im Hinblick auf die formalen Eigenschaften der Symbole, die mit dem Inhalt der gefühlten und produzierten Emotionen dialektisch interagieren, vor sich geht.

Diese zweite Phase dauerte etwa sechs Monate. Sie war zunächst bestimmt durch eine von Oberflächlichkeit und einem Gefühl der Langeweile geprägte Gegenübertragung des Analytikers auf die Mitteilungen des Patienten. Herr C. verbrachte während dieser Monate seine Zeit damit, irrelevante, endlose Situationen zu beschreiben.

Das Sprechen des Patienten rief im Analytiker den Eindruck einer flachen Welt hervor, einer endlosen Straße, auf der solange gefahren wurde, bis der Fahrer schläfrig wurde und seine Reise unterbrechen musste, um eine Katastrophe abzuwenden.

Während dieser Phase deutete der Analytiker immer wieder, dass der Patient ihn einlade, von seinen Gefühlen in einer kalten, trostlosen Welt ohne jegliche Möglichkeit von Kommunikation *isoliert* zu werden, so wie er sich vielleicht fühle. Manchmal tauchten verstörendere Inhalte auf, von denen sich der Patient sofort abwandte. In solchen Situationen deutete der Analytiker das Gefühl einer

---

11 Der Ausdruck ›Epiphanie‹ wird im Sinn einer grundlegenden Manifestation oder Perzeption der Natur oder einer Bedeutung durch plötzliche Intuition gebraucht, die zugleich einfach und schockierend ist.

bevorstehenden Katastrophe, die Herr C. in jeder Situation zu spüren scheine, die Angst auslösen könnte (oder sogar ihn bloß irgendetwas fühlen lassen könnte), und dass er es vorziehe, solche Probleme zu verschlafen, als ihnen in einer lebendigen Weise und wach zu begegnen. Diese Deutungen schienen etwas Sinn zu ergeben. Wir glauben, dass wir in diesen Momenten deuteten, was Freedman und Russell (2003) dem Abwehrmechanismus der Verleugnung zuschreiben, der zur De-Symbolisierung führt. Dieser Zugang stellte sich als nur bedingt effektiv heraus.

An einem bestimmten Moment, als er das Gefühl hatte, Herr C. werde lebendiger und sogar leicht erregt, veränderte der Analytiker auf der Grundlage des Materials und seiner Gegenübertragung den Fokus seiner Deutungen, eine Bewegung, die einen enormen Unterschied in Richtung des Ent-Blockierens des Patienten machte. Der Analytiker deutete, dass er erregter zu sein scheine, wenn er dem Analytiker denjenigen Teil von sich vermittle, der Hoffnungs- und Machtlosigkeit *fühlen könne*, und dass er es dann genieße, den Analytiker leiden zu sehen, weil dieser dann machtlos sei und ihm nicht helfen könne. Rückblickend scheint es so, dass diese Deutung Sinn ergab und dass diese Einsicht zunächst Beschämungsgefühle und später leichte Schuldgefühle hervorrief. Wir kommen später auf die zentrale Wichtigkeit dieser Gefühle von *Scham* und *Schuld* in seiner veränderten Haltung zur Analyse zurück.

Diese durch die Deutungen des Analytikers zustande kommenden Verknüpfungen zwischen affektiven (dem Teil, der *fühlen konnte*) und präsentativen Netzwerken (die Verbindung zwischen den Traumbildern und der Art seines Sprechens) verorten die verschiedenen abgespaltenen Ebenen der emotionalen Erfahrungen durch ihre konnotative Funktion unter einem gemeinsamen emotionalen Schirm. Indem verschiedene Arten von Gefühlen und bislang abgespaltenen emotionalen Erfahrungen im selben psychischen Raum situiert werden, werden neue Möglichkeiten der Verknüpfung zwischen psychischen Erfahrungen geschaffen, wodurch neue Bedeutungen auftauchen, die eine Erweiterung des Psychischen auf den Weg bringen.

Während dieser Phase starb ein enger Kindheitsfreund des Patienten, was ein großer Schock für ihn war. Er erzählte seinem Analytiker, dass dieser Tod ihn anscheinend aus einem langen Schlaf aufgeweckt habe.

Dritte Phase

Kurz danach träumte er, *dass er mit Spielzeugflugzeugen spielte. Er war ein Kind. Dieser Freund, ein Junge wie damals, war auch bei ihm. Sie wetteifer-*

ten mit ihren Papierflugzeugen, und als C. den Wettbewerb beinah verlor, fiel das Flugzeug seines Freundes in eine Pfütze. Sein Freund weinte sehr. C tat so [sic], als sei er bestürzt, aber tief drinnen, so sagte er dem Analytiker, habe er während des Traums große Lust daran verspürt, dass das Flugzeug des anderen zerstört worden war. *Irgendwie gab es Babys* in dem Traum.

Er sagte, dass er beim Aufwachen angesichts seiner Gefühle geschockt und beschämt gewesen sei. Während der Stunde erinnerte er sich, dass der Traum einen zweiten Teil hatte. *Die Mutter des Freundes weinte und sagte, dass die Familie nun umziehen müsste. Alles spielte sich in einem verwüsteten, trostlosen Teil der Stadt ab, der die ›gelbe Zone‹ genannt wurde.* Die Stadt rufe ihm einen Film in Erinnerung, in dem das zerbombte Warschau (ein Opfer der Nazis) auftauche, aber es könne auch Berlin gewesen sein (das Ergebnis einer Rache).

Der Patient wiederholte mit Nachdruck, dass er aufgewacht sei und sich sehr ängstlich, unglücklich, *beschämt* und wütend auf sich selbst angesichts seiner unmoralischen Haltung seinem Freund gegenüber gefühlt und geschwitzt habe. Er fühle sich schockiert, weil sein Traum unmittelbar nach dessen Tod aufgetaucht sei. Die Sitzung war schwer und düster, und der Patient empfand es als sehr schwierig, über den Traum nachzudenken. Wir glauben, dass der Umstand, dass er sich sowohl angesichts der Lust über die Tränen seines Freundes wegen des zerstörten Spielzeugflugzeugs als auch angesichts der Lust, den Analytiker während der Analyse zu quälen, beschämt und später schuldig fühlte, eine Atmosphäre von Intimität in ihm selbst erschuf. Wir nehmen an, dass diese Gefühle von Grausamkeit, Schuld und Scham aus verwandten Quellen stammten: aus einem abgespaltenen Selbstanteil, der konkurrierend und grausam, und aus einem zweiten, der traumatisiert und voller Angst vor Einsamkeit und Isoliertheit war. Wir denken, dass er zum ersten Mal in seinem Leben seine mit Grausamkeit und Schuld verbundene Einsamkeit fühlen und aus einer Erwachsenenperspektive ansehen konnte und dass diese Gefühle einen Trauerprozess in Gang setzten. Tabbia (2008, S. 6) meint, dass Trauer in der inneren Welt der Reisepass sei, um die Grenzen zwischen abgespaltenen Teilen passieren zu können. Wir könnten sagen, dass von diesem Moment an die abgespaltenen Teile begannen, dasselbe emotionale Universum einzunehmen, auch wenn sie immer noch durch irgendein Hindernis auseinandergehalten wurden. *Dies war der erste Schritt in Richtung einer Integration durch das Etablieren einer beginnenden Intimität zwischen abgetrennten Selbstanteilen.* Die statischen Spaltungen wurden zu dynamischen.

Der Analytiker sagte, er spüre, dass der Patient diesen Traum von Destruktion und Verwüstung einer Stadt in der äußeren Welt mitgebracht habe, um seine Mutlosigkeit angesichts der ebenso verwüsteten inneren analytischen Stadt *auszudrücken*. Diese innere verwüstete Stadt/Welt lasse ihn trostlos, einsam und hoffnungslos zurück, da er auch dem Analytiker diesen verwüsteten, das heißt depressiven Zustand zuschreibe. Der Analytiker fügte hinzu, dass darüber hinaus aber die Schuldgefühle wegen seiner Empfindungen gegenüber seinem Freund im Traum und vielleicht auch die Schuldgefühle wegen der Qualen, die er seinem Analytiker bereitet habe, eine gewisse Intimität und Nähe zwischen allen Beteiligten und in ihm selbst erschaffen habe.

Sein einziger Kommentar war: »Nähe, ja!«

Der Analytiker entschloss sich dann, den Blick auf einen anderen, ebenso gegenwärtigen Aspekt des Geschehens zu richten, was er für den bedeutsamsten Teil der Deutung hielt. Er sagte, dass dieser entfernte C., der bloß zusehe, einen Teil von ihm repräsentiere, der sich nicht dafür verantwortlich fühlen könne, die Verwüstung produziert zu haben, der der objektiven Katastrophe gegenüber gleichgültig bleibe und glaube, eine Lösung aus dieser Starre sei nur durch sadistische und anklagende Deutungskommentare des Analytikers möglich. Der Grund dafür, die Verantwortung für diese Zerstörung zu vermeiden, sei mit der Angst vor Demütigung und Scham verbunden, die entstehe, wenn er akzeptiere, dass er selbst etwas mit seinem aktuellen inneren Zustand zu tun habe.

Der Analytiker wiederum hatte das Gefühl, etwas Wichtiges berührt zu haben, fühlte sich aber irgendwie unbehaglich, auch wenn er nicht benennen konnte, womit oder weshalb. Als er jedoch einige Stunden nach der Sitzung noch einmal darüber nachdachte, fühlte er sich erneut unzufrieden mit den Deutungen, die er dem Patienten gegeben hatte. Er dachte, dass etwas fehlte: Ein Puzzleteil war nicht da.

In diesem Abschnitt benannte und verband der Analytiker im Wesentlichen die unterschiedlichen Erfahrungen, Traumbilder und Gefühle, die der Patient mitbrachte, und ermöglichte so eine bessere Integration von verschiedenen abgespaltenen Teilen seiner Persönlichkeit, indem das in die Analyse mitgebrachte Material eine Bedeutung erhielt.

Während der nächsten Sitzung sagte C., dass er von seinem Traum fasziniert sei und dass er auch über die vorangegangenen Träume nachgedacht habe, die er unmittelbar nach der Operation gehabt hatte. Er erinnere sich wieder daran, dass das im Traum abgeschossene Kampfflugzeug *gelb* gewesen sei und dass dies mit einem Gefühl von Angst und intensivem Unbehagen gegenüber dem Antisemitismus, dessen Opfer er verschiedentlich wurde, verbunden sei.

Er fügte mit leiser Stimme hinzu: »Und manchmal habe ich mich geschämt, ein Jude zu sein.« Er sagte auch, dass diese Erfahrung mit der ›gelben Zone‹ der Stadt, in die er umziehen würde, verbunden sei, und fügte hinzu, dass die ›gelbe Zone‹ seinen inneren Zustand beschreibe. Er sagte, dass er sich manchmal *beschämt* gefühlt habe, wenn er das Opfer von Diskriminierung gewesen sei, und dass *gelb die Farbe der Scham sei*. Keines dieser Gefühle war jemals zuvor während der Analyse erwähnt worden.

Schlussbemerkungen

Der Tod seines Freundes ließ den Patienten das Gefühl verlorener Intimität zwischen ihm und seinen emotionalen Erfahrungen wiederfinden, was ein bedeutsamer Wendepunkt in der Analyse war und in einer besseren Integration der abgespaltenen Teile seines Selbst resultierte. Dadurch konnte unserer Ansicht nach der Traum zu einem Teil des Durcharbeitens werden, das zuvor in seiner Fähigkeit, weiter gefasste Symbole zu produzieren und die expressiv-evokative Kraft der Repräsentanzen zurückzugewinnen, auf Hindernisse gestoßen war. Dies lässt sich etwa anhand der veränderten Bedeutung der Farbe gelb und der Flugzeugbilder während der Analyse veranschaulichen. Die gelbe Farbe war zunächst *einzig* verbunden mit dem Judentum und ein Symbol des Antisemitismus der Nazis. Es war ein Symbolismus, der nur per Analogie und mit geringer expressiver Kraft arbeitete. Während des Prozesses des Durcharbeitens wurde gelb mit geografischen Veränderungen insbesondere in einer Stadt (der Patient emigrierte vier Mal), mit Verwüstung (bereits auf einer Ebene, die diskursive Elemente hat) und schließlich mit einem inneren Zustand verbunden, der, wie wir sehen werden, sich auf einen emotionalen Zustand sowohl der Mutter als auch des Patienten bezieht. Wir können hier deutlich eine Erweiterung der konnotativen Aspekte der Farbe gelb erkennen. An diesem Punkt können wir bereits intensiv die expressiv-evokative Bedeutung des Symbols in der inneren Welt wahrnehmen. Das Flugzeug ist nicht länger bloß der Repräsentant der beeinträchtigten sexuellen und emotionalen Potenz. Es ist sowohl mit dem Hass des Patienten auf den depressiven Zustand der Mutter verbunden als auch mit Konkurrenz (ein neues affektives Netzwerk oder Feld, das sich eröffnet) gegenüber dem Bruder (das abgeschossene Flugzeug gehört jetzt *dem anderen*), dem Analytiker etc. Die projektiven Identifizierungen, auf die uns die Bilder verweisen, werden zahlreicher und komplexer und verdeutlichen die (durch einen

Konflikt erzeugte) Verwirrung des Patienten angesichts der Frage, ob er in diesem destruktiven Prozess Opfer oder Täter ist. Zweitens beinhaltet diese Veränderung eine präsentativ-expressive Qualität (mit erweiterter konnotativer Dimension, da bereits emotionale Reaktionen und neue Assoziationen angeregt werden), wenn auch noch nicht auf der Ebene des diskursiven Symbolismus. Das wird erst im Zuge der Deutungen des Analytikers möglich. Es sollte betont werden, dass eine Wiederherstellung nur durch eine Integration der Teile des Selbst möglich ist, und daher kann angenommen werden, dass die abgespaltenen Teile eine *Intimität* untereinander als eine Vorbedingung der Integration entwickelt haben. Dies bedeutet im Grunde, dass affektive Netzwerke (oder Felder), die zuvor aufgespalten und in der Psyche des Patienten auseinandergehalten wurden, Verbindungen untereinander entwickeln (aufgrund von Ähnlichkeiten, welche die Erweiterung der konnotativen Aspekte des verwendeten Symbolismus mit sich gebracht hat) und so beginnen, dasselbe emotionale Universum einzunehmen.

Der Patient fügte noch hinzu, dass ihm etwas Eigenartiges passiert sei und er sich dabei zutiefst unbehaglich gefühlt habe. Er sagte, dass er nicht wisse, ob er dem Analytiker erzählt habe (was er tatsächlich nicht getan hatte), dass seine Mutter vor seiner Geburt ein Kind verloren habe, das als Baby gestorben sei. Einige Jahre später habe sie ihm mitgeteilt, dass sie zu dieser Zeit *verwüstet* gewesen sei (ihm zufolge habe die Mutter tatsächlich dieses Wort benutzt). Dies sei in Europa passiert, und er fügte hinzu, dass er, auch wenn er dies zuvor nie erwähnt habe, lebhaft erinnere, dass er vermutete, der Analytiker habe sich depressiv gefühlt, als er ihm mitgeteilt hatte, dass bei ihm Krebs diagnostiziert worden sei (diese Wahrnehmung war tatsächlich richtig!). Er habe auf diese Wahrnehmung mit einem Gefühl intensiven Hasses auf den Analytiker reagiert, auch wenn er gewusst habe, dass diese Reaktion irrational sei. Dieser Hass habe dazu beigetragen, die Analyse damals zu unterbrechen, weil er gedacht habe: ›Was nützt mir ein Analytiker, der genauso depressiv ist wie ich?‹ Der Patient sagte, dass die ›gelbe Zone‹ auch etwas mit diesem von ärgerlichen Gefühlen gefärbten seelischen Zustand zu tun zu haben scheine und dass sie sich sehr wohl auf den depressiven Zustand seiner Mutter in der Vergangenheit und auf seine Gefühle ihr gegenüber beziehen könne. Der Umstand, dass in der Herkunftskultur dieses Patienten die Farbe gelb mit Scham und Demütigung verbunden ist, ist ebenfalls von großer Bedeutung.

Die *verwüstete* Stadt (wir möchten hervorheben, dass dem Patienten zufolge seine Mutter in der Vergangenheit mit diesem Wort ihren psychischen Zustand nach dem Verlust ihres Sohnes beschrieben hatte, sodass es bereits ein diskursives Element ist) repräsentierte vielleicht seine durch die Depression zerstörte Mutter, die in der ›gelben Zone‹ (ein Seelenzustand) untergetaucht sei, weil sie ihren anderen Sohn verloren habe, mit dem sie auf symbiotische Weise verbunden geblieben sei. Eine unbewusste Überzeugung war mit dieser Wahrnehmung/Intuition verbunden, dass nämlich die Mutter aus diesem depressiven Zustand nur herausgebracht werden könnte, indem sie durch einen grausamen Druck wiederbelebt würde. Hier ist die Vorstellung von Grausamkeit von Bedeutung. Sie drückte sowohl C.s Wut auf seine Mutter aus, weil sie getrennt von ihm und an dieses andere Kind gebunden war, als auch die unbewusste Überzeugung (Britton 1998), dass nur ein noch größerer Schmerz sie aus jenem Zustand herauszerren könnte. In seinem Erleben gab es eine Mischung aus Hoffnungslosigkeit und Sadismus. Aber diese Situation erzeugte auch ein inneres Paradox, da die Mutter, die er neu beleben und zurückgewinnen wollte, in der inneren Welt als emotional zerstört wahrgenommen wurde. Damit ging ein großes Schuldgefühl einher, das wegen seiner Intensität keinen Wunsch nach Wiedergutmachung, sondern stattdessen das Bedürfnis mobilisierte, sich zu blenden (sich selbst von demjenigen Teil seiner Psyche abzuspalten, der Emotionen fühlte). In diesem Sinn war er ein schlechter Pilot seines Hasses, absturz- und verletzungsgefährdet.

Als bei dem Patienten Krebs diagnostiziert wurde, fühlte er sich *verwüstet*, und diese Situation löste eine unmittelbare projektive Identifizierung mit seiner Mutter aus der Vergangenheit aus, die auch *verwüstet* gewesen war. In diesem Moment konnte er sich in sie einfühlen (in dem Sinn, den Stefano Bolognini [2008] dem Wort gegeben hat), und dies weckte starke Schuldgefühle, weil er sie so gehasst hatte. Für einen Moment verstand er seine Mutter und fühlte mit ihr mit. Die Schuldgefühle waren zu groß, um sie aushalten zu können, und um sich zu schützen, wurde er blind gegenüber seinen Gefühlen. (Aus psychodynamischer Sicht bedeutete dies, dass er sich blind machen und unerreichbar werden musste, um das Unglück zu überleben.) Daraus ergab sich der eingefrorene Charakter seiner Depression gegenüber den Deutungen des Analytikers, die in ihm keine Gefühle mobilisieren konnten. Wir haben hier eine elegante Veranschaulichung dessen, was Melanie Klein ›Erinnerungen in Gefühlen‹ nannte. Unbewusst, in der Fantasie, warf der Patient seiner Mutter und seinem toten Bruder (seinem Rivalen) all das Leid vor, das er durch die Umzüge in andere Länder erlebte. Dies zeigt sich darin, dass die Mutter im Traum sagte: »Jetzt müssen wir wieder umziehen«, nachdem die Stadt *verwüstet* ist, was der Patient als einen Holocaust erlebte. Er reagierte verwirrt, weil er nicht wusste, ob er den Holocaust ausgelöst hatte, und daher auch nicht, ob er ein Nazi oder selbst ein Opfer gewesen war. Seine Verwirrung wiederholte sich in Form komplexer projektiver Identifizierungen im Zusammenhang mit seiner Krebsdiagnose.

Letztlich bleibt eine ausgeglichene Persönlichkeit auf eine integrierte Weise in Berührung mit ihren Bedeutungskernen und hält so einen lebendigen Kontakt mit ihrer emotionalen Geschichte aufrecht. Wir vermuten, dass das Vermögen zur Ausdruckskraft und damit der Kontakt zu erweiterten konnotativen Aspekten der Erfahrungen vor allem von diesem lebendigen Kontakt mit infantileren Kernen abhängt.

Diese Betonung, wie wichtig es ist, mit den infantilen Kernen des psychischen Apparates in Berührung zu bleiben, erfordert einige Überlegungen. Beim Kind ist die unbewusste Welt weniger weit vom Bewusstsein entfernt als beim Erwachsenen. Die Grenze zwischen beiden ist fließender. Weil der unbewusste Modus des Funktionierens nicht diskursiv ist, sondern einem intuitiven Kontakt mit der inneren emotionalen Realität näher steht, die auf präsentativem konnotativem Symbolismus als der Form gründet, die sich besser als Träger für psychische Zustände und Gefühle eignet, ist er eher Gegenstand der Ängste und der expressiven Formen der Repräsentation von Erfahrung. Daraus ergibt sich seine größere dramatische und evokative Kraft in der Welt der Emotionen, die auch in einer größeren Freiheit der bewussten wie unbewussten Vorstellungskraft resultiert. Riccardo Steiner (2009, persönliche Mitteilung) betrachtet Bions Alpha-Funktion als eine semiotische Funktion, die ganz wesentlich die unbewusste Vorstellungskraft füttert. Der relative Verlust dieses Kontakts mit den Gefühlen verhindert die Traumproduktion nicht komplett, macht es aber schwieriger, die durch die Symbole übermittelten Emotionen zu erfassen, sodass diese schwerer zu verstehen sind.

Wenn vergangene Erfahrungen in Erinnerungen transformiert werden, werden sie in einer virtuellen Dimension verankert oder verkörpert, die zwischen uns und den realen Objekten vermittelt (Innis 2009, S. 63). Diese Erinnerungen werden durch visuelle Bilder zugänglich (präsentativer Symbolismus), die gleichsam dazu neigen, metaphorisch zu werden. ›Metaphorisches Sehen‹, wie Langer es versteht, beinhaltet eine semantische Verschiebung von der primären Objektbedeutung, die ein symbolisches Bild oder ein als Symbol fungierendes Bild hat, hin zu dessen übertragenem Sinn; eine Verschiebung, die, wie sie ausführt, auf einer »logischen Analogie« beruht (Innis 2009, S. 64; Langer 1942).

Auf der symbolischen Ebene würden wir immer noch sagen, dass die Erinnerung an den Freund und an die Kindheitserlebnisse des Patienten nicht in einem wörtlichen Sinn stecken blieben, sondern einen metaphorischen

Sinn erwarben, der dann die Traumsituation produzierte. Langer sagt von der symbolischen Präsentation: »Denn der menschliche Verstand ist auf allen Ebenen und in allen Bewusstseinsstufen davon getrieben, den angemessenen Symbolismus dafür zu finden, alle Dimensionen seiner Existenz auszudrücken« (1942; vgl. Innis 2009, S. 66).

Während dieser dritten Phase tauchten die Bilder des in Turbulenzen geratenen Flugzeugs, des toten Bruders und der gelben Farbe wieder auf, nun begleitet von neuen Bildern, nämlich Babys, verwüsteten Städten, Antisemitismus, Hinweisen auf die Notwendigkeit, von einem Teil der Stadt in einen anderen umzuziehen. Die hervorgerufenen und mobilisierten affektiven Netzwerke sind jetzt breiter und emotionaler; mit anderen Worten das, was wir eine *Progression ihrer formalen Eigenschaften* nennen.

Auch wenn die Bilder dieselben sind, haben sie jetzt eine größere evokativ-expressive Kraft, das heißt, sie kommunizieren den Gesprächspartnern mehr Gefühle. Sie *repräsentieren* nicht nur eine Erfahrung und/oder vergangene Situation, sondern sie erfassen und kommunizieren nun auch etwas durch ihre Ausdruckskraft, die in der Erweiterung ihrer konnotativen Bedeutungen liegt. Diese erweiterte Ausdruckskraft besteht in den formalen Eigenschaften des Symbols, und aus psychoanalytischer Perspektive können wir sagen, dass sie *eine Veränderung im Wesen der vom Patienten gebrauchten projektiven Identifizierung erzeugen* wird. Diese projektive Identifizierung dient nicht länger der Evakuierung von Gefühlen. Daher kann sie seine Erfahrungen zur Sprache bringen, ohne deren durch die präsentativen symbolischen Formen vermittelten emotionalen ›Import‹ (ein philosophischer Begriff) mitsamt seiner/ihrer Ausdruckskraft zu verlieren. Sie konstituieren reichhaltigere affektive Piktogramme, die sowohl nicht-diskursive (intuitive) als auch diskursive Aspekte beinhalten. Auf diese Weise ermöglichen sie einen Bezug auf besondere und einzigartige Aspekte der in den Stunden und in der Vergangenheit erlebten Emotionen. Wir sollten anmerken, dass Symbole in affektive Piktogramme transformiert worden sind.

Die Babys im Traum repräsentierten sowohl das hilflose Kind als auch den toten Bruder (ein zufälliges Opfer des Nationalsozialismus oder von ihm in einer unbewussten Fantasie hingerichtet) und scheinen mit der Verwüstung sowohl der Städte als auch des psychischen Zustandes der Mutter verbunden zu sein. Dies erfasst das ganze Set von Gefühlen, die in der Vergangenheit präsent und auf intime Weise miteinander verbunden waren und in der Gegenwart wieder hervorgerufen wurden. Vielleicht fungieren Gefühle daher als eine Gussform oder Maske, die den Geschehnissen in der Gegenwart Bedeutung zuschreibt und so verhindert, dass der Patient zwischen dem, was wirklich in der Vergangenheit passierte, und der Frage, inwieweit die Gegenwart diese Situation wiederholt, unterscheiden kann. Einer der Gründe, diesen eingefrorenen seelischen Zustand beizubehalten, ist die Behinderung des Trauerprozesses durch intensive Schuldgefühle.

Erst als diese Verbindungen geknüpft waren, konnte damit begonnen werden, die Depression durch Betrauern durchzuarbeiten und sie letztlich zu verringern, was einen reflektierteren psychischen Zustand sowie größere emotionale Nähe zu seiner Familie, insbesondere zu seinen Kindern, ermöglichte. Zum ersten Mal vermisste er wirklich seine Mutter. Es ist bewegend zu bemerken, dass er zehn Monate später in einer Verfassung, die wir paradoxerweise *fröhliche Melancholie* nennen könnten, mit seiner ganzen Familie eine Reise nach Polen unternahm, wohin er niemals zuvor zurückgekehrt war.

Aus dem Englischen von Timo Storck

Literatur

Barros, Elias Mallet da Rocha (2000): Affect and pictographic image. The constitution of meaning in mental life. I.J. Psycho-Anal. 81, 1087–1099.

Barros, Elias Mallet da Rocha (2006): Afeto e imagem pictográfica: o processo de construção de significado na vida mental. In: Avzaradel, José Renato (Hg.): Linguagem e constituçãio do pensamento. São Paulo (Casa do Psicólogo), S. 169–188.

Bion, Wilfred R. (1962): A theory of thinking. I.J. Psycho-Anal. 43, 306–310. Dt.: Eine Theorie des Denkens. In: Bott Spillius, Elizabeth (Hg.): Melanie Klein Heute, Bd. 1. Übers. Elisabeth Vorspohl. Stuttgart (Klett-Cotta) 1995, S. 225–235.

Bolognini, Stefano (2008): O abraço de peleu: Sobrevivência, continência e com-vencimento na experiência analítica com patologias graves. SBP-Konferenz in São Paulo.

Botella, César & Botella, Sara (2005): The work of figurability. Hove (Routledge).

Britton, Ronald S. (1998): Belief and Imagination. London (Routledge). Dt.: Glaube, Phantasie und psychische Realität. Übers. Antje Vaihinger. Stuttgart (Klett-Cotta) 2006.

Caper, Robert (2002): Tendo mente própria. Übers. Haroldo Pedreira. Rio de Janeiro (Imago). Engl.: A Mind of one's own. London (Routledge) 1999.

Cassirer, Ernst (1954): Philosophie der symbolischen Formen. Darmstadt (Wissenschaftliche Buchgesellschaft).

Cassirer, Ernst (1956): Wesen und Wirkung des Symbolbegriffs. Darmstadt (Wissenschaftliche Buchgesellschaft).

Collingwood, Robin George (1938): The principle of art. Oxford (Oxford UP).

Croce, Benedetto (1925): The aesthetic as the science of expression and of the Linguistic in general. Übers. Colin Lyas. Cambridge (Cambridge UP) 2002. Dt.: Aesthetik als Wissenschaft vom Ausdruck und allgemeine Sprachwissenschaft. Übers. Hans Feist und Richard Peters. Tübingen (Mohr) 1930.

Dewey, John (1931): Philosophy and civilization. New York, NY (Putnam's). Dt.: Philosophie und Zivilisation. Übers. Martin Suhr. Berlin (Suhrkamp) 2003.
Freedman, Norbert & Russell, Jared (2003): Symbolization of the analytic discourse. Psychoanal. Contemp. Thought 26, 39–87.
Freud, Sigmund (1900a): Die Traumdeutung. GW II/III.
Green, André (1999): The work of the negative. Übers. A. Weller. London (Free Association Books).
Harris Williams, Meg (2010): The aesthetic development. London (Karnac).
Hartke, Raul (2005): Repetir, simbolizar e recordar. Report to the Panel ›El Psicoanálisis cura aun mediante la rememoración?‹ Vorgestellt auf dem 45. Kongress der International Psychoanalytical Association, Berlin 2007.
Innis, Robert E. (2009): Susanne Langer in focus: The symbolic mind. Bloomington, IN (Indiana UP).
Joseph, Betty (1989): The patient who is difficult to reach. In: Feldman, Michael & Bott Spillius, Elizabeth (Hg.): Psychic equilibrium and psychic change, London (Routledge), S. 73–86. Dt.: Der unzugängliche Patient. In: Feldman, Michael & Bott Spillius, Elizabeth (Hg.): Psychisches Gleichgewicht und psychische Veränderung. Übers. Elisabeth Vorspohl. Stuttgart (Klett-Cotta) 1994, S. 116–134.
Klein, Melanie (1946): Bemerkungen über einige schizoide Mechanismen. In: Das Seelenleben des Kleinkindes und andere Beiträge zur Psychoanalyse. Stuttgart (Klett-Cotta) 1962, S. 131–163.
Langer, Susanne K. (1930): The practice of philosophy. New York, NY (Holt).
Langer, Susanne K. (1942): Philosophy in a new key: A study in the symbolism of reason, rite and art. Cambridge, MA (Harvard UP). Dt.: Philosophie auf neuem Wege: Das Symbol im Denken, im Ritus und in der Kunst. Übers. Ada Löwth. Frankfurt/M. (Fischer) 1984.
Langer, Susanne K. (1953): Feeling and form. London (Routledge & Kegan Paul).
Laplanche, Jean (1987): Le barquet. La transcendence du transfert. Paris (PUF).
Meltzer, Donald (1978): The Kleinian development, Vol. 3. Bion. Strath Tay (Clunie).
Meltzer, Donald (1984): Dream-Life. Re-Examination of the Psycho-Analytical Theory and Techniques. Strath Tay (Clunie). Dt.: Traumleben. Eine Überprüfung der psychoanalytischen Theorie und Technik. Übers. Gudrun Theusner-Stampa. München (Internationale Psychoanalyse) 1988.
Ogden, Thomas H. (1997): Reverie and metaphor. I.J. Psycho-Anal 78, 719–731. Dt.: Träumerei und Metapher. In: Ogden, Thomas H. (Hg.): Gespräche im Zwischenreich des Träumens. Übers. Theo Kierdorf & Hildegard Höhr. Gießen (Psychosozial-Verlag) 2004, S. 21–44.
Ogden, Thomas H. (2004): This art of psychoanalysis: Dreaming undreamt dreams and interrupted cries. I.J. Psycho-Anal. 85, 857–878.
Peirce, Charles (1992): The essential Peirce: Selected philosophical writings, Vol. I. Herausgegeben von Houser, Nathan & Kloesel, Christian. Bloomington, IN (Indiana UP).
Pistiner de Cortiñas, Lia (2009): The aesthetic dimension of the mind. London (Karnac).
Robert, Paul (1984): Le petit Robert dictionnaire. Paris (Le Robert).
Rustin, Margaret (2008): Vortrag auf dem Treffen »Remembering D. Meltzer«. São Paulo, Brasilien, August 2008.
Salomonsson, Björn (2007a): Semiotic transformations in psychoanalysis with infant and adults. I.J. Psycho-Anal 88, 1201–1221.
Salomonsson, Björn (2007b): ›Talk to me baby, tell me what's the matter now‹: Semiotic and developmental perspectives on communication in psychoanalytic infant treatment. I.J. Psycho-Anal. 88, 127–146.

Segal, Hanna (1957): Notes on symbol formation. In: The work of Hanna Segal. New York NY (Aronson) 1981, S. 49–65. Dt.: Bemerkungen zur Symbolbildung. In: Bott Spillius, Elizabeth (Hg.): Melanie Klein Heute, Band 1. München (Internationale Psychoanalyse) 1990, S. 202–224.

Steiner, Riccardo (2009): Index, icon, symbol? Can Peirce's descriptive classification be of any use to psychoanalysis? Xerox-Kopie eines Vortrags.

Tabbia, Carlos (2008): El concepto de intimidad en el pensamiento de Meltzer. Vortrag auf dem Treffen »Remembering D. Meltzer«. São Paulo, Brasilien, August 2008.

Über die Unmittelbarkeit unbewusster Wahrheit[1]

Betty Josephs ›Hier und Jetzt‹ verstehen durch den Vergleich mit anderen Sichtweisen des ›Hier und Jetzt‹ außerhalb und innerhalb kleinianischen Denkens

Rachel B. Blass

Die Psychoanalyse betont, dass es zur Entdeckung der psychischen Wahrheit nicht eines abstrakten oder distanzierten Wissens dieser Wahrheit bedürfe, sondern einer unmittelbaren Begegnung mit ihr. In diesem Aufsatz untersucht die Autorin die Bedeutung dieser Unmittelbarkeit anhand der Betrachtung von Betty Josephs Begriff des ›Hier und Jetzt‹, der in jüngster Zeit am direktesten damit in Verbindung gebracht worden ist. Die Autorin zeigt, wie Josephs Begriff des ›Hier und Jetzt‹ bezüglich der Unmittelbarkeit unbewusster Wahrheit ein Vermächtnis fortschreibt, das auf Freud zurückgeht, von Klein aufgegriffen wurde und das sich von anderen analytischen Auffassungen dieses Begriffs unterscheidet. Um die Einzigartigkeit von Josephs Beitrag herauszustellen, untersucht die Autorin im Weiteren, was ihn innerhalb des kleinianischen Rahmens als besonderen kennzeichnet. Hierfür vergleicht sie ihn zunächst mit dem klinischen Ansatz Hanna Segals, deren Fokus auf die unbewusste Fantasie dem gleichen grundlegenden Vermächtnis folgt. Die Autorin macht auf die bedeutsamen Unterschiede zwischen Joseph und Segal aufmerksam, die innerhalb der analytischen Literatur noch nicht ausreichend herausgearbeitet worden sind. Wenn wir diese Unterschiede, so argumentiert sie, innerhalb des Kontexts einer gemeinsamen Ansicht über die Rolle der unbewussten Wahrheit im analytischen Prozess und dessen Aufgabe sehen, so bereichert das unser Verständnis von der Komplexität des kleinianischen Denkens und der Bedeutung von Wahrheit in der Psychoanalyse. Ferner wird dieses Verständnis durch die Erkenntnis erweitert, dass der Gebrauch des Begriffs ›Hier und Jetzt‹ in der

---

1 On the immediacy of unconscious truth: Understanding Betty Joseph's ›here and now‹ through comparison with alternative views of it outside of and within Kleinian thinking. The International Journal of Psychoanalysis (2011) 92, 1137–1157.

analytischen Literatur sich häufig auf eine ganz andere Thematik als bei Joseph bezieht und dass dieser Gebrauch auf einer Sichtweise beruht, die derjenigen Josephs grundlegend widerspricht.

Einleitung

In dieser Arbeit befasse ich mich mit dem Konzept des Arbeitens im Hier und Jetzt, und zwar mit jener Verwendung dieses Konzepts, die mit dem Werk und der Praxis von Betty Joseph verbunden ist. Zudem werde ich den theoretischen Zusammenhang und Hintergrund ihres Ansatzes herausarbeiten. Diese Klärung umfasst zwei Schritte. Zum einen werde ich andere psychoanalytische Konzepte des ›Hier und Jetzt‹ untersuchen. Wie ich zeigen werde, vertreten Freud und Klein die Auffassung, dass unbewusste psychische Wahrheit während der analytischen Arbeit unmittelbar und gegenwärtig ist. Auch wenn dieser Begriff bei ihnen nicht wörtlich auftaucht, kann diese Sichtweise doch als allgemeine Perspektive auf das ›Hier und Jetzt‹ gelten, die die Grundlage für den spezifischeren Gebrauch des Begriffs bei Betty Joseph ist. Erst indem wir diese generelle Sichtweise auf das ›Hier und Jetzt‹ einnehmen und sie dann späteren Überlegungen gegenüberstellen, wird die Besonderheit von Betty Josephs Beitrag deutlich. So lässt sich vermeiden, dass seine Bedeutung mit einigen der heutigen Verwendungen des Begriffs ›Hier und Jetzt‹ vermischt wird, die zu ihrem in deutlichem Gegensatz stehen.

Der zweite Schritt hat eher etwas von einer inneren Bewegung. Hier geht es darum, zu verdeutlichen, was Betty Josephs *spezifische* Bestimmung des ›Hier und Jetzt‹ und ihren einzigartigen Beitrag innerhalb jener breiteren Perspektive ausmacht, in der die Unmittelbarkeit der unbewussten psychischen Wahrheit besonders betont wird. Hierzu werde ich zunächst ihren Ansatz vorstellen und ihn dann mit demjenigen Hanna Segals vergleichen. Während Hanna Segals Fokus auf der Deutung der Fantasie auf derselben Grundannahme von der Unmittelbarkeit der Wahrheit basiert, die auch Betty Josephs Denken zugrunde liegt (in diesem Sinn geht es auch Segal um das ›Hier und Jetzt‹), so unterscheiden sich die beiden doch in einigen wichtigen Aspekten. Diese lassen sich weder durch gängige Gegenüberstellungen wie etwa das Arbeiten in der Übertragung und Gegenübertragung versus dem Formulieren von rekonstruktiven Deutungen oder der Fokussierung auf Details versus Erklärungen angemessen beschreiben, noch können sie als bloße persönliche Differenzen aufgefasst werden. Hier sind weitere Ausarbeitungen und Erklärungen erforderlich. Ich meine, dass Betty Joseph und Hanna Segal zwar eine gemeinsame Auffassung der unbewussten Wahrheit teilen, die ihre jeweiligen Begriffe des ›Hier und Jetzt‹ scharf von anderen gebräuchlichen Begriffsverwendungen abgrenzt, dass sie aber unterschiedliche Auffassungen darüber haben, wie die unbewusste psychische Wahrheit sich zeigt und wie sie dementsprechend gedeutet werden sollte. Ferner enthüllen diese technischen Differenzen grundsätzlichere, die mit den Grundlagen inneren Antriebs und der Möglichkeit zur Veränderung im Menschen zu tun haben.

Wenngleich diese Unterschiede meines Erachtens bedeutsam sind, so glaube ich, dass das Gewahrsein ihrer gemeinsamen Grundlagen und Ursprünge sowohl unser Verständnis von Betty Josephs Beitrag zum Konzept des ›Hier und Jetzt‹ erweitert als auch zeigt, wie dieses in unserem analytischen Denken und Arbeiten mit anderen Sichtweisen innerhalb der britischen kleinianischen Tradition koexistieren und zusammenwirken kann.

Schritt 1: Ein Vergleich von Auffassungen des ›Hier und Jetzt‹ – über die Unmittelbarkeit der unbewussten seelischen Wahrheit und andere Perspektiven

Ich werde nun einen bestimmten Zugang zum ›Hier und Jetzt‹ untersuchen, wie er sich bei Freud und Klein findet, sowie dessen Beziehung zu anderen Sichtweisen. Dies ist die Grundlage für den späteren Fokus auf das ›Hier und Jetzt‹ in Betty Josephs spezifischer Begriffsbedeutung.

Während der Begriff des ›Hier und Jetzt‹ im technisch-analytischen Sinn bei Freud nicht vorkommt, ist die Beschäftigung mit Unmittelbarkeit, die in allen späteren Auffassungen des ›Hier und Jetzt‹ eine zentrale Bedeutung einnehmen wird, für sein Denken wesentlich. Dies wird bereits in seinen *Schriften zur Technik* sehr deutlich. Ein dominierendes Thema in all diesen Arbeiten ist, wie wichtig es für den analytischen Prozess ist, dass sich die Psyche des Patienten innerhalb der analytischen Situation unmittelbar und lebendig zum Ausdruck bringen kann. In *Erinnern, Wiederholen und Durcharbeiten* kontrastiert Freud (1914g) sein Verständnis der analytischen Technik (a) mit seinem früheren hypnotischen Ansatz, der zunächst das Erinnern und daraufhin die Abreaktion beinhaltete, und (b) mit seinem frühen analytischen Ansatz, der auf die Aufdeckung latenter Erinnerungen durch die Deutung der freien Assoziationen unter Umgehung des Widerstands zielte. Entsprechend seiner neuen Auffassung gründet nun die analytische Technik auf der Deutung des

Widerstandes sowie der Wiederholung bzw. dem Agieren des Verdrängten, was bedeutet, »ein Stück realen Lebens herauf[zu]beschwören« (Freud 1914g, S. 132). Was erinnert werden soll, muss wieder erlebt und nicht bloß aus dem Gedächtnis abgerufen werden. Einen weiteren Gegensatz, allerdings nicht ausformuliert, gibt es bezüglich Freuds Auffassung, *was* erinnert werden sollte. Es ist irreführend, dass mit Freud oft eine Betonung der Erinnerung und der Rekonstruktion verbunden wird. Denn wie sich seinen *Schriften zur Technik* entnehmen lässt, verwendet Freud das Verb ›erinnern‹ in seinem weitesten Sinn, um darin nicht nur die Vertiefung unseres Verständnisses der Bedeutung jener Erinnerungen einzubeziehen, die uns bereits bewusst sind, sowie das Überzeugtsein von ihnen (ebd., S. 127), sondern auch das Gewahrwerden (bzw. in seinen Worten ein »Reproduzieren auf psychischem Gebiete« [ebd., S. 133]) von »Phantasien, Beziehungsvorgänge[n], Gefühlsregungen, Zusammenhänge[n] […, welche] rein interne Akte [sind und somit …] nie ›vergessen‹ werden konnte[n]« (ebd., S. 127f.).

Freud zufolge ist die Lebendigkeit des Kontakts mit diesen latenten Prozessen von Bedeutung *und* insbesondere, *wie sie erkannt und verstanden werden*. Weder sollte der intellektuelle Aspekt vernachlässigt werden, noch sollte er vom (Wieder-)Erleben des Patienten losgelöst sein. Bereits in diesem zuletzt genannten Zusammenhang klingt die Sensibilität für die Gefahren der Intellektualisierung an, die einige spätere Arbeiten zum ›Hier und Jetzt‹ kennzeichnet. Als einen der Faktoren, die uns von einem lebendigen, aufmerksamen, aber eben nicht intellektualisierten Prozess abhalten können, nennt Freud unsere Ängste vor der Macht der unbewussten psychischen Wahrheit. Einerseits fürchten wir, den Kontakt zu ihr innerhalb der Analyse zu verlieren, und andererseits scheuen wir die Mühe, den Kontakt zu ihr zu halten. Freud (1915a, S. 320) vergleicht die »gefährlichsten seelischen Regungen« mit den »explosivsten Kräften«, mit denen Chemiker allein unter größten Vorsichtsmaßnahmen umgehen, und spricht von der analytischen Begegnung als einem Kriegsgebiet, in dem ein Kampf »zwischen Arzt und Patienten, zwischen Intellekt und Triebleben, zwischen Erkennen und Agierenwollen« (Freud 1912b, S. 374) stattfindet.

Indem ich diese bekannten Punkte bei Freud herausstreiche, will ich darauf aufmerksam machen, dass mit diesem Konzept der Unmittelbarkeit, aus dem später das ›Hier und Jetzt‹ wurde, gerade das erfasst und aufs psychische Gebiet gezogen und verstanden werden soll, was gewissermaßen das Fremdeste, am weitesten Entfernte und am meisten Unbewusste ist. Auf diese Weise wird sowohl das intellektuelle, als auch das unbewusste Wesen der psychischen Wahrheit betont. Dieser Lesart zufolge ist in der Tat die paradoxe Verschmelzung von Unmittelbarkeit und Distanz wesentlich für den analytischen Wahrheitsbegriff. Was unbewusst ist, außerhalb der Reichweite des Bewusstseins, ist sowohl in höchstem Maße unmittelbar (weil es sich in unseren Handlungen wiederholt oder manifestiert) als auch entfernt (weil es nicht angemessen gedacht werden kann). Die genauere Kenntnis, was uns der unbewussten psychischen Wahrheit sowohl näher bringt als uns auch gleichzeitig von ihr trennt, ist dem analytischen Prozess inhärent.

Ich denke, dass James Stracheys (1934 [1935]) berühmte und im Zusammenhang des ›Hier und Jetzt‹ häufig zitierte Arbeit *Die Grundlagen der therapeutischen Wirkung der Psychoanalyse* zur Klärung der Frage beitragen kann, wie es möglich ist, ein Wissen zu erlangen und zu vermitteln, das gleichzeitig ›tief‹ (ein Ausdruck, der in seiner Arbeit untersucht wird) wie auch unmittelbar und damit (als Resultat dieser Verbindung) mutativ ist. Strachey bezieht sich in diesem Zusammenhang auf Freud und Klein, und in der Tat lässt sich argumentieren, dass die von ihm herangezogenen Freud'schen Gedanken im Werk von Melanie Klein und ihren Nachfolgern (zumindest ihren britischen Nachfolgern, mit denen ich mich in dieser Arbeit beschäftige) besonders wichtig genommen und weiter entwickelt wurden. Zum Beispiel verweisen Kleins Betonung und Ausarbeitung der primitiven Fantasien (unbekannt, aber beständig realisiert) und deren direkte Deutung in der Analyse auf diese Mischung von Distanz und Unmittelbarkeit der unbewussten Wahrheit. Wie Freud ist sich auch Strachey der Hindernisse bewusst, die dem Arbeiten im ›Hier und Jetzt‹ entgegenstehen. Er thematisiert, dass Analytiker es vermeiden, mutative Deutungen zu geben, und fügt hinzu, dass dies nur zu verständlich sei, »wenn wir überlegen, dass der Analytiker im Augenblick der Deutung in der Tat vorsätzlich einen Teil der Es-Energie des Patienten wachruft, solange sie lebendig und gegenwärtig ist und sich direkt auf ihn richtet« (Strachey 1935, S. 516). Folglich kann es passieren, dass wir gar nicht deuten (und somit zulassen, dass sich die auftauchende psychische Wahrheit zeigt, ohne reflektiert zu werden) oder aber auf intellektualisierende Weise deuten und uns damit von der Unmittelbarkeit der Begegnung entfernen.

Ich werde nun diese Auffassung von der Unmittelbarkeit einer tiefen unbewussten Wahrheit (die ich im Folgenden kurz als ›unbewusste Unmittelbarkeit‹ bezeichne) mit drei anderen Konzeptionen des ›Hier und Jetzt‹ kontrastieren, die in der analytischen Literatur häufig auftauchen. Meiner Übersicht der Hauptmerkmale dieser Alternativen schicke ich die folgenden Klärungen voraus:

➤ Meine Übersicht beansprucht nicht, eine Zusammenfassung aller Verweise auf das ›Hier und Jetzt‹ in der Psychoanalyse zu geben. Einige der nicht explizit genannten Begriffsverwendungen können in der Tat zu einer der hier angeführten Kategorien gehören, andere mögen gleichbedeutend sein mit dem Übertragungskonzept und wieder andere erfordern zusätzliche Kategorien. Darüber hinaus wird der Begriff zum Teil mit vielfältigen und wechselnden Bezügen benutzt, und zum Teil findet sich der Gedanke eines ›Hier und Jetzt‹, ohne dass auf den Begriff überhaupt Bezug genommen würde.

➤ Es geht in meiner Übersicht nicht darum, eine zusammenfassende oder abschließende Aussage über die Beiträge jener Analytiker oder analytischen Schulen zu treffen, auf die ich mich hinsichtlich des ›Hier und Jetzt‹ beziehe. Dies würde eine detailliertere Untersuchung dieser Autoren und Schulen erfordern, die sich auf die Unterschiede innerhalb ihrer Sichtweisen des ›Hier und Jetzt‹ richtet sowie auf die Rolle dieser Sichtweisen innerhalb eines breiteren theoretischen und klinischen Bezugsrahmens. Dies wurde für die vorliegende Arbeit nicht als notwendig erachtet, die lediglich verschiedene Perspektiven auf das ›Hier und Jetzt‹ prägnant beschreiben will, die innerhalb des analytischen Feldes vorkommen und sich von der Sichtweise einer ›unbewussten Unmittelbarkeit‹ unterscheiden.

Eine Übersicht über alternative Konzeptionen des ›Hier und Jetzt‹

(1) Das kathartische ›Hier und Jetzt‹

Für die erste von mir dargestellte, ›kathartisch‹ genannte Konzeption des ›Hier und Jetzt‹ ist der unmittelbare Ausdruck der unbewussten Kräfte von zentraler Bedeutung. Deren Verständnis spielt, wenn überhaupt, nur eine marginale Rolle. Gegenüber der als eine Art Intellektualisierung aufgefassten Deutung geht es hier vielmehr um das affektive Erleben. Die wichtigsten frühen Verfechter dieser Auffassung innerhalb der analytischen Welt sind Ferenczi und Rank. In ihrem Buch *Entwicklungsziele der Psychoanalyse* (Ferenczi/Rank 1924) korrigieren sie, was sie – wie ich denke, fälschlicherweise – für Freuds negative Einstellung gegenüber der Wiederholung halten, und erklären, dass Wiederholung nicht bloß unvermeidbar sei, sondern als primärer Faktor der analytischen Technik angesehen werden sollte. Indem sie ihr Augenmerk auf die Unmittelbarkeit richten (was in der analytischen Literatur zum Teil als eine der ersten Erörterungen des ›Hier und Jetzt‹ gilt [Novey 1983]), bestreiten sie nicht den Stellenwert des Verstehens; sie empfehlen allerdings, Wiederholungen aktiv herbeizuführen, und nehmen einen kritischen Standpunkt gegenüber dem Deutungsvorgang ein (ein Argument, das sich bereits bei Strachey [1934] findet). Diese auf Katharsis gerichtete Form des ›Hier und Jetzt‹, die in der frühen Geschichte der Psychoanalyse durch die Nachfolger von Ferenczi und Rank fortgeführt wurde, spielte eine Rolle in der Entwicklung verschiedener humanistischer und expressiver Psychotherapien, die mit der Psychoanalyse verbunden sind (vgl. Coltrera 1962), und brachte einen zeitgenössischen psychoanalytischen Ansatz hervor, bei dem der Ausdruck traumatischer Ereignisse zum Teil durch die Handlungen des Analytikers ermöglicht werden soll. Ein Beispiel hierfür stellen etwa Casements berühmte Überlegungen dar, ob man die Hand seiner Patientin halten sollte, insbesondere, wenn dies ihr, so seine Überlegung, »helfen würde, das ursprüngliche Trauma wieder zu erleben und durchzumachen« (Casement 1982, S. 280; vgl. Hoffer 1991, S. 469). In einem gewissen Sinn hat auch die Selbstpsychologie Anteil an dieser kathartischen Konzeption des ›Hier und Jetzt‹ (Curtis 1986, S. 58).

(2) DAS INTERPERSONELLE ›HIER UND JETZT‹

Die zweite in der Psychoanalyse vorherrschende Form des ›Hier und Jetzt‹ kann als interpersoneller Ansatz bezeichnet werden. Im Bemühen, nah am Unmittelbaren zu bleiben, verlagert sich hier die Aufmerksamkeit auf die aktuelle Beziehung zwischen Patient und Analytiker – was wird erlebt und was kann verstanden werden –, wobei aber die tieferen unbewussten Schichten vernachlässigt werden. Zwar liegt ein Schwerpunkt auf den einzelnen Aspekten der analytischen Beziehung, aber was verstanden werden muss, ist das, was in dieser Beziehung *jetzt gerade* vor sich geht; notwendig ist das gesteigerte kognitive Gewahrsein der Art und Weise, wie der Patient die gegenwärtige Beziehung konstruiert und wahrnimmt, sodass neue Spielräume entstehen (vgl. Hoffmann 1996, S. 25; Schimek 1983, S. 447). Die unbewussten Determinanten der Beziehung sowie die Tatsache, dass diese in der aktuellen Beziehung *wieder erlebt* werden, treten demgegenüber in den Hintergrund. In seiner eingehenden Untersuchung des Übertragungskonzepts stellt Henry Smith die Auffassungen dreier führender nordamerikanischer Analytiker der von Betty Joseph gegenüber. Er schreibt:

»Es ist wichtig festzustellen, dass sowohl die Beachtung, die Gray auf die Mitwirkung des bewussten Ichs legt, wie auch die Betonung der tatsächlichen Realität des Analytikers bei Gill oder Schwabers Hauptaugenmerk auf die Wahrnehmung der realen Mitwirkung des Analytikers am Übertragungserleben des Patienten in scharfem Kontrast stehen zu Josephs Ansatz, den Schwerpunkt auf die unbewussten Manipulationen zu legen, die der Patient an den Deutungen des Analytikers vornimmt. Ich glaube, dass die ›empirischeren‹ Ansätze in Nordamerika sowohl von vielen europäischen Analytikern als auch von einigen Nordamerikanern als Abweichungen von der Aufgabe angesehen werden würden, die unbewussten Fantasien und die unbewusste Abwehr zu analysieren« (Smith 2003, S. 1028).

Der Schwerpunkt auf der Übertragung in solch einem eher bewussten interpersonellen Ansatz wird in den Arbeiten von Merton Gill explizit als Arbeit im ›Hier und Jetzt‹ bezeichnet, und die Popularität dieses Ausdrucks in der analytischen Welt (außerhalb Londons) kann zum großen Teil ihm zugeschrieben werden. In mancher Hinsicht erinnert diese Auffassung des ›Hier und Jetzt‹ an die der Interpersonalisten wie z. B. Sullivan (Hoffman 1996, S. 34; Gill 1983). Auch von Ich-Psychologen wie Gedo oder Kernberg wurde sie als sehr hilfreich angesehen, da sie fanden, dass es bei bestimmten Patientengruppen (wie Adoleszente oder Borderline-Patienten) wichtig sein kann, Tiefe oder Umfang von Übertragungsdeutungen zu begrenzen (Gedo 1964, S. 533; Kernberg 1968). Schließlich wurde diese Auffassung von den amerikanischen relationalen Psychoanalytikern bereitwillig aufgenommen, die in ihrer Begeisterung für dieses Konzept des ›Hier und Jetzt‹ zum Teil nicht bemerkt zu haben scheinen, dass es, wie Smith andeutet, mit der kleinianischen Konzeption so gar nicht zusammenpasst (Spezzano 1998, S. 379).

Zwischen dieser interpersonellen Sicht auf das ›Hier und Jetzt‹ und der kathartischen besteht ein scharfer Kontrast. Während der kathartische Ansatz davon ausgeht, dass Tiefe unabhängig von Denken erfahren werden kann und dass dieses Erleben von Tiefe bereits therapeutisch wirksam ist, beinhaltet die interpersonelle Perspektive sowohl Denken als auch Erleben. Beiden Ansätzen fehlt es jedoch an jener Tiefe, die in der Sichtweise der ›unbewussten Unmittelbarkeit‹ für einen analytischen Prozess notwendig ist.

(3) Das auf das Erleben bezogene ›Hier und Jetzt‹

Die letzte von mir angesprochene Form des ›Hier und Jetzt‹ lässt sich als ein auf das Erleben bezogenes ›Hier und Jetzt‹ bezeichnen. Diesem Ansatz zufolge ist es wichtig, nah bei dem zu bleiben, was im Erleben des Patienten am unmittelbarsten ist, sein *gefühltes* Erleben. Dies beinhaltet einen Schwerpunkt auf der analytischen Beziehung, aber man sollte – *erstens* – nicht solche tiefen Schichten ansprechen, die dem Patienten nicht zugänglich sind. In dieser Hinsicht ähneln die Verfechter dieses Ansatzes denen des weiter oben beschriebenen (Schimek 1983, S. 446). Es ist jedoch nicht die weiter gefasste interpersonelle Sichtweise, die diese unmittelbare Deutungsebene ausmacht, sondern die Frage der Zugänglichkeit zum unmittelbaren Gewahrsein. Zum Beispiel setzt sich Fred Busch kritisch mit einer von Betty Joseph gegebenen Deutung auseinander, dass der Patient sie in einen Streit verwickeln würde: »Sogar wenn Josephs Verständnis der Absicht des Analysanden zutreffend sein sollte, so ist sie doch weit entfernt von seinem Bewusstsein« und würde somit lediglich seinen Widerstand verstärken (Busch 1995, S. 48). In einer jüngeren Arbeit vergleicht er ihre Sichtweise mit seiner eigenen und stellt fest: »Je größer die Nähe des von uns Beobachteten zu unbewussten Prozessen, desto weniger zugänglich ist es einer vom Patienten verwertbaren Information« (Busch 2004, S. 576). *Zweitens* sollte die analytische Beziehung in diesem ›auf das Erleben bezogenen‹ Ansatz nicht *besonders* betont werden, da andere Bereiche im Leben des Patienten drängender sein könnten. Demnach erhalten Deutungen außerhalb der Übertragung einen großen Stellenwert.

Es sollte deutlich geworden sein, dass diese Konzeption des ›Hier und Jetzt‹ insofern im Gegensatz zu der vorangegangenen steht, als jene das ›Hier und Jetzt‹ lediglich als etwas behandelt, das sich innerhalb der analytischen Beziehung vollzieht. Und sie ist auch deswegen gegensätzlich, weil der ›auf das Erleben bezogene‹ Ansatz weiterhin das vorrangige Ziel verfolgt, zu einem Verständnis der *unbewussten inneren* Welt des Patienten zu gelangen – das heißt, solange dies auf eine erlebensnahe Weise möglich ist. Wenngleich wohl alle, wie ich denke, darin übereinstimmen, dass Deutungen die Fähigkeit des Patienten, sie aufzunehmen, berücksichtigen sollten, so ist in dieser Sicht des ›Hier und Jetzt‹ der entscheidende Punkt, dass die Fähigkeit, eine Deutung aufzunehmen, bestimmt oder bemessen ist durch die bewusste Wahrnehmung und durch die Bereitschaft des Patienten, eine Deutung freiweg zu akzeptieren. Ohne eine solche Bereitschaft würden wir massive Widerstände oder schlicht Intellektualisierungen zu erwarten haben (anstelle dessen, was eine tiefe Einsicht sein könnte).

Dieser auf das Erleben bezogene Ansatz des ›Hier und Jetzt‹ ist sowohl in der Arbeit einiger klassischer Analytiker und Ich-Psychologen unausgesprochen enthalten, als auch bei anderen Autoren, die Deutungen außerhalb der Übertragung manchmal wichtig finden, um auf einer Ebene zu bleiben, die für das Erleben des Patienten annehmbar ist (z. B. Ferro 2005, S. 107–108; vgl. Smith 2003, S. 1030). Im Gegensatz dazu wären solche Autoren zu nennen, die zwar den Wert von Deutungen außerhalb der Übertragung grundsätzlich anerkennen, jedoch befürchten, dass ein derartiger Schwerpunkt auf Unmittelbarkeit die Tiefe des Verständnisses begrenzen würde. So schreibt zum Beispiel Harold Blum:

> »Ein reiner Hier-und-Jetzt-Ansatz würde zu einer Form der ›neuen Begegnung‹ werden, zu einer Art existentieller oder erfahrungsbezogener Psychotherapie … [Er] würde keinen vollständigen Kontakt mit den kindlichen Fantasien und Gefühlen erlauben, die doch die Reaktionen des Patienten weiterhin exzessiv beeinflussen oder sogar bestimmen, wie etwa in der Übertragung. Der kindliche Ursprung und die kindliche Natur der Übertragung würden unerklärt bleiben« (Blum 1983, S. 596).

Für viele Nordamerikaner wie Blum lässt sich ein tiefer Kontakt und ein tiefes Verständnis der inneren Welt in der Tat erst durch genetische Rekonstruktionen und dadurch, dass man sich von der Unmittelbarkeit des Erlebens entfernt, erlangen.

Ergebnis des ersten Schritts

Mit der Darstellung dieser verbreiteten Sichtweisen des ›Hier und Jetzt‹ hoffe ich gezeigt zu haben, dass sie auf signifikante Weise von der Konzeption der Unmittelbarkeit der unbewussten Wahrheit abweichen, die meines Erachtens als ein entscheidender Bestandteil freudianischer und kleinianischer Analyse angesehen werden kann. Diese anderen Sichtweisen streben Unmittelbarkeit an und wollen Intellektualisierungen vermeiden, versäumen es aber, Unmittelbarkeit und Tiefe, Erleben und unbewusste Wahrheit so zu verbinden, wie es die von mir beschriebene freudianisch-kleinianische[2] Wahrheitssuche charakterisiert. Anstelle der tiefen Deutung psychischer Wahrheit steht tief greifende Erfahrung (im kathartischen Ansatz), eine eher

---

2 Ich verwende diese Bezeichnung (wie auch andere; vgl. Schafer 2003; Seligman 2003), um damit auf eine Übereinstimmung zwischen Freud und Klein zu verweisen.

oberflächliche Deutung der unmittelbaren Beziehung (im interpersonellen Ansatz) oder ein kontinuierliches Interesse an Tiefe, jedoch nur insoweit, wie diese im gefühlten, unmittelbaren Erleben zugänglich ist (im auf das Erleben bezogenen Ansatz).

Während einige Analytiker die dem Konzept des ›Hier und Jetzt‹ innewohnende Komplexität erkannt haben (z. B. Birksted-Breen 2003), gibt es auch eine Tendenz, die verschiedenen Formen der Unmittelbarkeit, die mit dem Begriff gemeint sein können, zu vermischen, obwohl sie sich in Wirklichkeit grundsätzlich unterscheiden. Auf diese Weise beschreibt zum Beispiel Kernberg die Entwicklungen der kleinianischen Praxis, deren »Fokus [... sich] in immer stärkerem Maß auf das nonverbale Verhalten und die Interaktionen im Hier und Jetzt [richtet]. All diese Entwicklungen rückten die kleinianische Analyse näher an die Ich-Psychologie heran, ohne dass diese Verschiebung explizit zum Ausdruck gebracht würde« (Kernberg 2001 [2002], S. 226]).[3]

Ähnlich argumentiert Wallerstein, wenn er den Wert des ›Hier und Jetzt‹ innerhalb des ›modernen kleinianischen‹ Denkens anerkennt:

»[Dieses bringe] eine ganze zeitgenössische Generation britischer Kleinianer (Brenman, Britton, Feldman, O'Shaughnessy, Steiner und natürlich Joseph und Bott Spillius sowie viele andere) hinsichtlich ihres klinischen Vorgehens und der technischen Umsetzung in weit größere Übereinstimmung mit den konvergierenden klinischen und technischen Trends sowohl innerhalb der amerikanischen zeitgenössischen Ich-psychologischen Position (die heute vielfach als Konflikt-und-Kompromissbildungs-Theorie firmiert), als auch innerhalb des mittlerweile vorherrschenden relationalen (interpersonellen, dialektisch-konstruktivistischen etc.) Denkens, als es noch vor zwei oder drei Jahrzehnten überhaupt vorstellbar war (Bott Spillius 1988 [2002], Bd. 1 & 2; Schafer 1997)« (Wallerstein 2002, S. 1262–1263).

Solche Rückschlüsse verwischen nicht nur die Unterscheidung zwischen sehr unterschiedlichen Konzeptionen des ›Hier und Jetzt‹ (indem die Gedanken von Betty Joseph mit denen von Otto Kernberg oder Irwin Hoffmann in einen Topf geworfen werden) und stiften insofern Verwirrung und eine nicht vorhandene Übereinstimmung; sie erschweren darüber hinaus die

---

3 Vgl. auch Schafer (2002), der sich dem gegenwärtigen kleinianischen Verständnis des ›Hier und Jetzt‹ gegenüber als offen bezeichnet, weil er »sich bereits dem erlebensnäheren Potenzial des Hier und Jetzt der Ich-Psychologie angenähert« habe (Schafer 2002, S. 39).

genaue Konzeptualisierung dessen, was Betty Josephs Sicht und ihr einzigartiges Werk ausmacht, denn hierfür muss man dem unverwechselbaren Hintergrund ihres Denkens Rechnung tragen.

Schritt 2: Der Vergleich mit einem Ansatz der unbewussten Fantasie

Ich komme nun zum zweiten Schritt dieser Arbeit und wende mich der Frage nach Betty Josephs einzigartigem Beitrag *innerhalb* der kleinianischen Tradition zu. Was ist es, das – jenseits der Konzeption der unmittelbaren Wahrheit und der Wichtigkeit, sie innerhalb der analytischen Beziehung anzusprechen, worüber in der britischen kleinianischen Analyse Konsens herrscht – in Josephs Umgang mit dem ›Hier und Jetzt‹ noch hinzukommt bzw. den Schwerpunkt bildet? Indem ich mich dieser Frage widme, werde ich einige Vergleiche zwischen Betty Joseph und Hanna Segal anstellen, vor allem mit der Absicht, das Spezifische an Betty Josephs Ansatz des ›Hier und Jetzt‹ herauszuarbeiten.

Allgemeinere Unterscheidungen

Auch wenn der besondere Beitrag von Betty Josephs Arbeit bereits vielfach beschrieben worden ist, so haben diese Beschreibungen meiner Ansicht nach häufig Merkmale betont, die, wenngleich richtig und notwendig, doch nicht ausreichen, ihre Besonderheit innerhalb des *britischen kleinianischen* Bezugsrahmens deutlich zu machen. So wird etwa im Zusammenhang mit Betty Josephs Arbeit häufig festgestellt, dass ein ›Hier-und-Jetzt‹-Ansatz einer Betonung von Rekonstruktionen oder von Deutungen außerhalb der Übertragung gegenübergestellt werden kann, jedenfalls gemäß einiger Fassungen des Begriffs (Feldman/Spillius 1989 [1994], S. 21); Hinshelwood 2004, S. 130). Elizabeth Spillius (2007) bemerkt, dass Betty Josephs Schwerpunkt auf dem ›Hier und Jetzt‹ die Auffassung stütze, dass sich Erinnern durch Wiederholen vollziehe und insofern explizite Rekonstruktionen unnötig wären (ebd., S. 55). Das ist richtig, wird aber Josephs Sichtweise nicht ganz gerecht. Denn man braucht sich keinen besonderen klinischen Ansatz zu eigen machen, um die Bedeutung der Wiederholung anstelle der Erinnerung zu unterstellen, genauso wie man schwerpunktmäßig die Deutung innerer Fantasien bevorzugen und dabei eher allgemein einer freudianischen und kleinianischen Praxis anhängen kann. Spillius bestätigt dies in einer anderen Arbeit, in der sie Betty Josephs Betonung der jeweils gegenwärtigen analytischen Beziehung mit Kleins Konzentration auf das gesamte Erleben des Patienten vergleicht: »Natürlich erscheint dieser Unterschied größer als er ist, denn sowohl Klein als auch Joseph gehen davon aus, dass komplexe Situationen aus den Erfahrungen des Patienten in der Übertragung erlebt werden« (2007, S. 103f.). Ähnlich verhält es sich, wenn in der Literatur Betty Josephs Bekenntnis zur Arbeit mit der projektiven Identifizierung, mit dem Enactment (z. B. Roth 2004) oder der Übertragung und Gegenübertragung betont wird, denn dabei handelt es sich jeweils um übereinstimmende Merkmale der kleinianischen Praxis und der für sie typischen Auffassung vom ›Hier und Jetzt‹. In diesem Zusammenhang ist es interessant, dass Roy Schafer seit seiner Besprechung (1991) von Josephs Buch *Psychisches Gleichgewicht und psychische Veränderung* davon auszugehen scheint, dass Betty Josephs Arbeit stellvertretend für das kleinianische Arbeiten insgesamt stehen könnte und dass Differenzen zur Arbeit anderer britischer kleinianischer Analytiker (wie etwa Hanna Segal) eher in unterschiedlichen Gewichtungen bestünden. Er folgert: »Wie auch immer dies jeweils variieren mag – das hervorstechende Merkmal des kleinianischen Ansatzes ist die Beibehaltung einer maximal genauen Beobachtung der Übertragung und ihrer nichtsprachlichen, möglicherweise vorsprachlichen Enactments« (Schafer 1991, S. 171; vgl. auch Hinshelwood 1991).

Vielfach wurde auch Betty Josephs Beachtung von Details und der Atmosphäre der analytischen Situation hervorgehoben. »Diese Technik«, schreiben Edith Hargreaves und Arturo Varchevker (2004) in ihrer Einleitung zu dem von ihnen herausgegebenen Buch *In Pursuit of Psychic Change*, »ist gekennzeichnet durch die genaue Beobachtung der kleinsten Übergänge und Veränderungen in der Atmosphäre, den Handlungen und Kräften, wie sie im Hin und Her der Stunde erlebt werden, sowie ihres Wechselspiels in der Übertragung und Gegenübertragung« (S. 5; vgl. auch Feldman/Spillius 1989, S. 8 [1994, S. 21]). Wie gesagt stimmt das genau, und wenn man bereits mit Betty Josephs Arbeit und Denken vertraut ist, weiß man ziemlich gut, *in welchem Sinn* dies zutreffend ist. Aber für sich genommen trifft dieses präzise Augenmerk auf Details und die Atmosphäre der Beziehung genauso gut für eine ganze Reihe klinischer Ansätze zu (zum Teil sogar nicht-analytische), und kein Ansatz würde mit der Vernachlässigung von Details oder der Atmosphäre in Verbindung gebracht werden wollen. Vielmehr bin ich der Ansicht, dass

Betty Josephs Konzentration auf Details selektiv und von einer besonderen Qualität ist. Den Einzelheiten der Gedanken und Gefühle zu folgen, die ein Patient in der Beziehung zum Analytiker hat oder die er sich über sie macht, kann von ihrem Standpunkt durchaus bedeuten, gerade das Wesentliche an seinen Mitteilungen zu übersehen.

Speziellere Unterscheidungen

In anderen Auseinandersetzungen mit Betty Josephs Arbeit werden allerdings Aspekte in den Blick genommen, die sehr wohl auf ihre spezifischeren Schwerpunkte innerhalb des britischen kleinianischen Denkens verweisen. Diese werden dann üblicherweise nur in die allgemeineren Unterscheidungen eingebettet (z. B. Roth 2004, S. 87; Smith 2003, S. 1027); doch Michael Feldmans Darstellung ist in dieser Hinsicht überaus klar und deutlich. In seiner Ausarbeitung von Betty Josephs Theorie der Veränderung beschreibt er zunächst (wie andere auch) den entstehenden Handlungsdruck sowie die besondere Betonung der Art und Weise, wie der Patient von der Deutung Gebrauch macht. Anschließend gibt er eine zusammenfassende Darstellung der speziellen Merkmale ihrer Arbeit. Er erläutert, dass wir uns Joseph zufolge

> »nicht nur auf das einstellen sollten, was mit der Deutung selbst geschieht, sondern auch mit dem Teil der Persönlichkeit, der zu einer wie auch immer flüchtigen Einsicht gelangt [...]. Diese Perspektive lässt Joseph ihr Augenmerk nicht allein auf ihre Beobachtung richten, sondern auch auf ihre Deutung der Art und Weise, wie Patienten ihre eigenen Gedanken, ihr Verständnis und ihre Einsicht verwenden, darauf, wie eine Deutung erlebt und was mit ihr gemacht wird. Sie betont, wie wichtig es ist, sich auf die Beobachtung dieser Prozesse zu konzentrieren, wie sie sich in den einzelnen Interaktionen der Stunde zeigen, und ganz generell Deutungen zu vermeiden, die sich auf solche Phänomene beziehen, die dem Patienten nicht unmittelbar zugänglich sind. Sie ist auch der Auffassung, dass es wichtig ist, beim Deuten erklärende oder kausale Formulierungen zu vermeiden, bevor noch der Patient erkennen kann, was es genau ist, das man zu erklären versucht« (Feldman 2004, S. 22f.).

Erforderlich sei eine »präzise Beschreibung der Art und Weise, wie der Patient vom Analytiker Gebrauch macht, wie er Deutungen verwendet oder wie er in einer bestimmten Stunde mit den eigenen Gedanken umgeht«

(ebd., S. 28). Auch wenn hier ein zeitlicher Faktor angedeutet wird – erst nach einer längeren Phase der Beschreibung käme eine kausale Deutung –, so scheint es, als wären solche kausalen Deutungen insgesamt sekundär. Es wird betont, dass diese sowohl vom Patienten als auch vom Analytiker zu Abwehrzwecken benutzt werden könnten, um »den Kontakt mit der Realität oder dem, was unmittelbar präsent und zugänglich ist, zu verlieren und sich statt dessen auf die gegebene ›Erklärung‹ zu konzentrieren« (ebd., S. 23f.). Wichtiger ist aber, dass diese in der Tat als getrennt von der »Realität dessen, was unmittelbar präsent ist«, aufgefasst werden (ebd.). Insofern können sie keine bedeutsame psychische Veränderung bewirken. Die Internalisierung der Denk- und containenden Vorgänge des Analytikers geschieht durch »die anhaltenden Bemühungen, dem Patienten sein aktuell zugängliches Erleben in dem Moment zu klären und zu zeigen, in dem er es erkennen und anerkennen kann« (ebd., S. 23).

Eine Illustration

Um diese Schwerpunktsetzungen zu illustrieren, mag hier ein kurzes Beispiel aus einer Falldarstellung von Betty Joseph hilfreich sein. In ihrer Arbeit von 1975, *Der unzugängliche Patient*, beschreibt sie einen Lehrer zwischen 20 und 30, der verheiratet ist und ein kleines Baby hat. Er hatte, wie sie sagt, »einiges an psychoanalytischer Literatur gelesen« (Joseph 1975 [1994], S. 119). Dann berichtet sie wie folgt:

> »Er war seit über dreieinhalb Jahren in Analyse, und wir hatten sein manisches Kontrollverhalten bereits gründlich durchgearbeitet, als er eine Behandlungsstunde mit den Worten eröffnete, er wolle über die Probleme sprechen, die ihm das Ausräumen seiner Schränke bereite. Diese Schränke kosteten ihn viel Zeit. Er schilderte, wie er Sachen ausgeräumt habe und scheinbar gar nicht mehr aufhören wollte. Dies trug er vor, als ob es sich um ein Problem handele, bei dem er Hilfe brauchte. Er fügte hinzu, er habe abends tatsächlich keine Lust gehabt, Freunde zu besuchen, weil er weiter ausräumen wollte. Er hielt inne, als erwarte er etwas von mir. Ich hatte den deutlichen Eindruck, dass ich etwas darüber sagen sollte, dass er seinen Verstand ›ausräume‹, oder irgendetwas Regelgerechtes, deshalb wartete ich ab. Er fügte hinzu, er habe am Vorabend ohnehin nicht gern zu diesen Leuten gehen wollen, weil der Ehemann beim letzten Mal unhöflich gewesen sei. Er hatte ferngesehen, während mein Patient und seine Frau dort waren, und sich anschließend apodiktisch über die Schulschwierigkeiten von Kindern geäußert« (ebd., S. 119f.).

An dieser Stelle interveniert Betty Joseph. Sie schreibt:

> »Ich sagte zu ihm, meiner Ansicht nach habe er darauf gewartet, dass ich in pseudo-kleinianischer Manier das Ausleeren seines Verstandes und seiner inneren Welt deute, und als ich dies nicht getan hätte, sei ich zu dem unhöflichen Ehemann geworden, hätte mein eigenes Fernsehprogramm gesehen und engstirnige Ansichten über seine Schwierigkeiten vertreten; das heißt, ich hätte nicht das gesagt, was er sich vorgestellt hatte« (ebd., S. 120).

Dann erläutert sie diese Deutung: »Mit anderen Worten: Ich hielt seine Beschäftigung mit den Schränken für eine Form des Agierens, dazu bestimmt, unsere Arbeit steril zu halten und ein neues, erweitertes Verständnis zu vermeiden« (ebd.). Und schließlich stellt sie die Wirkung dieser Deutung dar: »Zuerst war er wütend und aufgebracht, später in der Stunde jedoch gelang es ihm, seine Reizbarkeit einigermaßen zu verstehen. Für einen Augenblick gewann er auch weitergehende Einsicht in sein konkurrierendes Kontrollverhalten« (ebd.).

In diesem Beispiel können wir (wie in vielen anderen sehr ähnlichen[4]) sehen, dass das, was die Arbeit ausmacht, nicht das Augenmerk auf die Beziehung oder das Enactment als solches ist, sondern spezifischer die Feineinstellung darauf, wie der Patient den Analytiker zum Enactment einlädt. Das Enactment liegt ebenso darin, wie der Patient versucht, den Analytiker zum Denken und Deuten zu bringen, wie auch in seinen Reaktionen darauf. Dieser Patient will die Analytikerin zu ›kleinianischen‹ Deutungen provozieren und wird ärgerlich, als sie dem nicht folgt. Dies spiegelt sich sowohl in der Beobachtung wider, als auch in dem, was dem Patienten mitgeteilt wird. Joseph *beschreibt* dem Patienten genau, was geschehen ist.

---

4 An anderer Stelle stellt Joseph zum Beispiel fest: »Man könnte Teile des Materials inhaltlich deuten, etwa dass ich (wie auch die Analyse) als verfolgend, als schikanöser Chef erlebt werde, oder man könnte auf jene Aspekte ihrer Kindheit eingehen, die sie [...] zur Sprache bringt. Aber ich glaube, dass uns das nicht weiterhelfen würde. Ich denke, das, was tatsächlich erlebt wird, das, was in der Sitzung agiert wird, ist eine außergewöhnliche Ambiguität, auf die immer wieder eine Versöhnung und Einigung mit mir folgt, wobei meine Patientin immer wissen muss, was sie sagen will oder was ich sage. Tatsächlich verschwindet auf diese Weise der Sinn dessen, was ich sage« (Joseph 1983[1994], S. 213f.). Oder auch hier: »N. lehnte meine Deutung seiner Hoffnungslosigkeit in Bezug auf das Weiterkommen der Analyse ab, tat dies aber meiner Ansicht nach so, als ermutige er mich, falsche Deutungen zu geben und seine Pseudodeutungen aufzugreifen, als ob ich an sie glaubte, obwohl ich gleichzeitig wusste, dass wir nicht vorankamen« (Joseph 1987[1994], S. 260).

Auf einer tieferen Schicht liegende Fantasien zu deuten (wie wohl Hanna Segal es getan hätte), würde dem Patienten demnach Informationen geben, die ihn intellektuell erreichen, aber nicht lebendig und zugänglich sind. Um auf diese Weise distanziert zu bleiben, muss eine Deutung gar keine Rekonstruktionen enthalten oder von dem absehen, was in diesem Moment zwischen Patient und Analytiker geschieht. Wenn man Betty Josephs Auffassung davon, was jeweils lebendig und zugänglich ist, damit kontrastiert, trägt man der Komplexität und Subtilität der unterschiedlichen Sichtweisen der beiden nicht ausreichend Rechnung, und zwar deswegen, weil unbewusste Fantasien durchaus *innerhalb* des Enactments mit Gespür für die einzelnen Aspekte der Interaktion im Moment des Geschehens gedeutet werden – und trotzdem aus dieser Perspektive des ›Hier und Jetzt‹ distanziert und intellektuell sein können. Wenn man sich darauf konzentriert, was der Patient mit dem Analytiker macht und was er jeweils in ihn hineinprojiziert, so kann das Verstehen und Deuten im Hinblick auf innere Fantasien doch abstrakt bleiben, wie korrekt es auch immer jeweils sein mag.

Wenn man vor allem auf die Deutung unbewusster Fantasien eingestellt ist, ist man im eben dargestellten Fallmaterial vielleicht hauptsächlich mit möglichen Fantasien beschäftigt, die vor allem damit zu tun haben, dem Analytiker das gewünschte kleinianische Material zu geben, und entsprechend mit den Bedürfnissen, Wünschen, Beziehungen des Analytikers zu Klein sowie dem ›omnipotenten Wissen‹ des Patienten darüber. Oder aber der Analytiker würde denselben Wunsch als Möglichkeit auffassen, etwa eine vorangegangene Deutung auszulöschen und sich demgemäß besonders darauf einstellen, was auf diese Weise abgewehrt wird (z. B. feindliche ödipale Wünsche). Hier wird ein kausales Element mit dem Enactment verknüpft und als dafür wesentlich erachtet. Es könnte auch eine stärkere Aufmerksamkeit auf dem Inhalt der Deutung liegen. *Was* wollte der Patient über das Entrümpeln seiner Gedanken hören und *warum*, abgesehen von seinem allgemeinen Anliegen, die Analyse steril zu halten? All dies sagt uns etwas über die zugrunde liegenden Fantasien, über die der Patient mehr herausfinden möchte, indem er den Analytiker einlädt, kleinianische Deutungen zu geben.

Als Beispiel für diese Art des Verstehens und Deutens bietet sich der folgende Auszug aus Hanna Segals *Gebrauch und Missbrauch von Gegenübertragung* (1997, S. 116 [2008, S. 16f.]) an. Sie schreibt:

»Ich habe ja schon beschrieben, wie Frau X. ihre Erfahrung mit streitenden, in sie projizierenden Eltern in mich projizierte. Gleichzeitig jedoch konnte sie es nicht ertragen, wenn zwei Objekte irgendwie anders zusammenkamen als in aufeinander gerichteter Zerstörungswut. [...] Warum ich das so unerträglich fand, verstand ich, als sie mich gleichsam in meinen Sessel hineindrückte und einen Strom von Hass, Verachtung und Missbrauch auf ein anderes Objekt ergoss. Ich fand das so unerträglich, weil sie dabei die ganze Zeit ein vorgestelltes gutes inneres Objekt in mir angriff. Besonders stark griff sie die analytische Methode an und alles, von dem sie glaubte, es sei ›kleinianische‹ Deutung [...].«

Dann fährt sie fort zu erklären:

»Manchmal wird das analytische Denken oder die analytische Deutung als verhasstes drittes Objekt empfunden, das den Wunsch des Patienten nach einer Dyade untergräbt, einer Dyade, in der die Projektionen des Patienten die Kontrolle übernehmen und den Analytiker dominieren, ein Punkt, der von Britton (1989 [1998], 1992) herausgearbeitet wurde.

Manche Projektionen sollen den psychischen Zustand des Patienten kommunizieren. Manche sollen das Verstehen des Analytikers stören. Der Patient greift die Arbeitsweise des Analytikers an, gute innere Objekte und die innere Ruhe. Und da wir nicht perfekt sind, empfinden wir diese Art der Projektion als beunruhigend. Doch wenn wir unsere eigene Beunruhigung verstehen und ihre Ursache im Funktionieren des Patienten, dann verwandeln sich auch diese Projektionen in Kommunikation. Sie führen zu Verstehen, auch wenn der Patient vielleicht nicht will, dass wir verstehen« (ebd., S. 17).

Die Wahrnehmung des Gefühls, von der Patientin in den eigenen Sessel hineingedrückt zu werden, führt zu einem Verständnis der Fantasie, die sich auf die Zerstörung des elterlichen Paars bezieht, ein Verständnis, das die Patientin zugleich zu zerstören versucht. All dies wird zunächst agiert und dann gedeutet. Aber diese Art zu verstehen und zu intervenieren gründet sich nicht auf dem ›Hier-und-Jetzt‹-Ansatz, wie Betty Joseph ihn versteht. Anstatt die zugrunde liegende Fantasie zu deuten, würde es ihr vermutlich eher um die Beschreibung der Wahrnehmung der Patientin gehen, wie diese die Analytikerin festnagelt, wie sie versucht, den besagten Zustand herzustellen, und wie es auf diese Weise tatsächlich zu keinem Verstehen und keiner Entwicklung kommen kann. (Selbstverständlich können genauso gut zahlreiche andere Möglichkeiten in Betracht gezogen werden, aber es würden sich jedes Mal ähnliche Differenzen ergeben.) Diese Unterschiede sind fein, aber bedeutsam.

Beim Versuch, diese Unterschiede zu verdeutlichen und damit die Besonderheit von Betty Josephs Konzeption des ›Hier und Jetzt‹ herauszuarbeiten, zeigte sich, dass es sich dabei eher um eine Konstellation von Merkmalen handelt als um einzelne unterscheidbare Eigenschaften. Zum einen geht es um das genaue Augenmerk auf das, was der Patient im Analytiker auslösen möchte, um den von ihm fortdauernd erzeugten Handlungsdruck, zum anderen um die Deutung in Hinsicht auf die Einzelheiten der gegenwärtigen Beziehung sowie den Verzicht auf kausale Deutungen oder Erläuterungen des allgemeineren Fantasiezusammenhangs.

Mir wurde auch klar, dass hierbei Definitionsnuancen in Betracht gezogen werden müssen. Wenn es etwa Betty Joseph darum geht, jeweils das anzusprechen, was innerhalb der gegenwärtigen Beziehung zugänglich ist, sollte klar geworden sein, dass sie mit ›zugänglich‹ nicht schlicht ›bewusst‹ meint, wie es bei einigen nordamerikanischen Vertretern des ›Hier und Jetzt‹ der Fall ist. Oben habe ich Michael Feldmans Überlegungen zu Josephs »anhaltenden Bemühungen, dem Patienten sein aktuell zugängliches Erleben in dem Moment zu klären und zu zeigen, in dem er es erkennen und anerkennen kann« (Feldman 2004, S. 23), zitiert, wobei sie freilich weder offene Anerkennung noch Zustimmung erwartet. Wir können dies im oben erwähnten Fall des Lehrers sehen, der ärgerlich auf ihre Deutung reagierte. Betty Josephs Arbeiten sind voll von Falldarstellungen, in denen zugängliche Beschreibungen (zum Teil über Jahre) zurückgewiesen werden, ohne dass dies als besorgniserregend angesehen würde. (In diesem Zusammenhang sei noch einmal an Fred Buschs [1995] Kritik an Betty Joseph erinnert, mit ihren Deutungen zu weit vom Bewusstsein des Patienten entfernt zu sein.) Und auch wenn Joseph es ablehnt, kausale Erklärungen in Hinsicht auf Fantasien zu geben, sollte nicht übersehen werden, dass in den von ihr gegebenen Beschreibungen implizite kausale Verknüpfungen keineswegs vollständig fehlen. Indem sie beschreibt, dass die Handlungen eines Patienten zum Stillstand oder zur Aufrechterhaltung eines sterilen Zustandes führen, deutet sie an, dass der Wunsch, stehen zu bleiben, durchaus kausal verstanden werden kann, wenngleich in einem besonderen Sinn.

Vier Dimensionen der ›Hier-und-Jetzt‹-Konstellation

Um diese Punkte weiter zu klären, werde ich vier miteinander verbundene theoretische und technische Dimensionen herausarbeiten, die, wie ich denke, eine bedeutsame Rolle spielen, wenn man die besondere Charakteristik von Betty Josephs ›Hier-und-Jetzt‹-Ansatz sichtbar machen und von anderen abgrenzen möchte.

(1) Die Zentrierung des Analytikers auf der Beobachtung

Wie bereits erwähnt, handelt es sich hierbei um einen zentralen Aspekt von Josephs ›Hier und Jetzt‹. Der Analytiker ist mit dem Enactment beschäftigt, aber insbesondere damit, wie der Patient ihn zum Agieren einlädt, um damit seine innere Dynamik im gegenwärtigen Gleichgewichtszustand aufrechtzuerhalten; wie der Patient versucht, den Analytiker in einer bestimmten Weise zum Denken, Glauben, Fühlen und Deuten zu bewegen. Es geht um die Empfänglichkeit gegenüber (unbewussten) Versuchen des Patienten, den Analytiker zu einer bestimmten Art des Denkens zu verführen oder ihn in bestimmten Gedankengängen oder Empfindungsweisen gefangen zu halten (z. B. sich unterlegen oder überlegen zu fühlen); eine Empfänglichkeit gegenüber einer erwarteten Reaktion oder einer angestrebten oberflächlichen Deutung. Der Analytiker fühlt sich vielleicht geneigt, auf eine bestimmte Weise zu verstehen oder zu deuten, bemerkt dies, erkennt es als Gegenübertragungsreaktion und versucht dann zu verstehen, wie und warum der Patient ihn dazu bringt. Dies drückt sich dann etwa in Deutungen aus wie: »Sie hätten gern, dass ich denke, dass …« oder »Sie möchten gern, dass ich … fühle«. Im obigen Beispiel hieß es: »Sie erwarteten, dass ich Ihnen irgendeine pseudo-kleinianische Deutung geben würde.« Der Analytiker achtet auch auf den Gebrauch, den der Patient von den Deutungen macht, aber auch hier mit einem bestimmten Akzent. In diesem Gebrauch der Deutung können die unterschiedlichsten Fantasien zum Ausdruck kommen, durch die wir viel über die inneren Objektbeziehungen des Patienten erfahren. Der Analytiker nimmt diese zwar wahr, aber in der ›Hier-und-Jetzt‹-Perspektive ist er insbesondere damit beschäftigt, wie diese Verwendung seiner Deutungen Enactments beinhalten, statt zu Einsicht zu führen; zum Beispiel, auf welche Weise der Patient mit Einverständnis, Pseudoeinsicht, Omnipotenz, Manie oder Dummheit reagiert, um eine wirkliche Veränderung zu verhindern, oder wie er verwirrt ist, wenn er eigentlich nicht anders kann als eine Einsicht zuzulassen.

Diesem Schwerpunkt auf der Beobachtung lässt sich ein anderer gegenüberstellen, bei dem ebenfalls Enactments angesprochen werden, es zentral aber nicht darum geht, wie der Patient agiert. Das Entscheidende wäre hier eher, die zugrunde liegende Fantasie auf eine lebendige Weise und vor allem innerhalb der Übertragung zu verstehen, wobei das Enactment nur eine Möglichkeit unter anderen darstellt, zu diesem Verständnis zu gelangen.[5] Wir möchten wissen, was für eine Fantasie durch das Enactment zum Ausdruck kommt, und dem Patienten dies mitteilen. Man könnte sagen, dass der Fokus hier weniger darauf gerichtet ist, wie der Patient möchte, dass ich denke, sondern eher darauf, *was* er denkt – eher »Sie sagen mir oder zeigen mir« als »Sie möchten gern, dass ich glaube«.

Diese Differenzen lassen sich noch klarer machen, wenn man sagt, dass in Josephs ›Hier-und-Jetzt‹-Perspektive das Beobachtungsfeld der ›Fantasie‹-Perspektive viel zu allgemein ist, während aus Sicht der ›Fantasie‹-Perspektive Josephs ›Hier-und-Jetzt‹-Perspektive viel zu beschränkt ist. Diese Perspektive ist auch abgehobener und artifizieller, indem sie annimmt, dass der Patient viel eher damit beschäftigt ist, welche Reaktionen er wie aus dem Analytiker herauslocken kann, als damit, dem Analytiker mitzuteilen, was in ihm vor sich geht.

(2) Veränderung und mutative Deutung

Ich gehe wie gesagt davon aus, dass Betty Josephs ›Hier-und-Jetzt‹-Ansatz auf der Annahme beruht, Veränderung werde durch die Internalisierung des Denkens und Containments des Analytikers bewirkt, und dass hierfür Deutungen erforderlich sind, die die in den Enactments zu beobachtenden Prozesse beschreiben. Dem liegt die Vorstellung zugrunde, dass Deutungen dessen, was der Patient vom aktuellen Geschehen weiß, ihm zeigen, dass der Analytiker die innere Welt des Patienten aushalten kann. Dies ermöglicht dem Patienten, »dass ein Teil sich mit dem Analytiker verbündet und er insofern wahrnimmt und erkennt, wie er psychisch funktioniert« (Joseph 1992, S. 237). Indem der Patient dies tut, kommen die Mechanismen an die Oberfläche, mit denen er sein Gleichgewicht aufrechtzuerhalten versucht, um psychische Veränderung zu vermeiden; auf diese Weise ist er in der Lage, deren Abwehrcharakter und gravierende Folgen zu erkennen und so zu wirklicher Einsicht zu gelangen (ebd., S. 240). Diese Einsicht ermöglicht dem Patien-

---

5 Es sollte deutlich geworden sein, dass diese Sichtweise des Enactments die Bandbreite der möglichen Deutungsarten erweitert. Auch wenn also dieser Ansatz nicht dadurch definiert ist, sich auf Rekonstruktionen zu beziehen, wäre es wahrscheinlicher, dass rekonstruktive Deutungen von jemandem gegeben würden, der ihm anhängt.

ten schließlich, auf derartige Abwehrmanöver zu verzichten und verdrängte, verleugnete oder abgespaltene Teile des Selbst zu integrieren. (Im Zuge dieses Prozesses muss ein Verstehen in Hinsicht auf zugrunde liegende Fantasien meist im Hintergrund bleiben.)

Ein Ansatz, der auf die direkte Deutung von Fantasien zielt, strebt ebenfalls eine solche Integration an, würde dabei aber die beschreibende Ebene des ›Hier und Jetzt‹ für ineffektiv halten. Der Patient mag tatsächlich seine Enactments erkennen, aber sein Drang zu agieren bliebe davon unbenommen, solange nicht die zugrunde liegenden Fantasien gedeutet würden, die ihm Nahrung geben (Segal 1962). Es geht hier um den Kontrast zwischen der zugrunde liegenden Fantasie, wie sie in der Übertragung lebendig wird, und der Realität der analytischen Beziehung, die wirkliche Einsicht ermöglicht (etwa so, wie Strachey es in seiner Darstellung der mutativen Deutung beschrieb). Das Erkennen des Inhalts der Fantasien und jener Ängste, die ihre Verdrängung, Verleugnung oder Abspaltung erzwingen, ist es, was schließlich deren Integration und die Internalisierung des Analytikers als containendes Objekt ermöglicht. Aus diesem Grund betont Hanna Segal: »Je tiefer die erreichten Schichten des Unbewussten sind, als desto reichhaltiger und stabiler wird sich das therapeutische Ergebnis darstellen« (1962, S. 212). (In dieser Hinsicht reicht es nicht aus, die Abwehr zu deuten; die Angst selbst muss berührt werden [vgl. Hinshelwood 1991, S. 305]).

Was diese Dimension angeht, würde interessanterweise jeder der beiden Ansätze den jeweils anderen als zu oberflächlich und intellektuell bewerten: den spezifischen ›Hier-und-Jetzt‹-Ansatz, weil er nicht in die Tiefe geht, sondern auf einer beschreibenden Ebene bleibt; den ›Fantasie‹-Ansatz, weil dieser ›lediglich‹ Erklärungen liefert. Auf gewisse Weise kann jeder vom anderen sagen: »Aber wie sollte das helfen?«

(3) Die Hindernisse auf dem Weg zur Veränderung

Ich werde diesen Punkt sehr knapp ausführen: In gewisser Weise teilen die beiden von mir beschriebenen Ansätze eine kleinianische Grundlage, was die Hindernisse auf dem Weg zur Veränderung betrifft. Demnach wehren wir uns gegen psychische Veränderung, weil wir die schmerzhafte und konfliktreiche Begegnung mit der inneren Realität vermeiden wollen, die mit unserer Liebe, unserem Hass, Narzissmus, Neid und unserer Schuld verbunden ist, eine Begegnung, die aber unvermeidbar ist, will man wirklich leben und lieben; und unser Todestrieb bestärkt uns noch darin, uns von solchen Mühen fernzuhalten. Dennoch gibt es, wie ich meine, deutliche Unterschiede in der jeweiligen Schwerpunktsetzung.

Betty Joseph lenkt unsere Aufmerksamkeit insbesondere auf die mächtige Sogwirkung des Stillstands, auf die Lust an endloser Wiederholung, auf den Wunsch, seelische Differenzierung und Trennung zu vermeiden und insofern unbeweglich zu bleiben, sowie auf die damit einhergehenden sadistischen und masochistischen Kontrollbedürfnisse. Während es den Anschein hat, als wären ihre Arbeiten über Perversion, Schmerz, Wiederholungszwang oder die Sucht nach Todesnähe nicht *notwendigerweise* mit ihrem technischen Ansatz des ›Hier und Jetzt‹ verknüpft, so sind sie doch in Wirklichkeit ein fester Bestandteil davon. Mag es auch eine ganze Bandbreite von inneren Dynamiken geben, die jener abwehrbedingten Stagnation zugrunde liegt, so nimmt doch die perverse Art dieser Stagnation eine hervorgehobene Stellung in Betty Josephs Arbeiten ein und passt genau zu ihrer technischen Auseinandersetzung mit der Art, wie der Patient sein dynamisches Gleichgewicht aufrechterhält.

Dies lässt sich Hanna Segals Überlegungen zu den Hindernissen gegenüberstellen, die sich aus ihrem Fokus auf das psychotische Individuum ergeben, der sich durch ihre Arbeiten zieht. Solche Patienten sind nicht deshalb unbeweglich, weil sie Lust am Stillstand empfinden, sondern um eine schmerzliche Realität auszulöschen; ihr Kontrollieren ist manisch und omnipotent im Bemühen, Differenz und Verlust zu verleugnen. Dies passt wiederum genau zu einem Ansatz, der dem Patienten etwas von seiner verleugneten inneren Welt mitteilen will und dies als heilsam ansieht.

(4) ›Hier und Jetzt‹ und die Bedeutung von Unmittelbarkeit

Diese letzte Dimension ergibt sich in gewisser Hinsicht aus den vorigen, verdient aber doch eigens unsere Beachtung. Es sollte deutlich geworden sein, dass das entscheidende Merkmal von Betty Josephs Ansatz die besondere Bedeutung ist, die dem ›Hier und Jetzt‹ zugemessen wird, das besondere Verständnis von Unmittelbarkeit. Es ist zwar nicht so, dass ihrem Ansatz gemäß das Greifbare im Vordergrund steht, während andere innerhalb der britischen kleinianischen Tradition distanzierte Erklärungen bevorzugten, aber sehr wohl bestehen grundlegende Unterschiede in der Auffassung, was unmittelbar *ist*. Betty Josephs ›Hier-und-Jetzt‹-Perspektive erblickt das Unmittelbare nicht so sehr im Übertragungs*inhalt*, sondern eher in dem, was der Patient in der analytischen Beziehung mit diesen Inhalten tut, an der Art, wie er an ihnen festhält und den Analytiker dazu bringen möchte, sich darin mit ihm zu verbünden, indem er etwa bestimmte Deutungen herauszulocken versucht oder aber das hilfreiche Verstehen des Analytikers verhindert. Dies kann man jener Sichtweise gegenüberstellen, wie sie sehr klar bei Hanna Segal zu erkennen ist, die davon ausgeht, dass die zugrunde liegende Fantasie das Lebendigste und Unmittelbarste ist. Sie nährt all unsere Gedanken und Handlungen und gibt ihnen Bedeutung. Dieser Auffassung zufolge wäre etwa eine allmächtige Fantasie der Kontrolle über das geliebte Objekt innerhalb der analytischen Beziehung unmittelbar präsent, wohingegen bei Betty Joseph die relevante Ebene der Unmittelbarkeit darin läge, wie und wann der Patient das Enactment dieser Fantasie realisiert.

An diesem Punkt wird deutlich, dass das, was man als *zugängliche* Deutungsebene begreift, davon abhängt, was man jeweils als unmittelbar ansieht. Versteht man die Fantasie als unmittelbar, so bewegt man sich nicht auf einer abstrakten erklärenden Ebene, wenn man sie zum Gegenstand macht, sondern vielmehr auf einer, die wie bei Betty Joseph lebendig und offen für die Wahrnehmung und das Verständnis des Patienten ist. Dass ›Zugänglichkeit‹ durch die spezifische Definition von ›Unmittelbarkeit‹ bestimmt ist, wird zusätzlich dadurch herausgestellt, dass das, was gedeutet wird, keinesfalls zugänglich im umgangssprachlichen Sinn des Wortes sein muss, so wie es in einigen nordamerikanischen Stellungnahmen zum ›Hier und Jetzt‹ der Fall ist (s. o.). Vielmehr wird Zugänglichkeit in einer sehr spezifischen Bedeutung verwendet, die auf das jeweils unbewusst Vorhandene zielt, und dies muss auf einer Theorie des jeweils unbewusst Vorhandenen fußen: dessen, was unmittelbar ist.

Ebenfalls sollte deutlich geworden sein, dass die Anwesenheit oder die Abwesenheit einer kausalen Erklärung nicht automatisch zu größerer Unmittelbarkeit führt. Wenn eine kausale Dimension wesentlicher Bestandteil des Mitgeteilten ist, dann behält eine kausale Deutung ihren unmittelbaren Charakter. Außerdem schließt eine eher beschreibende Deutungsebene kausale Zusammenhänge nicht aus. Zu beschreiben, wie ein Patient es genießt, eine bestimmte Reaktion hervorzulocken, oder wie er auf eine bestimmte Deutung des Analytikers hofft, ist faktisch gleichbedeutend mit dem Anbieten eines kausalen Verständnisses (zum Beispiel, dass der Patient tut, was er tut, *weil* er die hervorgerufene Reaktion will oder genießt). Allerdings beziehen sich die kausalen Faktoren in diesem Fall nicht auf zugrunde liegende Fantasien. Gesetzt den Fall, dass die zugrunde liegende Fantasie für unmittelbar gehalten wird, so ist eine entsprechende Deutung nicht weniger distanziert als eine Deutung in Hinsicht auf den Wunsch, ein bestimmtes seelisches Gleichgewicht aufrechtzuerhalten oder zu stören (was ebenfalls als kausaler Faktor angesehen werden kann).[6]

Fazit des zweiten Schritts

Ich denke, dass die Untersuchung dieser vier wechselseitig zusammenhängenden Dimensionen – Schwerpunkt auf der Beobachtung, Wirkfaktoren der Veränderung, Hindernisse auf dem Weg zur Veränderung und die Bedeutung von Unmittelbarkeit – in dem Sinn zum Verständnis der Besonderheit von Betty Josephs klinischem Ansatz beitragen kann, in dem er ›hier und jetzt‹ ist. Meines Erachtens wird dadurch auch klar, dass dieser nicht einfach ›unmittelbarer‹ oder näher am Erleben des Patienten ist, sondern dass er vielmehr eine spezifische Perspektive auf Unmittelbarkeit anbietet, die Teil eines allgemeineren theoretischen Bezugssystems innerhalb des kleinianischen Denkens ist. Das schwerpunktmäßige Deuten unbewusster Fantasien, wie ich es am Beispiel der Arbeit von Hanna Segal dargestellt habe, bietet eine andere Perspektive auf Unmittelbarkeit, ein anderes theoretisches Bezugssystem innerhalb desselben Umfelds. Beide beschäftigen sich mit unbewusster Wahrheit und deren verbalem und intellektuellem Verständnis, so wie sie innerhalb der analytischen Situation lebendig wird. Das Verständnis vom Wesen der zugrunde liegenden Wahrheit ist dasselbe; ebenso wie die Bedeutung ihrer Integration in der inneren Welt des Patienten. Beide betrachten einen Deutungsvorgang, der auf unbewusste Wahrheiten und unbewusste Vorgänge zielt, als notwendigen Teil der analytischen Arbeit. Mit anderen Worten, die beiden Perspektiven stellen unterschiedliche Versionen der britischen kleinianischen Auseinandersetzung mit der Unmittelbarkeit unbewusster Wahrheit dar und bieten zwei Auffassungen jener grundlegenden ›Hier-und-Jetzt‹-Perspektive an, die ich beschrieben habe.

---

6 Ebenso ist die Konzentration auf die einzelnen Aspekte der analytischen Beziehung nicht als solches schon ein Zeichen dafür, dass es um Unmittelbarkeit geht, denn auch hier hängt die Auswahl der jeweils beachteten Details von unserem Verständnis der relevanten Ebene der Unmittelbarkeit ab. So könnte etwa die Aufmerksamkeit für die Einzelheiten der Assoziationen des Patienten anzeigen, dass man einer entsprechenden Verführung durch den Patienten erliegt. Die Einzelheiten der Assoziationen selbst wären in diesem Fall gar nicht bedeutsam, sondern eher die allgemeinere Tendenz, Interesse weckende Assoziationen hervorzubringen.

Diese Gemeinsamkeiten machen die beiden Perspektiven freilich nicht kompatibel, die sich, wie wir gesehen haben, in zentralen Punkten voneinander unterscheiden. In der Tat würde jeder der beiden Ansätze dem jeweils anderen unterstellen, bei der angemessenen Erfüllung des kleinianischen Vermächtnisses (teilweise) zu versagen. Beide würden den jeweils anderen als übermäßig intellektuell beurteilen, als nicht auf das zielend, was am gegenwärtigsten und lebendigsten ist, und als scheiternd beim Versuch, die nötigen Schritte in Richtung einer effektiven psychischen Veränderung einzuleiten.[7]

Schlussfolgerung

Die Bedeutsamkeit dieser Bestimmung des ›Hier und Jetzt‹ innerhalb des britischen kleinianischen Bezugsrahmens wird vor dem Hintergrund der verschiedenen nicht-kleinianischen Begriffsverwendungen, die im Laufe der Jahre zunehmend populär geworden sind, aufgezeigt. Offensichtlich existiert eine erhebliche Kluft zwischen den kleinianischen und einigen anderen Zugängen zum ›Hier und Jetzt‹. Dies lässt die versöhnlichen Kommentare über eine angeblich implizite ich-psychologische oder relationale Haltung innerhalb der modernen kleinianischen Praxis unberechtigt erscheinen. Wie wir gesehen haben, streben diese anderen ›Hier-und-Jetzt‹-Ansätze Unmittelbarkeit an und möchten Intellektualisierungen vermeiden, verbinden dabei aber Unmittelbarkeit nicht mit Tiefe und Erleben mit unbewusster Wahrheit auf die Weise, die die von mir beschriebene freudianisch-kleinianische Wahrheitssuche ausmacht.

Zwar gibt es innerhalb des kleinianischen Kontextes durchaus Dissens, aber ich hoffe, durch die Untersuchung der unterschiedlichen Perspektiven und ihrer Grundannahmen und -forderungen gezeigt zu haben, dass beide doch dieser grundlegenden freudianisch-kleinianischen Auffassung verpflichtet bleiben. Die fortdauernde Auseinandersetzung um das Begreifen und Integrieren der tiefsten und unzugänglichsten unbewussten seelischen Wahrheit innerhalb der Unmittelbarkeit der analytischen Beziehung verbindet

---

7 Ein interessantes reziprokes Verhältnis zwischen den beiden Ansätzen ist erwähnenswert. Da sie Fantasien behandeln, ist der Inhalt von Hanna Segals Deutungen dem Wesen nach körperlicher, der Modus ihrer Interventionen hingegen psychischer (also mit dem Patienten über die Fantasie zu sprechen); wohingegen der Inhalt bei Betty Joseph psychischer wäre (bspw. wie der Patient versucht, den Analytiker zum Denken zu bewegen), der Modus der Intervention jedoch körperlicher (in der Beschreibung der unmittelbaren Handlungen).

die verschiedenen kleinianischen Perspektiven, die ich vorgestellt habe, und unterscheidet sie von anderen Formen des ›Hier und Jetzt‹ (wenngleich jede der kleinianischen Perspektiven dies nicht immer so beurteilen mag). Dies zu erkennen, beseitigt die Unterschiede nicht, zumal sie, wie ich gezeigt habe, nicht lediglich auf technischen Vorlieben beruhen, sondern vielmehr auf unterschiedlichen Grundannahmen und -forderungen. Von daher können diese verschiedenen kleinianischen Perspektiven nicht ohne Weiteres innerhalb einer übergreifenden Fassung integriert oder vermengt werden, der zufolge sie dann zu verschiedenen Zeitpunkten oder in verschiedenem Ausmaß Anwendung finden könnten. Gleichwohl denke ich, dass das Verstehen der Unterschiede zusammen mit der Anerkennung der Verpflichtung auf eine geteilte Grundlage und einer gemeinsamen Auseinandersetzung ihre reale oder gelebte Koexistenz in unserem analytischen Denken und Arbeiten ermöglicht. Dies erlaubt uns, mit den divergenten Ansichten zu leben und zu ringen, was nach meiner Erfahrung bereichernd ist.[8]

Aus dem Englischen von Philipp Soldt

---

8 Ein weiterer Punkt, auf den ich hier nicht eingehen kann, hat damit zu tun, wie jede der beiden Perspektiven für die andere eine Art Mahnung darstellt. Der ›Fantasie‹-Ansatz erinnert an die Tiefe, der ›Hier-und-Jetzt‹-Ansatz an die Unmittelbarkeit.

Literatur

Birksted-Breen, Dana (2003): Time and the après-coup. I.J. Psycho-Anal. 84, 1501–1515.
Blum, Harold P. (1983): The position and value of extra-transference interpretation. J. Am. Psychoanal. Assoc. 31, 587–617.
Bott Spillius, Elizabeth (Hg., 1988): Melanie Klein today: Developments in theory and practice. London (Routledge). Dt.: Bott Spillius, Elisabeth (Hg., 2002): Melanie Klein Heute. Übers. Elisabeth Vorspohl. Stuttgart (Klett-Cotta).
Bott Spillius, Elizabeth (2007): Encounters with Melanie Klein. Selected papers of Elizabeth Spillius. London (Routledge).
Britton, Ronald S. (1989): The missing link: Parental sexuality in the Oedipus complex. In: Britton, Ronald S; Feldman, Michael & O'Shaughnessy, Edna (Hg.): The Oedipus Complex Today. London (Karnac Books), S. 83–101. Dt.: Die fehlende Verbindung: Die Sexualität der Eltern im Ödipuskomplex. Übers. Elisabeth Vorspohl. In: Der Ödipuskomplex in der Schule Melanie Kleins. Stuttgart (Klett-Cotta) 1998, S. 95–115.
Britton, Ronald S. (1992): Keeping things in mind. In: Anderson, Robin (Hg.): Clinical lectures on Klein and Bion. New York, NY (Routledge), S. 102–113.
Busch, Fred (1995): Resistance analysis and object relations theory: Erroneous conceptions amidst some timely contributions. Psychoanal. Psychol. 12, 43–53.
Busch, Fred (2004): Response. I.J. Psycho-Anal. 85, 575–577.
Casement, Patrick J. (1982): Some pressures on the analyst for physical contact during the reliving of an early trauma. Int. Rev. Psycho-Anal. 9, 279–286.
Coltrera, Joseph T. (1962): Psychoanalysis and existentialism. J. Am. Psychoanal. Assoc. 10, 166–215.
Curtis, Homer C. (1986): Rejoinder. Progress in Self Psychology 2, 50–59.
Feldman, Michael (2004): Supporting psychic change: Betty Joseph. In: Hargreaves, Edith & Varchevker, Arturo (Hg.): In pursuit of psychic change: The Betty Joseph workshop. London (Routledge), S. 20–35.
Feldman, Michael & Bott Spillius, Elizabeth (1989): General introduction. In: Feldman, Michael & Bott Spillius, Elizabeth (Hg.): Psychic equilibrium and psychic change, London (Routledge), S. 1–12. Dt.: Allgemeine Einführung von Michael Feldman und Elizabeth Bott Spillius. In: Feldman, Michael & Bott Spillius, Elizabeth (Hg.): Psychisches Gleichgewicht und psychische Veränderung. Übers. Elisabeth Vorspohl. Stuttgart (Klett-Cotta) 1994, S. 12–26.
Ferenczi, Sándor & Rank, Otto (1925): The development of psychoanalysis. Übers. Caroline Newton. Madison, CT (International UP) 1986. Dt.: Entwicklungsziele der Psychoanalyse: Zur Wechselbeziehung von Theorie und Praxis. Wien (Internationaler Psychoanalytischer Verlag) 1924.
Ferro, Antonino (2005): Seeds of Illness, Seeds of Recovery. Übers. Philip Slotkin. London (Routledge).
Freud, Sigmund (1912b): Zur Dynamik der Übertragung. GW VIII, S. 364–374.
Freud, Sigmund (1914g): Weitere Ratschläge zur Technik der Psychoanalyse: II. Erinnern, Wiederholen und Durcharbeiten. GW XX, S. 126–136.
Freud, Sigmund (1915a): Weitere Ratschläge zur Technik der Psychoanalyse: III. Bemerkungen über die Übertragungsliebe. GW X, S. 306–321.
Gedo, John E. (1964): Concepts for a classification of the psychotherapies. I.J. Psycho-Anal. 45, 530–539.
Gill, Merton M. (1983): The interpersonal paradigm and the degree of the therapist's involvement. Contemp. Psychoanal. 19, 200–237.

Hargreaves, Edith & Varchevker, Arturo (2004): Introduction. In: Hargreaves, Edith & Varchevker, Arturo (Hg.): In pursuit of psychic change: The Betty Joseph workshop. London (Routledge), S. 1–19.
Hinshelwood, Robert D. (1991): Psychic equilibrium and psychic change by Betty Joseph. Free Associations 2, 295–310.
Hinshelwood, Robert D. (2004): In pursuit of psychic change: The Betty Joseph workshop edited by Edith Hargreaves and Arturo Varchevker. I.J. Psycho-Anal. 85, 1299–1303.
Hoffer, Axel (1991): The Freud-Ferenczi controversy: A living legacy. Int. Rev. Psycho-Anal. 18, 465–472.
Hoffman, Irwin Z. (1996): Merton M. Gill: A study in theory development in psychoanalysis. Psychoanal. Dial. 6, 5–53.
Joseph, Betty (1989): The patient who is difficult to reach. In: Feldman, Michael & Bott Spillius, Elizabeth (Hg.): Psychic equilibrium and psychic change, London (Routledge), S. 75–87. Dt.: Der unzugängliche Patient. In: Feldman, Michael & Bott Spillius, Elizabeth (Hg.): Psychisches Gleichgewicht und psychische Veränderung. Übers. Elisabeth Vorspohl. Stuttgart (Klett-Cotta) 1994, S. 116–134.
Joseph, Betty (1983): On understanding and not understanding: Some technical issues. In: Feldman, Michael & Bott Spillius, Elizabeth (Hg.): Psychic equilibrium and psychic change, London (Routledge), S. 139–152. Dt.: Über Verstehen und Nicht-Verstehen. Einige technische Fragen. In: Feldman, Michael & Bott Spillius, Elizabeth (Hg.): Psychisches Gleichgewicht und psychische Veränderung. Übers. Elisabeth Vorspohl. Stuttgart (Klett-Cotta) 1994, S. 207–226.
Joseph, Betty (1987): Projective identification: Some clinical aspects [written in 1984]. In: Feldman, Michael & Bott Spillius, Elizabeth (Hg.): Psychic equilibrium and psychic change, London (Routledge), S. 168–180. Dt.: Projektive Identifizierung. In: Feldman, Michael & Bott Spillius, Elizabeth (Hg.): Psychisches Gleichgewicht und psychische Veränderung. Übers. Elisabeth Vorspohl. Stuttgart (Klett-Cotta) 1994, S. 249–267.
Joseph, Betty (1992): Psychic change: Some perspectives. I.J. Psycho-Anal. 73, 237–243.
Kernberg, Otto F. (1968): The treatment of patients with borderline personality organization. I.J. Psycho-Anal. 49, 600–619.
Kernberg, Otto F. (2001): Recent developments in the technical approaches of English-language psychoanalytic schools. Psa. Q. 70, 519–547. Dt.: Neuere Entwicklungen der behandlungstechnischen Ansätze in den psychoanalytischen Schulen der englischsprachigen Länder. Übers. Irmela Köstlin. In: Kernberg, Otto F. (2002): Affekt, Objekt und Übertragung. Aktuelle Entwicklungen der psychoanalytischen Theorie und Technik. Gießen (Psychosozial-Verlag), S. 223–244.
Novey, Riva (1983): Otto Rank: Beginnings, endings and current experience. J. Am. Psychoanal. Assoc. 31, 985–1002.
Roth, Priscilla (2004): Mapping the landscape: Levels of transference interpretation. In: Hargreaves, Edith & Varchevker, Arturo (Hg.): In pursuit of psychic change: The Betty Joseph workshop. London (Routledge), S. 85–99.
Schafer, Roy (1991): Psychic equilibrium and psychic change: Selected papers of Betty Joseph edited by Elizabeth Bott Spillius and Michael Feldman. I.J. Psycho-Anal. 72, 169–171.
Schafer, Roy (1997): The contemporary Kleinians of London. Madison, CT (International UP).
Schafer, Roy (2002): You can get here from there. Psychoanal. Inq. 22, 29–42.
Schafer, Roy (2003): Bad feelings. New York, NY (Other Press).
Schimek, Jean G. (1983): The construction of the transference: The relativity of the »here and now« and the »there and then«. Psychoanal. Contemp. Thought 6, 435–456.

Segal, Hanna (1962): The curative factors in psychoanalysis. I.J. Psycho-Anal. 43, 212–217.
Segal, Hanna (1997): The uses and abuses of countertransference. In: Psychoanalysis, literature and war: Papers 1972–1995. London (Routledge), S. 111–122. Dt.: Gebrauch und Missbrauch von Gegenübertragung. Jahrbuch der Psychoanalyse 2008, 56, 9–22.
Seligman, Stephen (2003): The developmental perspective in relational psychoanalysis. Contemp. Psychoanal. 39, 477–508.
Smith, Henry F. (2003): Analysis of transference: A North American perspective. I.J. Psycho-Anal. 84, 1017–1041.
Spezzano, Charles (1998): Listening and interpreting – how relational analysts kill time between disclosures and enactments: Commentary on papers by Bromberg and by Greenberg. Psychoanal. Dial. 8, 237–246.
Strachey, James (1934): The nature of the therapeutic action of psycho-analysis. I.J. Psycho-Anal. 15, 127–159. Dt.: Die Grundlagen der therapeutischen Wirkung der Psychoanalyse. Übers. Valerie Merck. Int. Z. Psychoanal. 21, 1935, 486–516.
Wallerstein, Robert S. (2002): The trajectory of psychoanalysis: A prognostication. I.J. Psycho-Anal. 83, 1247–1267.

III
Psychoanalytische Forschung

Das Schicksal eines nicht anerkannten Traumas[1]

Die Dimension der Nachträglichkeit bei während des Krieges in Belgien versteckten jüdischen Kindern[2]

Adeline Fohn & Susann Heenen-Wolff

Fast 45 Jahre lang wurde das Schicksal von jüdischen Kindern, die während des Zweiten Weltkrieges versteckt worden waren, als nebensächlich angesehen, insbesondere im Vergleich zu dem, was in den Konzentrationslagern geschehen war. In den vielen Berichten über die Shoah kam die Geschichte dieser Kinder nicht vor. Erst Ende der 1980er Jahre begann man, ihre Erfahrungen als potenziell traumatisch anzusehen. In diesem Text berichten die Autorinnen über ihr psychoanalytisches Forschungsprojekt zu den psychischen Auswirkungen dieser Erfahrungen, die über eine so außerordentlich lange Latenzzeit verborgen geblieben waren. Die Ergebnisse dieser Studie basieren auf der Analyse von sechzig Lebensberichten und einer psychoanalytisch orientierten Gruppenarbeit. Die Autorinnen zeigen, dass das Trauma dieser ehemals versteckten Kinder maßgeblich durch die psychische Dimension der Nachträglichkeit beeinflusst wurde.

---

1 The destiny of an unacknowledged trauma: The deferred retroactive effect of *après-coup* in the hidden Jewish children of wartime Belgium. The International Journal of Psychoanalysis (2011) 92, 5–20. Der vorliegende Text wurde übersetzt aus dem französischen Original »Sur le destin d'un traumatisme non reconnu: l'après-coup chez les enfants juifs cachés en Belgique«.

2 Es handelt sich bei dieser Arbeit um einen Bericht über ein psychoanalytisch orientiertes Forschungsprojekt, das im März 2007 an der Universität Louvain-La-Neuve (UCL) in Belgien begann und durch den »Fond spécial de recherche« der UCL finanziert wurde. In diesem Forschungsprojekt versuchten wir, die spezifische psychische Organisation dieser Kinder, die inzwischen erwachsen sind, zu verstehen, um die Auswirkung eines frühen kollektiven Traumas, das nicht als solches anerkannt wurde, verstehbar zu machen.

Einführung

Zwischen 4.500 und 6.000 jüdischen Kindern[3] ist es gelungen, die Besatzung der Nazis in Belgien zu überleben – sie lebten versteckt, unter falscher Identität und in den meisten Fällen von ihren Eltern getrennt. Sie lernten zu lügen, ihre wahre Identität zu verbergen und nicht aufzufallen (Richman 2006). Sie mussten einschneidende Veränderungen verkraften: Sie wurden von ihren Eltern getrennt, mussten weit entfernt und meist ohne Nachrichten von ihnen leben, abgeschnitten von ihrer eigenen Kultur; sie mussten sich an ein fremdes neues Leben anpassen, ihre wahre Herkunft verbergen, einen neuen Namen annehmen und die Existenz ihrer Eltern überhaupt geheim halten. Viele von ihnen waren sich der Gefahr ihrer Situation bewusst (Kestenberg/Brenner 1996).

Ab 1942 wurden sie in Pflegefamilien oder Institutionen (Klöster, Waisenhäuser, Kinderheime) untergebracht. Viele waren gezwungen, ein Doppelleben zu führen und andere Identitäten anzunehmen, während andere regelrecht an einem geheimen Ort versteckt wurden, um sie vor dem Entdecktwerden zu schützen (Dwork 1991). Manche der Kinder litten an Unterernährung, gingen in dieser Zeit nicht zur Schule und wurden mitunter misshandelt oder ausgebeutet.

Die Nachkriegszeit führte zu weiteren traumatischen Situationen (Keilson 1992). Viele Kinder erfuhren nun vom Schicksal ihrer Eltern: Leben im Versteck, Verhaftung, Deportation und schließlich Ermordung. Wenn ein Elternteil oder beide Eltern überlebt hatten, so waren sie durch die Erfahrung im Konzentrationslager, die Zeit im Versteck oder durch den Verlust ihrer Angehörigen oft vollkommen »verwandelt« (Zajde 2005). Gleichzeitig erlebten die Kinder nun eine weitere potenziell traumatisierende Trennung, da sie ihre Pflegefamilien verlassen mussten. Fogelman (1993) weist darauf hin, dass das Trauma der versteckten Kinder erst in dem Moment wirklich begann, als ein »völlig Fremder« (die Eltern, die das Kind nicht wiedererkannte, ein anderer Verwandter oder ein Vertreter einer jüdischen Organisation) kam, um sie abzuholen. Oft hatten sie das Gefühl, dass ihre Pflegeeltern sie im Stich gelassen hätten; zudem war es schwierig für sie, sich selbst wieder als jüdisch anzusehen, da sie zwischen ihren Pflegeeltern und deren Religion, die sie teilweise selbst während des Krieges angenommen hatten, einerseits und andererseits ihrer Herkunft hin und her gerissen waren.

---

[3] Dewulf (2002) spricht von 4.500 jüdischen Kindern, während Steinberg (2009) von 6.208 ausgeht.

Es gilt heute als unbestritten, dass die während des Krieges versteckten jüdischen Kinder kumulativen bzw. »sequentiellen Traumatisierungen«, wie Hans Keilson (1992) dies bezeichnet, ausgesetzt waren. Um zu überleben, entwickelten sie entsprechende Strategien, die auch über das Kriegsende hinaus fortbestanden (Cohen 2005; Feldman 2006; Fogelman 1993; Kestenberg/Brenner 1996). Aber der Argwohn, die extreme Vorsicht und das Misstrauen – Strategien, die während des Krieges angemessen waren – erwiesen sich nun, in Zeiten des Friedens, unter Umständen als schädlich, da sie die Beziehungen zu anderen dauerhaft prägen konnten (Fogelman 1993). In sehr jungem Alter mussten diese Kinder mit vielen verschiedenen Verlusten fertig werden, und nach dem Krieg wuchsen sie in einer von der Shoah verwüsteten Welt auf. Angesichts dieser multiplen Traumatisierungen der überlebenden Kinder verweist Mark Sossin (2007) auf die Schwierigkeit der Integration und »Mentalisierung« des Geschehenen.

Lange Zeit galten die ehemals versteckten jüdischen Kinder im Vergleich mit dem Schicksal derer, die deportiert worden waren, als diejenigen, die »Glück« gehabt hatten (Frydman 2002) und zu jung gewesen seien, um sich erinnern zu können, was mit ihnen geschehen war (Heifetz 1989; Sternberg/Rosenbloom 2000). Die Besonderheiten ihrer Erfahrungen wurden sowohl in der jüdischen Gemeinschaft wie auch darüber hinaus als »absolut nebensächlich« erachtet (Frydman 2002, S. 33). Dieses Nicht-Anerkennen der traumatischen Erfahrung wird als einer der Gründe für die außergewöhnlich lange Latenzzeit angesehen, bis die vormals versteckten jüdischen Kinder selbst anerkennen konnten, dass sie Traumatisches erlebt hatten. Fast 40 Jahre lang – in einigen Fällen fast 60 Jahre – schwiegen die meisten von ihnen über das, was ihnen zugestoßen war. Sie selbst wollten die Vergangenheit vergessen und sich ein neues Leben aufbauen. Bis Ende der 1980er Jahre fehlten die Stimmen dieser ehemals versteckten jüdischen Kinder in den vielen Berichten über die Shoah (Kestenberg 1988). Erst die Arbeiten der Psychiaterin und Psychoanalytikerin Judith Kestenberg haben zu einem besseren Verständnis der Erfahrungen der ehemals versteckten Kinder beigetragen, und im Jahre 1991 entstand mit dem ersten internationalen Treffen in New York, bei dem 1.600 von ihnen zusammenkamen, erstmals so etwas wie ein Bewusstsein für ihre Situation. Auch befassten sich im Anschluss daran wissenschaftliche Arbeiten vermehrt mit der psychischen Traumatisierung dieser ehemals versteckten Kinder (Brachfeld 2007; Feldman 2006; Fohn 2010; Greenfeld 1993; Heenen-Wolff 2009; Marks 1993; Mishne 1997; Mouchenik 2006; Sossin 2007). Ganz offensichtlich konnte sich die Mehrheit der ehemals versteckten jüdischen Kinder erst dadurch, dass sie die Berichte über ihre Erlebnisse miteinander teilten, als Überlebende der Shoah begreifen.

Jene, die mit ihnen arbeiteten, beschrieben die Symptome, unter denen sie litten: Angst, Tendenzen zur Selbstentwertung, Störungen der Gedächtnisfunktionen, psychosomatische Probleme, Amnesien sowie wiederkehrende Alpträume (Feldman et al. 2008). Diese Symptomatologie lässt sich vermutlich mit vier Aspekten in Verbindung bringen: dem erlittenen psychischen Einbruch, der Tatsache, überlebt zu haben, und dem damit verbundenen Schuldgefühl, den Angriffen auf Bindungen zu Personen, denen sie sich zugehörig und durch ihre Herkunft verbunden fühlten, und der Schwierigkeit, diese erheblichen Verluste betrauern zu können (Feldman/Moro 2008). Auch wenn bei den meisten der vormals versteckten Kinder eine spezifische Symptomatik vorliegen mag, stimmen wir mit Marion Oliner (2000 [1999]) überein, wenn sie sagt:

> »Analytiker können nicht einfach ›den Holocaust‹ oder irgendein anderes Trauma behandeln, sie behandeln das Individuum mit all den Verwicklungen, das ein Trauma nach sich zieht, offen für alles, was im Hinblick auf die Integration des Traumas noch in Erfahrung zu bringen ist« (S. 1134).

Obwohl viel von dem, was geschehen war, all diesen ehemals versteckten jüdischen Kindern gemein ist, bilden sie keine diagnostische Einheit. Jack Terry (1984) und neuerdings Laurence Kahn (2005, S. 283) haben die Berechtigung einer durch die spezifischen Erlebnisse abgeleiteten und für alle Betroffenen gültigen Diagnose infrage gestellt, selbst wenn es sich um so extrem traumatische Erfahrungen wie die der Überlebenden der Shoah handelt. Terry (1984) zufolge raubt das sogenannte »Überlebenden-Syndrom« denjenigen, die die Konzentrationslager überlebten, ihre Individualität: »Wenn ein Überlebender zur Behandlung kommt, wird von der Existenz des Syndroms ausgegangen und oft darauf bestanden« (S. 135). Laurence Kahn führt eine ähnliche Kritik an:

> »Weit davon entfernt, mit dem gängigen psychoanalytischen Traumamodell vergleichbar zu sein, verlangt die extreme traumatische Erfahrung, mit der uns das historische Ereignis der Konzentrationslager konfrontiert, dass wir jeglichen theoretischen Verweis auf die Dimension der Nachträglichkeit beiseitelassen« (2005, S. 283).

Die Überlebenden der Shoah wurden tendenziell nicht als Menschen mit eigener spezifischer und individueller Fantasiewelt betrachtet, die die traumatischen Auswirkungen durch eine nachträgliche Bewusstwerdung auf ihre Art erlebten – und umarbeiteten –, sondern als Menschen, die dem »klinischen Bild von Überlebenden« (ebd., S. 290) entsprachen. Die Nachträglichkeit jedoch hat ihren Platz *zwischen* dem traumatischen Ereignis selbst und der Subtilität seiner Umschrift – der Komplexität einer erneuerten Bedeutungszuweisung (André 2009). Im vorliegenden Text wollen wir insbesondere aufzeigen, welche Rolle das Phänomen der Nachträglichkeit bei den jüdischen Kindern gespielt hat, die während des Krieges versteckt worden waren.

Forschungsmethodik

Auf unsere entsprechende Anfrage meldeten sich 60 jüdische Frauen und Männer, die im Zweiten Weltkrieg als Kinder versteckt worden waren, um über ihre Erfahrungen zu berichten. Zum Zeitpunkt der Trennung von ihren Eltern waren sie im Alter zwischen wenigen Monaten und zwölf Jahren. Zum Zeitpunkt der Studie sind sie zwischen 66 und 79 Jahre alt. Die Interviews – jeweils zwei oder drei mit einer Dauer von 60 bis 90 Minuten – wurden zwischen März und Juni 2007 durchgeführt. Im Anschluss wurden diese Gespräche transkribiert und analysiert. Solche Lebensberichte bieten einen geeigneten Rahmen, um die Geschichte eines Menschen zu erfassen und eine narrative Identität zu bilden (Golse/Missionnier 2005; Legrand 1993; Ricœur 1991 [1986]). Unser Ziel war es, die verinnerlichte Erfahrung dieser ehemals versteckten Kinder mithilfe psychoanalytischer Traumatheorien zu verstehen.

Wie Kestenberg (1988), Keilson (1992), Feldman (2006) und Kaplan (2008), die alle in einem ähnlichen Kontext gearbeitet haben, sprachen auch wir mit unseren Interviewpartnern darüber, was mit ihnen vor, während und nach dem Krieg geschehen war. Wir ließen die Gesprächspartner frei über ihre Lebensgeschichte und die Ereignisse, die aus ihrer Sicht wichtig waren, berichten. Wir baten sie dann, bestimmte Momente ihres Lebens zu vertiefen, detaillierter zu beschreiben. Dabei konnten wir feststellen, dass die Phänomene der Nachträglichkeit oder des »après-coup« (André 2009; Freud 1895, 1918; Green 2000) in ihrem Leben eine entscheidende Rolle spielten – ein Aspekt, dessen Bedeutung bisher in keiner aktuellen wissenschaftlichen Untersuchung herausgestellt worden ist.

Die Dimension der Nachträglichkeit bei ehemals versteckten jüdischen Kindern

Die Idee der »Nachträglichkeit«[4], die für die psychoanalytische Konzeption der psychischen »Zeitlichkeit« zentral ist, bezieht sich auf die Art und Weise, in der psychische Prozesse über die Zeit hinweg organisiert werden. Die Nachträglichkeit umfasst die komplexe Beziehung zwischen einem spezifischen Ereignis und der nachträglichen Bedeutung, die diesem Ereignis zugeschrieben wird. Diese nachträgliche Bedeutung kann dem ersten Ereignis eine »psychische Wirksamkeit« verleihen, die bislang scheinbar keinen Einfluss hatte (Laplanche 2002, S. 121). Dieses Ereignis wird zum Zeitpunkt seines Auftretens nicht notwendigerweise traumatisch erlebt; dies kann sich jedoch ändern, wenn ein anderes, späteres Ereignis ihm eine neue Bedeutung verleiht. Folglich gibt es zwei Zeitpunkte, die eine psychische Traumatisierung bedingen: der Zeitpunkt des Ereignisses selbst und der Zeitpunkt seiner Wiederbelebung. Laplanche (2006) benutzt ein starkes Bild, um dieses Phänomen zu veranschaulichen: Die erste Erinnerung ist wie eine »Zeitbombe«, die später aktiviert und »gezündet« werden kann. Damit eine nachträgliche Bewegung [après-coup] stattfinden kann, damit eine Verbindung zwischen dem ersten und zweiten Ereignis hergestellt werden kann, darf die Erinnerung an die erste Erfahrung nicht neutral sein: Sie muss »emotional besetzt« sein (Oliner 2000 [1999], S. 1120).

Anders als in genetischen Konzepten verstanden, sind die frühesten biografischen Ereignisse nicht zwangsläufig die wichtigsten.

Zunächst konnten wir beobachten, dass bei den ehemals versteckten jüdischen Kindern Trennungstraumata durch eine nachträgliche Dimension strukturiert waren. Die meist plötzliche Trennung des Kindes von seinem familiären und sozialen Umfeld ist die erste Traumatisierung und schien nichts weiter als eine »Spur« hinterlassen zu haben, die in vielen Fällen erst später eine traumatische Wirkung zeigen sollte, wie wir im weiteren Verlauf unserer Arbeit zeigen

---

4 Anm. d. Ü.: Im französischen Originaltext wird an dieser Stelle sowie im weiteren Textverlauf ausschließlich der Ausdruck »après-coup« verwendet. In der hier vorliegenden Übersetzung soll jedoch, auch auf Wunsch der Autorinnen, der auf Freud (1895) zurückgehende Begriff der »Nachträglichkeit« verwendet werden. Da der französische Ausdruck jedoch das wichtige Moment einer retroaktiven und aktiven Bewegung enthält, wird er an entsprechenden Stellen in eckigen Klammern eingefügt.

werden.[5] Diese Trennungen zogen eine erzwungene Anpassung (stets unter Verheimlichung der Identität) an eine neue Umgebung nach sich. Am Ende des Krieges fand eine zweite Traumatisierung statt: die Trennung von den Pflegeltern. Sie war besonders traumatisierend, wenn die Kinder noch sehr jung waren und sich an ihre leiblichen Eltern »nicht mehr erinnerten«. Die Trennung von den Pflegeltern hatte einen nachträglichen Effekt [après-coup] im Hinblick auf die ursprüngliche Trennung von den biologischen Eltern; erst jetzt schien die ursprüngliche Trennung als traumatisch erlebt zu werden.

Da die Kinder so jung waren, war es für sie schwierig, mit Situationen (Razzien, Deportation und Ermordung von Angehörigen, die Notwendigkeit, sich zu verstecken, um zu überleben) umzugehen, die sie nicht verstehen und verarbeiten konnten, was bei den Kindern und jungen Adoleszenten zu einer psychischen »Erstarrung« der Affekte und Vorstellungen führte. Die psychische Verarbeitung dieser Erlebnisse wurde durch das Schweigen, die Überanpassung der ehemals versteckten Kinder an die Anforderungen der Umgebung während des Krieges sowie das Fehlen jeglicher sozialer Anerkennung dessen, was sie durchgemacht hatten, nicht begünstigt. Das Trauma brach über sie herein, ohne dass es eine »psychische Darstellbarkeit« (Botella/Botella 1990) gegeben hätte, die ihnen eine bessere Integration ihrer Erfahrungen ermöglicht hätte.

Aufgrund unserer Beobachtungen gehen wir davon aus, dass es zu einer weiteren, durch nachträgliche Bewegung [aprés-coup] ausgelösten Traumatisierung in dem Moment kam, als die ehemals versteckten Kinder begannen, in den 1990er Jahren über ihre Erfahrungen zu sprechen. Eine anschließende Verarbeitung, die vor allem durch das internationale Treffen der ehemals versteckten Kinder oder eine Psychotherapie in Gang kam, gab vergangenen Ereignissen augenscheinlich eine neue Bedeutung, was paradoxerweise eine akute Traumatisierung nach sich zog.

Um das psychische Phänomen der Nachträglichkeit bei den vormals versteckten jüdischen Kindern zu veranschaulichen, werden mehrere klinische Fallvignetten vorgestellt, die sich auf die Trennungserfahrungen und den Moment der gruppalen und persönlichen Bewusstwerdung beziehen, und zwar zu einem Zeitpunkt, als auch eine erweiterte Öffentlichkeit sensibler

---

5 Die psychische Organisation der Kriegserlebnisse ist bei jüngeren und älteren versteckten Kindern oft unterschiedlich. Während die Trennung bei den Jüngeren offensichtlich nur eine »Spur« in der Psyche hinterließ, erlebten die Älteren ihrerseits diese erste Trennung oft bereits zum tatsächlichen Zeitpunkt als traumatisch. In diesen Fällen kann man davon sprechen, dass die Trennung keine Spur, sondern eine Erinnerung hinterließ.

für das spezifische Schicksal dieser Kinder wurde. Wir haben Auszüge aus den Lebensberichten gewählt, die uns im Hinblick auf unsere Hypothesen besonders aufschlussreich erschienen.

Traumatische Trennungen und die Dimension der Nachträglichkeit

Herr A. wurde 1938 geboren. Er lebte mit seinen Eltern und seinem fünf Jahre älteren Bruder zusammen. Angesichts der Massenverhaftungen und der immer größer werdenden Unsicherheit wurde er im August 1942, im Alter von 3½ Jahren, von seiner Familie getrennt. Herr A. »hat keine Erinnerung« an die Trennung von seinen Eltern:

> »Es war 1942, an die Zeit davor habe ich fast überhaupt keine Erinnerungen. Das, was ich weiß, weiß ich durch meinen Bruder. Es war im August, und meine Eltern hatten einen Ort gefunden, an dem sie mich verstecken konnten. So habe ich eine vage Erinnerung an den Tag, an dem ich bei diesen Leuten *abgeliefert*[6] worden bin.«

Herrn A.s Vorstellungen aus dieser Zeit sind durch die Informationen anderer (seines Bruders, seiner Familie während des Krieges und seines Onkels väterlicherseits) geprägt. Man spürt seinen Schmerz und die verschiedenen Emotionen, die er durchlebte, Gefühle der Eifersucht, Verlassenheit und Aggressivität:

> »Während ich versteckt worden bin, ist mein Bruder noch bei *unseren* Eltern geblieben, das ist auch so eine Frage, *warum ist er geblieben?* Vielleicht haben meine Eltern nicht so leicht ein Versteck für ihn gefunden, oder vielleicht wollten sie den Kleinsten zuerst *verstecken*, und vielleicht wurde mein Bruder, der zu diesem Zeitpunkt acht oder neun Jahre alt war, als größer angesehen, fast wie ein kleiner Erwachsener. Jedenfalls ist er bei ihnen geblieben.«

Ohne irgendwelche eigenen bewussten Erinnerungen schuf sich Herr A. Vorstellungen, die der Subjektivität anderer, im vorliegenden Fall seines Bruders, entlehnt waren. 1940 hatte seine Familie versucht, nach England zu gelangen,

---

6 Die kursiv dargestellten Sätze oder Worte kennzeichnen Stellen, die uns im Hinblick auf latente Vorstellungen besonders aufschlussreich erscheinen.

der Versuch war nach Ansicht von Herrn A.s Bruder an ihm (also Herrn A.) gescheitert. Der Schmerz und die Schuldgefühle, die daraus entstanden sind, sind in seinen Worten gegenwärtig:

> »Wir haben uns nach dem Krieg wiedergefunden. *Er sagte, dass wir wegen mir nicht hatten an Bord des Schiffs gehen können.* Das traf mich wie ein Schlag ins Gesicht [leise, fast unhörbar]. Anscheinend mussten meine Windeln gewechselt werden. Also mussten wir deshalb in ein Lokal gehen. Mir fällt es wirklich sehr schwer, das zu glauben – warum mussten wir denn in ein Lokal gehen, um meine Windeln zu wechseln? Ich habe selbst kleine Kinder gehabt, und man wechselt Windeln in drei Minuten. Mein Bruder lachte, als er mir das erzählte.« [Herr A. verstummt, zieht sich in sich zurück.]

Während des Krieges lebte Herr A. bei einer Pflegefamilie, zu der er eine enge Bindung entwickelte und die ihn mit Aufmerksamkeit und Zuneigung umsorgte. 1945 stellte sich heraus, dass seine Eltern nach Auschwitz deportiert worden waren. Nur sein älterer Bruder, der während des Krieges versteckt war, und sein Onkel väterlicherseits, der Auschwitz überlebt hatte, waren noch am Leben. Angesichts dieser Situation lebte Herr A. auch nach Ende des Krieges weiterhin bei seiner Pflegefamilie. Die Trennung von dieser Familie, in der er zum damaligen Zeitpunkt sechs Jahre gelebt hatte, kam plötzlich und ohne Vorbereitung, als er neun Jahre alt war. Sein Onkel, zu dem er regelmäßigen Kontakt hatte, holte ihn eines Tages »zu einem Spaziergang« ab und steckte ihn ohne Erklärung in ein Heim für jüdische Kinder[7].

> »Eines Tages nahm er mich mit zum Bahnhof und sagte mir, dass wir meinen Bruder besuchen würden. Mein Bruder lebte bereits in einem Heim für jüdische Kinder, einem jüdischen Waisenhaus. Als wir dort ankamen, war es nicht so ein Waisenhaus, wie ich es mir vorgestellt hatte, es war ein Schloss. Die Kinder blühten dort richtig auf. Es gab ein Freibad. Die Leute waren sehr glücklich, und die Kinder wurden gut betreut. Also, an diesem Nachmittag, da verabschiedete er sich von mir.« [Schweigen.]
> *Interviewer:* »Er hat Sie einfach dort gelassen?«
> »Ja. Anscheinend kam er am Abend nochmal mit meinen Sachen wieder. T. und N. [Herrn A.s Pflegeeltern] wussten nicht, wo ich war – genauso wenig wie ich.«

---

7 Nach dem Krieg bemühten sich die Familien, die überlebt hatten, die versteckten Kinder wieder in ein jüdisches Umfeld einzugliedern.

Diese zweite Trennung bringt die erste Trennung – die Trennung von seinen leiblichen Eltern –, an die er »keine Erinnerung hat«, wieder ins Bewusstsein. Dies führt zu einer durch zwei Zeitpunkte bedingten Traumatisierung:

> »Ich habe da wochenlang *geweint*. Es ist das *erste Verlassenwerden*, das da wieder von vorne anfing. Und die Umstände waren wieder die gleichen: nicht zu wissen, wo meine neuen Eltern waren. Aber schließlich war ich mit meinem Bruder zusammen, das musste das ausgleichen. Aber er sagte immer wieder, dass alles *meine Schuld* war.«

Es gab also eine erste, potenziell traumatisierende Erfahrung, als Herr A. von seinen leiblichen Eltern im Alter von 3½ Jahren getrennt wurde. Mitten in der Phase der Autonomieentwicklung hatte er keinerlei Möglichkeit zu lernen, mit der Abwesenheit eines Elternteils umzugehen, wieder zu Mutter oder Vater (Winnicott 1966) zurückzukehren oder durch ihre Rückkehr beruhigt zu werden. Hier ist der Verlust plötzlich und endgültig. Aufgrund seines kindlichen Alters und der Unfähigkeit, den Verlust zu verarbeiten, kann er nichts weiter als eine »Spur« des Ereignisses bewahren.

Das zweite Trauma knüpft an das erste an: Als das Kind, das er damals war, eine vertrauensvolle Bindung zu seiner Pflegefamilie geknüpft hatte, reißt diese – plötzlich – erneut. Die Verknüpfung dieser beiden Ereignisse führte dazu, dass jegliche Trennungserfahrung eine besonders traumatische Wirkung haben wird.

Wenige Zeit später, kurz nachdem Israel unabhängig wurde, schlägt Herrn A.s Bruder vor, dass sie beide sich dort niederlassen könnten.

> »Als T. und N. [seine Pflegeeltern] mich in dem Heim besuchten, wagte ich nicht, ihnen irgendetwas darüber zu erzählen. Ich schickte ihnen dann einen Abschiedsbrief, um ihnen zu sagen, dass ich mit meinem Bruder nach Israel gehen würde. Als sie diese Postkarte erhielten, kamen sie sofort in das Heim. *Ich fühlte mich zerrissen, es war ein Dilemma:* bei meinem Bruder bleiben und nach Israel gehen oder mit ihnen zurückkehren. Als sie kamen, ging ich dann mit ihnen nach Brüssel. T. [seine Pflegemutter] holte mich ab, wir gingen zu ihrer Tochter, und N. machte sich auf den Weg zur Arbeit.«
>
> *Interviewer:* »Sie hatten also die Wahl und entschlossen sich, bei Ihren neuen Eltern zu bleiben?«
>
> »Eigentlich nicht. Sie entführten mich. Sie nahmen mich mit, ohne irgendjemanden irgendetwas zu fragen. Niemand hat mich nach meiner Meinung gefragt. Eigentlich hat mich, *als ich klein war, nie jemand nach meiner Meinung gefragt*.«

Herr A. befand sich als Kind damals in einem Loyalitätskonflikt: Fortzugehen würde bedeuten, seiner Pflegefamilie Lebewohl zu sagen. Es gab keine Erwachsenen, die den Konflikt des Kindes »contained« hätten[8] (Winnicott 1966 [1990]), und er hatte keine Möglichkeit, eine Wahl zu treffen. Es handelt sich hier um ein zweites, vielleicht drittes »einschlagendes Erlebnis«[9], bei dem das Kind wiederholt Situationen der Machtlosigkeit erfährt. Bei Herrn A. beschädigten diese Erfahrungen die mit der Pflegefamilie geknüpfte Bindung. Ebenjene Bindung wird nicht länger als »Matrix« mit einer schützenden Funktion wahrgenommen.

Mit etwa 14 oder 15 Jahren lebte er, aus ungeklärten Gründen, erneut in einer Pflegefamilie, aber dieses Mal führten seine Schuldgefühle, das Gefühl, versagt zu haben, als auch seine Angst, verlassen zu werden, sowie ein fragiler Narzissmus dazu, dass er keine wirklich enge Bindung zu dieser Familie aufbaute. Jede wirklich enge Beziehung wird fortan als gefährlich empfunden. Er fühlte sich nur beruhigt, wenn er Distanz halten konnte:

> »Ihnen gegenüber fühlte ich mich auch wegen all dieser [schulischen] Misserfolge schlecht. Ich hatte den Eindruck, dass sie mich überschätzten, und ich brachte diese miserablen Noten nach Hause […]. *Ich muss sie dermaßen enttäuscht haben, dass sie noch ein Kind bekamen*, die anderen waren schon zehn Jahre alt, und sie hofften auf einen Jungen. Naja, danach ging ich auf Abstand. Ich fühlte mich sicher, aber ich wusste nicht mehr, wie ich mich ihnen gegenüber verhalten sollte.«

Als Jugendlicher überwältigten ihn Scham, Schuld, Erythrophobie und paranoide Empfindungen.

> »Ich wurde schnell rot, was mich in panische Angst versetzte. Mein Verhalten – ich glaube, ich war nahe dran verrückt zu werden, denn wenn ich die Straße entlang lief und einer Straßenbahn begegnete, hatte ich den Eindruck, dass die Fahrgäste regelrecht in mich hineinschauen konnten. Wenn ich irgendwo war und *rot wurde, wusste ich nicht wohin mit mir*, ich wäre am liebsten im Boden

---

8 »Wir müssen davon ausgehen, daß das unreife Kind eine Situation braucht, in der von ihm keine Loyalität erwartet wird. Und vielleicht dürfen wir hoffen, daß gerade die Familie fähig ist, etwas zu tolerieren, das auf den ersten Blick wie Treulosigkeit aussieht, im Grunde aber nur Teil des Entwicklungsprozesses ist« (Winnicott 1966 [1990], S. 151).

9 Anm. d. Ü.: Das Wort im französischen Original lautet hier »coup« (Schlag, Stoß), das sich im Ausdruck »après-coup« wiederfindet.

versunken. Ich war erschöpft, ich wusste nicht, was ich sagen sollte, *ich war tot* [lacht]. *Ich war eine Niete*. Ich hatte *sehr wenig Kontakt mit Menschen*. Wenn ich irgendwo war, wusste ich nicht, was ich sagen sollte.«

Allmählich gelang es Herrn A., einige innere Konflikte hinter sich zu lassen – oder zu verdrängen –, insbesondere solche, die mit seinem Vaterbild zusammenhingen. Tatsächlich wurde er ein exzellenter Student, und im Anschluss durchlief er eine glänzende berufliche Laufbahn. Er heiratete eine Frau jüdischer Herkunft, die ebenfalls ein ehemals verstecktes Kind war, und wurde Vater zweier Kinder. Seine Frau wurde mehrfach stationär in der Psychiatrie behandelt. Sie ließen sich irgendwann zwischen 1980 und 1990 scheiden. Diese Trennung scheint vergangene Trennungserfahrungen wieder aufleben zu lassen, da er ungefähr ab diesem Zeitpunkt begann, über seine Kindheit zu sprechen. Einmal mehr ist das Phänomen der Nachträglichkeit [après-coup] zu beobachten. Die Scheidung und die damit verbundene Trennungserfahrung ließen die früheren Trennungen und die damit verbundenen Schmerzen wieder aufleben:

> »Ich habe nie wirklich über das, was ich erlebt habe, gesprochen. Bei der Scheidung brach dann alles hervor, wurde alles ausgesprochen, aber eben auf die besondere Konfliktsituation bezogen. Es war nicht die gleiche Situation wie damals, aber wie ein *Wiedererleben*, das war sehr schmerzhaft.«

Die Geschichte von Herrn A. besteht aus »Schicksalsschlägen« [coups] und deren nachträglicher Wirkung [après-coups], die sich in einem »Zünden« der »Zeitbombe« äußert, jener ersten »Spur«, um ein weiteres Mal das Bild von Laplanche aufzugreifen. Dies trifft auf viele der ehemals versteckten Kinder zu, denen wir im Verlauf unserer Forschung begegneten.

Bei der ersten Trennung von den Eltern gewöhnt sich das Kind schnell an seine neue Pflegefamilie. Im Gegensatz zu den jüngeren Kindern (0–8 Jahre) erinnern sich die älteren Kinder (9–13 Jahre) fast alle an diese erste Trennung. Am Ende des Krieges erkannten die Jüngeren ihre Eltern oft aufgrund der infantilen Amnesie nicht wieder, aber auch, weil einige Erwachsene von ihren Erlebnissen in den Konzentrationslagern zutiefst gezeichnet waren.

Am Ende des Krieges gab es mindestens noch eine weitere bedeutsame Trennung: Die versteckten Kinder wurden von überlebenden Mitgliedern ihrer Familie oder jüdischen Einrichtungen zurückgeholt. Es ist überaus bemerkenswert, in welchem Ausmaß die Teilnehmer unseres Forschungsprojektes, egal welchen Alters, die traumatische Wirkung dieser zweiten Trennung hervorhoben. Sie sprachen wenig von der ersten Trennung, sondern wiesen darauf hin, dass die Symptome, mit denen sie zu kämpfen hatten, zum Zeitpunkt der zweiten Trennung auftraten.

Dafür ein weiteres eindrucksvolles Beispiel: Im Gegensatz zu Herrn A., einem Waisenkind, findet Herr B. seine Eltern nach dem Krieg wieder. Er wird, als er noch sehr klein ist, zu einer Pflegefamilie gebracht, zu der er eine enge Bindung aufbaut. Die zweite Trennung, dieses Mal von seiner Pflegefamilie, ist erneut ausgesprochen schmerzlich und führt zu einem Effekt im Sinne der Nachträglichkeit [après-coup]:

> »Ich habe nichts als glückliche Erinnerungen an diese Zeit [des Krieges]. Während des ganzen Krieges war ich überall im Dorf willkommen. Also hatte ich kein Gefühl von Traumatisierung oder Ängste wegen der Trennung von meiner [Herkunfts-]Familie. Danach, nach dem Krieg, bin ich natürlich für eine kleine Weile zurück nach Hause gegangen, und ich muss sagen, dass ich *bitterlich weinte. Meine Familie war meine Pflegefamilie*, was vielleicht ganz normal ist, wenn man mit 3½ in die Obhut von Leuten gegeben wird und es dort liebevoll zugeht. Tatsächlich *heulte ich mir die Augen aus dem Kopf*, wenn ich – manchmal nur ganz kurz – nach Brüssel zurückkam, *ich wollte wieder dorthin zurück*. Daher war für mich das Traumatische gerade das Gegenteil ... wenn ich wieder zu meiner [Herkunfts-]Familie zurückging.«

Häufig wurde den ehemals versteckten Kindern erst im fortgeschrittenen Alter die Verbindung zwischen dieser ersten Trennung und der zweiten bewusst. Sie identifizierten sich dann mit ihren eigenen Eltern, die sie zunächst verloren und, in einigen Fällen, bei Kriegsende abgelehnt hatten. Auch die Tatsache, eigene Kinder oder sogar Enkel zu haben, führte manchmal zu Phänomenen der Nachträglichkeit [aprés-coup], wie beispielsweise im Falle von Herrn F., 1936 geboren, der im Alter von sechs Jahren von seinen Eltern getrennt wurde und dessen Vater in einem Konzentrationslager umkam:

> »Als mein Sohn sechs Jahre alt war, habe ich einen Vergleich angestellt. Er wurde 1983 geboren, also muss das 1989 gewesen sein. Ich erinnere mich ganz deutlich daran, wie *ich mich* an seinem Geburtstag in das Kind *hineinprojizierte, das ich im Alter von sechs Jahren gewesen war*, und vor allem in das Kind, das innerhalb weniger Minuten vaterlos wurde, das die Jahre danach von einem Ort zum nächsten geschleppt wurde, das aus seinem Zuhause herausgeschleudert wurde, weg von seiner Familie, von seinem Papa, von seiner Mama. Da wurde mir

klar, was es bedeuten könnte, mit sechs Jahren all das zu entbehren, wo doch mein Sohn all das hatte. Und da wurde mir klar, was es bedeutet, ein Zuhause zu haben, einen Papa, eine Mama, die sich um einen kümmern, und dass all das etwas war, was mir weggenommen worden war. Und die ganze elterliche Zuwendung, die habe ich nicht gekannt. Als mein Sohn sechs war, da bemerkte ich es, da fiel es mir wirklich auf, *ich realisierte, dass ich all das während meiner Kindheit, letztendlich für den Rest meines Lebens entbehren musste.* Das war ein *sehr schmerzhafter* Moment für mich. Davor dachte ich nicht darüber nach.«

Die ehemals versteckten jüdischen Kinder realisierten häufig erst später, was sie in ihrer eigenen Kindheit entbehren mussten, wenn sie sich mit einem Kind identifizierten. Dadurch konnte sich ihnen ein Zugang zur Vorstellung, Verarbeitung und Trauerarbeit eröffnen. Wie wir im Folgenden sehen werden, entstanden in den 1990er Jahren, nachdem man über das Geschehene zu sprechen begonnen hatte, in zahlreichen Fällen weitere Phänomene der Nachträglichkeit [après-coup]: Dies erleichterte manchmal die Verarbeitung, konnte aber genauso gut zu einem massiven psychischen Zusammenbruch führen.

Von einem ersten In-Worte-Fassen hin zu einem Prozess der Bewusstwerdung

Wie wir gesehen haben, verloren die ehemals versteckten jüdischen Kinder über viele Jahre hinweg kein Wort über ihre Erfahrungen. Dafür macht Cohen (2005) die folgenden Faktoren verantwortlich: Dass sie noch so *jung* waren, als die Verfolgung begann, machte es schwierig, die Erinnerung an diese Ereignisse in einer strukturierten Art und Weise abzurufen. In der *Hierarchie des Leidens* standen die Überlebenden der Deportationen an erster Stelle und nicht die ehemals versteckten Kinder, die als diejenigen angesehen wurden, die »Glück gehabt« hatten. Bei diesen Kindern verhinderten ein während der Kriegszeit *gelerntes Verbergen* der eigenen Identität und die *Schmerzen*, die durch die Vergegenwärtigung der traumatischen Erinnerungen ausgelöst wurden, eine narrative Darstellung des Geschehenen. Darüber hinaus gingen Erwachsene zu jener Zeit davon aus, dass das Erinnern der Vergangenheit einer Anpassung der Kinder an ihre neuen Lebensumstände abträglich sein könnte. Und schließlich fürchteten die ehemals versteckten jüdischen Kinder

– bei ihrer *Suche nach einer Form der Zugehörigkeit* –, dass das, was sie sagen könnten, ihre Wiedereingliederung und Rehabilitation gefährden könnte (ebd., S. 68).

Richman (2006, S. 639) betont, dass die Angst, die durch das traumatische Erlebnis ausgelöst wurde, und die verschiedenartigen dissoziativen Verarbeitungen es nur noch schwieriger machten, das Geschehene in Worte zu fassen. Die Unmöglichkeit, einem Ereignis wie der Shoah einen Sinn abzugewinnen, und die Diskontinuität eines Lebensgefühls bei den überlebenden Kindern (Kaplan 2000) sowie Scham- und Schuldgefühle (Fohn 2010) sind weitere Elemente, die es ermöglichen, die außerordentlich lange Latenzzeit, ehe das Erlebte erzählt werden konnte, zu verstehen. Um über traumatische Ereignisse sprechen zu können, ist es darüber hinaus notwendig, ein Gefühl von Sicherheit zu haben (Métraux 1997). Doch dieses Sicherheitsempfinden war in der unmittelbaren Nachkriegszeit nicht vorhanden, so wie auch das Urvertrauen der Kinder während der Shoah zerstört worden war (Kestenberg 1996). Ihre Erfahrungen mit Beginn der 1990er Jahre in einem erweiterten sozialen Kontext teilen zu können, war daher für viele der ehemals versteckten Kinder ein Ereignis von großer psychischer Bedeutung.

Wie viele andere kehrte Herr F., 1936 geboren, von dem Treffen der ehemals versteckten Kinder in Jerusalem tief betroffen nach Belgien zurück:

»Erst 40 oder 50 Jahre später fingen wir an, uns Fragen zu stellen. Warum? Ganz einfach, weil wir sicherlich eine völlig traumatische Erfahrung durchgemacht hatten. Innerhalb weniger Minuten war unser ganzes Leben auf den Kopf gestellt worden. Und daher ist diese abrupte Trennung die eigentliche Traumatisierung, in jedem Fall eine der wirklichen Traumatisierungen. Jedenfalls war das für mich damals so, als alles ins Wanken geriet. Das war mir zu diesem Zeitpunkt nicht bewusst gewesen, erst als ich in Jerusalem war, *analysierte* ich die Dinge *erneut* und sagte mir, dass sich die wirklich traumatisierende Situation im Grunde ereignete, als alles begann.«

Sein Bericht zeigt abermals die Bedeutung des Phänomens der »Nachträglichkeit«, wenn Kindheitserlebnisse vergegenwärtigt werden. Es handelt sich hier nicht nur um eine ewige Wiederholung traumatischer Ereignisse, sondern um eine wirkliche Bewusstwerdung – einen »Moment der Wahrheit« (André 2009, S. 55) –, die sich ihren Weg ins Bewusstsein bahnt. Es findet eine Reaktivierung von Affekten statt, die in der Vergangenheit verdrängt worden waren; Emotionen, die während des Krieges nicht wirklich erlebt werden konnten, kommen zutage:

»Während des Krieges lebte ich wie jedes andere Kind. Ich war mit meinen Kumpeln im Kloster, und wir spielten viel. Es gab eine gewisse Disziplin, aber die wurde allen abverlangt. Ich kann mich nicht daran erinnern, mich zu jener Zeit traumatisiert gefühlt zu haben. Vielmehr *war es eine ›potenzielle Traumatisierung‹, als ich später darüber nachdachte*, weil, wenn man über so etwas nachdenkt, wird man traumatisiert [...]. Eine der Nonnen erzählte uns, dass sich in einem nahe gelegenen Kloster ein Wunder zugetragen hatte. Das Kloster war komplett zerbombt worden, und alles, was davon übriggeblieben war, war eine Statue der Jungfrau Maria. Das war ein Wunder. Zu der Zeit damals beeindruckte mich das nicht so, aber es blieb mir in Erinnerung – und jetzt, wenn ich erneut daran denke, würde ich sagen, dass ich nicht lächeln, sondern vielmehr weinen sollte.«

Herr N. wurde während des Krieges Zeuge der Ermordung eines jüdischen Jungen. Als er von diesem Ereignis erzählt, wird ihm zum ersten Mal plötzlich bewusst, dass er oder sein kleiner Bruder das Kind hätten sein können, das vor seinen Augen erschossen wurde. Diese mit der Schilderung dieses Erlebnisses verbundene Bewusstwerdung führt zu einer nachträglichen Bewegung, die bislang nicht empfundene Affekte aktiviert und diesem ersten Ereignis eine traumatische Bedeutung verleiht. Herr N. kann spüren, wie die Depression in ihm hoch kriecht, als er diese Verknüpfung herstellt. Er sagt:

»Wir hörten, dass die Deutschen in unser Heim gekommen waren. Sie griffen sich einen kleinen Jungen heraus und fragten ihn: Bist du Jude? Sie zogen ihm seine Hosen herunter, sahen, dass er beschnitten war, und erschossen ihn. Einen kleinen Jungen, einfach so. Vor sieben oder acht Jahren, als ich diese Geschichte erzählte, *brach ich zusammen*. Wissen Sie warum? Es war das erste Mal, dass ich mir vorstellte, dass das mein Bruder oder ich hätten sein können. Davor habe ich nie darüber nachgedacht. *Doch da fiel ich in ein richtiges Loch.* Ich hatte diese Geschichte so oft erzählt, aber davor kam ich nie auf die Idee, dass das ich oder mein Bruder hätten sein können. Als ich sie da erzählte, bin ich *weinend* weggegangen und sagte mir: *Das hättest Du sein können.*«

Zunächst zeigt sich hier eine durch das ursprüngliche Geschehen ausgelöste psychische Erstarrung sowie ein »Einfrieren der Affekte«, was wesentlich dazu beitrug, dass diese Kinder, mittlerweile Erwachsene, überleben konnten. Diese psychische Erstarrung machte es ihnen gleichzeitig unmöglich, ihre eigene Vergangenheit in die Narrative der Shoah zu integrieren und sie so mit anderen zu teilen. Auf diese Weise wurde die Konstruktion einer Geschichte, die erzählt, mit anderen geteilt, symbolisiert und mit Bedeutung versehen werden kann, verhindert. Weiter sehen wir, wie ein nochmaliger »Einschlag« [»coup«] zu einem späteren Zeitpunkt den Weg zu einer Verarbeitung, Vorstellung sowie psychischer Integration von bisher abgespaltenen Elementen eröffnet.

Zusammenfassung

Die zahlreichen psychischen Phänomene, die mit der Dimension der Nachträglichkeit [après-coup] zu tun haben, weisen vor allem auf die Schwierigkeit des Kindes hin, sich die Ereignisse vorzustellen. Diese Kinder bekamen oft nur vereinzelte und vage Informationen über das Schicksal der Juden, ihrer Eltern und Angehörigen, was eine psychische Integration besonders erschwerte. Auch die Tatsache, dass viele von ihnen noch so jung waren, erschwerte es ihnen, die Situation zu verstehen und zu verarbeiten, zumal die Erwachsenen in der Nachkriegszeit mit ihrer eigenen Trauer fertig werden mussten und oft nicht verfügbar waren, um das Kind diesbezüglich zu unterstützen. Wie Krystal (1984) darlegt, konnte das Ausmaß der erlebten Verluste die Kapazität des Einzelnen zu ihrer Integration überfordern, sodass sich mancherlei Formen der Verleugnung und Idealisierung verlorener Objekte entwickeln, um überleben zu können.

Es vergingen nicht selten 50 Jahre, bis sich die ehemals versteckten jüdischen Kinder der Realität ihrer Verluste und dessen, wovor sie ausgewichen waren, bewusst wurden. Laplanche und Pontalis (1994 [1967]) betonen in diesem Zusammenhang:

> »Nicht das Erlebte allgemein wird nachträglich umgearbeitet, sondern selektiv das, was in dem Augenblick, in dem es erlebt worden ist, nicht vollständig in einen Bedeutungszusammenhang integriert werden konnte. Das Vorbild für ein solches Erleben ist das traumatisierende Ereignis« (S. 314).

Im Falle der ehemals versteckten jüdischen Kinder führte der Effekt der Nachträglichkeit [après-coup] zu einer Reorganisation der Erinnerungsspuren und einer Reinterpretation der Vergangenheit. Nach Green (2000, S. 45) ist die Zeit, in der sich etwas ereignet, nicht dieselbe, in der die Bedeutung verliehen wird.

Wie wir gesehen haben, ist dieser spätere Prozess der Bewusstwerdung in der Regel traumatisch und kann äußerst intensive Ängste erzeugen. Auf der anderen Seite kann ein Zuschreiben neuer Bedeutung einem ewigen Wiederholungsprozess Einhalt gebieten. Wie Guillaumin (1982, S. 12) hervorhebt, bleiben nicht abgeführte Erregungen in Form von Wiederholungen aktiv, wenn nachträgliche Bewegungen [après-coup] diese nicht aufheben und sie für andere pathologische oder normale Zwecke nutzen; dies geschieht dank der Arbeit des Systems Bw/Vbw, das die psychische Integration erleichtert (Donnet 2006). Unter anderem ermöglicht die Nachträglichkeit das Entstehen einer Repräsentation, durch die Affekte erlebt werden können und Trauerarbeit beginnen kann.

Für die ehemals versteckten jüdischen Kinder spielten die mit der Zeitlichkeit verbundenen psychischen Phänomene eine besonders zentrale Rolle. Sie brauchten Zeit – sowohl im Hinblick auf die Entwicklung des psychischen Apparats als auch hinsichtlich der Integration all dessen, was über sie hereingebrochen war. Weiter zeigte sich, dass Wiederholung und Versprachlichung (Wortvorstellung) im Hinblick auf das Phänomen der Nachträglichkeit von entscheidender Bedeutung sind. Es handelt sich hier um eine sinnstiftende Wiederholung, im Zuge derer etwas, das in der Vergangenheit nicht in Worte gefasst werden konnte, seine Energie auf die Gegenwart richten kann, sodass das vergangene Ereignis im Gegenzug retrospektiv – durch spätere Erfahrung modifiziert – psychisch präsent sein kann (Guillaumin 1982, S. 12).

Der Abwehrmechanismus der Verleugnung ist in allen Berichten mehr oder weniger vorhanden und mehr oder weniger wirksam. Er bietet dem Individuum bekanntlich einen Schutz, mit dessen Hilfe es überleben kann, beeinträchtigt aber die psychische Flexibilität sowie den Bezug zur (objektalen) Umwelt. Das aus einer nachträglichen Bewegung resultierende Wirkungsgefüge, das traumatische Tragweite besitzen kann, drängt dazu, den jahrelang in den Tiefen der Psyche als »Fremdkörper« schlummernden Teil der eigenen Geschichte zu integrieren, und kann so einen Ausweg aus der psychischen Erstarrung und dem »Einfrieren der Affekte« weisen. Donnet (2006, S. 720) unterscheidet einen *ersten* (t_1) Effekt der Nachträglichkeit [après-coup], der der Arbeit des Unbewussten entspricht und sich traumatisch auswirkt, sowie einen *zweiten* (t_2) Effekt der Nachträglichkeit [après-coup], der mit der Arbeit des Systems Bw/Vbw und der daraus resultierenden Integration korrespondiert. Erst zu diesem zweiten Zeitpunkt kann die Sprache genutzt werden, um eine Verbindung zwischen den Vorstellungen vergangener Erfahrungen herzustellen und diese Repräsentationen in Worte zu fassen. Im Falle der ehemals versteckten jüdischen Kinder kommt es augenscheinlich zu einer Arbeit des Unbewussten (t_1) mit traumatischer Wirkung (beispielsweise im Zuge der zweiten Trennungserfahrung), ohne dass dies eine weitere Verarbeitung nach sich zieht. Eine Erklärung dafür könnte sein, dass diese Kinder noch sehr klein waren. In einigen Fällen findet der Prozess der Bewusstwerdung erst später statt (t_2) und kann, wie wir gezeigt haben, mit einer Identifikation mit eigenen Kindern oder Enkeln bzw. der Erfahrung, dass eine Geschichte erzählt und geteilt werden kann, verbunden sein. Wir sehen hier die Verschränkung der individuellen Dimension mit der Dimension der Gruppe: Durch die Anerkennung des Geschehenen in einem erweiterten sozialen Kontext und die Schaffung eines gemeinsamen Narrativs wurden Phänomene der Nachträglichkeit [après-coup] in Gang gesetzt. Auf diese Weise hat die Vergangenheit das Recht zu existieren und ein Teil der Geschichte zu werden. Die Realität des eigenen erlebten Traumas anzuerkennen, ist von besonderer Bedeutung, da dadurch das Geschehene wieder als Teil der eigenen Geschichte begriffen und so dem Prozess der ewigen Wiederholung in der psychischen Zeitlichkeit ein Ende bereitet werden kann.

Aus dem Französischen von Ann-Kathrin Günter

Literatur

André, Jacques (2009): L'événement et la temporalité. L'après-coup dans la cure. Rev. Fr. Psychanal. 73, 1285–1352. Engl.: Event and temporality: the après-coup in treatment. Ide 31, 2008, 139–167.
Botella, César & Botella, Sara (1990): La problématique de la régression formelle de la pensée et de l'hallucinatoire. In: La psychanalyse. Questions pour demain. Monographie de la Revue française de psychoanalyse. Paris (PUF), S. 63–90.
Brachfeld, Sylvain (2007): »Merci de nous avoir sauvés«: Témoignages d'enfants juifs cachés en Belgique. Brüssel (Institut de recherche sur le judaïsme belge).
Cohen, Sharon K. (2005): Child survivors of the Holocaust in Israël. »Finding their voice«: Social dynamics and post-war experiences. Brighton, UK, Portland, OR (Sussex Academic Press).
Dewulf, Sabine (2002): Les enfants juifs cachés dans le Brabant Wallon pendant la seconde guerre mondiale. Diplomarbeit, Universität Louvain-la-Neuve (UCL), Belgien.
Donnet, Jean-Luc (2006): L'après-coup au carré. Rev. Fr. Psychanal. 70, 715–725.
Dwork, Deborah (1991): Children with a star: Jewish youth in Nazi Europe. New Haven, CT, London (Yale UP). Dt.: Kinder mit dem gelben Stern. Europa 1933–1945. Übers. Gabriele Krüger-Wirrer. München (Beck) 1994.
Feldman, Marion (2006): Survie et destin psychique des enfants juifs cachés en France pendant la Deuxième Guerre Mondiale. L'Autre: Cliniques, cultures et sociétés 7, 61–77.
Feldman, Marion & Moro, Marie-Rose (2008): Enfants cachés: 1940–1944. Un vécu traumatique qui se poursuit. Neuropsychiatrie l'enfance et l'adolescence 56, 215–222.
Feldman, Marion; Mouchenik, Yoram & Moro, Marie-Rose (2008): Les enfants juifs cachés en

France pendant la Seconde Guerre mondiale: des traces du traumatisme repérables plus de soixante ans après. La psychiatrie de l'enfant 51, 481–513.

Fogelman, Eva (1993): The psychology behind being a hidden child. In: Marks, Jane (Hg.): The hidden children: The secret survivors of the holocaust. New York, NY (Ballantine), S. 292–307. Dt.: Die Psychologie des »versteckten Kindes«. In: Marks, Jane (Hg.): Die versteckten Kinder. Übers. Hildegard Doerr. Augsburg (Pattloch) 1994, S. 249–262.

Fohn, Adeline (2010): Secret et traumatisme: l'expérience des enfants juifs cachés en Belgique. L'Autre: Cliniques, cultures et sociétés 11, 189–198.

Freud, Sigmund (1918 [1914]): Aus der Geschichte einer Infantilen Neurose. GW XXII, S. 29–157.

Freud, Sigmund (1895 [1975]): Entwurf einer Psychologie. In: Freud, Sigmund: Aus den Anfängen der Psychoanalyse 1887–1902. Briefe an Wilhelm Fließ. Frankfurt/M. (Fischer), S. 297–384.

Frydman, Marcel (2002): Le traumatisme de l'enfant caché. Répercussions psychologiques à court et à long terme. Paris (L'Harmattan).

Golse, Bernard & Missionnier, Sylvain (2005): Récit, attachement et psychanalyse. Pour une clinique de la narrativité. Toulouse (Érès).

Green, André (2000): Le temps éclaté. Paris (Editions de Minuit). Engl.: Time in psychoanalysis: Some contradictory aspects. Übers. Andrew Weller. London (Free Association Books) 2002.

Greenfeld, Howard (1993): The hidden children. Boston, MA (Houghton Mifflin).

Guillaumin, Jean (1982): Quinze études psychanalytiques sur le temps. Traumatisme et après-coup. Toulouse (Privat).

Heenen-Wolff, Susann (2009): Die Reminiszenz in der Halluzination. Der Fall eines vormals versteckten jüdischen Kindes. Psyche 63, 73–85.

Heifetz, Julie (1989): Too young to remember. Detroit, MI (Wayne State UP).

Kahn, Laurence (2005): Quand la Shoah est un trauma et que le pèredisparaît de la théorie analytique. Penser/Rêver 7, 281–308.

Kaplan, Suzanne (2000): Child survivors and childbearing: Memories from the Holocaust invading the present. Scand. Psychoanal. Rev. 23, 249–282.

Kaplan, Suzanne (2008): Children in genocide: Extreme traumatization and affect regulation. London (Karnac International Psychoanalysis Library). Dt.: Wenn Kinder Völkermord überleben. Über extreme Traumatisierung und Affektregulierung. Übers. Antje Becker. Gießen (Psychosozial-Verlag) 2010.

Keilson, Hans A. (1992): Sequential traumatization in children. Übers. Yvonne Bearne, Hilary Coleman & Deirdre Winter. Jerusalem (Magnes Press). Dt.: Sequentielle Traumatisierung bei Kindern. Gießen (Psychosozial-Verlag) 2005.

Kestenberg, Judith (1988): Memories from early childhood. Psychoanal. Rev. 75, 561–571.

Kestenberg, Judith (1996): Hidden children: Early childhood and latency. In: Kestenberg Judith & Brenner, Ira (Hg.): The last witness. The child survivor of the Holocaust. Washington, DC (American Psychiatric), S. 27–52.

Kestenberg, Judith & Brenner Ira (1996): The last witness. The child survivor of the Holocaust. Washington, DC (American Psychiatric).

Kestenberg, Judith & Fogelman, Eva (1994): Children during the Nazi reign: Psychological perspective on the interview process. Westport, CT (Praeger).

Krystal, Henry (1984): Integration and self-healing in post-traumatic states. In: Luel, Steven A. & Marcus, Paul (Hg.): Psychoanalytic reflections on the Holocaust: Selected essays. New York, NY, Holocaust Awareness Institute Center for Judaïc Studies (U Denver and Ktav Publishing), S. 113–133.

Laplanche, Jean (2002): Après-coup. In: de Mijolla, Alain (Hg.): Dictionnaire International de la Psychanalyse. Paris (Calmann-Lévy), S. 121–123. Engl.: Deferred Action. In: de Mijolla, Alain (Hg.): International Dictionary of Psychoanalysis. Detroit, MI (Thomson Gale) 2005, S. 377–379.
Laplanche, Jean (2006): Problématiques VI. L'après-coup. Paris (PUF).
Laplanche, Jean & Pontalis, Jean-Bertrand (1967): Vocabulaire de la Psychanalyse. Paris (PUF). Dt.: Das Vokabular der Psychoanalyse. Übers. Emma Moersch. Frankfurt/M. (Suhrkamp) 1973.
Legrand, Michel (1993): L'approche biographique. Paris (Desclée de Brouwer).
Marks, Jane (1993): The hidden children. The secret survivors of the holocaust. New York, NY (Ballantine). Dt.: Die versteckten Kinder. Übers. Hildegard Doerr. Augsburg (Pattloch) 1994.
Métraux, Jean-Claude (1997): Aux temps de la survie, le droit au silence. Rev. Méd. Suisse Romande 117, 419–423.
Mishne, Judith M. (1997): Memories of hidden children: Analysis of two case studies of resilience. J. Soc. Work, Policy in Israel 9–10, 100–128.
Mouchenik, Yoram (2006): »Ce n'est qu'un nom sur une liste, mais c'est mon cimetière«: Traumas, deuils et transmission chez les enfants juifs cachés en France pendant l'Occupation. Grenoble (La pensée sauvage).
Oliner, Marion (2000): The unsolved puzzle of trauma. Psa. Q. 69, 41–62. Dt.: Analytiker stellen sich dem Holocaust. Das ungelöste Rätsel »Trauma«. Die Auswirkungen des Holocaust auf die Sexualität. Übers. Irmela Köstlin. Psyche 53, 1999, 1115–1136.
Richman, Sophia (2006): Finding one's voice: Transforming trauma into autobiographical narrative. Contemp. Psychoanal. 42, 639–650.
Ricœur, Paul (1991 [1986]): La vie. Un récit en quête de narrateur. In: Ricœur, Paul (Hg.): Autour de la psychanalyse, Paris (Seuil) 1986, S. 257–276. Engl.: Life: A story in search of a narrator. In: Valdes, Mario (Hg.): A Ricœur reader: Reflection and imagination. Übers. J. N. Kraay & A. J. Scholten. Toronto (U Toronto Press), S. 425–437.
Sossin, K. Mark (2007): Nonmentalizing states in early-childhood survivors of the Holocaust: Developmental considerations regarding treatment of child survivors of genocidal atrocities. Am. J. Psychoanal. 67, 68–81.
Steinberg, Maxime (2009): L'enfant caché, le défi à la Shoah. In: Emmery, Isabelle (Hg.): Histoire et mémoire des Juifs d'Anderlecht: Années 20–40. Brüssel (Communauté Française et Parlement Francophone Bruxellois), S. 6–8.
Sternberg, Malka & Rosenbloom, Maria (2000): »Lost childhood«: Lessons from the Holocaust: Implications for adult adjustment. Child Adolesc. Soc. Work J. 17, 5–17.
Terry, Jack (1984): The damaging effects of the »survivor syndrome«. In: Luel, Steven A. & Marcus, Paul (Hg.): Psychoanalytic reflections on the Holocaust: Selected essays. New York, NY, Holocaust Awareness Institute Center for Judaïc Studies (U Denver and Ktav Publishing), S. 135–148.
Winnicott, Donald W. (1966): The child in the family group. In: Winnicott, Clare; Shepherd, Ray & Davis, Madeleine (Hg.): Home is where we start from. Essays by a psychoanalyst. London, New York, NY (Norton) 1986, S. 128–141. Dt.: Das Kind in der Familiengruppe. Übers. Irmela Köstlin. In: Der Anfang ist unsere Heimat. Essays zur gesellschaftlichen Entwicklung des Individuums. Stuttgart (Klett-Cotta) 1990, S. 141–155.
Zajde, Nathalie (2005): Enfants de survivants: La transmission du traumatisme chez les enfants de Juifs survivants de l'extermination nazie. Paris (Jacob).

Psychoanalyse und Universität[1]

Eine schwierige Beziehung

Otto F. Kernberg

Eine Kritik der gegenwärtigen Isolation psychoanalytischer Institute und ihres unzureichenden Interesses an Forschung und wissenschaftlicher Entwicklung mündet in konkrete Vorschläge, die psychoanalytische Ausbildung an universitären Strukturen auszurichten. Ziel ist die Verbindung von Theorien und Forschungsbeiträgen der Psychoanalyse mit den aktuellen Ergebnissen der neurobiologischen Forschung und den Geisteswissenschaften. Bereits begonnene Projekte und weitere Möglichkeiten der Integration psychoanalytischer Ausbildung und Forschung im Rahmen der Universität werden beschrieben.

Das Problem: 1. Äußere Realität

In den letzten Jahren hat die psychoanalytische Gemeinschaft erkannt und akzeptiert, dass es dringend notwendig ist, ihre Beziehungen zur Universität und zur akademischen Lehre zu intensivieren – jedenfalls im Prinzip. In Ausbildung und Forschung führende Mitglieder der IPA haben diese Notwendigkeit unterstrichen und entsprechende Schritte gefordert (Auchincloss/ Michels 2003; Cooper 1987; Ferrari 2009; Garza Guerrero 2006, 2010; Glick 2007; Holzman 1976, 1985; Levy 2009; Michels 2007; Paul 2007; Wallerstein 1972, 1980, 2007, 2009). Der Grund für diese Bündnisse liegt auf der Hand: Die Psychoanalyse ist als wesentlicher Beitrag zur Kultur des 20. Jahrhunderts anerkannt, aber ihre zukünftige Rolle als Wissenschaft und Profession ist unsicher und wird infrage gestellt (Kernberg 2006, 2007).

---

1 Psychoanalysis and the university: A difficult relationship. The International Journal of Psychoanalysis (2011) 92, 609–622.

Angriffe von universitären oder sozialen Institutionen, die den wissenschaftlichen Status der Psychoanalyse und ihre Wirksamkeit als Behandlungsmethode in Zweifel ziehen, sind im Trend, seit Psychopharmaka und kognitiv-behaviorale Therapien an Einfluss gewonnen haben, insofern sie schnelle und kostengünstigere Behandlungsalternativen für alle Arten von Psychopathologie anbieten, die zuvor in die alleinige Zuständigkeit der Psychoanalyse gefallen waren. Schon aus einem schlicht ökonomischen Gesichtspunkt betraf die Reduzierung der Erstattung von Langzeitpsychotherapien seitens der Versicherungen und des National Health Service insbesondere die Psychoanalyse; das hat ihr negatives Image innerhalb der Professionen im Bereich der Klinischen Psychologie und Psychiatrie weiter verfestigt.[2] Seit Langem etablierte psychoanalytische Institute mussten einen empfindlichen Rückgang der Nachfrage sowohl bei Kandidaten für die psychoanalytische Ausbildung, als auch bei Patienten, die um eine Psychoanalyse nachsuchen, hinnehmen (Thomä 2010).

Die grundlegenden Beiträge der Psychoanalyse zu den verwandten Fächern der Psychologie und Psychiatrie wurden von diesen Disziplinen absorbiert und integriert, werden aber immer weniger als wissenschaftliche und professionelle Beiträge der Psychoanalyse zitiert. Das neueste Beispiel dafür ist möglicherweise die bedeutsame Entwicklung der Bindungstheorie. Bowlby, aus der psychoanalytischen Tradition stammend, betrachtete Bindungsmuster als lebenslang wirksame, intrapsychische Entwicklungsmomente. Zunehmend wird die Bindungstheorie aus einer vor allem behavioralen Perspektive erforscht, ohne auf die Entwicklung intrapsychischer Strukturen und unbewusster Phantasien zu achten. Die Beschreibungen der großen Persönlichkeitsstörungen – wie die narzisstische, masochistische oder Borderline-Persönlichkeitsstörung –, die aus der psychoanalytischen Forschung stammen, werden zwar anerkannt, aber sie unterliegen einer Tendenz zur Inkorporation in Klassifikationssysteme und in eine Theorie der Ätiologie, die wiederum die Entwicklungsgeschichte unbewusster intrapsychischer Strukturen ausklammert. Psychoanalytische Beiträge zum Verständnis der frühen Sexualität, zur genderbedingten psychischen Entwicklung und zu Störungen der sexuellen Funktionen wurden ebenfalls vereinnahmt und in einer Kombination neurobiologischer und kognitiv-behavioraler Perspektiven reformuliert. Die psychoanalytische Basis psychodynamischer Psychotherapien hat dieses Feld in ein weites Spektrum

---

2 Anm.d.Ü.: Dies gilt (bisher) nicht für das deutsche Gesundheitssystem, wo die analytische Psychotherapie noch im Wesentlichen unverändert erstattet wird.

autonomer psychotherapeutischer Institutionen erweitert, die den Anschluss an ihre ursprünglichen psychoanalytischen Quellen verloren haben. Ebenso wurden wichtige psychoanalytische Beiträge zum Feld der frühen Kindheitsentwicklung und Persönlichkeitsforschung, zur Psychopathologie und Psychotherapie von Psychoanalytikern vorgelegt, die in universitäre Zusammenhänge als Professoren für Sozialarbeit, Psychiatrie und Psychologie[3] eingebunden waren. Viele solcher akademischen Positionen sind im Laufe der Jahre verschwunden, vor allem in Ländern, wo es der Psychoanalyse gelungen war, eine sichere Basis an den Universitäten herzustellen, wie etwa in Deutschland und den USA. Bei den jüngeren Psychoanalytiker-Generationen sehen wir einen rückläufigen Anteil von akademisch aktiven, wissenschaftlich engagierten Fachleuten. Tatsächlich ist es ein Hauptproblem für die Entwicklung einer neuen akademischen Führungsrolle in Psychologie und Psychiatrie, dass sich diese der Psychoanalyse mehr und mehr entfremdeten, weil nur wenige psychoanalytische Forscher in der Lage waren, sich für solche Positionen akademisch zu qualifizieren. Die Geisteswissenschaften hat dieser Prozess nicht im gleichen Ausmaß beeinflusst, wo das Interesse an der Psychoanalyse in Gebieten wie der Linguistik, Literaturwissenschaft und Kunst weiterhin besteht; doch ist er im Bereich der psychosozialen Gesundheitswissenschaften schmerzhaft deutlich. Dies alles spiegelt das soziale und kulturelle Umfeld, dem sich die Psychoanalyse derzeit ausgesetzt sieht. Diese Herausforderungen werden unglücklicherweise noch verstärkt durch wichtige interne Realitäten, die die psychoanalytische Gemeinschaft beeinflussen.

Das Problem: 2. Innere Realität

Ein Hauptproblem ist die Diskrepanz zwischen Theorie und Praxis: Während in der psychoanalytischen Gemeinschaft durchweg die Einsicht verbreitet ist, dass eine Annäherung an die Universitäten und die Einrichtung einer engeren Zusammenarbeit höchst wünschenswert wäre, hat sich praktisch, wenn überhaupt etwas, nur sehr wenig in dieser Richtung getan. Das liegt daran, dass das Zentrum der Ausbildungsaktivitäten und möglicher Forschungsinteressen natürlich mehr mit den Zielen der psychoanalytischen Institute verbunden ist – der psychoanalytischen Ausbildung – als mit den Fachgesellschaften, die das Feld der professionellen Berufsausübung vertre-

---

3 Anm.d.Ü.: In Deutschland vor allem auch für Psychosomatische Medizin.

ten. Universitäten haben natürlich vor allem den Auftrag, Wissen zu vermitteln und neues Wissen zu erzeugen; Forschung und Lehre bilden ihre aufs engste miteinander verbundenen Hauptfunktionen.

Psychoanalytische Institute sind im Gegensatz dazu stark auf die Wissensvermittlung konzentriert, während sie nur widerwillig Forschung betreiben, um neues Wissen zu generieren. Soweit Forschung stets als Teil der Generierung neuen Wissens die Infragestellung des bislang vorhandenen Wissens impliziert, stellt sie eine Herausforderung dar, auf die die allgemeine Institutskultur tatsächlich wie auf eine Bedrohung reagiert hat (Cooper 1995; Kernberg 2004).

Vielleicht wirft die Geschichte der Psychoanalyse ein Licht auf die Opposition gegen psychoanalytische Forschung an den Instituten: Dass sie außerhalb universitärer Strukturen entwickelt wurde, hat, so denke ich, der sich unabhängig entwickelnden neuen Wissenschaft Psychoanalyse eine defensive Akzentuierung im Dienste der Aufrechterhaltung bestehender Theorien und Ansätze verliehen. Insbesondere die hierarchische Organisation, verbunden mit dem System der Lehranalyse, wurde als Ursache einer autoritären Tendenz ausgemacht, eines dogmatischen Festhaltens an der am jeweiligen Ort vorherrschenden Schule und der Entmutigung unabhängigen Denkens und Forschens als Teil der psychoanalytischen Ausbildung. Die regressiven Auswirkungen des Systems der Lehranalyse, die innerhalb einer Institution durchgeführt wird, in der Kandidaten, Lehranalytiker und Analytiker, die nicht oder noch nicht Lehranalytiker sind, zusammenleben, führt zu einer Verschärfung der Strukturen von Idealisierung, Unterwerfung, Entstehung von Paranoia und rebellischer Auflehnung. Sie verstärken die regressiven Züge der persönlichen Analyse und führen letztendlich zur Infantilisierung der Kandidaten. Das dämpft sowohl die Neugier als auch den Nachdruck, der auf kritische Überprüfung und die Entwicklung neuen Wissens gelegt wird.

Die wissenschaftliche Abschottung der Institute von der Forschungsentwicklung in den Nachbardisziplinen erzeugt eine bedrohliche implizite Unsicherheit im Hinblick auf neues Wissen, ein Misstrauen gegenüber externen Wissensquellen, wodurch das psychoanalytische Denken selbst beeinflusst wird, ja bedroht werden kann. Eine ängstliche Haltung gegenüber jeder Infragestellung traditionellen psychoanalytischen Denkens spiegelt dieses Gefühl von Isolation und impliziter Fragilität psychoanalytischer Institute und fördert die noch immer in weiten Bereichen der psychoanalytischen Ausbildung vorherrschende phobische Haltung gegenüber empirischer Forschung. Meist wird sie durch den Hinweis auf die ›Einzigartigkeit jeder Langzeitanalyse‹

rationalisiert, die sich jeder Verallgemeinerung und quantitativen Erfassung widersetze.

Der regressive Effekt einer persönlichen Analyse wirkt sich nicht nur auf die Gruppe der Kandidaten aus, indem er Ängste, exzessive Idealisierungen und Reaktionen induziert, die eine paranoid gefärbte Entwicklung begünstigen, sondern auch auf die Lehranalytiker. Sie verstricken sich in einem sozialen Dunstkreis von Kandidaten, deren persönliche Intimitäten sie kennen und über die sie eine unangefochtene Entscheidungsmacht hinsichtlich Auswahl, Supervision, Ausbildungsfortschritt und vor allem Evaluation der analytischen Kompetenz ausüben. Durch all dies wächst der Gruppe der Lehranalytiker zum einen eine für sie befriedigende Machtfülle zu, zum anderen führt es zu einem Misstrauen gegenüber der äußeren Welt, die möglicherweise diese Macht infrage stellt. Ein permanentes Milieu von Übertragungs-Gegenübertragungsreaktionen manifestiert sich in guruhaften Figuren einerseits und andererseits in vehementer Kritik an Theorien, die Alternativen zu den am jeweiligen Institut dominierenden darstellen könnten. Nimmt man eine grundsätzliche Angst um die Stabilität und Festigkeit liebgewordener Überzeugungen und Ansätze hinzu, so hat man das Bild eines Brutplatzes für Konservatismus, ideologische Monopole und eine erstarrte intellektuelle Atmosphäre, die gegenläufig zu der allgemein zunehmenden Überzeugung ist, dass eine substanzielle *(Wieder-) Annäherung* an die Universitäten von grundsätzlicher Bedeutung für die Zukunft der Psychoanalyse ist (Kernberg 1986).

Kurz: Die wichtigste Basis zur Weitergabe und Entwicklung von Wissen, von möglicher Forschung im Feld der psychoanalytischen Theorie und Technik und ihrer Anwendung auf einen großen Bereich verwandter Disziplinen in den Geisteswissenschaften, der Neurobiologie und Medizin sowie generell auf psychotherapeutische Ansätze in der Versorgung psychisch Kranker, liegt ausgerechnet in eben jenen Institutionen, in denen Widerstand gegen Veränderung oder im besten Fall eine defensive Indifferenz besonders ausgeprägt ist. Vor dreißig Jahren wurde Kandidaten in psychoanalytischen Instituten vieler Länder implizit oder explizit davon abgeraten, parallel zu ihrer psychoanalytischen Ausbildung eine Karriere in der Psychiatrie, Psychologie oder anderen Feldern anzustreben. Erst nach dem jüngsten Rückgang der Nachfrage nach psychoanalytischer Ausbildung, die das Altern der Berufsgruppe in allen arrivierten psychoanalytischen Gesellschaften offenkundig werden ließ, und der Einsicht, dass wir für die jüngere Generation irrelevant zu werden drohen, begann diese negative Haltung sich zu ändern.

Es wäre freilich nicht fair, psychoanalytische Institute als Orte zu beschreiben, an denen kein neues Wissen entsteht, kein Experimentieren erfolgt. Schließlich haben sich neue psychoanalytische Theorien entwickelt, und die Untersuchung der analytischen Situation hat erhebliche Fortschritte im Verständnis der frühen Entwicklung, der Psychopathologie, Diagnose und Behandlungstechnik hervorgebracht, ebenso kreative neue Ideen zur Anwendung der Psychoanalyse auf andere Gebiete.

Ehrlicherweise muss eingeräumt werden, dass psychoanalytische Institute und Gesellschaften trotz aller organisatorischen und institutionellen Beschränkungen im Bereich der psychoanalytischen Ausbildung die Entwicklung bedeutender neuer Wissensbestände, innovativer Theorien und ihrer Anwendung auf die psychoanalytische Technik und davon abgeleitete psychotherapeutische Verfahren erlebt haben. In der zweiten Hälfte des letzten Jahrhunderts entwickelten sich die Kleinianische und Neokleinianische, insbesondere Bion'sche Theorie und Technik in Großbritannien, die relationale Psychoanalyse in den Vereinigten Staaten, der Einfluss der Lacanianischen Konzepte auf die französische Psychoanalyse und neue Anwendungen der Ich-Psychologie auf ein weites Feld psychoanalytischer Psychotherapien, neue Kenntnisse über die Psychopathologie schwerer Persönlichkeits- und sexueller Störungen, die Anwendung der psychoanalytischen Psychotherapie in Gruppen-, Paar- und Familientherapie, Fortschritte in der Anwendung gruppenpsychoanalytischer Ansätze in der Untersuchung von Ideologien und politischen Prozessen und in jüngster Zeit auch im Verständnis der Beziehung zwischen Neurobiologie und der Psychodynamik der Affekte, insbesondere bei depressiven Störungen. In den Geisteswissenschaften wurden psychoanalytische Konzepte auf Linguistik und Literaturwissenschaft angewendet sowie auf die Analyse der Sozialpathologie in autoritären Gesellschaften.

Die konservative und restriktive Atmosphäre in den psychoanalytischen Instituten hat jedenfalls die Erforschung der Auswirkungen dieser neuen Entwicklungen in den Instituten selbst behindert, aber auch die Entwicklung vergleichender Studien über die unterschiedlichen Wirkungen alternativer, neuer psychoanalytischer Formulierungen, Indikationen und Grenzen der sich ausweitenden neuen Formen der psychoanalytisch orientierten Psychotherapien. Innerhalb der psychoanalytischen Institute wurden alternative Theorien zu den lokal dominierenden zunächst ignoriert und dann attackiert, etwa in den ›Kriegen‹ zwischen Kleinianischen und Ich-psychologischen Instituten und Autoren in den 1950ern bis in die 1970er Jahre. Seit einiger Zeit wurden in einem eher ökumenischen Geist, der die schrittweise intellektuelle Öffnung der psychoanalytischen Institute widerspiegelt, alternative Theorien gelehrt und vergleichende Diskussionen innerhalb vieler Institute toleriert. Aber der Widerstand gegen formalisierte Forschung hat zu einer passiven Akzeptanz multipler, in vieler Hinsicht einander widersprechender Ansätze geführt und zu einer impliziten Entwertung der – aus wissenschaftlicher Sicht – wichtigen Aufgabe, deren wirkliche Bedeutung besser zu verstehen. Manchmal wurden Theorien als Metaphern behandelt und mit der Anwendbarkeit der psychoanalytischen Methode selbst kontrastiert. Zugleich wurde vernachlässigt, die psychoanalytische Technik selbst so weit zu systematisieren, dass eine empirische Untersuchung der Beziehung zwischen alternativen technischen Ansätzen und Erfolgen möglich wäre. Empirische Forschung zu psychoanalytischen Psychotherapien wurde von psychoanalytisch ausgebildeten Forschern im Rahmen von Hochschul- und Bildungseinrichtungen durchgeführt, nicht aber in psychoanalytischen Instituten im engeren Sinne. Die theoretischen Arbeiten zur Anwendung der Psychoanalyse auf Gruppenprozesse und Gesellschaft, Religion und Philosophie sowie das Verständnis von Ausdrucksformen der Kunst wurden zumeist im universitären Rahmen ohne Verbindung zu psychoanalytischen Instituten erstellt. Wie bereits erwähnt, wurden psychoanalytisch fundierte Wissensbestände und von ihnen abgeleitete Forschungen von anderen Disziplinen aufgenommen, wobei sie den Kontakt zum Mainstream der Psychoanalyse verloren. Im klinischen Bereich zeigte sich, wie sich das von der Psychoanalyse abgeleitete Wissen paradoxerweise zugleich vermehrte und von ihr entfremdete, und zwar im Entstehen von Instituten für psychoanalytische Psychotherapie, die mit den psychoanalytischen Instituten im engeren Sinn in Wettbewerb traten.

Die Veränderung der psychoanalytischen Institute: Einige allgemeine Vorbedingungen

Der Überblick über die Herausforderungen, denen die Psychoanalyse gegenübersteht – nämlich die interne Dynamik des Lehranalytikersystems der psychoanalytischen Institute und die paradoxe Entwicklung des psychoanalytischen Wissens einerseits, der bestürzende Mangel an wissenschaftlichem Geist und die pädagogische Stagnation der Institute auf der anderen Seite –, könnte, wenn er die gegenwärtige Situation angemessen erfasst, ein Bündel von Strategien nahelegen, um die gegenwärtige Krise des Berufs und der Wissenschaft der Psychoanalyse zu überwinden. Welche Komponenten entsprechende Maßnahmen beinhalten müssten, ergibt sich aus verschiedenen wichtigen Beiträgen zur Bestimmung einer aktuellen und realistischen Reaktion.

1. Die psychoanalytische Ausbildung muss radikal erneuert werden. Die hierarchische Rigidität und das durch sie ausgelöste Ersticken intellektueller Neugier muss überwunden werden. Das erfordert eine Einbeziehung der Wissensexplosion in den Nachbarwissenschaften, indem man führende Fachvertreter verwandter Gebiete in den Lehrbetrieb der Institute einlädt. Strukturell müssen die Funktionen des Seminarleiters und Supervisors getrennt werden, um kenntlich zu machen, wer zum einen eine spezielle Befähigung zur Supervision klinischer Arbeit gezeigt hat und wer zum anderen in der Lage ist, eigene Beiträge zum Verständnis und zur Weiterentwicklung des kognitiven Bestands der zeitgenössischen Psychoanalyse beizusteuern. Die persönliche Analyse sollte vollständig von der Ausbildungsfunktion des Instituts getrennt werden, und die politisch aufgeladene Ernennung von Lehranalytikern sollte ersetzt werden durch ein allgemein akzeptiertes Zertifizierungsverfahren der Befähigung zum psychoanalytischen Praktiker, vergleichbar dem Facharzt in der Medizin. Dann sollten Kandidaten ihren persönlichen Analytiker aus allen von einem solchen institutsübergreifenden Fachausschuss Lizenzierten frei wählen können. In früheren Arbeiten (Kernberg 2006, 2007) habe ich bereits die Vorteile, Bedingungen und Methoden beschrieben, wie das Lehranalytikersystem abzuschaffen und durch eine funktionale Gestaltung eines hochqualifizierten Systems der persönlichen Analyse für psychoanalytische Kandidaten zu ersetzen ist.
2. Es würde der Entwicklung neuen psychoanalytischen Wissens dienen, wenn regelrechte Forschung als wesentlicher Teil der psychoanalytischen Ausbildung gelten würde, nicht um jeden Psychoanalytiker zum Forscher zu machen, sondern um forschungsorientierte Kandidaten und Dozenten zu unterstützen und zu belohnen, vor allem solche mit akademischen Perspektiven, und ihnen angemessene institutionelle Betreuung und Unterstützung etwa mit Blick auf das umfangreiche klinische Material zu geben, über das die Institute verfügen. Das läuft letztlich auf die Einrichtung einer Forschungsabteilung an den psychoanalytischen Instituten hinaus, mit der Freiheit, jeden Aspekt der Theorie, Technik und Anwendung der Psychoanalyse zu untersuchen, der Teil des Curriculums ist, und spiegelt auf allen Ebenen das Interesse an kritischer Überprüfung der Lehrinhalte wider. Fachleute für Forschungsmethodologie sollten wesentliche Leitungsfunktionen in den Instituten übernehmen. Akademisch ausgewiesene Forschungs-

methodiker würden Verbindungen mit korrespondierenden Hochschuleinrichtungen erleichtern, mit denen Forschungskooperationen mit dem Institut eingegangen werden könnten. Hochschulinstitute, die mit dem Institut kooperieren, hätten Zugang zu seinen personellen Ressourcen und seinem klinischen Material, während umgekehrt die Zusammenarbeit mit der Hochschule Drittmittel bereitstellen könnte, die es Kandidaten erlauben würde, parallel zu ihrer analytischen eine akademische Karriere anzustreben. Wie gesagt, würde sich eine solche Karriere wahrscheinlich nur bei einem kleinen Teil der psychoanalytischen Kandidaten realisieren, doch würde ein kritischer Zustrom aus den Nachbarwissenschaften die Lernatmosphäre am Institut kraftvoll verstärken. Diese Entwicklung würde natürlich die Überwindung des Vorurteils gegen Kandidaten und Analytiker implizieren, die sich nicht ausschließlich ihrem analytischen Fortkommen widmen.

3. Der Aufbau einer Forschergruppe innerhalb der psychoanalytischen Institute war vielleicht das stärkste Moment, das zur Entwicklung neuen psychoanalytischen Wissens im Kontext der psychoanalytischen Ausbildung beitrug. Radikale Neuerer gingen oft aus einer intensiven Auseinandersetzung mit der psychoanalytischen Praxis hervor, und es gelang ihnen, eine Atmosphäre aufregender neuer Entwicklungen in psychoanalytischer Theorie und Technik zu prägen. Eine ausschließliche Vertiefung in die psychoanalytische Patientenbehandlung sollte bei jenen Kandidaten und Dozenten unterstützt und gefördert werden, die besondere Interessen und Kreativität in ihrer klinischen Arbeit und der darauf bezogenen wissenschaftlichen Literatur erkennen lassen. Es sollte aber weder der einzige Weg zur Entwicklung neuer Kenntnisse sein, noch eine Rationalisierung der Geringschätzung all der anderen Wege zum Fortschritt.

Früher wurden eigenständige Wissenschaftler, deren Denken erheblich von der herrschenden Ideologie einer bestimmten Institution abwich, an die Peripherie des Ausbildungsprozesses gedrängt, was in der Folge zu Streit und Spaltungen in der jeweiligen psychoanalytischen Institution führte. Originalität sollte aber nicht nur toleriert, sondern sogar als Stimulus intellektueller Produktivität aktiv gefördert werden, und zwar dadurch, dass ausgewiesene Forscher aus Feldern mit Bezug zur Psychoanalyse in den Kreis der Dozenten aufgenommen werden, mit dem Ziel, einen wechselseitig fruchtbaren Dialog anzuregen. Die Teilnahme solcher ausgewiesener Forscher aus anderen Disziplinen ebenso wie aus der betreffenden Institution selbst bedarf freilich eines angemessenen Forums, das die reale Möglichkeit zu intellektuellem Austausch bietet anstelle der impliziten Ausgrenzung solcher Experten aus dem Alltag der Ausbildung. All dies erfordert eine offene systematische Diskussion neuer Entwicklungen und Kontroversen und stärkt zugleich die Klarheit und die realistischen Möglichkeiten der theoretischen Integration sowie den wissenschaftlichen Umgang mit unvereinbaren Hypothesen.

4. Nicht zuletzt sollten zum Lehrkörper des Instituts auch Praktiker gehören, deren klinische Erfahrung auch angewandte psychoanalytische Verfahren sowie verschiedene Formen analytischer Psychotherapie umfasst, eine um einen psychoanalytischen Gesichtspunkt erweiterte psychiatrische Praxis, institutionelle und forensische Tätigkeiten, Organisationsberatung und Geisteswissenschaften bzw. Kunst. Eine solche Entwicklung würde die verbreitete, schmerzliche Isolation vieler Absolventen beenden, die sich dafür entschieden haben, andere klinische Fachrichtungen zu vertiefen, anstatt ihren Schwerpunkt nur auf die spezifische psychoanalytische Therapie zu legen, und auch die derzeit herrschende enttäuschte Abwendung von Analytikern, die ihre Ausbildung abgeschlossen haben und sich in die Institutsarbeit einbringen wollen, jedoch eine implizit entwertete Gruppe im Institutsmilieu bilden, da sie nicht zu Lehranalytikern ernannt wurden.

Freilich erhebt sich hier die Frage, ob dies nicht eher die Aufgabe der psychoanalytischen Fachgesellschaften als der Institute sei. Tatsächlich werden derzeit die über eine psychoanalytische Ausbildung hinausgehenden Angebote der Fachgesellschaft selbst als eine Art Zweitausbildung betrachtet; es handelt sich zumeist um die Vermittlung psychoanalytischen Wissens an ›Unwissende‹ oder Ausbildungen in psychoanalytischer Psychotherapie für psychosoziale Fachkräfte, die als ›Trostpreis‹ denjenigen anvertraut werden, die keine Lehranalytiker geworden sind. Misstrauen und Angst, psychoanalytisch fundierte Psychotherapie in die Lehrveranstaltungen am Institut selbst aufzunehmen, spielen dabei eine wichtige Rolle, und somit auch der eklatante Widerspruch, dass psychoanalytische Kandidaten zur Durchführung einer Behandlungsmethode ausgebildet werden, die nur für einen kleinen Teil ihrer zukünftigen Patienten konzipiert ist, während ihre Haupttätigkeit, die psychoanalytische Psychotherapie, kaum eine Rolle spielt und von konkurrierenden Instituten gelehrt wird.

Praktische und bereits praktizierte Lösungen

Wenn wir die vorgeschlagenen Bedingungen, die die Basis der dringend erforderlichen Veränderung in unseren Ausbildungsinstituten bilden, zusammenfassend betrachten, so erscheint die Beziehung der Psychoanalyse zur Universität als der zentrale Pfeiler, auf dem ein neues System der psychoanalytischen Ausbildung errichtet werden kann. Die Psychoanalyse braucht die Universität, auch wenn sie es sich derzeit nicht ganz eingesteht; ich bin der Auffassung, dass die Zukunft der psychoanalytischen Profession und Wissenschaft auf lange Sicht gefährdet sein wird, wenn es nicht gelingt, solche Verbindungen zu knüpfen (Cooper 1987; Garza Guerrero 2006, 2010; Thomä 2010). Ebenso lässt sich die These vertreten, dass die Universität von der Psychoanalyse als einer Wissenschaft profitiert, die die Auswirkungen unbewusster Prozesse auf das seelische Leben beleuchtet, und zwar ebenso in den Geistes- wie in den psychosozialen und Naturwissenschaften, insbesondere an der Schnittstelle zwischen der Neurobiologie und den seelischen Funktionen. Allerdings kann die Universität sehr wohl ohne die Psychoanalyse bestehen, während es umgekehrt fraglich ist, ob die Psychoanalyse ohne diese Verbindung langfristig überleben kann (Auchincloss/Michels 2003; Michels 2007). Diese Tatsache wird, wie mir scheint, nach und nach in der psychoanalytischen Gemeinschaft anerkannt und hat zu einer Reihe von Lösungsversuchen geführt.

Die erste, eine vollkommen in der Hand der psychoanalytischen Gemeinschaft selbst liegende Möglichkeit ist eine neue Verbindung zwischen dem Ausbildungsinstitut und der Fachgesellschaft. Es gab eine Tendenz zu einer destruktiven ideologischen Barriere zwischen dem Institut als der ›Elite‹ der Psychoanalyse und der Gesellschaft als einer Art zweitrangiger Körperschaft, die den Bestand und die Entwicklung der Psychoanalyse bedrohte.[4] In den USA hat die Idee eines ›Psychoanalytischen Zentrums‹ als einer Kombination aus Ausbildung, Anwendung, Versorgung und Außendarstellung, die zusammen das Unternehmen Psychoanalyse ausmachen, eine neue Organisationsstruktur zur gemeinsamen und integrierten Ausrichtung all dieser Aktivitäten in einem solchen Zentrum hervorgebracht (Wallerstein 2007, 2009).[5] Es ermöglicht die

---

4 Anm.d.Ü.: Da in Deutschland die Institute im Gegensatz zu den Fachgesellschaften in die Realität der staatlichen Anerkennung von Psychotherapieausbildungen eingebunden sind, könnte dieses Verhältnis sich hier anders gestalten.
5 Anm.d.Ü.: Wiederum aufgrund der Gesetzeslage sind in Deutschland alle Ausbildungsinstitute mit Ambulanzen versehen. Die Ausbildung in tiefenpsychologisch fundierter Psychotherapie wird an vielen Instituten angeboten. Eine formelle Verbindung zur Universität gibt es in der Regel nicht.

Ausbildung in psychoanalytischer Psychotherapie im Rahmen des regulären Lehrangebots des Instituts und nutzt die klinische Kompetenz ebenso wie die theoretischen Entwicklungen derjenigen Mitglieder der Gesellschaft, die sich mit einer bestimmten Form der Einzel-, Gruppen- oder Paartherapie oder der Anwendung psychoanalytischer Ansätze in der psychoanalytischen und psychiatrischen Beratung besonders beschäftigt haben.

Dieses Zentrum fördert die Teilnahme erfahrener Dozenten an öffentlichkeitswirksamen Veranstaltungen, die von der Gesellschaft in Form von Symposien und Tagungen organisiert werden und die eine Verbindung zwischen der Psychoanalyse und der lokalen Öffentlichkeit herstellen. Es bietet Kandidaten und Mitgliedern der Gesellschaft die Möglichkeit, Seminare zu speziellen Themen anzubieten, bindet auf diese Weise Kandidaten schon früh in ihrer Ausbildung in das Leben der Gesellschaft ein und ermöglicht ihnen die Teilhabe an wichtigen klinischen und theoretischen Fragestellungen und Kontroversen. Es erleichtert den Abbau der tief verwurzelten Annahme, dass auserkorene Lehranalytiker die besten Seminarleiter und Supervisoren seien. Wenn die Leitung eines solchen Zentrums mindestens aus dem Vorsitzenden des Instituts, einem Vertreter des Lehrkörpers, dem Präsidenten der Gesellschaft, einem Vertreter der Öffentlichkeitsarbeit, dem Vorsitzenden des Programmkomitees der Gesellschaft und einem Vertreter der Forschungsabteilung (wenn und sobald eine solche spezielle Abteilung eingerichtet worden ist) sowie einem Kandidatenvertreter besteht, kann eine praktikable Kooperation mit einer funktionalen Struktur entstehen.

Dieses Modell behebt noch nicht die Abkoppelung des Zentrums von der Universität, könnte aber ein wichtiger Schritt auf dem Weg zu einer besseren Einsicht in jene Realität sein, mit der psychoanalytisch Tätige unter den gegebenen psychosozialen Umweltbedingungen in der Außenwelt zu tun haben. Spannende Tagungen und gemeinsame wissenschaftliche Aktivitäten von Mitgliedern und Studierenden, Fallbesprechungen von Kandidaten und Mitgliedern, gemeinsame Arbeitsgruppen und Supervisionen stellen eine anregende Ausbildungsatmosphäre her. Psychoanalytische Institute in Philadelphia und San Francisco haben ihre Strukturen verändert, um ein Zentrumsmodell mit einigen der hier beschriebenen Eigenschaften einzuführen.

Aber wie bereits erwähnt, löst dieses Modell eines psychoanalytischen Zentrums nicht das Grundproblem der Entkoppelung der psychoanalytischen Institution von der akademischen Welt der Wissenschaft. Eine unmittelbarere organisatorische Verbindung mit universitären Einrichtungen würde viele weitere Chancen sowie die Möglichkeit einer qualitativen Veränderung der psychoanalytischen Ausbildung und damit auch der Psychoanalyse als Wissenschaft und Praxis bieten. Eine enge Beziehung zur Universität erleichtert die Entstehung von Forschungsabteilungen in den Instituten selbst, die Verfügbarkeit von Experten für Forschungsmethodologie aus der Universität und die Verknüpfung mit technischen und finanziellen Ressourcen der Universität in einer gegenseitig nutzbringenden Annäherung zwischen den Lehrkörpern beider Institutionen. Die Tatsache, dass solche Modelle der Zusammenarbeit bereits entwickelt wurden und gedeihen, stellt eine äußerst ermutigende und vielversprechende Entwicklung der Psychoanalyse dar (Levy 2009; Michels 2007; Wallerstein 2007, 2009).

Ein auf der Hand liegendes Modell ist das eines psychoanalytischen Instituts als Teil eines Universitätsdepartments für Psychologie oder Psychiatrie. Das *Center for Psychoanalytic Training and Research* an der *Columbia University* ist eine solche Institution, die seit vielen Jahren als Teil des *Department of Psychiatry* der *Columbia University* mit finanziellen und räumlichen Mitteln unterstützt wird und sich im Gegenzug zur aktiven Teilnahme an der Facharztausbildung und Lehre sowie an den Forschungsvorhaben des Departments verpflichtet hat. Der Direktor des psychoanalytischen Instituts wird vom Chefarzt der Abteilung auf Vorschlag eines Komitees ernannt, das aus Vertretern des Departments für Psychiatrie, der Medizinischen Fakultät und des Lehrkörpers des Instituts besteht. Die Dozenten des Instituts können im Rahmen der allgemein geltenden Regeln für akademische Berufungen Universitätsfunktionen übernehmen – mit einem deutlichen Schwerpunkt auf dem Forschungs- und Ausbildungshintergrund von Kandidaten für eine akademische Karriere. Eine Forschungsabteilung innerhalb dieses Psychoanalytischen Instituts regt Forschungsvorhaben an und koordiniert sie unter Einbeziehung von Dozenten und Kandidaten sowie ausgewählten Ausbildungsteilnehmern des Departments für Psychiatrie. Es wurden wichtige Publikationen auf dem Gebiet der Ausbildungsforschung vorgelegt, und die intellektuelle Atmosphäre ist bemerkenswert offen dafür, neue theoretische Konzepte und technische Weiterentwicklungen im Bereich der Psychoanalyse aufzugreifen. Die *Association for Psychoanalytic Medicine*, die *Psychoanalytic Society of the Columbia Psychoanalytic Community*, ist eine eigenständige Institution, die mit dem *Columbia Psychoanalytic Institute* eine gemeinsame Öffentlichkeitsarbeit organisiert; diese umfassen die Entsendung von Dozenten an verschiedene Fachbereiche der *Columbia University* und interdisziplinäre Aktivitäten in Form von öffentlichen Tagungen mit Referenten aus der psychoanalytischen Gesellschaft ebenso wie aus anderen Fachbereichen der Universität.

Eine weitere Variante des Modells stellt das Psychoanalytische Zentrum der *Emory University* in Atlanta, Georgia dar (Levy 2009). Es handelt sich um ein komplexes Gebilde, dem ein psychoanalytisches Institut innerhalb des Departments für Psychiatrie der Medizinischen Fakultät und ein autonomes Zentrum angehören, das der psychoanalytisch orientierten Ausbildung und Forschung im gesamten Bereich der Universität gewidmet ist. Es bietet Beratung und Lehre für verschiedene Departments und ermöglicht es Studierenden aus der ganzen Universität, an Seminaren des Psychoanalytischen Instituts teilzunehmen. Alle Seminare des Instituts mit Ausnahme der klinischen Fallsupervision und der psychoanalytischen Behandlungstechnik sind für alle Emory-Studierenden zugänglich. Außerdem organisiert das Zentrum spezifische Ausbildungsaktivitäten und Kongresse für die ganze Universität. Dieses außergewöhnliche Programm stellt eine ideale Lösung für die oben geschilderten Probleme und Herausforderungen dar.

Ein Hauptproblem dieses Modells besteht allerdings darin, dass es derzeit schwer zu replizieren ist. Ein psychoanalytisches Institut müsste, um für eine Funktion in Verbindung mit oder innerhalb eines Departments für Psychiatrie oder Klinische Psychologie einer größeren Universität infrage zu kommen, über hochrangige, akademisch produktive und ausgewiesene Mitglieder der psychoanalytischen Gemeinschaft verfügen, deren Forschungsvita eine erfolgreiche Bewerbung auf Professuren oder Lehrstühle in diesen Disziplinen erlaubt. Das Fehlen einer breiten Schicht psychoanalytischer Hochschullehrer in der jüngeren Psychoanalytikergeneration erweist sich hier als wesentliche Einschränkung. Es bleibt zu hoffen, dass dieses Modell auf lange Sicht allgemein angewendet wird, wenn und sobald es wieder akademisch aktive und renommierte psychoanalytische Kandidaten für Professuren oder Lehrstühle geben wird, wie es in einer früheren Generation von Psychoanalytikern in Ländern wie Deutschland oder den USA schon einmal der Fall war.

Eine leichter praktizierbare Variante des Modells ist die Möglichkeit einer lockeren und flexiblen Verbindung eines unabhängigen psychoanalytischen Instituts mit einem Universitätsdepartment für Psychiatrie oder Psychologie mit Übernahme von Lehrverpflichtungen durch das psychoanalytische Institut im Rahmen von ehrenamtlichen Fakultätspositionen, die mit der Universität affiliiert sind.[6] Die Kooperationsvereinbarung des *New York University Psychoanalytic Institute* mit dem Department für Psychiatrie der *New York*

---

6 Anm.d.Ü.: In Deutschland etwa im Rahmen von Privatdozenturen und außerplanmäßigen Professuren.

University Medical School ist ein Beispiel für diesen Typ eines Modells der universitären Anbindung.

Ein weiteres alternatives Modell ist der Aufbau eines autonomen psychoanalytischen Instituts an oder in Verbindung mit einer größeren Universität, wobei das Institut die Zuständigkeit für die Entwicklung eines kompletten Studienzweigs, etwa Klinische Psychologie, übernimmt, der für die Hochschule als Teil ihrer fachlichen Ausbildungsstandards und im Rahmen ihres Regelwerks und unter ihrer Programmaufsicht durchgeführt wird. Große psychoanalytische Gesellschaften könnten über genügend intellektuelle Ressourcen verfügen, ein solches Programm durchzuführen. Dieses Modell wurde von der Psychoanalytischen Vereinigung von Buenos Aires (APDEBA) gewählt. Sie errichtete ein Institut für Psychologie und bietet dort einen Masterabschluss in Klinischer Psychologie unter der Förderung und Kontrolle der APDEBA in Übereinstimmung mit den allgemeinen argentinischen Regularien für Privatuniversitäten und in enger Zusammenarbeit mit der Vereinigung der Privatuniversitäten (Ferrari 2009). Das psychoanalytische Institut stellt die Dozenten, die angewiesen sind, alle Pflichtinhalte eines Psychologie-Masters der Universität zu lehren, mit besonderem Akzent auf psychoanalytischer Theorie und ihren Anwendungen. Die Studierenden erwerben Kenntnisse in psychoanalytischer Theorie und ihrer Weiterentwicklung, den epistemologischen Fragen im Zusammenhang mit der Untersuchung des dynamischen Unbewussten, Nachweisen für die psychoanalytische Theorie ebenso wie Befunden, die dagegen sprechen, und ein theoretisches Wissen über die Anwendung psychoanalytischer Theorien auf Diagnose und Behandlung der wichtigsten Psychopathologien, soweit sie in den Bereich des psychoanalytischen Ansatzes fallen. Sie werden nicht in klinischer Psychoanalyse ausgebildet; falls sie sich dafür interessieren, werden sie ermutigt, sich einer persönlichen Psychoanalyse oder psychoanalytischen Psychotherapie zu unterziehen. Der Erfolg dieses Studiengangs zeigt sich an einer wachsenden Wahrnehmung und Anerkennung der Psychoanalyse im Gesamtbereich der Universität, einem Zuwachs an interdisziplinären Aktivitäten und nicht zuletzt den vielen Studierenden, die eine persönliche Analyse machen wollen, unabhängig von ihrer eigentlichen Berufswahl.

Ein vergleichbares Programm wurde in Berlin mit der Gründung der *International Psychoanalytic University* aufgelegt, einer unabhängigen privaten Universität, die einen Bachelor- und einen Masterabschluss in Psychologie anbietet, in Übereinstimmung mit den Bedingungen des deutschen Hochschul- und Zulassungsrechts und unter Einschluss eines umfassenden

Spektrums psychoanalytischer Theorien und Ansätze sowie der Entwicklung eines Forschungsprogramms mit zugehörigem Forschungstraining, das die in Deutschland geltenden Standards für Universitäten erfüllt (Körner 2009, persönliche Mitteilung).

Diese Studiengänge umfassen nicht die klinische Ausbildung in psychoanalytischer Behandlungstechnik oder psychoanalytischer Psychotherapie, doch sollen sie ihre Absolventen in die Lage versetzen, psychoanalytische Theorie auf die verschiedenen Fachgebiete anzuwenden, in denen sie später tätig werden; für einige von ihnen eröffnen sie den Zugang zur eigentlichen psychoanalytischen Ausbildung. Die eindrucksvolle Initiative der *International Psychoanalytic University* in Berlin wurde durch eine private Stifterin finanziert, die selbst eine wichtige und hoch angesehene Lehranalytikerin ist und viele Jahre lang einen Lehrstuhl für Psychologie an einer anderen deutschen Universität innehatte.

Oft sind finanzielle Zwänge ein Hauptfaktor, der innovative Programme im universitären Rahmen einschränkt. Zugleich aber sollten Kooperationen zwischen Hochschulinstituten mit Interesse an Forschungsentwicklung und mit Zugang zu spezifischen Finanzierungsmöglichkeiten auf der einen Seite sowie psychoanalytischen Instituten auf der anderen, die willens sind, Lehrkapazitäten, klinische Beispiele und sogar Räume für gemeinsame Forschungs- und Ausbildungsprogramme zur Verfügung zu stellen, realistische Perspektiven bieten.

Eine weitere wesentliche Einschränkung könnte in der feindseligen Haltung gegenüber der Psychoanalyse in vielen psychiatrischen und psychologischen Abteilungen liegen, vor allem dann, wenn langjährige Streitereien zwischen kognitiv-behavioralen und psychodynamischen Ansätzen das Feld der psychosozialen Gesundheit geprägt haben. Nach meiner Auffassung liegt es bei den psychoanalytischen Instituten, das Vorurteil gegenüber der Psychoanalyse, das einem solchen intellektuellen Hintergrund entspringt, gerade zu rücken. Vor allem in den USA hat die Vorherrschaft der Psychoanalyse in vielen führenden Hochschulinstituten der Psychiatrie in den 1950ern und 1960ern, die in manchen Fällen von glatter Verleugnung, wenn nicht gar direkter Opposition gegen die parallelen Fortschritte der biologischen Psychiatrie geprägt war, zu einer entsprechenden ›Rache‹ geführt, sobald die biologisch orientierte Psychiatrie die Vorherrschaft gewann; ein analoger Prozess veränderte die psychodynamische Ausrichtung der Abteilungen für Klinische Psychologie in eine kognitiv-behaviorale. Hier sind Geduld und politisches Handeln, die Öffnung der psychoanalytischen Institute für den Einfluss der Universitäten und Angebote an Lehrkapazitäten, Räumen sowie klinische Beispiele für gemeinsame Projekte mit universitätsbasierten Disziplinen nötig.

Die geschilderten Programme sind Beispiele für gangbare Wege der Integration oder Reintegration der zeitgenössischen Psychoanalyse in den universitären Rahmen und die akademische Welt. Die enormen Widerstände der analytischen Institutionen gegen den Wandel und die Langsamkeit dieses Prozesses in der gesamten internationalen psychoanalytischen Gemeinschaft sollten uns nicht davon abhalten, dieses Ziel zu verfolgen. Wie vorhin erwähnt, hängt die Zukunft der Psychoanalyse als Wissenschaft ebenso wie als Profession nach meiner Überzeugung davon ab, selbst wenn der Beitrag der Psychoanalyse als Wissensbestand zur kulturellen Entwicklung der Menschheit als gesichert gelten kann.

Erste Schritte

Im Folgenden sollen erste Schritte zur Herstellung neuer Beziehungen psychoanalytischer Institute zu Universitäten benannt werden, die, wie ich glaube, für die Institute umsetzbar und für viele Länder eine realistische Perspektive sind. Als erstes wäre es hilfreich, bei der Zulassung von Kandidaten für die psychoanalytische Ausbildung bevorzugt akademisch interessierte und aktive Bewerber auszusuchen, wie etwa Psychiater und Psychologen mit Perspektive auf eine akademische Laufbahn, mit Interesse an Forschung in speziellen an die Psychoanalyse angrenzenden Bereichen, sowie ausgewiesene Forscher aus den Human-, Sozial- und Naturwissenschaften. Ein kombiniertes Aufnahmeverfahren wäre wünschenswert, das Bewerber mit ausschließlichem Interesse an Psychoanalyse ebenso berücksichtigt wie solche mit anderen kreativen beruflichen Interessen, die den Wunsch haben könnten, die Psychoanalyse mit ihrem jeweiligen Fach zu verbinden. Natürlich müsste die letztere Gruppe von Kandidaten darin unterstützt werden, die Psychoanalyse auf andere Fachgebiete anzuwenden.

Institutsleitungen sollten versuchen, Lehrstuhlinhaber in Psychiatrie und Klinischer Psychologie anzusprechen, um die Möglichkeiten gemeinsamer Projekte auszuloten. Vertrauensbildende Maßnahmen zum gegenseitigen Nutzen könnten die Einladung führender Wissenschaftler und Forscher sein, einschlägige Fächer am Institut zu lehren, und umgekehrt Dozenten des Instituts als Lehrbeauftragte und Supervisoren den Departments zur Verfügung zu stellen. Insbesondere Vertreter von Nachbarwissenschaften könnten die psychoanalytische Ausbildung bereichern und eine für gemeinsame Forschungsprojekte günstige Atmosphäre schaffen.

Manchmal liegt das ideale Terrain für eine produktive Zusammenarbeit in den Geisteswissenschaften: Literatur, Ethnologie, Linguistik und Philosophie. Interdisziplinäre Ansätze müssen natürlich dem aufrichtigen Bemühen entspringen, voneinander zu lernen; es kann keine Einbahnstraße sein. Das Gebiet der psychosomatischen Medizin bietet eine Chance zur Kooperation, da sowohl die Psychiatrie als auch die Psychoanalyse wechselseitig von ihrem jeweiligen Beitrag zum Verständnis dieses Gebiets profitieren können.

Die Kurse an den psychoanalytischen Instituten für Studierende und Dozenten der Universität zu öffnen, mit der das Institut eine Kooperationsbeziehung unterhält, wäre die optimale Brücke für junge Wissenschaftler, die eine psychoanalytische Laufbahn einschlagen wollen. Ein solches Interesse wurde bereits in einigen der erwähnten Initiativen verwirklicht, etwa der *Emory University* oder der deutschen *International Psychoanalytic University* (Levy 2009).

Kurz: Die Öffnung der psychoanalytischen Institute für einen echten Versuch der Annäherung an die Universitäten könnte ein gangbarer Anfang für kreative und wesentliche neue Wege einer künftigen Entwicklung der Psychoanalyse als Wissenschaft und Profession sein.

Aus dem Amerikanischen von Andreas Hamburger

Literatur

Auchincloss, Elizabeth L. & Michels, Robert (2003): A reassessment of psychoanalytic education: Controversies and changes. I.J. Psycho-Anal. 84, 387–403.

Cooper, Arnold M. (1987): Changes in psychoanalytic ideas. J. Am. Psychoanal. Assoc. 35, 77–98.

Cooper, Arnold M. (1995): Discussion: On empirical research. In: Shapiro, Theodore & Emde, Robert N. (Hg.): Research in psychoanalysis: Process, development, outcome. Madison, CT (International UP), 1995, S. 381–391.

Ferrari, Hector H. (2009): IUSAM-APdeBA: A higher education institute for psychoanalytic training. I.J. Psycho-Anal. 90, 1139–1154.

Garza Guerrero, César (2006): Crisis organizacional y educacional del psicoanálisis. Desafíos contemporáneos. Mexico (Textos Mexicanos).

Garza Guerrero, César (2010): Psychoanalysis: Requiescat in pace? A critique from within and a radical proposal. Unveröffentlichtes Manuskript.

Glick, Robert A. (2007): Psychoanalytic education needs to change: What's feasible? Introduction to Wallerstein. J. Am. Psychoanal. Assoc. 55, 949–952.

Holzman, Philip S. (1976): The future of psychoanalysis and its institutes. Psa. Q. 45, 250–273.

Holzman, Philip S. (1985): Psychoanalysis: Is the therapy destroying the science? J. Am. Psychoanal. Assoc. 33, 725–770.

Kernberg, Otto F. (1986): Institutional problems of psychoanalytic education. J. Am. Psychoanal. Assoc. 34, 799–834.
Kernberg Otto F. (2004): Resistances to research in psychoanalysis. In: Contemporary controversies in psychoanalytic theory, techniques, and their applications. New Haven, CT (Yale UP), S. 86–93. Dt.: Widerstände gegen Forschung in der Psychoanalyse. Übers. Jacqueline Hurth. In: Affekt, Objekt und Übertragung. Gießen (Psychosozial-Verlag) 2001, S. 51–58.
Kernberg, Otto, F. (2006): The coming changes in psychoanalytic education: Part I. I.J. Psycho-Anal. 87, 1649–1673.
Kernberg, Otto F. (2007): The coming changes in psychoanalytic education: Part II. I.J. Psycho-Anal. 88, 183–202.
Levy, Steven T. (2009): Psychoanalytic education then and now. J. Am. Psychoanal. Assoc. 57, 1295–1309.
Michels, Robert (2007): Optimal education requires an academic context: Commentary on Wallerstein. J. Am. Psychoanal. Assoc. 55, 985–989.
Paul, Robert A. (2007): Optimal education requires an academic context: Commentary on Wallerstein. J. Am. Psychoanal. Assoc. 55, 991–997.
Thomä, Helmut (2010): Remarks on the first century of the International Psychoanalytic Association (IPA) and a utopian vision of its future. Unveröffentlichtes Manuskript.

Levels of Emotional Awareness[1, 2]

Ein Modell der Konzeptualisierung und Messung emotionszentrierter struktureller Veränderung

Claudia Subic-Wrana, Manfred E. Beutel,
David A. S. Garfield & Richard D. Lane

Die Notwendigkeit, die Effektivität psychoanalytischer Behandlungen nachzuweisen, hat die Bemühungen verstärkt, strukturelle Veränderung als deren basales Behandlungsziel zu operationalisieren. Vielversprechende Messinstrumente struktureller Veränderung wie die Messung der Reflexiven Funktion im AAI[3], die Operationalisierte Psychodynamische Diagnostik *oder die* Skalen Psychologischer Fähigkeiten *erfordern jedoch zeitaufwändige Trainings in Durchführung und Auswertung. In der vorliegenden Arbeit soll die theoretische Konzeptualisierung und die Messung der »Levels of Emotional Awareness« (LEA) vorgestellt werden. Die LEA als eine Theorie der kognitiv-affektiven Entwicklung, die an Piagets Theorie der sensorisch-kognitiven Entwicklung orientiert ist, skizziert die Entwicklungsschritte von impliziter/unbewusster zu expliziter/bewusster Affektverarbeitung; der individuelle kognitiv-emotionale Entwicklungsstand kann mit einem leicht auszuwertenden, vom Probanden selbst zu bearbeitenden Test, der »Levels of Emotional Awareness Scale«, erfasst werden. Wie an zwei Fallbeispielen gezeigt wird, operationalisiert das LEA-Modell strukturelle Veränderung als Wechsel von impliziter zu expliziter Affektverarbeitung, die mit der LEAS einfach zu erfassen ist – damit leisten Theorie und Test einen Beitrag zur aktuellen psychoanalytischen Debatte über die Art und Weise und die Mechanismen struktureller Veränderung.*

---

1 Levels of emotional awareness: A model for conceptualizing and measuring emotion-centered structural change. The International Journal of Psychoanalysis (2011) 92, 289–310.
2 Anm. d. Ü.: »Levels of Emotional Awareness« kann mit »Stufen emotionalen Gewahrseins« übersetzt werden.
3 Anm. d. Ü.: AAI = Adult Attachment Interview (Erwachsenen-Bindungsinterview).

Einleitung

Mit dem Aufkommen der auf Syndrome bezogenen, deskriptiven diagnostischen Systeme von DSM-III und ICD-10 sind für psychiatrische Standarddiagnosen relevante psychodynamische diagnostische Überlegungen weitgehend verdrängt worden. Selbst der Begriff Neurose – verstanden als der dysfunktionale Versuch, die Symptomen und konfliktbezogener Angst zugrunde liegenden Konflikte zu bewältigen – wurde abgeschafft. Es hat sich die gängige Praxis etabliert, die Erfolge psychotherapeutischer Behandlungen der verschiedenen klinischen Orientierungen mit unterschiedlicher Therapiedauer anhand von Veränderungen spezifischer Symptomwerte zu messen, z. B. Depression, allgemeine Stressbelastung oder interpersonelles Funktionsniveau. Die psychoanalytische Behandlung – sowohl im Kontext mehrerer Sitzungen pro Woche in ambulanter Praxis als auch in psychoanalytisch orientierten stationären Settings – hat tiefer greifende und überdauernde Veränderungen der Persönlichkeit sowie des psychischen und interpersonellen Funktionierens zum Ziel, was gewöhnlich als »strukturelle Veränderung« bezeichnet wird. Psychoanalytiker beschreiben daher ihre Patienten nicht nur mittels symptombasierter Diagnosen und Punktwerte, sondern erachten allgemeine psychodynamische Faktoren, oft im Sinne von psychischer Struktur und struktureller Veränderung (Grande et al. 2006), als relevant für Indikation und Therapie.

In diesem Artikel werden wir

➤ die Theorie der Stufen emotionalen Gewahrseins (*Levels of Emotional Awareness*, LEA) als einer emotionszentrierten Konzeptualisierung psychischer Struktur und struktureller Veränderung einführen,

➤ einen Überblick über die »Levels of Emotional Awareness Scale« (LEAS) als Instrument zum Erfassen der psychischen Struktur und ihrer Veränderung geben sowie

➤ Therapieergebnis und Behandlungsprozess aus der Perspektive emotionalen Gewahrseins als Hauptmerkmal von Veränderung herausarbeiten und dies anhand klinischer Vignetten aus psychoanalytischen Einzeltherapien veranschaulichen, die in psychoanalytisch orientierten stationären Behandlungssettings stattfanden.

In seinem bekannten Übersichtsartikel aus dem Jahr 1988 sprach Wallerstein von einem »definitorischen und konzeptuellen Morast bezüglich der *Bedeutung* und des *Gebrauchs* des Begriffs Struktur« (1988, S. 244). Struktur werde von den wesentlichen psychoanalytischen Schulen unterschiedlich verstanden:

> »innerhalb des Ich-psychologischen Rahmens im Sinne von Impuls-Abwehr-Konfigurationen, innerhalb der kleinianischen Theorie im Kontext von guten und schlechten Objekten [...], innerhalb der Objektbeziehungstheorie im Sinne von Selbst- und Objektrepräsentationen und der affektiven Wertigkeiten, die diese aneinander binden, und im Rahmen der Selbstpsychologie als unterschiedlich kohäsives und verletzliches bipolares Selbst« (S. 244).

Aufgrund ihres hohen Abstraktionsniveaus wurden globale Konzepte wie Gleichgewichtsverschiebungen im dreigliedrigen Strukturmodell zwischen Ich, Es und Über-Ich (z. B. Stärkung der Ich-Funktionen, ein realistischeres Über-Ich) als eher metaphorisch gesehen.

Der wegweisenden Arbeit von Wallerstein (1988) folgend, hat die derzeitige Debatte zur Wirksamkeit psychodynamischer Langzeitbehandlungen (z. B. Beutel et al. 2004; Leuzinger-Bohleber et al. 2003) und die dringliche Notwendigkeit, ihren Nutzen zu belegen, die Suche nach Instrumenten verstärkt, die zur diagnostischen Erfassung psychischer Struktur und deren Veränderung (Rudolf et al. 2002) geeignet sind und über die diagnostischen Kriterien des DSM-IV (American Psychiatric Association 2000) hinausgehen. Zu den derzeit vielversprechendsten Ansätzen gehören die *Skalen Psychologischer Fähigkeiten* von Wallerstein und Kollegen (1988), die *Operationalisierte Psychodynamische Diagnostik* (Cierpka et al. 2007) und das *Konzept des Reflexiven Funktionierens (RF)* von Fonagy und Target (1997).

Der Begriff der »prozeduralen Organisation von Emotion« (Clyman 1991) wurde jüngst in psychoanalytischen Diskursen zum therapeutischen Prozess aufgegriffen. Emotionale Prozeduren beinhalten den Ausdruck von Emotionen auf mimischer, gestischer und Verhaltensebene, die mit emotionaler Erregung einhergehen. Sie entwickeln sich implizit und ihre Äußerung erfolgt automatisch, was der Emotionsregulation wie beispielsweise der Vermeidung von Scham oder Verlegenheit dient. Clyman hat herausgearbeitet, dass diese emotionalen Prozeduren im Lauf der Entwicklung in verschiedensten Zusammenhängen erworben werden und dass Familien durch Zustimmung oder Ablehnung selektieren, welche von ihnen zulässig sind. Da sie grundlegend unser Interagieren mit anderen bestimmen, werden emotionale Prozeduren durch wiederholtes Einüben resistent gegenüber Veränderungen. Dementsprechend kann man die Übertragung als ein Set emotionaler Prozeduren konzeptualisieren, mit denen auf den Analytiker reagiert wird und die auf einem automatischen Repertoire basieren, das in früheren wichtigen Beziehungen etabliert wurde. Diese fest verankerten emotionalen »Strategien, mit anderen in Beziehung zu sein und zu reagieren«, sind in der analytischen Literatur mit Begriffen wie »Modellszenen« (Lichtenberg 1989) oder »generalisierte Interaktionsrepräsentationen« (RIGS) (Stern 1985) beschrieben worden. Erfährt der Patient den Analytiker als ein neues Objekt, das nicht die alten automatischen emotionalen Kontrollvorgänge in Bewegung setzt, kann das alte Set emotionaler Prozeduren durch ein neues, anpassungsfähigeres ersetzt werden (Boston Change Process Study Group 2002).

Innerhalb der Psychoanalyse ist eine Kontroverse über den Stellenwert struktureller Veränderung – Einsicht versus korrigierender emotionaler Erfahrung in der Transaktion zwischen Patient und Analytiker – entstanden (Sugarman 2006). Veränderung ohne Einsicht könnte sich dann einstellen, wenn sich der Analytiker so verhält, dass die prä-existierenden Übertragungsmuster entkräftet werden. Es stellt sich jedoch die Frage, ob spätere Einsicht in das interpersonale Geschehen die Veränderung nicht »top-down« konsolidieren würde. Die Prozeduren durch Einsicht zu verändern bedeutet, das automatische Ausagieren zu stoppen, die durch die Prozeduren vermiedenen Emotionen bewusst zu erleben, die in der Reaktion des Analytikers enthaltenen Emotionen aufzunehmen, Situation und Beziehungsmuster neu zu bewerten, Verhalten zu verändern und neue Prozeduren zu etablieren, bis diese automatischen Charakter erlangen (d. h. durcharbeiten). Der therapeutische Prozess beinhaltet daher die Transformation impliziter Emotionsrepräsentanzen in explizite – ein kognitiv-emotionaler Entwicklungsprozess. Die bewusst verarbeiteten Informationen können sekundär verwendet werden, um Verhaltensweisen zu ändern, indem implizites, automatisches Verhalten ausreichend kontrolliert werden kann, sodass es Adaptationsprozesse nicht länger beeinträchtigt. Aus diesem Modell folgt, dass eine vollständige Eliminierung nur selten so gelingt, wie es das psychoanalytische Modell von Regression und Progression postuliert.

Lane und Schwartz veröffentlichten ihre Theorie der »Levels of Emotional Awareness« (LEA) erstmals 1987. Von Psychoanalytikern weitgehend unbeachtet, wurde das Konzept mit der Absicht entwickelt, Störungen der Affekterfahrung und -regulierung besser erklären zu können. Das LEA-Modell und das von ihm theoretisch abgeleitete Instrument der LEAS (Lane et al. 1990) vereint eine Reihe von wichtigen Eigenschaften, die im Hinblick auf die gegenwärtige Diskussion zu struktureller Veränderung relevant sind: Die Theorie der LEA konzeptualisiert eine basale psychologische Fähigkeit, nämlich das

Verarbeiten von Affekten; die LEAS stellt ein leicht anwendbares Instrument zur Evaluation struktureller Veränderungen in der Affektverarbeitung dar und lässt sich sowohl zur Erfolgs- als auch zur Prozessmessung einsetzen. Anhand von zwei Fallvignetten aus der Arbeit mit psychoanalytischer Einzeltherapie in einem stationären Setting soll aus der LEA-Perspektive illustriert werden, dass die LEA-Theorie ein klinisch relevantes Modell anbietet, mit dem implizite und explizite Formen der Affektverarbeitung operationalisiert werden können. Die dargestellten Fallbeispiele zeigen, inwieweit LEA als Theorie und das LEAS-Instrument in der klinischen Praxis eingesetzt werden und das klinische Denken bereichern können. Obwohl diese Fallbeispiele nicht den Anspruch erheben, entsprechend den Anforderungen der empirischen Psychotherapieforschung strukturelle Veränderungen in der Affektverarbeitung sicher nachzuweisen, sollen sie doch das Interesse für den Einsatz der LEAS in der klinischen Praxis wecken und dadurch einen Beitrag zur weiterhin andauernden psychoanalytischen Debatte zum Wesen und den Mechanismen psychischer Veränderung leisten.

Die Theorie der LEA: Hintergrund, Grundannahmen und empirische Beobachtungen

Die Theorie der »Levels of Emotional Awareness« erklärt Störungen der Emotionsverarbeitung mit einem Modell kognitiv-emotionaler Entwicklung, das Prinzipien der sensorischen Wahrnehmung aus der Gestaltpsychologie und Piagets Konzept der kognitiven Entwicklung vereint. In ihrem Buch *Symbol formation* (dt. »Symbolbildung«) bezogen Werner und Kaplan (1963) das Gestaltprinzip der sensorischen Wahrnehmung auf die Entwicklung des Denkens und die Verbalisierung der Gedanken. Sie postulierten, dass sich die verbale oder symbolische Äußerung von Gedanken, dem »ontogenetischen Prinzip« entsprechend, von global-undifferenziert hin zu differenziert und hierarchisch-integriert entwickelt, und übertrugen damit die Erkenntnisse aus diversen Experimenten und Studien zur differenziellen Sensitivität für sensorische Wahrnehmung in verschiedenen Entwicklungsstadien auf den Bereich des Denkens (Bühler 1928; Metzger 1953). Lane und Schwartz (1987) übertrugen dieses Prinzip dann auf die Entwicklung der Fähigkeit, sich der eigenen Emotionen gewahr zu werden. Der Wechsel von geringerer hin zu stärkerer Differenzierung emotionalen Gewahrwerdens wird als Transformation konzeptualisiert: Die fortdauernde Anwendung von

Emotionsdifferenzierung und die Integration neu entstandener Denk- und Sprachstrukturen ermöglicht ein neues »Verständnis« des Wahrgenommenen. Indem die Differenzierung und Kommunikation individueller affektiver Zustände gefördert werden, können die durch affektive Erregung hervorgerufenen Körpersensationen in bewusst wahrgenommene Gefühle umgeformt werden. Hervorzuheben ist, dass die hier beschriebenen Prozesse, die zu einer basalen psychischen Repräsentierung von Affektaktivierung führen, als Voraussetzung für das Entstehen metakognitiver Fähigkeiten oder den Erwerb einer »Theorie des Mentalen« (Fonagy et al. 2002) betrachtet werden können.

Lane und Schwartz (1987) verstehen die Stadien der emotional-kognitiven Entwicklung als parallel zu den von Piaget (1974) beschriebenen Entwicklungsstadien der sensorisch-kognitiven Entwicklung oder »Intelligenz«. Im Gegensatz zu Piagets Auffassung, wonach diese Entwicklungsstadien bzw. die jeweiligen Altersstufen genetisch beeinflusst sind, konzeptualisieren Lane und Schwartz sensorische/motorische emotionale Aktivität als treibende Kraft der kognitiv-emotionalen Entwicklung, die wesentlich durch Umweltfaktoren determiniert wird. Sie postulieren eine strukturelle Übereinstimmung zwischen den Stadien der sensorisch-kognitiven und der emotional-kognitiven Entwicklung:

➤ Die *sensomotorisch-reflexive* Stufe der Intelligenz (Piaget) sowie die *Stufe 1* des emotionalen Gewahrseins (Lane/Schwartz 1987) sind durch das Vorherrschen von *Stimulus-Reflexmustern* gekennzeichnet. Sensorische Wahrnehmungen oder Stimuli rufen Reflexe hervor, die außerhalb des Bewusstseins ablaufen (motorische Automatismen, Veränderungen im autonomen Nerven- oder endokrinen System, die eine zunehmende Spannung wiedergeben). Sie postulieren weiterhin, dass diese Spannungszunahme – wenn sie bewusst wahrgenommen wird – als Körpersensation erfahren wird.

➤ Die strukturellen Eigenschaften der *sensomotorisch-handelnden Stufe* Piagets und die *Stufe 2* des emotionalen Gewahrseins beziehen sich auf eine *Verhaltensreaktion auf äußere oder innere Wahrnehmungen* (Lane/Schwartz 1987). Lane und Schwartz gehen davon aus, dass auf dieser Ebene affektive Erregung als positiv oder negativ bewerteter Spannungszustand (»Ich fühle mich gut/schlecht«) oder als Handlungsabsicht (»Ich würde gerne wegrennen«) bewusst wahrgenommen wird. Dieser Verarbeitungsmodus ermöglicht mehr Handlungsfreiheit als die Reflexmuster der Stufe 1, da die Fähigkeit, sensorische Stimuli bewusst

oder explizit wahrzunehmen oder zu erinnern, eine Voraussetzung für die Fähigkeit darstellt, hervorgerufene Handlungsabsichten zu verzögern oder zu modifizieren.
➤ Die *prä-operationale Stufe* erlaubt es, »etwas« durch »etwas anderes« zu ersetzen. Mit der Entwicklung kognitiver Fähigkeiten (Piaget) können einzelne Begriffe übergeordneten Konzepten zugeteilt werden (z. B.: Vögel und Hunde sind beide Tiere). In gleicher Weise können auf der dritten Stufe des emotionalen Gewahrseins körperliche Empfindungen, Handlungsabsichten und Spannungszustände mental als *Gefühlszustände* repräsentiert werden. Auf dieser Ebene können innere Wahrnehmungen (Körpersensationen oder Handlungsabsichten) in Kategorien von Bezeichnungen für Emotionen eingeteilt werden. Ein bestimmter Stimmungs- oder Gefühlszustand herrscht in der bewussten Wahrnehmung vor, allerdings können verschiedene oder sich widersprechende Gefühle oder Stimmungen nicht gleichzeitig wahrgenommen werden, daher ist es nicht möglich, emotionale Ambivalenz zu erfassen und auszudrücken.
➤ Die *konkret-operationale* Stufe (Piaget) umfasst die neu erworbene Fähigkeit, Komplexität und Einheitlichkeit zur gleichen Zeit wahrnehmen zu können. Auf Stufe 4 *(blends of emotion)* wird es nach Lane und Schwartz (1987) möglich, emotionale Ambivalenz zu erfahren: Ein Kind kann auf dieser emotional-kognitiven Entwicklungsebene beispielsweise nach einem Streit mit seiner Schwester sagen, dass es im Moment wütend auf sie ist, sie aber sonst lieb hat. Es kann sich jetzt in verschiedene emotionale Beziehungen mit seiner Schwester versetzen und daher zur gleichen Zeit Einheitlichkeit und Verschiedenheit ihr gegenüber erleben. Psychoanalytisch orientierte Entwicklungspsychologen bezeichnen diese Errungenschaft als Objektkonstanz. Verschiedene und gegensätzliche Gefühle können gegenüber ein- und derselben Person zur gleichen Zeit erfahren werden – die »guten« und die »bösen« inneren Repräsentationen einer Person verbinden sich zu einer einheitlichen Repräsentation einer Person mit verschiedenen Charakteristika. Es wird davon ausgegangen, dass dieser Entwicklungsfortschritt in der strukturellen Repräsentation affektiver Zustände eine Zunahme emotionaler Stabilität mit sich bringt.
➤ Zu der strukturellen Veränderung im Denken und Wahrnehmen auf der fünften LEA-Stufe bzw. auf der *formal-operationalen* Stufe der sensorisch-kognitiven Entwicklung (Piaget) kommt es, weil die Zentrierung auf die Ich-Perspektive im »Hier und Jetzt« nachlässt. Laut Lane

und Schwartz kann die Gefühlswelt einer anderen Person nun separat von der eigenen wahrgenommen werden. Dadurch wird es möglich, sich in Gefühlszustände zu versetzen, die das Selbst bisher noch nicht erfahren hat. Es ist wichtig hervorzuheben, dass ein Gewahrsein »des Anderen« auf allen Ebenen vorhanden ist (z. B. auf Stufe 1: emotionales Gewahrsein bedeutet reflexive Empathie – ein Baby hört ein anderes schreien und schreit in der Folge ebenfalls). Außerdem kommt es mit zunehmend höheren Stufen der emotional-kognitiven Entwicklung zu einer genaueren Differenzierung zwischen Selbst und anderen.

Die fünf Stufen der kognitiven Organisation des emotionalen Erlebens sind hierarchisch angeordnet, denn das Funktionieren auf einer Stufe erweitert und modifiziert das Funktionsniveau der bisherigen Stufen, ohne es auszuschalten. So ist zum Beispiel das gleichzeitige Erleben mehrerer Gefühlszustände (Stufe 4, *blends of emotion*) verglichen mit Stufe 2 (Handlungstendenzen) mit differenzierteren Repräsentationen von affektassoziierten Körpersensationen assoziiert (Ebene 1). Die Gefühle, die mit einer bestimmten Affektreaktion verbunden sind, lassen sich als eine Konstruktion aus den einzelnen Stufen des emotionalen Gewahrseins bis zur und inklusive der höchsten erreichten Stufe verstehen. Im Wesentlichen besteht die kognitive Entwicklung nach dieser theoretischen Sichtweise aus der Transformation von affektivem »Wissen« von *impliziten* (prozeduralen, sensomotorischen) zu *expliziten* (bewussten Gedanken) Repräsentationen durch das Benutzen von Sprache oder anderen semiotischen Ausdrucksformen.

Innerhalb des LEA-Bezugsrahmens werden explizite und implizite Prozesse entlang ein- und desselben Kontinuums verortet, sodass Subtypen für *implizite* (Stufe 1 vs. 2) und *explizite* (Stufe 3 vs. 4 vs. 5) Prozesse unterschieden werden können.

Die mit der Stufe 1 (Körpersensationen) und Stufe 2 (Handlungsabsichten) assoziierten Phänomene würden, isoliert betrachtet, noch nicht als Indikatoren von Emotionen gelten. Sie stellen allerdings im Rahmen emotionaler Reaktionen durchaus grundlegende Komponenten dar. Implizite Aspekte von Emotionen lassen sich als automatische motorische Ausdrucksformen verstehen, die durch emotionsregulierende Strategien moduliert werden. Dazu zählen autonome, neuroendokrine und somatomotorische (Gestik, Mimik, Handlungsabsichten und prozedurale Skripte) Bestandteile der emotionalen Reaktionen. Bezogen auf eine Körpersensation oder Handlungsabsicht als Reaktion auf emotionsauslösende Stimuli ist eine Emotion insofern als implizit zu betrachten, als ihr die spezifische Erfahrungsqualität eines bewusst erlebten Gefühlszustands fehlt; um die genannten Reaktionen als Affektreaktionen begreifen bzw. als Gefühle erleben zu können, wäre eine weitere Prozessierung auf den expliziten LEA-Stufen notwendig. Dem impliziten Emotionsausdruck zugrunde liegende Schemata oder Prozeduren funktionieren automatisch (d. h. bewusstes Denken ist nicht erforderlich und die Faktoren, die zu ihrer Entstehung und Aufrechterhaltung beitragen, sind typischerweise dem Bewusstsein nicht zugänglich), wenn es beispielsweise darum geht, Liebe auszudrücken, Liebe oder beruhigende Zuwendung zu erfahren, mit Ärger umzugehen, Aufmerksamkeit auszulösen oder Scherze zu machen. Diese Prozeduren erfüllen die nützliche Funktion, verschiedene Qualitäten emotionaler Erregung handhaben zu können, ohne dabei die eingeschränkten exekutiven Ressourcen zu beanspruchen, die für bewusste Verarbeitungsprozesse nötig sind. Die Stufen 3, 4 und 5 umfassen bewusste Gefühle unterschiedlicher Komplexität. Diese Gefühle kennzeichnen explizite Aspekte von Emotionen, da sie bewusst sind und die qualitativen Charakteristika aufweisen, die derartige Erfahrungen eindeutig als Gefühlszustände klassifizieren. Ähnlich wie bei Veränderungen auf den entsprechenden Stufen der sensorisch-kognitiven Entwicklung ermöglicht diese Transformation flexiblere, adaptivere und kreativere emotionale Reaktionen.

Die Erfassung psychischer Struktur und struktureller Veränderung: die »Levels of Emotional Awareness Scale« (LEAS)

Aufbauend auf der Beobachtung, dass der Begriff ›Struktur‹ von den verschiedenen psychoanalytischen Schulen oft abstrakt und auf ganz vielfältige Weise definiert wird, versuchte Wallerstein, ihn auf einer »praktikablen, gewissermaßen einer Zwischenebene, zu definieren […], die nah am tatsächlichen Erleben liegt und in ausreichend konzeptuellem und erklärendem Bezug zu empirisch beobachtbaren Variablen steht« (1988, S. 253).

Als ein Messinstrument, das den Vorteil hat, sowohl von Patienten selbst produziertes Material als auch objektive Bewertungen zu verwenden, stellt die LEAS (Lane et al. 1990) ein erlebensnahes und dennoch theoretisch fundiertes Erhebungsverfahren dar, um die Affektregulation als einen Hauptbestandteil psychischer Struktur zu erfassen. Zunächst soll ein Beispiel für die emotionsevozierenden Vignetten, aus denen der Test besteht, sowie mögliche Antworten der getesteten Personen vorgestellt werden. Nach jeder dieser

Vignetten wird gefragt: »Wie würden Sie sich anstelle des Protagonisten in der Geschichte fühlen? Wie würde sich die andere Person, die auch in dieser Szene vorkommt, fühlen?«

LEAS Item 20:
Sie und Ihr bester Freund sind im gleichen Arbeitsbereich tätig. Jedes Jahr wird ein Preis für die beste Leistung vergeben. Sie beide geben Ihr Bestes, um den Preis zu gewinnen. Eines Abends wird der Gewinner bekannt gegeben: Ihr Freund. Wie würden Sie sich fühlen? Wie würde sich Ihr Freund fühlen?

Ausgewählte Antworten und ihre Bewertung:
Stufe 1: Mir würde übel werden. → Körpersensation
Stufe 2: Ich würde am liebsten wegrennen. Mein Freund würde sich gut fühlen. → Handlungsabsicht und undifferenzierter Affektzustand
Stufe 3: Wir würden uns beide freuen. → einzelne Emotion
Stufe 4: Ich wäre deprimiert, würde mich aber freuen, dass mein Freund den Preis gewonnen hat. Mein Freund wäre glücklich. → Mischung mehrerer Emotionen
Stufe 5: Ich wäre enttäuscht. Aber falls jemand anderes gewinnen sollte, würde ich mich freuen, wenn dies mein Freund wäre. Mein Freund wird stolz und zufrieden sein, sich aber auch fragen, wie es mir wohl geht. → mehrfache Gefühlsmischungen
(Beispiel nach Lane et al. 1996)

Jedem der 20 Szenarien oder Vignetten der LEAS wird ein Punktwert von 0 bis 5 entsprechend der 5 Stufen der Theorie der emotional-kognitiven Entwicklung zugeordnet, die der LEAS zugrunde liegt (Lane/Schwartz 1987). Die Auswertung basiert auf strukturellen Kriterien, die sich am Grad der Differenzierung beim Verwenden von Emotionswörtern (Grad der Spezifität der verwendeten Begriffe und Bandbreite der beschriebenen Emotionen) und der Differenzierung zwischen selbst und anderen orientieren. Um subjektive Urteile des Auswerters zu minimieren, wurde als Ergänzung zum Auswertungsmanual ein Glossar von Ankerbeispielen entwickelt. Ein Punktwert von 0 wird vergeben, wenn nicht-affektbezogene Wörter verwendet werden oder wenn das Wort »fühlen« gebraucht wird, um einen Gedanken zu beschreiben. Ein Wert von 1 wird der Verwendung von Wörtern zugeteilt, die anzeigen, dass physiologische Anzeichen von affektiver Erregung (Körpersensationen) verwendet werden, um Gefühle zu beschreiben (z. B. »Ich würde mich müde fühlen.«). Ein Wert von 2 wird vergeben, wenn Wörter zum Einsatz kommen, die relativ undifferenzierte Empfindungen bezeichnen (z. B. »Ich würde mich schlecht fühlen.«), oder wenn das Wort »fühlen« zum Beschreiben einer Handlungsabsicht (z. B. »Ich würde mich fühlen, als ob ich am liebsten gegen die Wand schlagen würde.«) verwendet wird. Ein Wert von 3 wird für Wörter vergeben, die eine spezifische, differenzierte Emotion ausdrücken (z. B. glücklich, traurig, ärgerlich etc.). Ein Wert von 4 wird vergeben, wenn zwei oder mehrere Wörter von Ebene 3 so verwendet werden, dass eine stärkere emotionale Differenzierung oder emotionale Ambivalenz ausgedrückt wird. Probanden erhalten separate Punktwerte für die Antworten bezüglich des »Selbst« und bezüglich des »Anderen«, die von 0 bis 4 reichen. Zusätzlich wird jedem Szenario ein LEAS-Gesamtwert zugeteilt, der dem höchsten Wert von »Selbst« und »Anderem« entspricht. Ein Wert von 5 für das gesamte Szenario wird vergeben, wenn beide Bewertungen sowohl für »Selbst« als auch für »Anderer« mindestens einen Wert von 4 erreichen und für »Selbst« und »Andere« deutlich voneinander unterschiedene Gefühlszustände beschreiben. Maximal ist ein LEAS-Gesamtwert von 100 möglich.

Die LEAS-Vignetten erfassen vier Basisemotionen (Ärger, Angst, Traurigkeit, Freude) auf fünf verschiedenen Komplexitätsebenen, wobei durch den Test nicht primär untersucht werden soll, ob die Probanden diese Basisemotionen unterscheiden können. Die Vignetten sind mit der Absicht erstellt worden, das gleichzeitige Erleben mehrerer Emotionen zu evozieren, und die meisten von ihnen ermöglichen es grundsätzlich, die Ambivalenz zwischen positiven und negativen Emotionen für jeden der Protagonisten zu beschreiben (»Selbst« und »Anderer«). In dem zuvor angeführten Beispiel sind die Rivalen gleichzeitig Freunde, was dazu führt, dass beide positive und negative Gefühle dem jeweils anderen gegenüber haben können, als der »Gewinner bekanntgegeben wird«. Die übrigen Vignetten sind ganz ähnlich angelegt. Zum Beispiel kehrt jemand, der seinen Partner nach einer Liebesaffäre verlassen hat, unverhofft zurück, oder eine Person, die von ihrem/seiner Partner/in ein teures Geschenk erhält, ist sich gleichzeitig bewusst, dass die/der andere sich dieses nur leisten konnte, nachdem sie/er etwas verkauft hatte, das ihr/ihm sehr viel bedeutete. Die Antworten in Bezug auf die LEAS-Vignetten werden dabei nicht daraufhin bewertet, ob sie der Vignette angemessen sind.

Die LEAS kann in zwei statistisch gleichwertige Parallelformen mit je zehn Vignetten geteilt werden. Dadurch ist es möglich, den emotional-kognitiven

Entwicklungsstand in verschiedenen Stadien einer psychotherapeutischen/ psychoanalytischen Behandlung zu messen, ohne dass ein durch die Testwiederholung verursachter »Lerneffekt« die Daten beeinträchtigt. Es konnte wiederholt gezeigt werden, dass die LEAS eine hohe Interrater-Reliabilität, interne Konsistenz und Test-Retest-Reliabilität nach zwei Wochen aufweist. Normwerte für Alter, Geschlecht und sozioökonomischen Status wurden anhand einer nicht-klinischen amerikanischen Normstichprobe erstellt (Lane et al. 1990). Geringeres emotionales Gewahrsein zeigt einen Zusammenhang mit männlichem Geschlecht, höherem Alter und geringerem sozioökonomischen Status (Lane et al. 1990, 1998). In einer deutschen aus Studierenden (n=328) bestehenden Stichprobe entsprach der LEAS-Mittelwert der Ebene 3 des emotionalen Gewahrseins, d. h. der Fähigkeit zum bewussten Erleben einer spezifischen Emotion (Subic-Wrana 2000).

Eine Reihe von Studien hat die Konstruktvalidität von LEAS bestätigt. Es zeigten sich mittlere positive Korrelationen mit zwei Instrumenten zur Untersuchung der kognitiven Entwicklung, dem Sentence Completion Test of Ego Development (Loevinger/Wessler 1970) und der kognitiven Komplexität der Beschreibungen der Eltern nach Blatt et al. (1979), die belegten, dass die LEAS ein kognitives Entwicklungskontinuum erfasst. In Übereinstimmung mit der Hypothese, dass explizite Stufen des emotionalen Gewahrseins (Stufen 3–5) das Funktionieren auf niedrigeren Stufen (Handlungen und Handlungsabsichten auf Ebene 2) moduliert, waren höhere LEAS-Werte mit besserer Impulskontrolle in der Selbstbeschreibung (Fragebogen) verbunden (Lane et al. 1996). Die nur mäßig positive Korrelation zwischen der LEAS und dem Wechsler-Intelligenztest als Maß für verbale Intelligenz (Lane et al. 1990) bekräftigt, dass die LEAS ein Messinstrument der Affektdifferenzierung und nicht der verbalen Fähigkeiten ist. In fast allen bisher durchgeführten Studien erzielten Frauen höhere LEAS-Werte als Männer, selbst wenn für verbale Fähigkeiten statistisch kontrolliert wurde (Barrett et al. 2000). Die LEAS korrelierte nicht mit der Intensität der Affektwahrnehmung (Larsen/Diener 1987) oder mit der Selbstbeschreibung negativer Affektivität (Angst und Depression) (Subic-Wrana et al. 2005), was die ausreichende diskriminierende Validität des Tests belegt.

Im klinischen Kontext hat sich gezeigt, dass Patienten mit Borderline-Persönlichkeitsstörung niedrigere LEAS-Werte erzielen als Kontrollprobanden gleichen Alters (Levine et al. 1997). In einer Studie mit 250 stationären Patienten einer psychosomatischen Klinik in Deutschland wiesen Patienten mit somatoformen Störungen bei Aufnahme niedrigere LEAS-Werte auf als solche mit anderen psychischen Störungen (z. B. Depressionen, Angststörungen); die LEAS-Mittelwerte der somatoformen Patienten lagen zwischen Stufe 2 (Handlungsabsichten) und Stufe 3 (Gewahrsein einer bestimmten Emotion). Nach dreimonatiger, multi-modaler stationärer psychodynamischer Behandlung erhöhten sich die LEAS-Werte der somatoformen Patienten signifikant, nicht aber die der anderen Patientengruppen (Subic-Wrana et al. 2005). Außerdem wurde bei Patienten mit somatoformen Störungen eine hohe Korrelation zwischen niedrigen LEAS-Werten und einer eingeschränkten Fähigkeit, eine Theory-of-Mind-Aufgabe zu lösen, gefunden. Dies legt einen positiven Zusammenhang zwischen emotionalem Gewahrsein und Mentalisierung nahe (Subic-Wrana et al. 2010).

Um die LEAS mit anderen Instrumenten und Konzeptualisierungen zur strukturellen Veränderung vergleichen zu können, werden diese sowie ihr jeweiliger theoretischer Bezugsrahmen im Folgenden kurz beschrieben.

Bei den »Skalen Psychologischer Fähigkeiten« (Wallerstein et al. 1988) handelt es sich um ein Fremdeinschätzungsverfahren (Expert-Rating), mit dem die psychische Struktur und ihre Veränderung in 17 Dimensionen erfasst wird, beispielsweise der Umgang mit Libido und Aggression, Modulation von Impulsen und Affekten, Objektbezogenheit, Differenzierung und Integrität von Ich-Funktionen, Über-Ich und Ich-Ideal usw. Jede Skala wird, basierend auf einem klinischen und einem zusätzlichen halbstrukturierten Interview von ein- bis zweistündiger Dauer separat bewertet (7 Punkte auf einer Skala von »normal oder vollständig adaptiv« bis »stark eingeschränkt«). Mit diesem Verfahren ließ sich eine ausreichende Reliabilität zwischen den Ratern erreichen (Huber/Klug 2003).

In Deutschland hat die Task Force zur Operationalisierung Psychodynamischer Diagnostik (OPD) ein manualisiertes, zeitlich ausgedehnteres Interview entwickelt, das das reliable und valide[4] Erfassen der psychischen Struktur ermöglicht (Cierpka et al. 2007). Die OPD unterscheidet vier Strukturebenen, die von »gut strukturiert« bis »unintegriert« reichen, die durch mehrere beobachtbare psychische Funktionen operationalisiert sind (Selbstwahrnehmung, Selbstregulierung, Abwehr, Objektwahrnehmung, Bindung). Zusätzliche Achsen bilden die Wahrnehmung von Krankheit, Therapiebereitschaft, interpersonale Beziehungen und Konflikte ab. Nach

---

4 Anm. d. Ü.: reliabel = verlässlich: hier geht es um die Messgenauigkeit bei Messwiederholung; valide = gültig: hier geht es darum, ob das Messinstrument das zur Messung anstehende Konstrukt misst.

umfangreicher Schulung konnte eine zufriedenstellende Interrater-Reliabilität (r=.71 in einer Studie der Autoren) bei der Einschätzung der psychischen Struktur erreicht werden.

Aufbauend auf der *»Assimilation of Problematic Experience Scale« (APES)* von Stiles et al. (1992) erfasst und diskriminiert die *Heidelberger Umstrukturierungsskala* den Therapiefortschritt eines Patienten entlang einer 7-stufigen Veränderung von Abwehr gegen oder fehlender Wahrnehmung eines Behandlungsfokus (1) bis zu dessen Lösung (7). Dieser Fokus wird vorher vom Kliniker formuliert und stützt sich auf die zentralen dysfunktionalen Beziehungsmuster des Patienten, seinen zentralen Konflikt und strukturelle Defizite. Neuere Studien, die die verschiedenen Ausmaße struktureller Veränderung durch tiefenpsychologische Psychotherapie oder Psychoanalyse unterscheiden, untermauern die Annahme, dass die *Heidelberger Umstrukturierungsskala* psychische Veränderung basierend auf dem OPD-Interview erfasst (Grande et al. 2006).

Das Konzept des Reflexiven Funktionierens (RF) von Fonagy und Target (1997) bezieht sich auf die psychischen Prozesse, die der Mentalisierungsfähigkeit zugrunde liegen. RF oder Mentalisieren ermöglicht es Individuen, sich ihrer Intentionen, Wünsche, Gedanken und Gefühle bewusst zu werden und andere als intentional handelnde Personen wahrzunehmen, deren Handlungen wiederum von ihren Wünschen, Gedanken und Gefühlen motiviert sind. RF kann daher als die Fähigkeit konzeptualisiert werden, Sinnzusammenhänge und Bedeutung herzustellen (Fonagy et al. 2002). Dabei wird RF nicht als bewusster Prozess des Nachdenkens über innere mentale Zustände verstanden, sondern als Aktivität des prozeduralen und impliziten Gedächtnisses; es scheint sich eher um einen automatischen Prozess zu handeln, der die inneren Repräsentationen des Selbst und anderer Personen formt (Fonagy 1998). RF wird gewöhnlich mithilfe des Erwachsenen-Bindungs-Interviews (AAI, Main/Goldwyn 1996) erhoben. Die reflexive Funktion wird dimensional entlang einer Skala erfasst, deren Werte von -1 (übermäßig konkret, kein Anzeichen von Mentalisierung oder starker Verzerrung der mentalen Zustände anderer Menschen) bis hin zu 9 (außergewöhnlich elaboriertes und einfallsreiches Nachdenken über mentale Zustände anderer) reichen.

Basierend auf den wenigen bisher vorliegenden Befunden scheinen diese Instrumente nützlich zu sein, wenn es um das Erfassen psychischer Struktur und möglicher struktureller Veränderungen geht. Ihr Einsatz ist jedoch aufgrund der aufwändigen zusätzlichen Interviews, die normalerweise per Video aufgezeichnet und/oder transkribiert werden müssen, eingeschränkt. Um reliable Auswertungen vorzunehmen, müssen Interviewer und Rater zudem intensive Schulungen absolvieren.

Die oben kurz dargestellten Instrumente konzeptualisieren das Emotionserleben und die Emotionsregulation als einen Bestandteil psychischer Struktur und haben daher ein breiteres Verständnis von struktureller Veränderung als die mit der LEAS erfassbaren Veränderungen. Im Kontext der *Skalen Psychologischer Fähigkeiten* ist die Modulation von Impulsen und Affekten eines von vielen Themen. Dies trifft auch für die OPD zu, bei der Emotionserleben und Affektregulierung als Aspekte von Selbstregulation betrachtet werden. Bei der *Heidelberger Umstrukturierungsskala* würde eine Zunahme der Fähigkeit, Gefühle bewusst erleben zu können, unter dem Gesichtspunkt betrachtet, ob der durch die OPD definierte Behandlungsfokus der bewussten Wahrnehmung leichter zugänglich geworden ist und sich seine potenzielle Lösung abzeichnet. Im konzeptuellen Rahmen von Reflexiven Funktionen wird das Gewahrsein sowohl eigener Emotionen als auch der anderer als ein wesentlicher Aspekt der Mentalisierungsfähigkeit betrachtet. Gleichwohl unterstreichen Fonagy und seine Kollegen (2002) die besondere Rolle des Emotionserlebens für das Mentalisieren. Sie postulieren, dass die primären Repräsentationen von Emotionen (z. B. durch emotionale Erregung hervorgerufene körperliche Sensationen) die frühesten Inhalte darstellen, die durch die Introjektion der »markierten Affektspiegelung« der Bezugsperson als Antwort auf die Äußerungen des Kindes als sekundäre Repräsentanzen zu psychischen Inhalten, d.h. zu erleb- und in der Folge benennbaren Gefühlen werden. Allen Instrumenten, inklusive der LEAS, ist gemein, dass sie sich der Narrative von Patienten – offene Antworten in Bezug auf Vignetten, Antworten auf Fragen im AAI oder klinische Interviews – bedienen, um psychische Strukturmerkmale zu erfassen und daher indirekt zu schlussfolgern, dass sich die psychische Struktur eines Individuums in strukturellen und inhaltlichen Kennzeichen seiner Art zu sprechen widerspiegelt. Die LEAS stellt daher einen Ansatz zur Evaluierung psychischer Struktur dar, der in seiner methodischen Herangehensweise an die Erfassung von Merkmalen psychischer Struktur mit dem anderer Instrumente durchaus vergleichbar ist, sich jedoch auf die Erfassung eines Hauptbestandteils psychischer Struktur, nämlich der Differenziertheit der psychischen Repräsentation von Emotionen, beschränkt. Dank dieser Fokussierung ist das Instrument leicht einsetzbar und nach einem ohne großen Aufwand durchführbaren Training reliabel auswertbar.

Der potenzielle Beitrag der LEAS zur psychoanalytischen Indikationsstellung und zum Erfassen des Therapieerfolgs, illustriert anhand von Fallvignetten

Das von uns vorgestellte Modell stellt den Übergang von impliziter zu expliziter Emotionsverarbeitung als einen wesentlichen Prozess heraus, der mit klinischer Veränderung assoziiert ist. Anhand der folgenden Fallvignetten möchten wir illustrieren, wie die mit der LEAS erhobenen Befunde mit den von Patienten bevorzugten Modi der Affektverarbeitung übereinstimmen und inwieweit die Theorie der LEA den Wandel von impliziter zu expliziter Affektverarbeitung während einer Behandlung erfasst.

Da die Schwierigkeiten, Emotionen explizit auszudrücken, vor allem Patienten mit größerer struktureller Beeinträchtigung charakterisiert, die aufgrund einer akuten Dekompensation stationärer Behandlung bedürfen, beschreiben die Fallvignetten Patienten, die auf der Akutstation der psychosomatischen Abteilung einer deutschen Universitätsklinik behandelt worden sind. Diese stationäre Behandlung besteht aus psychoanalytischer Einzeltherapie (zwei bis drei Sitzungen pro Woche) sowie psychoanalytischer Gruppentherapie (drei einstündige Sitzungen pro Woche) in Kombination mit Kunsttherapie und körperorientierter Gruppentherapie (jeweils einmal pro Woche). Die Aufnahme neuer Gruppenmitglieder erfolgt nach dem Prinzip halboffener Gruppen: Wird ein Patient nach acht bis zwölf Wochen entlassen, nimmt ein neu aufgenommener Patient dessen Platz ein. Die Behandlung wird durch weitere Module ergänzt, die die speziellen Bedürfnisse des jeweiligen Patienten berücksichtigen (d. h. Entspannungstraining, Biofeedback, Physiotherapie). In der Patientengruppe besteht ausgiebige Gelegenheit, interpersonale Erfahrungen zu machen (z. B. Selbstbehauptung, Zusammenarbeit, Konflikt, Initiative) und die kontinuierliche Anwesenheit des Pflegeteams ermöglicht eine Atmosphäre, die Sicherheit, Stabilität und Rückhalt gewährleistet.

Regelmäßige Teambesprechungen erfüllen die wichtige Funktion, die mit dem Patienten in den verschiedenen Behandlungsmodulen gemachten Erfahrungen, wie die Beobachtung von für ihn charakteristischen Interaktionen auf der Station, miteinander auszutauschen, die verschiedenen Gegenübertragungsreaktionen zu verstehen und zur Vertiefung des psychodynamischen Verständnisses des Patienten zu nutzen und so seine Entwicklung in der Therapie zu reflektieren sowie seine Psychodynamik und spezifische Behandlungsziele zu formulieren (Beutel et al. 2008).

Fallbeispiel: Frau A.

Frau A., eine Frau in den späten Vierzigern, litt an Rückenschmerzen, die in dem Jahr vor ihrer Aufnahme unerträglich geworden waren. Wenngleich vor einigen Jahren ein Bandscheibenvorfall diagnostiziert und behandelt worden war, so stand die plötzliche Zunahme ihrer Schmerzen im Zusammenhang mit dem Ende ihrer Ehe. Bei Aufnahme litt sie trotz orthopädischer stationärer Behandlung weiterhin unter Rückenschmerzen, erfüllte die diagnostischen Kriterien einer leichten depressiven Episode und hatte zudem andauernde Alpträume, die von dem sexuellen Missbrauch handelten, den sie vom vierten bis neunten Lebensjahr durch ihren Stiefvater erlitten hatte. Frau A. hatte als Altenpflegerin gearbeitet und drei Söhne großgezogen. Sie hatte zwölf Jahre ohne einen Partner gelebt, 18 Monate vor der stationären Aufnahme wieder geheiratet, diesen neuen Ehemann jedoch verlassen, nachdem sie entdeckt hatte, dass er pornografisches Material auf seinem Computer gespeichert hatte.

In ihrer ersten Einzeltherapiesitzung mit einer weiblichen Psychoanalytikerin äußerte Frau A., dass sie »weder leben noch sterben« wolle. Sie fühlte ihrem Ehemann gegenüber lediglich Ekel, keine anderen Emotionen, und begann dann, über ihre Mutter zu reden. Als neunjähriges Mädchen hatte sie ihrer Mutter von dem sexuellen Missbrauch durch ihren Stiefvater erzählt. In der Sitzung zitierte sie folgende Antwort: »Geh doch und ertränk dich im nächstgelegenen Fluss!«, und ergänzte: »Ich habe keinerlei Gefühle ihr gegenüber.« Sie beschrieb, dass es ihr selbst bis zum heutigen Tag unmöglich war, sich den Wünschen ihrer Mutter zu widersetzen, und sie ihr sogar bei der Pflege des Stiefvaters geholfen hatte, der an einer Krebserkrankung gestorben war. Die Analytikerin merkte an, dass sie zwar keine Gefühle in Bezug auf die Mutter spüre, aber offensichtlich den Wunsch hatte, dieser zu helfen. Frau A. antwortete: »Jetzt fühle ich mich aufgewühlt«, und stellte in der folgenden Sitzung fest: »Ich denke, dass ich alles mache, was meine Mutter von mir verlangt, nur um sie nie wieder sagen zu hören, dass ich mich ertränken soll.«

Wir möchten uns nun dem Abschnitt ihrer stationären Behandlung zuwenden, der durch die Beschäftigung der Patientin mit der schwierigen Beziehung zu ihrer Mutter charakterisiert ist und in dem die damit verbundenen Gefühle, die bis dahin nur implizit wirksam waren, für sie explizit erlebbar wurden.

Während der fünften Woche ihrer Behandlung verschlimmerten sich Frau A.s Rücken- und Kopfschmerzen. In einer Einzelsitzung der körperorientierten Psychotherapie äußerte sie, sich »zu fühlen, als ob ich in einem Käfig sitze«.

Die nachfolgende psychoanalytische Sitzung war dominiert von ihrer Angst, die Station nach sechswöchiger Behandlung (dies stellt normalerweise die Mindestbehandlungsdauer auf der Station dar) verlassen zu müssen, obwohl sie sich durch die psychotherapeutische Arbeit emotional sehr verletzlich fühlte. Ihre Analytikerin hatte ihr bereits zu verstehen gegeben, dass es aus ihrer Sicht notwendig wäre, die Behandlungszeit von Frau A. zu verlängern. In der nächsten Sitzung berichtete Frau A., wie sehr sie zwischen den Sitzungen von Panik erfüllt gewesen sei, sie konnte sich nicht an die Versicherung der Analytikerin erinnern, dass die Behandlung verlängert werden würde. Obwohl Frau A. kognitiv in der Lage schien, der Übertragungsdeutung der Analytikerin zu folgen, dass sie erwartet hatte, die Analytikerin würde so brutal wie ihre Mutter sein und sie zu einem Zeitpunkt größter Hilflosigkeit wegschicken, änderte diese Deutung jedoch nichts an ihren schweren Schmerzen und sie grübelte weiterhin darüber, warum ihre Mutter sie so sehr hasste.

Nach dem Wochenende berichtete die Patientin, dass ihre Mutter sie am Telefon gefragt hatte, ob sie ihr bei ihren täglichen Erledigungen helfen könne, und hinzugefügt hatte, dass sie die Patientin liebe. »Ich habe mich geekelt«, erklärte Frau A. Erst am Ende der Sitzung, als keine Zeit mehr war, sich eingehender mit dem Material zu beschäftigen, berichtete sie, während der Nacht an so starken Schmerzen gelitten zu haben, dass sie unfähig war, die Schwester zu Hilfe zu rufen. Sie ließ die Analytikerin mit dem Gefühl zurück, dass weder sie noch die Krankenschwestern auf der Station fähig waren, auch nur in die Nähe von Frau A. zu kommen, wenn diese Hilfe benötigte. Während der Teambesprechung schilderte die Kunsttherapeutin, dass sie Frau A. damit konfrontiert habe, dass sie sich von ihr immer abgewiesen fühle, wenn sie mit ihr in Kontakt kommen wolle.

In der folgenden Einzelsitzung sprach Frau A. über die körperorientierte Gruppenpsychotherapie; sie hatte einen Schweißausbruch gehabt, nachdem sie aufgefordert worden war, körperlich mit den anderen Patienten in Kontakt zu treten. Sie habe Angst gehabt, »auch nur eine falsche Bewegung zu machen«, und sich daran erinnert, von ihrer Mutter als »dumm« bezeichnet worden zu sein, wenn sie einen Fehler gemacht hatte. Nachdem die Analytikerin anmerkte, dass einen diese Beschimpfung ärgerlich werden lassen könnte, war es ihr möglich, mit wuterfüllter Stimme über den Anruf ihrer Mutter zu sprechen; sie berichtete dann aber, wie sie von dem Vater ihres jüngsten Sohnes körperlich misshandelt worden war. Als die Analytikerin diesen schnellen Wechsel von einem Zustand der Wut hin zu einer Opferrolle hervorhob, konnte Frau A. eingestehen, wie sehr es sie ängstigte, wütend zu sein. Am nächsten Tag kam sie mit einem schmerzverzerrten Gesicht in die Stunde. Sie sprach von der Erleichterung, die sie verspürt hatte, nachdem sie ihre hasserfüllten Gefühle der Mutter gegenüber geäußert hatte – »aber wenn ich nach der Sitzung alleine bin, habe ich Schuldgefühle. Wenn ich den Kontakt zu meiner Mutter, die mittlerweile alt ist und Hilfe benötigt, abbreche, bin ich genauso grausam wie sie.« Als die Analytikerin erwiderte, dass sie während ihres stationären Aufenthaltes keine Entscheidung bezüglich der Beziehung zu ihrer Mutter fällen müsse, sie aber die Zeit nutzen könne, ihre Gefühle für ihre Mutter näher zu betrachten, konnte Frau A. einräumen, wie sehr sie sich danach sehnte, sich zu rächen.

Nach dem Wochenende erschien Frau A. nicht zu ihrer Sitzung, und die Schwester fand sie schlafend in ihrem Bett vor. Als sie schließlich erschien, klagte sie über starke Kopfschmerzen und dass sie »nicht ganz ich selbst« sei und schilderte, dass sie ihre Mutter besucht und diese mit der Vergangenheit konfrontiert hatte. Ihre Mutter hatte geweint und geäußert, was für ein »schwieriges Kind« die Patientin gewesen sei. Dann wollte die Patientin das Behandlungszimmer verlassen, obwohl ihre Sitzung noch nicht zu Ende war. Die Analytikerin lenkte die Aufmerksamkeit der Patientin auf ihren Drang zu handeln – sowohl in der Sitzung wie auch am Wochenende. Diese Bemerkung ermöglichte es Frau A., die verbleibende Zeit der Stunde in Anspruch zu nehmen und über ihre Enttäuschung zu sprechen, dass sich nach dem Besuch bei ihrer Mutter nicht die von ihr erhoffte Erleichterung eingestellt hatte. Im Verlauf der nächsten vier Sitzungen konnte Frau A. wichtiges biografisches Material erinnern. Ihr Vater sei jüdischen Glaubens gewesen, ihre Mutter, die Frau A. zehn Jahre nach dem Ende des Zweiten Weltkriegs zur Welt gebracht hatte, sei von dem Priester ihrer katholischen Kirchengemeinde wegen dieser Ehe streng getadelt worden. In diesen Sitzungen zeigte Frau A. die Fähigkeit, innerhalb kurzer Zeit aus einer neuen Perspektive über ihre Mutter nachzudenken. Durch das Durcharbeiten des neuen Materials und seiner Bedeutung für die Beziehung von Frau A. zu ihrer Mutter verbesserte sich der Schmerzzustand der Patientin. Sie war zum ersten Mal in der Lage anzuerkennen, dass eine Deutung hilfreich gewesen war und ihr geholfen hatte, das Ausmaß ihrer psychophysischen Anspannung zu reduzieren (die Analytikerin hatte angemerkt, dass ihre frühere Bereitschaft, zu tun, was ihre Mutter wollte, und damit Konflikte zu vermeiden, von dem Wunsch geleitet gewesen sein könnte, die Illusion von einer guten und fürsorglichen Mutter aufrechtzuerhalten).

Frau A. verließ die Station nach elfwöchiger Behandlung mit dem Vorhaben, sich in ambulante Psychotherapie zu begeben. Ihre Schmerzen hatten sich deutlich und dauerhaft verringert und ihre Stimmung war besser geworden.

Schon lange, bevor eine stationäre Behandlung notwendig geworden war, war Frau A.s Verhalten in persönlichen Beziehungen von einem impliziten Modus der Affektverarbeitung gekennzeichnet. Bei diesem standen Handlungsabsichten und diffuse körperliche Spannungszustände, die nicht mit der bewussten Erfahrung differenzierter emotionaler Gefühle assoziiert waren, im Vordergrund. Sie erwähnte, dass sie nach dem Suizid ihres ersten Ehemanns, den sie sehr geliebt hatte, »nichts gefühlt habe«, aber »versehentlich zu viele Tabletten genommen hatte«. Die LEAS bei Aufnahme spiegelte die Tendenz Frau A.s wider, Affekte auf implizite Art zu verarbeiten, und ergab einen Mittelwert zwischen der Stufe 1 (körperliche Wahrnehmungen) und Stufe 2 (Handlungsabsichten). Bei Entlassung hatten sich ihre LEAS-Werte auf Stufe 3 erhöht: Der Ausdruck einzelner Gefühle dominiert. Dieses Ergebnis entsprach dem allgemeinen klinischen Eindruck hinsichtlich der Verbesserung, die sich bei Frau A. nach elf Wochen psychoanalytisch orientierter stationärer Behandlung eingestellt hatte. Sie war bei Weitem noch nicht in der Lage, Ambivalenz oder gemischte Gefühle zu tolerieren, aber ihre Fähigkeit, sich ihrer Gefühle bewusst zu sein, war gewachsen.

Fallbeispiel: Frau B.

Frau B. war eine 50 Jahre alte Lehrerin. Sie war verheiratet und hatte einen erwachsenen Sohn. Als sie um die 40 war, wurde ihr zweiter Sohn geboren. Sie wurde mit Depressionen und Ängsten aufgenommen, war sehr nervös und litt unter Attacken von Gesichtsschmerz, die als somatoforme Störung diagnostiziert worden waren.

Kurz nach Aufnahme wurde deutlich, dass Frau B. in einer konflikthaften Beziehung mit ihren in der Nachbarschaft wohnenden Eltern gefangen war. Als Einzelkind war sie von ihrer Mutter sowohl verwöhnt als auch dominiert worden. Wegen ihres Krankenhausaufenthalts hatte sie zugestimmt, dass ihre Mutter sich um den jüngeren acht Jahre alten Sohn kümmern würde. Frau B.s Ambivalenz der Mutter gegenüber zeigte sich beispielsweise darin, dass sie sich und ihre Familie einerseits gern von ihrer Mutter bekochen ließ, zugleich aber anderen Eingriffen der Mutter in ihr Leben passiv und voll hilfloser Wut gegenüberstand, z. B. wenn ihre Mutter unaufgefordert die Schränke der Patientin öffnete, um zu prüfen, ob alles ordentlich eingeräumt war.

In der ersten analytischen Sitzung nach der Aufnahme machte sich Frau B. Vorwürfe wegen der schlechten Beziehung zu ihrem jüngeren Sohn, mit dem sie häufig Streit wegen seiner Hausaufgaben und der Zeit des Zubettgehens hatte. Unter Tränen schilderte sie, dass sie von ihrem Ehemann gefragt worden war, ob sie das Kind hasse. Sie äußerte, dass sie ihrem Sohn gegenüber so streng war, wie sie ihre Mutter früher erlebt hatte, und sprach über eine Liebesaffäre mit einem anderen Mann, die sie einige Jahre vor der Schwangerschaft mit ihrem zweiten Sohn gehabt hatte. Als sie dieser Mann verließ, empfand sie so großen Schmerz, dass sie »fast gestorben wäre«. Sie berichtete, dass sie sich während ihrer zweiten Schwangerschaft sehr ambivalent gefühlt habe, da sie sich zu diesem Zeitpunkt gerade erst davon erholt hatte, von ihrem Liebhaber verlassen worden zu sein, und mit Vorfreude geplant hatte, sich stärker beruflich zu engagieren. Als ihre Analytikerin äußerte: »Vielleicht haben Sie sich so wie in dem Spiel Monopoly gefühlt, wenn man die Karte ›Gehe zurück auf Start‹ zieht«, entgegnete sie: »Ja, genau so war es.« In der nächsten Sitzung räumte sie ein, dass sie nicht nur ihrem Sohn, sondern auch ihrem Ehemann gegenüber streng sei; sie hatte kurz nach der Geburt des zweiten Kindes von ihm verlangt, aus dem gemeinsamen Schlafzimmer auszuziehen, und hatte mit ihm seit mehreren Jahren keine sexuelle Beziehung mehr. Ihre Gesichtsschmerzen wurden in der Stunde spürbar, als sie über ihre Angst sprach, ihr Ehemann könne sich gesundheitlich schaden, da er jeden Tag bis spät in den Abend arbeitete. Rational war die Patientin in der Lage, der Idee ihrer Analytikerin zu folgen, dass sie sehr gemischte Gefühle ihrem Ehemann gegenüber hatte – die Angst, ihn zu verlieren, sowie seiner als Sexualpartner überdrüssig zu sein –, aber sie schien darauf emotional nicht zu reagieren. Da es Anzeichen gab, dass die Konflikte in ihrer Ehe in Zusammenhang mit Frau B.s Symptomen standen, unterbreitete die Analytikerin ihr den Vorschlag, in der folgenden Behandlungswoche ein gemeinsames Gespräch mit Frau B. und ihrem Ehemann zu führen. Frau B. stimmte zu.

An dem Wochenende nach diesen Sitzungen war die Patientin nach Hause beurlaubt worden und für einen Tag und eine Nacht dort geblieben (ein Aspekt des stationären Behandlungsprogramms, um Konflikte in persönlichen Beziehungen in die Behandlung zu holen). In der nächsten Einzelsitzung schilderte Frau B., dass sie unter starken Schmerzen im Gesicht gelitten und sich geekelt habe, als ihr Ehemann versuchte, sie zu küssen oder zu umarmen. Sie überlegte sogar, dem festlichen Essen im Kreise der Familie anlässlich der Erstkommunion ihres zweiten Sohnes fernzubleiben. Sie hatte deswegen Schuldgefühle und erinnerte sich plötzlich daran, dass sie eines Tages, als der jüngere Sohn noch ein Baby gewesen war, den heftigen Wunsch gespürt hatte, ihn »loszuwerden«, und mit dem Impuls neben seinem Bett gestanden hatte, ihn mit einem Kissen zu ersticken. Die Analytikerin versuchte, Frau B.s Schuldgefühle zu lindern, und wies sie darauf hin, dass sie sich damals wegen eines Babys, für das sie sich zu alt fand, überfordert gefühlt hatte. Frau B. reagierte nicht erleichtert, sondern verließ die Sitzung in einem Zustand großer Nervosität. Die Analytikerin machte sich Vorwürfe, zu vorschnell versucht zu haben, die Patientin zu trösten, anstatt ihr Raum und Zeit zu geben, um die aggressiven Impulse ihrem Kind gegenüber genauer zu explorieren.

Vor der nächsten Einzelsitzung fand die gemeinsame Sitzung mit Frau B. und ihrem Ehemann statt, die in der vorherigen Woche vereinbart worden war. In dieser besprach das Ehepaar die Umstände, die zu der Entscheidung für das zweite Kind geführt hatten. Wegen ihres Alters sei ihnen zu medizinischen Tests geraten worden, um eine Fehlbildung des Embryos auszuschließen. Herr B. erinnerte sich an die Diskussion über eine Entscheidung, falls die Tests positiv ausfallen würden – im Gegensatz zu seiner Frau wäre er in diesem Falle für eine Abtreibung gewesen, aber sie hätte gesagt, mit dieser Schuld wolle sie nicht leben. Frau B. konnte sich an dieses Gespräch nicht erinnern, zweifelte aber nicht an der Darstellung ihres Mannes. Während des ganzen Gesprächs war Herr B. seiner Frau zärtlich zugewandt, am Ende der Sitzung sprach er darüber, dass er sie liebe und dass er von ihrer Weigerung, das Schlafzimmer mit ihm zu teilen, tief getroffen war.

In den folgenden beiden analytischen Sitzungen räumte Frau B. ein, sich viel mit dem, was ihr Ehemann in der gemeinsamen Sitzung geäußert hatte, beschäftigt zu haben. Sie sei tief berührt davon, dass er sie noch immer liebe. Sie gab sich die Schuld für die Probleme in der Ehe und konnte in Erwägung ziehen, dass bestimmte Aspekte ihrer Beziehung zu ihrer Mutter mit ihren Symptomen in Zusammenhang stünden. Diese Gedanken machten der Angst Platz, selbst als »schlechte« Mutter für Probleme, die ihre Söhne als Erwachsene haben könnten, verantwortlich zu sein. Gleichzeitig erinnerte sie sich an die Angst, die ihre Entscheidung, sich in stationäre Behandlung zu begeben, begleitet hatte; sie war damals in großer Sorge, »alles ändern und ihren Ehemann verlassen zu müssen«. Dieses Mal gab die Analytikerin dem Wunsch, Frau B. zu schnell zu beruhigen, nicht nach; dies mag es Frau B. ermöglicht haben, sich in der dritten Sitzung dieser Woche an die sexualfeindliche Erziehung zu erinnern, die ihre Eltern ihr hatten zuteil werden lassen. Im Alter von 13 Jahren hatte sie sich mit ihrer Mutter über die Länge eines »Minirocks« gestritten. Ihre Mutter weigerte sich, den Rock auf die von Frau

B. gewünschte Länge zu kürzen, und hatte sie als »verdorben« beschimpft. Etwa zur gleichen Zeit hatte ihr sanftmütiger und geduldiger Vater sie zum ersten und einzigen Mal geschlagen. Sie hatte es zwei Jungen erlaubt, sie zu Hause zu besuchen, während ihre Eltern fort waren. Sie wusste, dass sie etwas getan hatte, das den Erwartungen ihrer Eltern zuwider lief. Als sie nach Hause kamen, konnte sie nicht anders, als ihnen – aufgrund ihrer Schuldgefühle – zu erzählen, dass die Jungen bei ihr gewesen waren. Ihr Vater reagierte darauf mit heftiger Wut – sie war ins Badezimmer gelaufen, um sich vor ihm zu verstecken, er lief hinter ihr her und versetzte ihr eine »Ohrfeige«, die sie am Nacken traf. Diese Erinnerung half Frau B., »alles zusammenzufügen«; ihre Gesichtsschmerzen hatten an genau jener Stelle begonnen, an der ihr Vater sie geschlagen hatte, bevor sie sich weiter in Richtung Kiefer ausgeweitet hatten. Es fiel ihr nicht schwer, der Interpretation zu folgen, dass sie es immer noch als »verdorben« empfand, ein von ihren Eltern separiertes Leben zu führen und sexuelle Bedürfnisse zu haben. Sie erinnerte sich daran, wie peinlich berührt ihre Mutter von der Schwangerschaft mit ihrem zweiten Sohn gewesen war und dass sie gesagt hatte, sie (die Mutter) hätte schon gewusst, wie man einen Mann behandeln müsse, um im Alter von 40 Jahren eine so »unpassende« Schwangerschaft zu vermeiden.

    Beschwerden über Frau B.s Mutter und ihre Analytikerin bestimmten die Einzelsitzungen in der folgenden Woche. Sie hatte Schwierigkeiten mit der Patientin, mit der sie ein Zimmer auf der Station teilte, und erhoffte sich Hilfe von ihrer Analytikerin. Sie reagierte enttäuscht auf den Vorschlag, dass sie und die Mitpatientin ihre Meinungsverschiedenheiten doch zusammen mit einer der Krankenschwestern auf der Station klären sollten. Sie klagte, dass sie vom Behandlungsteam immer wieder aufgefordert worden sei, Ärger offen zu äußern, und wenn sie dies nun tun wolle, lasse ihre Analytikerin sie aber im Stich. Die Analytikerin wies darauf hin, dass Frau B. von ihr – wie auch so oft von ihrer Mutter – erwartete, ihre Probleme zu lösen, aber dass sie überzeugt sei, dass Frau B. den Konflikt mit ihrer Zimmernachbarin selbst lösen könne. Am Ende der Sitzung war Frau B. verärgert, sprach jedoch in der nächsten Sitzung über ihre Schuldgefühle aus einem anderen Blickwinkel: »Wenn ich von Ihnen oder meiner Mutter erwarte, mir all die Hindernisse im Leben aus dem Weg zu räumen, dann werde ich mich immer schuldig fühlen, sobald ich etwas tue, womit ich mich Ihnen oder ihr widersetze.« In der folgenden Sitzung fühlte sie sich schwindelig, als sie darüber nachdachte, wie sie am besten vorgehen könnte, um Divergenzen mit der Mutter zu klären. Die in der Therapie aufgekommene Idee, sich stärker von ihrer Mutter abzunabeln, erfüllte sie mit Angst. Nach dem Wochenende schilderte Frau B. freudig, dass sie mit ihrem Mann wieder ein Schlafzimmer teile. Obwohl es Muttertag gewesen war, hatte sie den Kontakt mit ihrer Mutter vermieden und war nun voller Angst, sie derart verärgert zu haben, dass sie mit dem Vater zu einem Kurzurlaub aufbrechen würde, ohne sich zu verabschieden.

Zu diesem Zeitpunkt hatte sich die Symptomatik der Patientin deutlich gebessert. Frau B. entschied sich, die Station nach acht Wochen Behandlung zu verlassen und eine psychoanalytische Psychotherapie bei einem niedergelassenen Kollegen zu beginnen. Sie war bei Behandlungsende weiterhin kaum in der Lage, sich ihre intensiven und ambivalenten Gefühle bezüglich einer Separation – sowohl von der Mutter wie vom Ehemann – mental vorzustellen. Sobald mit Separation assoziierte Themen innerhalb der Sitzungen aufkamen, stellten sich sofort somatoforme Schmerzen und Schwindel ein. Zwar hatte die Deutung eines inneren Konflikts zwischen ihren Triebbedürfnissen und den rigiden Moralvorstellungen, an denen sie sich nach wie vor aus Loyalität und Liebe ihren Eltern gegenüber orientierte, Frau B. in die Lage versetzt, die sexuelle Beziehung zu ihrem Ehemann wieder aufzunehmen; dennoch milderten sich die konfliktassoziierten somatoformen Schmerzen, die sich während der Sitzung bei Gedanken an Trennungssituationen einstellten, nur, wenn die damit zusammenhängenden Gefühle wie Wut, Angst oder Schuld durch die Analytikerin gedeutet wurden. Auf sich allein gestellt war es Frau B. nicht möglich, diese körperlichen Wahrnehmungen mit Gefühlen in Verbindung zu bringen. Die Deutungen erlaubten es ihr, zu einer bestimmten Zeit ein bestimmtes Gefühl zu verspüren, nicht aber mehrere Gefühle gleichzeitig einem anderen gegenüber. Frau B. konnte rational anerkennen, dass die Konflikte mit ihren Eltern oder ihrem Ehemann eine ganze Reihe von Gefühlen hervorrufen könnten – zumindest Ärger, Angst und Schuld –, der der LEAS-Stufe 3 zuzurechnende »Modus, zu einer bestimmten Zeit nur ein bestimmtes Gefühl zu verspüren«, war jedoch zentral für ihr Verhalten und bestimmte ihre Selbstwahrnehmung. Das war beispielsweise der Fall, als sie in Reaktion auf die Annäherungsversuche ihres Ehemanns Ekel als alleiniges Gefühl empfand, der gleichzeitig einsetzende Gesichtsschmerz repräsentierte aber andere mit der Ambivalenz gegenüber dem Ehemann verbundene Tendenzen und Gefühle – z. B. den Wunsch nach Nähe und Trost und den damit verbundenen Schmerz des Alleinseins –, ohne dass diese psychischen Inhalte für die Patientin bedenk- und erlebbar gewesen wären.

Bei Aufnahme erreichte Frau B. in der LEAS Punktwerte, die der Stufe 3 des Gewahrseins des emotionalen Beteiligtseins entsprechen. Sie konnte affektassoziierte Erregung zu explizit erlebbaren Gefühlen verarbeiten, aber es war nicht möglich, Gefühlsambivalenz oder das gleichzeitige Auftreten mehrerer Gefühle zu erleben. Frau B.s Schwierigkeiten, ambivalente Gefühle auszuhalten, führten zudem dazu, dass nur eine Seite eines ambivalenten Gefühlszustandes zum Ausdruck kam: Anstelle von Schuld oder Ärger, von denen man annehmen konnte, dass sie ihre Angst begleiteten, wurde es Frau B. während der Sitzung sofort schwindelig, als sie sich gedanklich einer möglichen Trennung von ihrer Mutter annäherte. Bei Entlassung zeigte Frau B. in der LEAS erneut ein emotionales Gewahrsein auf Stufe 3. Nach achtwöchiger Behandlung war es ihr gelungen, ihre Ehe zu stabilisieren und eine Erleichterung bezüglich ihrer Symptome zu verspüren, dennoch war sie nach wie vor nicht in der Lage, Gefühlsambivalenz zu tolerieren.

Vergleicht man die beiden Fälle, wird klar, dass beide Patientinnen psychisch auf unterschiedlichen Ebenen funktionierten. Obwohl es ihr möglich gewesen war, ihre Existenz zu sichern und ihre drei Kinder großzuziehen, konnte Frau A. für sich selbst keine Halt gebenden Beziehungen etablieren, da ihr inneres Erleben von der hasserfüllten Beziehung zu ihrer Mutter dominiert wurde, die sich noch weiter verschlechtert hatte, nachdem die Mutter ihrer Tochter die Schuld für den sexuellen Missbrauch durch den Stiefvater gegeben hatte. Die Affekte in Bezug auf die Mutter und den Missbrauch waren psychisch nicht integriert; ihr war zwar bewusst, was sich zugetragen hatte, aber sie hatte keinen bewussten Zugang zu den damit verbundenen Gefühlen. Diese wurden vielmehr durch körperliche Anspannung, somatoformen Schmerz und eine Neigung zum Agieren ausgedrückt. Mithilfe der psychoanalytisch orientierten Behandlung gelang es der Patientin, die negativen Emotionen gegenüber ihrer Mutter mental zu repräsentieren; dies erlaubte ihr, über diese Beziehung nachzudenken bzw. sie zu mentalisieren, anstatt in der Hoffnung, dass sich dadurch ihre innere Spannung reduzieren ließe, »irgendetwas zu tun«. Aus unserer Sicht kam es im Fall von Frau A. zu einer strukturellen Veränderung hinsichtlich des bis zu Behandlungsbeginn vorherrschenden Modus der Emotionsverarbeitung, was sich auch in den LEAS-Werten bei Behandlungsende zeigte. Emotionen wurden nicht länger vorwiegend implizit verarbeitet (psychophysischer Spannungszustand, Schmerz, Handlungsdrang), sondern konnten explizit als – zumindest einzelne – Gefühle erlebt werden.

Bei Frau B., die bei Behandlungsbeginn in der Lage war, zumindest »ein Gefühl zu einem Zeitpunkt« bewusst zu erleben (LEA-Stufe 3) kam es während der stationären Behandlung nicht zu einer Veränderung im Modus des Emotionserlebens. Vor und nach der Behandlung war sie nicht in der Lage, ihre ambivalenten Gefühle den Menschen gegenüber, die ihr etwas bedeuteten und von denen sie abhängig war, bewusst auszuhalten. Ihr ging es nach der stationären Behandlung insofern besser, als dass die positive Beziehung zu ihrer Psychoanalytikerin ihr mehr Ich-Stärke vermittelte, die es ihr erlaubte, in Kontakt mit ihren Triebwünschen zu kommen und die internalisierten Ansichten ihrer Mutter infrage zu stellen, dass eine Frau ihres Alters Mittel und Wege finden sollte, sexuellen Beziehungen aus dem Weg zu gehen. Aus einer Übertragungsperspektive betrachtet, repräsentierte die Analytikerin eine »großherzige« Mutter, die es ihr erlaubte, einen Ehemann zu haben. Nachdem damit eine gute Beziehung zu einem neuen »mütterlichen« Objekt etabliert war, konnte die Patientin die negativen Gefühle gegenüber ihrer Mutter besser ertragen. Daher machte sie Fortschritte, die oft am Anfang des analytischen Prozesses angestoßen werden, wenn die positive Übertragung überwiegt. Die Fähigkeit, ambivalente Gefühle hinsichtlich anderer zu ertragen, hätte sich jedoch nur weiterentwickeln können, wenn die Patientin auch in der Lage gewesen wäre, die negativen Aspekte ihrer Mutterübertragung durchzuarbeiten. Dieser Prozess bedarf in der Regel mehr als einer achtwöchigen stationären Behandlung. Die unveränderten LEAS-Werte spiegeln daher die Tatsache wider, dass sich eine emotionsbezogene strukturelle Veränderung, d. h. die Fähigkeit, sich der ambivalenten Gefühle ihren Objekten gegenüber bewusst zu werden, noch nicht eingestellt hatte.

Diskussion

Ausgelöst durch die dringliche Notwendigkeit, Messinstrumente einzuführen, die die durch Psychoanalyse und psychodynamische Langzeitbehandlungen angestrebten Veränderungen der psychischen Organisation oder Struktur abbilden, sind in den vergangenen Jahren eine Reihe von reliablen, validen und vielversprechenden Instrumenten entwickelt worden. Sowohl mit den *Skalen Psychologischer Fähigkeiten* wie auch der OPD ist es gelungen, beobachtbare Manifestationen des psychischen Funktionierens zu definieren, die auf reliable Weise von ausgebildeten Ratern erfasst und in numerische Werte transformiert werden können. Für beide genannte Verfahren wie auch für die Erfassung der Reflexiven Funktion mittels des AAI gilt jedoch, dass sie sich nur begrenzt einsetzen lassen, weil ihre Durchführung und Auswertung sowie die Ausbildung von Interviewern und Ratern zeit- und kostenintensiv sind.

Sugarman (2006) hat diese Entwicklung mit der Schlussfolgerung auf den Punkt gebracht, dass die heutigen psychoanalytischen Konzepte zu psychischer Veränderung weniger von der Gewinnung von Einsicht (d.h. dem Zugang zu spezifischen unbewussten Inhalten) ausgehen, als von einer Verbesserung der Fähigkeit des Analysanden, sich der Arbeitsweise der eigenen Psyche bewusst zu werden und sie reflektieren zu können. Mit der *Skala zur Reflexiven Funktion* lässt sich ein wichtiger Aspekt dieser Kompetenz, nämlich die Fähigkeit, sich selbst und anderen komplexe mentale Zustände zuzuschreiben, messen. Im Rahmen des Konstrukts der RF beurteilen Rater, inwieweit die Interviewten sich der Charakteristiken mentaler Zustände im Hinblick auf sich selbst sowie auf andere bewusst sind, indem sie erfassen, welche Qualitäten die Interviewten mentalen Zuständen zuerkennen. Zu einer gut ausgebildeten Mentalisierungsfunktion gehören beispielsweise Referenzen zur Undurchdringlichkeit mentaler Zustände, zu ihrer häufig anzutreffenden Selbstbezogenheit bzw. der Tatsache, dass allein der Wunsch nach etwas diesen Wunsch noch nicht Realität werden lässt (Fonagy et al. 1998).

Eigene emotionale Zustände wahrnehmen und sie reflektieren zu können, stellt eine weitere psychische Basiskapazität dar, deren Entwicklungsstufen in der Theorie der »Levels of Emotional Awareness« (Lane/Schwartz 1987) ausgearbeitet worden sind. Ein methodischer Vorteil des damit verbundenen Messinstruments, der LEAS, liegt darin, dass der Test vom Patienten allein bearbeitbar ist und dass die standardisierte, reliable Auswertung leicht zu erlernen ist. Ein weiterer Vorteil des Konzepts liegt in der Tatsache, dass es eng mit der neurowissenschaftlichen Unterscheidung zwischen impliziter und expliziter Affektverarbeitung verbunden ist, ein Konzept, das mittlerweile auch vermehrt von psychoanalytischen Autoren aufgegriffen wird (Fonagy 1998; Lane/Garfield 2005; Sugarman 2006). Die Anwendung des Konzepts impliziter und expliziter Verarbeitung auf den Bereich des Affekts ist mittlerweile auch unabhängig von der LEA-Theorie von Kihlstrom und Kollegen (2000) vorgeschlagen worden. Aus ihrer Sicht, die mit der hier vertretenen Auffassung übereinstimmt, bestehen implizite Aspekte von Emotionsverarbeitung aus physiologischen und Verhaltenskomponenten, während explizite Aspekte der Emotion im bewussten Gefühlserleben zu sehen sind. Inhaltlich betrachtet haben sich Stern und Clyman diesen Phänomenen auf ähnliche Weise genähert, sie unterscheiden sich aber von unserer Perspektive und der von Kihlstrom und Kollegen im Wesentlichen durch eine andere Nomenklatur.

Ein Vorteil des hier vertretenen Ansatzes liegt darin, dass wir uns »explizit« mit Emotionsverarbeitung und ihren vielfältigen Manifestationen, einem für die Psychoanalyse zentralen, aber zugleich vernachlässigten Thema, beschäftigen und damit eine Grundlage für die Konzeptualisierung der Transformationsprozesse schaffen, die die Emotionsverarbeitung bestimmen, sobald sich die Fähigkeit zum bewussten Gefühlserleben ausgebildet hat.

Die Einsicht, dass psychisches Erleben in Körpererfahrungen wurzelt, hat zu einem neuen Interesse an dem Fluktuieren »zwischen handlungsbezogenen Modi des Erlebens und verbalen, symbolischen Modi psychischer Tätigkeit« geführt (Sugarman 2006, S. 965). Diese Modi sind mit der LEAS in differenzierter Form messbar geworden. So konnte gezeigt werden, dass die LEAS als Instrument zum Erfassen kognitiv-emotionaler Entwicklung zwischen klinischen Gruppen differenziert. Niedrige LEAS-Werte fanden sich bei Patienten mit strukturellen Defiziten (z. B. einer Borderline-Persönlichkeitsstörung), aber auch bei Patienten, die ihre Affekte somatisieren. Wir konnten weiterhin zeigen, dass sich LEAS-Werte im Verlauf psychodynamischer Behandlung verbessern (vgl. Lane et al. 2005 für eine Übersicht zu klinischen Studien).

Wie wir in unseren Fallbeispielen zu zeigen versuchten, stellt die LEAS nicht nur ein in klinischen Studien einsetzbares Instrument dar, sondern scheint auch geeignet, zentrale Aspekte psychischer Struktur und ihrer Veränderung durch psychoanalytische oder -dynamische Behandlung zu messen. Im Fall von Frau A. beispielsweise gingen die Reaktivierung und das Durcharbeiten zentraler traumatischer Erfahrungen mit einer Veränderung der LEAS von implizitem Verarbeiten auf Stufe 2 (Handlungsabsichten) zu expliziter Verarbeitung auf Stufe 3 (globale Beschreibung von Gefühlen) einher. Bei Frau B. konnte trotz aufzeigbarer symptomatischer Besserung keine Progression hinsichtlich der »Levels of Emotional Awareness« registriert werden. Bei Aufnahme zeigte sich bei Frau B. jedoch eine bessere Fähigkeit zur expliziten Emotionsverarbeitung als bei Frau A.

Auch wenn die Entsprechungen zwischen Fallmaterial und den LEAS-Auswertungen zu Beginn und Ende der stationären Behandlungen aus einer klinischen Perspektive plausibel erscheinen, so bleibt die Aussagekraft der Fallvignetten, empirisch betrachtet, eingeschränkt. Ohne Kontrollbedingungen – z. B. einer ambulanten Einzelbehandlung gleicher Dauer – kann der Beitrag anderer Elemente der stationären Behandlung zum Fortschritt innerhalb der Einzelsitzungen nicht befriedigend erfasst werden. Zudem lassen sich stationäre Kurzzeitinterventionen von acht bis zwölf Wochen Dauer kaum mit psychoanalytischen Langzeitbehandlungen vergleichen. Selbst wenn die

Verbesserung der LEAS-Werte von Frau A. einen Fortschritt hinsichtlich des emotionalen Gewahrseins widerspiegeln, der der in die stationäre Behandlung eingebetteten psychoanalytischen Einzeltherapie zu verdanken ist, so bleibt die Frage unbeantwortet, ob es zu einer Regression auf implizite Modi der Emotionsverarbeitung käme, wenn die negativen Übertragungsaspekte, die zu ihrer Entfaltung der haltenden Funktion hochfrequenter und langfristiger psychoanalytischer Behandlung bedürfen, durchgearbeitet werden. Daher lässt sich der Nutzen der LEAS als Instrument zur Messung struktureller Veränderung vielleicht am besten beurteilen, wenn sie eingesetzt wird, um den Verlauf und das Ergebnis hochfrequenter psychoanalytischer Behandlungen zu erfassen. Die unter statistischen Gesichtspunkten identischen LEAS-Versionen A und B (mit jeweils zehn Items) ermöglichen Prä-Post-Messungen mit jeweils verschiedenen Item-Sets, die einen »Lerneffekt« bei Messwiederholung ausschließen. Eine kürzlich entwickelte Version mit vier Items (Wiltink et al. 2010) ermöglicht es, Veränderungen der Modi der Emotionsverarbeitung während des Verlaufs einer Behandlung zu untersuchen, wobei »Lerneffekte« vermieden werden können, indem man die Patienten instruiert, ihre *momentanen* Reaktionen in Bezug auf die LEAS-Vignetten aufzuschreiben. Diese Anwendung der LEAS würde es insbesondere ermöglichen, Veränderungen in der Emotionsverarbeitung in Bezug zum aktuellen Stadium des psychoanalytischen Prozesses zu erfassen, um z. B. die Frage zu untersuchen, ob die Aktivierung von Abwehrmechanismen zur Vermeidung des Erlebens von Trennungsschmerz mit einer Regression zu impliziten Modi der Emotionsverarbeitung einhergeht. In Zeiten evidenzbasierter Medizin besteht eine dringende Notwendigkeit, Instrumente zu entwickeln und zu validieren, mit denen sich die wesentlichen Ziele von psychoanalytischer Behandlung (besonders die angestrebte strukturelle Veränderung) besser als durch die Beschreibung einer symptomatischen Veränderung erfassen lassen. Wenn sich Psychoanalytiker dazu entscheiden könnten, diesen einfach anzuwendenden und leicht auszuwertenden Test im klinischen Alltag oder in wissenschaftlichen Studien einzusetzen, könnte die LEAS vielleicht beim Beleg helfen, dass *Psychoanalyse die Behandlung der Wahl bei Störungen darstellt, die zu einer nachhaltigen »Heilung« einer Veränderung emotionaler Prozesse bedürfen.* Der in psychoanalytischen Behandlungen zur Verfügung stehende, im Vergleich zu anderen Therapieformen ausgedehnte Zeitrahmen könnte sich so als ausschlaggebender Faktor für die Etablierung neuer impliziter emotionaler Prozeduren und einer nachhaltigen Modifizierung früh gebildeter, dysfunktionaler impliziter Muster der Emotionsverarbeitung erweisen – dies entspricht der theoretischen Vorstellung, dass die Analyse der Übertragung und der Prozess des Durcharbeitens strukturelle Veränderung ermöglichen. Das Konzept der »Levels of Emotional Awareness« kann während dieses Prozesses dem Analytiker helfen, die aktuell beim Patienten dominierenden Modi der Affektverarbeitung zu identifizieren und für sein klinisches Handeln nutzbar zu machen.

Aus dem Englischen von Tobias Nolte

Literatur

American Psychiatric Association (2000): Diagnostic and statistical manual of mental disorders. 4., überarb. Aufl. Washington, DC (American Psychiatric).
Barrett, Lisa F.; Lane, Richard D.; Sechrest, Lee & Schwartz, Gary E. (2000): Sex differences in emotional awareness. Pers. Soc. Psychol. Bull. 26, 1027–1035.
Beutel, Manfred E.; Michal, Matthias & Subic-Wrana, Claudia (2008): Psychoanalytically-oriented inpatient psychotherapy of somatoform disorders. J. Am. Acad. Psychoanal. and Dynamic Psychiatry 36, 125–142.
Beutel, Manfred E.; Rasting, Marcus; Stuhr, Ulrich; Rüger, Bernhard & Leuzinger-Bohleber, Marianne (2004): Assessing the impact of psychoanalyses and long-term psychoanalytic therapies on health care utilization and costs. Psychother. Res. 14, 146–160.
Blatt, Sidney J.; Wein, Steven J.; Chevron, Eve S. & Quinlan, Donald M. (1979): Parental representations and depression in normal young adults. J. Abnormal Psychol. 88, 388–397.
Boston Change Process Study Group; Bruschweiler-Stern, Nadia; Harrison, Alexandra M.; Lyons-Ruth, Karlen; Morgan, Alexander C.; Nahum, Jeremy P.; Sander, Louis W.; Stern, Daniel N. & Tronick, Edward Z. (2002): Explicating the implicit: The local level and the microprocess of change in the analytic situation. I.J. Psycho-Anal. 83, 1051–1062. Dt.: Das Implizite erklären: Die lokale Ebene und der Mikroprozeß der Veränderung in der analytischen Situation. Übers. Elisabeth Vorspohl. Psyche 58, 2004, 935–952.
Bühler, Charlotte (1928): Kindheit und Jugend. Leipzig (Hirzel).
Cierpka, Manfred; Grande, Tilman; Rudolf, Gerd; Tann, Matthias von der; Stasch, Michael & The OPD Task Force (2007): The operationalized psychodynamic diagnostic system: Clinical relevance, reliability and validity. Psychopathol. 40, 209–220.
Clyman, Robert B. (1991): The procedural organization of emotions: A contribution from cognitive science to the psychoanalytic theory of therapeutic action. J. Am. Psychoanal. Assoc. 39 (Suppl.), 349–382.
Fonagy, Peter (1998): Die Bedeutung der Entwicklung metakognitiver Kontrolle der mentalen Repräsentanzen für die Betreuung und das Wachstum des Kindes. Psyche 52, 349–368.
Fonagy, Peter; Gergely, György; Jurist, Elliot L. & Target, Mary (2002): Affect regulation, mentalization and the development of the self. New York, NY (Other Press). Dt.: Affektregulierung, Mentalisierung und die Entwicklung des Selbst. Übers. Elisabeth Vorspohl. Stuttgart (Klett-Cotta) 2011.
Fonagy, Peter & Target, Mary (1997): Attachment and reflective function: Their role in self-organization. Dev. Psychopathol. 9, 679–700.

Grande, Tilman; Dilg, Rainer; Jakobsen, Thorsten; Keller, Wolfram; Krawietz, Bärbel; Langer, Monika et al. (2006): Differential effects of two forms of psychoanalytic therapy: Results of the Heidelberg-Berlin study. Psychother. Res. 16, 470–485.
Huber, Dorothea & Klug, Günther (2003): Skalen psychischer Kompetenz. Z. Klin. Psychol. Psychiatr. Psychother. 22, 394–402.
Kihlstrom, John F.; Mulvaney, Shelagh; Tobias, Betsy A. & Tobis, Irene P. (2000): The emotional unconscious. In: Eich, Eric; Kihlstrom, John F.; Bower, Gordon H.; Forgas, Joseph P. & Niedenthal, Paula M. (Hg.): Cognition and emotion. New York, NY (Oxford UP), S. 30–86.
Lane, Richard D. & Garfield, David A. S. (2005): Becoming aware of feelings: Integration of cognitive-developmental, neuroscientific and psychoanalytic perspectives. Neuro-Psycho-Anal. 7, 1–6.
Lane, Richard D.; Quinlan, Donald M.; Schwartz, Gary E.; Walker, Pamela A. & Zeitlin, Sharon B. (1990): The levels of emotional awareness scale: A cognitive-developmental measure of emotion. J. Pers. Assess. 55, 124–134.
Lane, Richard D. & Schwartz, Gary E. (1987): Levels of emotional awareness: A cognitive-developmental theory and its application to psychopathology. Am. J. Psychiatry 144, 133–143.
Lane, Richard D.; Sechrest, Lee & Riedel, Robert (1998): Sociodemographic correlates of alexithymia. Compr. Psychiatry 38, 377–385.
Lane, Richard D.; Sechrest, Lee; Riedel, Robert; Weldon, Victoria; Kaszniak, Alfred W. & Schwartz, Gary E. (1996): Impaired verbal and nonverbal emotion recognition in alexithymia. Psychosom. Med. 58, 203–210.
Larsen, Randy J. & Diener, Ed (1987): Affect intensity as an individual difference characteristic: A review. J. Res. Personal. 21, 1–39.
Leuzinger-Bohleber, Marianne; Rüger, Bernhard; Stuhr, Ulrich & Beutel, Manfred E. (2003): How to study the »quality of psychoanalytic treatments« and their long-term effects on patients' well-being: A representative, multi-perspective follow-up study. I. J. Psycho-Anal. 84, 263–290.
Levine, Deborah; Marziali, Elsa & Hood, Jane (1997): Emotion processing in borderline personality disorders. J. Nerv. Ment. Dis. 185, 240–246.
Lichtenberg, Joseph (1989): Psychoanalysis and motivation. Hillsdale, NJ (Analytic Press).
Loevinger, Jane & Wessler, Ruth (1970): Measuring ego development. Vol. 1: Construction and use of a sentence completion test. San Fransisco, CA (Jossey-Bass).
Main, Mary & Goldwyn, Ruth (1996): Adult attachment classification and rating system. Unveröffentlichtes Manuskript. Berkeley, CA (U California, Department of Psychology).
Metzger, Wolfgang (1936, 1953, 1975): Gesetze des Sehens. Frankfurt/M. (Fischer).
Piaget, Jean (1974): Psychologie der Intelligenz. München (Kindler).
Rudolf, Gerd; Grande, Tilman & Henningsen, Peter (2002): Die Struktur der Persönlichkeit. Stuttgart (Schattauer).
Rudolf, Gerd; Grande, Tilman & Oberbracht, Claudia (2000): Die Heidelberger Umstrukturierungsskala. Psychotherapeut 45, 237–246.
Stern, Daniel N. (1985): The interpersonal world of the infant. New York, NY (Basic Books). Dt.: Die Lebenserfahrung des Säuglings. Übers. Wolfgang Krege, bearb. von Elisabeth Vorspohl. Stuttgart (Klett-Cotta) 2007.
Stiles, William B.; Meshot, Christopher M.; Anderson, Timothy M. & Sloan, William Jr. (1992): Assimilation of problematic experiences: The case of John Jones. Psychother. Res. 2, 81–101.
Subic-Wrana, Claudia (2000): Levels of emotional awareness scale – erste Erprobung eines neuen Alexithymietests im deutschen Sprachraum. Unveröffentliche Doktorarbeit. Universität zu Köln.

Subic-Wrana, Claudia; Beutel, Manfred E.; Knebel, Achim & Lane, Richard D. (2010): Theory of mind and emotional awareness deficits in the somatoform disorders. Psychosom. Med. 72, 404–411.

Subic-Wrana, Claudia; Bruder, Susanne; Thomas, Walter; Lane, Richard D. & Köhle, Karl (2005): Emotional awareness deficits in inpatients of a psychosomatic ward: A comparison of two different measures of alexithymia. Psychosom. Med. 67, 483–489.

Sugarman, Alan (2006): Mentalization, insightfulness, and therapeutic action. The importance of mental organization. I.J. Psycho-Anal. 87, 965–987.

Wallerstein, Robert S. (1988): Assessment of structural change in psychoanalytic therapy and research. J. Am. Psychoanal. Assoc. 36, 241–246.

Werner, Heinz & Kaplan, Bernhard (1963): Symbol formation: An organismic-development approach to language and the expression of thoughts. New York, NY (Wiley).

Wiltink, Jörg; Beutel, Manfred E. & Subic-Wrana, Claudia (2010): Entwicklung einer 4-Item Kurzversion der levels of emotional awareness scale (LEAS). Poster vorgestellt auf dem Deutschen Kongress für Psychosomatik und Psychotherapie Berlin, März 2010.

Anhang

Autorinnen und Autoren

MANFRED E. BEUTEL, Prof. Dr. med., Direktor der Klinik für Psychosomatische Medizin und Psychotherapie der Universitätsmedizin Mainz, Psychoanalytiker (DPV/IPV). Zahlreiche Veröffentlichungen zur Psychotherapieforschung, Neurobiologie psychotherapeutischer Veränderungen und Gesundheitsforschung. Mitherausgeber der Reihe *Praxis der psychodynamischen Psychotherapie – analytische und tiefenpsychologisch fundierte Psychologie* (Hogrefe).

RACHEL B. BLASS, Prof., ist Psychoanalytikerin in eigener Praxis in London und Professorin an der Universität London. Mitglied der Britischen Psychoanalytischen Gesellschaft sowie der Israelischen Psychoanalytischen Gesellschaft und Herausgeberin der *Controversies section* des *International Journal of Psychoanalysis*. Zahlreiche Veröffentlichungen und Vorträge zu konzeptuellen, epistemologischen und ethischen Grundlagen der Psychoanalyse und deren Relevanz für die aktuelle Theorie und Praxis mit Fokus auf den Arbeiten Freuds und deren Weiterentwicklungen in der Kleinianischen Psychoanalyse.

ADELINE FOHN, Dr., ist klinische Psychologin an der Universität Louvain-La-Neuve in Belgien. Sie spezialisierte sich im Rahmen ihrer Promotion *Traumatismes, souvenirs et après-coup: l'expérience des enfants cachés en Belgique* (Traumata, Erinnerungen und après-coup: Die Erfahrungen der versteckten Kinder in Belgien) (2011) auf die Erfahrungen ehemals versteckter jüdischer Kinder während des Zweiten Weltkrieges. Arbeitsschwerpunkte: Lebensberichte, Traumatisierungen, Erinnerungen, der Einfluss früher Eltern-Kind-Trennungen. Forschungen auf der Basis der »mixed methodology«, die qualitative und quantitative Ansätze sowie analytische und kognitive Theorien verbindet.

DAVID A. S. GARFIELD, Prof. M.D., Co-Leiter und Direktor für ärztliche Aus- und Weiterbildung an der Medizinischen Fakultät der Rosalind Franklin Universität für Medizin und Naturwissenschaft in Chicago. Mitglied des Dozentenstabs des Chicago Institute for Psychoanalysis.

SUSANN HEENEN-WOLFF, Prof. Dr. phil., Studium der Erziehungswissenschaften und der Psychologie in Jerusalem, Frankfurt und Paris. Promotion (1996) zum Dr. phil. *Über den Niederschlag der Erfahrung von Antisemitismus und Assimilation im Denken von Freud*. Lehranalytikerin der Belgischen Gesellschaft für Psychoanalyse (IPV). Professorin für Klinische Psychologie an der Universität Louvain-La-Neuve und der Freien Universität Brüssel (ULB) in Belgien. Zahlreiche Veröffentlichungen, u. a. »Die Reminiszenz in der Halluzination« (*Psyche*, 2009), wofür sie 2010 den Hayman-Preis der IPV erhielt.

OTTO F. KERNBERG, Prof. M.D., Mitglied der Amerikanischen Psychiatrischen Vereinigung. Direktor des Personality Disorders Institute des Presbyterian Hospital in New York und Professor für Psychiatrie am Weill Cornell Medical College. Ehemaliger Präsident der Internationalen Psychoanalytischen Vereinigung. Lehranalytiker und Supervisor des Columbia University Center für Psychoanalytische Weiterbildung und Forschung. Zahlreiche Veröffentlichungen als Autor und Herausgeber zu Narzissmus und Borderline-Persönlichkeit sowie Technik und Behandlung, u. a. *Übertragungsfokussierte Psychotherapie bei neurotischer Persönlichkeitsstruktur* (Schattauer, 2009), *Psychotherapie der Borderline-Persönlichkeit* (Schattauer, 2008) und zuletzt *The Inseparable Nature of Love and Aggression* (American Psychiatric, 2012).

MARIE-THÉRÈSE KHAIR BADAWI, Prof., ist Forschungsleiterin und Professorin an der St. Josephs Universität in Beirut, an der sie seit 1978 lehrt. Psychoanalytikerin, Mitglied der IPA, der Europäischen Psychoanalytischen Föderation und der Pariser Psychoanalytischen Gesellschaft. Gründungsmitglied und Präsidentin der Libanesischen Vereinigung für die Entwicklung der Psychoanalyse, der ersten Forschungsgruppe der IPV in einem arabischen Land. Zahlreiche Vorträge auf internationalen Konferenzen sowie Lehrveranstaltungen im Libanon und Ausland. Forschungsschwerpunkte u. a.: Trauma, Sexualität, Maskulinität und Feminität, hierzu Veröffentlichungen u. a. in der *Revue Française de Psychanalyse* und dem *International Journal of Psychoanalysis*. Ihre Dissertation *Le désir amputé, vécu sexuel de femmes libanaises* (Das amputierte Begehren – zum sexuellen Erleben libanesischer Frauen) (L'Harmattan, 1986) gilt seitens der UNESCO als erste ernstzunehmende Forschungsarbeit zu weiblicher Sexualität im Mittleren Osten.

RICHARD D. LANE, Prof. M. D., Ph. D., Professor für Psychiatrie, Psychologie und Neurowissenschaften an der Universität von Arizona in Tucson, USA. Seit 2011 Ehrenmitglied des American College of Psychoanalysts.

ELENA MOLINARI, Psychoanalytikerin und Mitglied der Italienischen Psychoanalytischen Gesellschaft sowie der IPV. Seit 2000 in eigener analytischer Praxis niedergelassen; arbeitet mit Erwachsenen und Kindern. Zahlreiche kinderanalytische Arbeiten, u. a. »From crumpled-up paper to origami: an analyst learns to play« (*Psychoanal. Q.*, 2011) und »A ›quantum‹ of truth in a field of lies: the investigation of emotional truth in a child analysis« (*I. J. Psychoanalysis*, 2011). Seit 2004 lehrt sie Kinder-Neuropsychiatrie im Rahmen der Weiterbildung in Kunsttherapie der Academy of Fine Arts of Brera in Mailand.

ELIAS MALLET DA ROCHA BARROS, Dr., Supervisor und Lehranalytiker der Brasilianischen Psychoanalytischen Gesellschaft in São Paulo. Mitglied der Britischen Psychoanalytischen Vereinigung. Im Jahr 1999 erhielt er den Sigourney Award für herausragende Beiträge zur Psychoanalyse. Ehemaliger Vorsitzender des *IPV-Komitees für analytische Praxis und wissenschaftliche Aktivität* (CAPSA). Ehemaliger Leiter des lateinamerikanischen Herausgeberbeirats des *International Journal of Psychoanalysis*.

ELIZABETH LIMA DA ROCHA BARROS, Supervisorin sowie Lehr- und Kinderanalytikerin der Brasilianischen Psychoanalytischen Gesellschaft in São Paulo. Mitglied der Britischen Psychoanalytischen Vereinigung. Kinderpsychologin der Tavistock Clinic in London. Abschluss in Psychopathologie an der Université Paris-Sorbonne, Frankreich. Co-Vorsitzende des Programmkomitees der IPV-Konferenz in Prag 2013.

CLAUDIA SUBIC-WRANA, Dr. med., Psychologische Psychotherapeutin und Psychoanalytikerin (DPV/IPV). Leitende Psychotherapeutin an der Klinik für Psychosomatische Medizin und Psychotherapie der Universitätsmedizin Mainz sowie Koordinatorin des an die Klinik angegliederten Weiterbildungsstudiengangs »Psychodynamische Psychotherapie«. Forschungsschwerpunkte: Affektregulationsstörung bei psychosomatischen Krankheitsbildern und Psychotherapieforschung.

DAVID TAYLOR, Dr., ist Lehranalytiker der Britischen Psychoanalytischen Gesellschaft in eigener Praxis und leitete mehrere Jahre Lehrveranstaltungen zum Werk Bions. Er ist Klinischer Leiter der *Tavistock Adult Depression Study* und Vorsitzender des IPV-Sub-Komitees *Clinical Research*.

RUDI VERMOTE, Prof., ist Psychoanalytiker und Mitglied der IPV. Außerordentlicher Professor für Psychiatrie der Abteilungen für Psychiatrie, Psychologie und Sexual- und Familienwissenschaften der Universität Louvain-La-Neuve in Belgien; Leiter der Weiterbildung zu Psychoanalytischer Psychotherapie und der Abteilung zur stationären Behandlung von Persönlichkeitsstörungen des Centre Psychiatrique Universitaire. Derzeit Präsident der Belgischen Psychoanalytischen Gesellschaft und Herausgeber des *Belgian-Dutch Journal of Psychiatry*. Forschungsarbeiten zum Prozess-Outcome bei der Behandlung von Persönlichkeitsstörungen und Veröffentlichungen u. a. zu Bions Konzepten psychischer Veränderung.

Herausgeberbeirat

LILLI GAST, Professorin für Theoretische Psychoanalyse, psychoanalytische Subjekt- und Kulturtheorie und Vizepräsidentin an der International Psychoanalytic University Berlin sowie außerplanmäßige Professorin an der Leibniz Universität Hannover. Veröffentlichungen zur Subjekttheorie und Theoriegeschichte der Psychoanalyse.

ANDREAS HAMBURGER, Professor für Klinische Psychologie an der International Psychoanalytic University in Berlin, Privatdozent an der Universität Kassel, Psychoanalytiker (DPG), Lehranalytiker und Supervisor an der Akademie für Psychoanalyse und Psychotherapie München (DGPT) sowie Gastwissenschaftler am Sigmund-Freud-Institut Frankfurt/Main. Veröffentlichungen zu Traum und Psychoanalyse, Narrativ und Gedächtnis, Literaturpsychoanalyse. Derzeitige Forschungsschwerpunkte: Hospitalisierte Holocaust-Überlebende, Szenisch-narrative Mikroanalyse von Videointerviews, Psychoanalytische Supervision in der Jugendhilfe.

UTA KARACAOGLAN, Dr. med., Psychiaterin, niedergelassene Psychoanalytikerin (DPV/IPV) in eigener Praxis in Köln. Dozentin bei der Psychoanalytischen Arbeitsgemeinschaft Köln-Düsseldorf e.V. (DPV). Veröffentlichung 2012: »Tatoo und Tabu: Zur Bedeutung von Tätowierungen im psychoanalytischen Prozess« (I.J. Psycho-Anal. 93(1)).

ANGELA MAUSS-HANKE, Dipl.-Psych., Psychoanalytikerin für Erwachsene, Kinder und Gruppen in eigener Praxis bei München, Lehr- und Kontrollanalytikerin für Erwachsene (DPV) und Gruppen (DGGG), Weiterbildungsleiterin für Gruppenanalyse an der Akademie für Psychoanalyse und

Psychotherapie München (DGPT), Lehrbeauftragte an der Ludwig-Maximilian-Universität München, Mitglied im Herausgeberbeirat des *International Journal of Psychoanalysis*.

VERA MÜLLER, Dipl.-Psych., niedergelassene Psychoanalytikerin (DPG) in Berlin. Studium der Kunsttherapie an der New York University. Psychoanalytische Ausbildung am Institut für Psychoanalyse, Psychosomatik und Psychotherapie (IPB) in Berlin; heute Dozentin am IPB. Interessensschwerpunkte: Psychoanalytische Ansätze zum Verständnis von Kunst und ästhetischem Empfinden.

PHILIPP SOLDT, Dr. phil., Dipl.-Psych., Psychoanalytiker in eigener Praxis in Bremerhaven. War als wissenschaftlicher Mitarbeiter an der Universität des Saarlandes und der Universität Bremen tätig. Wissenschaftliche Arbeitsschwerpunkte: Psychoanalyse der ästhetischen Erfahrung, Psychoanalyse und Bildtheorie, Sozialisationstheorie, psychoanalytische Konzeptforschung.

TIMO STORCK, Dr. phil., Dipl.-Psych., Wissenschaftlicher Mitarbeiter im Fachbereich Humanwissenschaften der Universität Kassel und therapeutischer Mitarbeiter der Ambulanz des Alexander-Mitscherlich-Instituts für Psychoanalyse und Psychotherapie (DPV), Kassel. Mitglied des IPV-Komitees *Psychoanalysis and the university*. Auszeichnung mit dem Förderpreis der DPV-Stiftung 2010. Forschungsschwerpunkte: künstlerische und ästhetische Erfahrung in der Psychoanalyse, Epistemologie und Methodologie (insbes. psychoanalytische Hermeneutik), Symbolisierungsprozesse in der stationären Psychotherapie.

BARBARA STREHLOW, Analytische Kinder- und Jugendlichenpsychotherapeutin in eigener Praxis in Berlin. Mitglied des aKJP-Instituts (Weichselstr.) und des Karl-Abraham-Instituts (DPV) in Berlin. Übersetzerin zahlreicher Artikel und Bücher aus dem Englischen. Herausgeberin der Buchreihe *Kinder- und Jugendlichenanalyse. Europäische Texte* (edition diskord, jetzt bei Brandes & Apsel). Interessensschwerpunkte: Ausbildung von Kindertherapeuten; Integration von Theorie und Praxis der Kinderanalyse in die Ausbildung von Erwachsenenanalytikern.

Inhaltsverzeichnis des *International Journal of Psychoanalysis*, Jahrgang 92, Ausgaben 1–5

Volume 92 · Number 1 · February 2011

LETTERS FROM ...
Letter From Copenhagen
S. LUNN, M.-A. WAGTMANN 1–4

PSYCHOANALYTIC THEORY AND TECHNIQUE
The destiny of an unacknowledged trauma: The deferred retroactive effect of après-coup in the hidden Jewish children of wartime Belgium
A. FOHN, S. HEENEN-WOLFF 5–20

Trying to enter the long black branches: Some technical extensions of the work of Frances Tustin for the analysis of autistic states in adults
J.L. MITRANI 21–42

Psychotherapy and close-process technique
C. PANIAGUA 43–56

Termination: The hidden face of analysis
F. SIROIS 57–73

Repression and splitting in the psychoanalytic process
S. SAVVOPOULOS, S. MANOLOPOULOS, S. BERATIS 75–96

'A father is being beaten': Constructions in the analysis of some male patients
R.J. PERELBERG 97–116

Finding the depressed object in the obsessional: A clinical study
C. CRIPWELL 117–133

Helplessness and the exercise of power in the analytic session
J. STEINER 135–147

INTERDISCIPLINARY STUDIES
Between the quills: Schopenhauer and Freud on sadism and masochism
R. GRIMWADE 149–169

EDUCATION SECTION
Education Section
R. RUSBRIDGER 171

On psychosomatics: The search for meaning
C. BRONSTEIN 173–195

Psychosomatics: A current overview
J.E. FISCHBEIN 197–219

Psychoanalytic psychosomatics
C. SMADJA 221–230

LETTER TO THE EDITOR
On: The 'narcissism of minor differences'
G.S. CLARKE 231–233

BOOK REVIEWS
Doubt, Conviction and the Analytic Process: Selected Papers of Michael Feldman
H.B. LEVINE 235–240

The Psychotic Wavelength: A Psychoanalytic Perspective for Psychiatry
B. MARTINDALE 240–245

When Theories Touch: A Historical and Theoretical Integration of Psychoanalytic Thought
A. GOLDBERG 245–247

Comprehensive Dictionary of Psychoanalysis
K.V. KELLY 247–250

Prohibition of Don't Look: Living Through Psychoanalysis and Culture in Japan
R.A. PAUL 251–254

Det Tystade Samtalet [The Silenced Dialogue]
H. PAIKIN 254–255

ANNOUNCEMENT
College of The International Journal of Psychoanalysis
A. SABBADINI   257

LETTER FROM ...
Letter from Mexico
P. CUEVAS, A. TAMEZ   259–262

IPA MEXICO CONGRESS. EXPLORING CORE CONCEPTS: SEXUALITY, DREAMS AND THE UNCONSCIOUS

SEXUALITY
Response by BJÖRN SALOMONSSON:
1 What are your implicit or explicit thoughts about sexuality and how do these thoughts enter the psychoanalytic situation? In other terms how primary is sexuality in your thoughts about the clinical situation?   263–265

Response by LUIS KANCYPER (A.P.A.):
2 Are there elements (excluding aggression or destructiveness) that are exclusively non-sexual or is sexuality the unifying idea in your concept of transference? To what extent do you consider transference as sexual or to what extent are there non-sexual factors (excluding aggression)? Is desire an equivalent of sexuality in your clinical conceptualizations?   265–267

Response by NANCY KULISH (USA)
                                                       267–269

DREAMS
Response by ELIAS MALLET DA ROCHA BARROS (São Paulo):
1 How do you conceive of the function of dreams? Do you distinguish dreams as a result of trauma from other types of dreams?   270–272

Response by LUIS J. MARTÍN CABRÉ (Madrid Psychoanalytical Association)
                                                       272–274

Response by HAROLD P. BLUM:
2 To what extent do you privilege dream interpretation in relation to other forms of mental representations?   275–277

THE UNCONSCIOUS
Response by GIUSEPPE CIVITARESE:
What is your theory of unconscious processes? What are other theories that you would contrast with your conceptualization?   277–280

Response by JORGE LUIS MALDONADO
                                                       280–283

Response by MIGUEL KOLTENIUK KRAUZE (Mexico)   283–285

Response by WERNER BOHLEBER (Germany)   285–288

PSYCHOANALYTIC THEORY AND TECHNIQUE
Levels of emotional awareness: A model for conceptualizing and measuring emotion-centered structural change
C. SUBIC-WRANA, M.E. BEUTEL, D.A.S. GARFIELD, R.D. LANE   289–310

The development and organizing function of perversion: The example of transvestism
J. MEYER   311–332

The use of dreams in the clinical context: Convergencies and divergencies: An interdisciplinary proposal
S. VINOCUR FISCHBEIN   333–358

The 'secret cocoon': Fantasies about the private self in the absence of consensual reality
M.G. RUDDEN   359–376

Should supportive measures and relational variables be considered a part of psychoanalytic technique? Some empirical considerations
M. BUSH, W. MEEHAN   377–399

CLINICAL COMMUNICATIONS
Being, thinking, creating: When war attacks the setting and the transference counter-attacks
M.-T. KHAIR BADAWI   401–409

INTERDISCIPLINARY STUDIES
Some observations on value and greatness in drama
G. MANDELBAUM   411–425

Metamorphosis and the aesthetics of loss: I.
Mourning Daphne – The Apollo and Daphne
paintings of Nicolas Poussin
A. TUTTER   427–449

Cultural narratives and the succession scenario: Slumdog Millionaire and other popular films and fictions
R.A. PAUL   451–470

LETTERS TO THE EDITORS
On: Attachment and Psychoanalysis; Working Models and Part-Object Transferences
N. SZAJNBERG   471–472

On: Response to Dr Szajnberg
P.L. WACHTEL   472–473

BOOK REVIEWS
Les yeux de l'âme
B. COLIN   475–484

Recovery of the Lost Good Object
S. WEINTROBE   484–487

Susan Isaacs: A Life Freeing the Minds of Children
W.W. KATZ   487–492

Teoría Psicoanalítica del Accidentarse
T. DEVOTO   492–494

Thanatos, Shame and Other Essays: On the Psychology of Destructiveness
S. KRISTIANSEN, L.C. OPDAL   495–497

ANNOUNCEMENT
Appointment of Editor in Chief and Regional Editors   499

IPA CENTENARY SPECIAL ISSUE
Introduction
J. CANESTRI, C. TOMLINSON   501–504

In all questions, my interest is not in the individual people but in the analytic movement as a whole. It will be hard enough here in Europe in the times to come to keep it going. After all, we are just a handful of people who really have that in mind ...
R. STEINER   505–591

Narcissism, hypochondria and the problem of alternative theories
C. HANLY   593–608

Psychoanalysis and the university: A difficult relationship
O.F. KERNBERG   609–622

Psychoanalysis in the university: The natural home for education and research
R.S. WALLERSTEIN   623–639

Psychoanalysis and the United States research university: Current trends
S.M. SONNENBERG   641–659

Seeing bodies in pain: From Hippocrates to Freud
S.L. GILMAN   661–674

From the dreams of a generation to the theory of dreams: Freud's Roman dreams
D. MEGHNAGI   675–694

IPA CENTENARY SPECIAL ISSUE: DIFFUSION OF PSYCHOANALYSIS
A virtual training institute in Eastern Europe
P. FONDA   695–713

The training of psychoanalysts in Latin American countries without IPA institutions: Antecedents, experiences and problems encountered
J. GARCÍA   715–731

The challenge of professional identity for Chinese clinicians in the process of learning and practicing psychoanalytic psychotherapy: The discussion on the frame of Chinese culture
Y. YANG   733–743

FILM ESSAY
A camera inside a monastery: Reflections on Of Gods and Men [Des Hommes et des Dieux]
A. SABBADINI, G. DI CEGLIE   745–754

THE ANALYST AT WORK
Live wires: When is the analyst at work?
D. SCARFONE   755–759

Laura – or the sexual borders of need
J. ANDRÉ   761–771

Response to Jacques André's 'Laura – or the sexual borders of need'
R.B. SIMPSON   773–782

'Laura' falling down: Comments and fantasies about Jacques André's essay
E. GLASSGOLD   783–789

PSYCHOANALYTIC THEORY AND TECHNIQUE
From one room to the other: A story of contamination. The relationship between child and adult analysis
E. MOLINARI   791–810

Matte Blanco's thought and epistemological pluralism in psychoanalysis
M. SANCHEZ-CARDENAS   811–831

On the construction of thinking
J.R. AVZARADEL   833–858

Beyond the image
F. DE BILBAO   859–877

Reflections on the clinical implications of symbolism
E.M. DA ROCHA BARROS,
E.L. DA ROCHA BARROS   879–901

Shadows, ghosts and chimaeras: On some early modes of handling psycho-genetic heritage
J. DURBAN   903–924

Reading Susan Isaacs: Toward a radically revised theory of thinking
T.H. OGDEN   925–942

EDUCATION AND PROFESSIONAL ISSUES
Dynamics of psychoanalytic supervision: A heuristic model
A. ZACHRISSON   943–961

INTERDISCIPLINARY STUDIES
Love, drive and desire in the works of Freud, Lacan and Proust
J. GAMMELGAARD   963–983

The Œdipus complex, crystallizer of the debate between psychoanalysis and anthropology
E. SMADJA   985–1007

Catharsis: Psychoanalysis and the theatre
J.-M. VIVES   1009–1027

Lewis Carroll and psychoanalysis: Why nothing adds up in wonderland
C. LANE   1029–1045

LETTERS TO THE EDITORS
On: Letter from Jerusalem
C. ULLMAN   1047

On: unacknowledged and acknowledged trauma
J.L. AHUMADA   1047–1049

On: Response to Mr Ahumada
A. FOHN, S. HEENEN-WOLFF   1049–1050

FILM ESSAY
Dr Paul Weston and the bloodstained couch
B. KAHR   1051–1058

BOOK REVIEWS
Reading French Psychoanalysis
A. MARGULIES   1059–1066

Psychoanalytic Aesthetics: An Introduction to the British School
J.S. LIEBERMAN   1067–1070

Under the Skin: A Psychoanalytic Study of Body Modification
N. KULISH   1070–1073

Bion Today
N. ABEL-HIRSCH   1074–1077

Mirroring and Attunement: Self-Realization in Psychoanalysis and Art
L. CALDWELL   1077–1080

PSYCHOANALYTIC CONTROVERSIES
Introduction to 'On the value of "late Bion" to analytic theory and practice'
R.B. BLASS   1081–1088

On the value of 'late Bion' to analytic theory and practice
R. VERMOTE   1089–1098

Commentary on Vermote's 'On the value of 'late Bion' to analytic theory and practice'
D. TAYLOR   1099–1112

Rudi Vermote's response to David Taylor
R. VERMOTE   1113–1116

PSYCHOANALYTIC THEORY AND TECHNIQUE
The role of the patient's remembered history and unconscious past in the evolution of Betty Joseph's 'Here and now' clinical technique (1959–1989)
J. AGUAYO   1117–1136

On the immediacy of unconscious truth: Understanding Betty Joseph's 'here and now' through comparison with alternative views of it outside of and within Kleinian thinking
R.B. BLASS   1137–1157

The workable here and now and the why of there and then
F. BUSCH   1159–1181

Reconsidering therapeutic action: Loewald, cognitive neuroscience and the integration of memory's duality
J.A. SINGER, M.A. CONWAY   1183–1207

Infantile bisexuality and the 'complete oedipal complex': Freudian views on heterosexuality and homosexuality
S. HEENEN-WOLFF   1209–1220

PSYCHOANALYTIC PSYCHOTHERAPY
Superego: An attachment perspective
J. HOLMES   1221–1240

INTERDISCIPLINARY STUDIES
Between the imaginary and the real: Photographic portraits of mourning and of melancholia in Argentina
J. REINEMAN   1241–1261

The primal scene in cross-species and cross-cultural perspectives
L. JOSEPHS   1263–1287

EDUCATIONAL AND PROFESSIONAL ISSUES
The interactive category schema of candidate competence: An Australian experience
K. ISRAELSTAM   1289–1313

LETTER TO THE EDITORS
On: The definition of psychoanalysis
P. MIGONE   1315–1317

BOOK REVIEWS
Passaggi segreti: teoria e tecnica della relazione interpsichica [Secret Passages: The Theory and Technique of Interpsychic Relations]
T.J. JACOBS   1319–1322

Change in Psychotherapy: A Unifying Paradigm
S. DOWLING   1322–1331

Invasive Objects: Minds Under Siege
R. ZIMMER   1331–1335

Object Relations and Social Relations: The Implications of the Relational Turn in Psychoanalysis
A. COOPER   1336–1340

Hinweise für Autoren des *International Journal of Psychoanalysis*[1]

1. Vorbereitung des Manuskripts

Allgemeine Hinweise

Eingereicht werden können Originalbeiträge (d.h. Arbeiten, die zuvor weder in gedruckter noch elektronischer Form veröffentlicht wurden) zu allen Themen von psychoanalytischem Interesse. Beiträge, die zuvor in einem Bulletin, einer Fachzeitschrift oder einem anderen Publikationsmedium veröffentlicht wurden, das von einer psychoanalytischen Gesellschaft, Föderation, Vereinigung oder ähnlichen Organisation produziert und vorwiegend unter den jeweiligen Mitgliedern verteilt wird, gelten nicht als bereits veröffentlicht. Sofern der Verfasser das Copyright besitzt (oder es von dem anderen Publikationsmedium erhält), können solche Beiträge beim IJP eingereicht werden. Beiträge, die zuvor in einer anderen Sprache als dem Englischen publiziert wurden, werden berücksichtigt, sofern sie in einer professionellen englischen Übersetzung eingereicht werden.

Beiträge können in englischer, französischer, deutscher, italienischer, spanischer und portugiesischer Sprache eingereicht werden.

Eingereichte Beiträge werden zur anonymen Beurteilung an Kollegen übergeben. Wenn irgend möglich, erhalten die Autoren ungeachtet der letztlich getroffenen Entscheidung eine ausführliche Rückmeldung. Es ist üblich,

---

[1] Dieser Text ist ein Auszug aus den vollständigen Hinweisen für Autoren des *International Journal of Psychoanalysis*, die sich auf der Homepage der Zeitschrift über www.wiley.com finden.

dass um die Überarbeitung eines Beitrags gebeten wird, der zur Publikation angenommen wurde.

Autoren, die einen Beitrag einreichen, müssen bestätigen:

i. dass die Arbeit oder deren zentrale These und wesentlicher Inhalt zuvor weder vollständig noch teilweise an anderer Stelle veröffentlicht wurden (von den oben definierten Ausnahmen abgesehen) und dass weder die vollständige Arbeit noch Auszüge daraus andernorts für eine Publikation geprüft werden;

ii. dass die verschiedenen Möglichkeiten zum Schutz der Privatsphäre des Patienten berücksichtigt wurden und die gewählte Methode erläutert wird;

iii. dass die Arbeit keine potentiellen Verleumdungen enthält;

iv. dass der Artikel keinen Verstoß gegen das Copyright enthält und

v. dass der Autor/die Autorin bereit ist, eine Urheberrechtsabtretung [›Copyright Assignment Form‹] zu unterzeichnen, falls die Arbeit angenommen wird.

Der Autor sollte nach Möglichkeit angeben, in welchen Teilen des IJP sein Beitrag am besten platziert wäre: psychoanalytische Theorie und Technik; Geschichte der Psychoanalyse; klinische Mitteilungen; Forschung; Ausbildungs- und Berufsfragen; psychoanalytische Psychotherapie; interdisziplinäre Studien, Kinder- und Jugendpsychoanalyse. Artikel für die Rubriken »The analyst at work« und »Psychoanalytic controversies« werden normalerweise angefordert, aber auch Vorschläge sind willkommen. Bitte nehmen Sie Kontakt zu den Herausgebern auf, bevor Sie mit der Arbeit an solchen Beiträgen beginnen. Vorschläge für Filmessays sind an den für die Rubrik Film zuständigen Herausgeber zu senden.

Die Beiträge sollten in einem präzisen, knappen und ihrer These angemessenen Stil verfasst sein. Englischsprachige Beiträge sollten die Obergrenze von 10.000 Wörtern (ausschließlich Abstract und Literaturangaben) nicht überschreiten. Bei Arbeiten in anderen Sprachen beträgt die zulässige Grenze 11.200 Wörter. Bitte geben Sie die Anzahl der Wörter an, wenn Sie Ihr Manuskript einreichen.

Die Ziele des Beitrags sind zu Beginn klar darzulegen, desgleichen der Ansatz, den der Autor zur Behandlung seines Themas und zur Stützung seiner Argumentation wählt (z. B. Hinzuziehung klinischen Materials, Sichtung der Literatur oder der Forschung). Bedenken Sie bitte, dass Sie für ein internationales Publikum schreiben, dem die in Ihrer eigenen Gesellschaft diskutierten

Themen nicht unbedingt präsent sind. Deshalb sollte der Beitrag den relevanten Kontext klar herausarbeiten.

Wenn der Autor klinisches Material benutzt, um seine These zu belegen, ist eine detaillierte Darlegung wichtig, damit der Leser einen lebendigen Eindruck von der klinischen Arbeit bekommt und sich mit der Behandlung des Materials durch den Autor auseinandersetzen kann.

Beiträge, die einem psychoanalytischen Schlüsselkonzept gewidmet sind, müssen (a) eindeutig definieren, wie das Konzept im Text benutzt wird, (b) klar angeben, in welchem Umfang es diskutiert wird (z. B. das Konzept der Subjektwerdung in der französischen Schule ...), und (c) im Falle der Entscheidung für einen engen Fokus kurz darlegen, aus welchen Gründen dieser gewählt wurde. Es wird keine umfassende Sichtung der Literatur erwartet, es sei denn, der Beitrag setzt sich das explizite Ziel, die Verwendungsweisen oder die Entwicklung eines bestimmten Konzepts innerhalb der Psychoanalyse zu untersuchen.

Interdisziplinäre Arbeiten sollten von guter Kenntnis auf allen diskutierten Gebieten zeugen und gleichzeitig keinen Zweifel daran lassen, dass im Fokus der Beitrag steht, den die Psychoanalyse zu einem anderen Forschungsfeld leistet.

Autoren von Beiträgen, die Fallgeschichten enthalten, werden gebeten, in ihrem Begleitschreiben darzulegen, welche Methode sie gewählt haben, um die Privatsphäre des Patienten zu schützen (Gabbard, *IJP* 2000, 81: 1071–1086). Um Verletzungen der Anonymität zu vermeiden, dürfen solche Informationen nicht in dem veröffentlichen Beitrag selbst enthalten sein. Wenn der Autor von dem Patienten oder den Patienten eine Genehmigung eingeholt hat, ist im Begleitschreiben darauf hinzuweisen, ob die schriftliche Einverständniserklärung vorhanden ist und ggf. vorgelegt werden kann. Bei der Wiedergabe von Zitaten, Gedichten, Liedtexten etc. ist der Autor für die Einholung der Abdruckgenehmigung beim Copyright-Inhaber verantwortlich. Diese Genehmigungen sind zusammen mit der angenommenen, endgültigen Fassung des Beitrags einzureichen.

Manuskriptformat

Zulässig ist sowohl amerikanisches als auch britisches Englisch, vorausgesetzt, dass Orthographie und Interpunktion einheitlich gehandhabt werden und den englischsprachigen Standardwörterbüchern, beispielsweise dem Oxford oder den allgemein verbindlichen Ausgaben des Webster, folgen.

Die Anonymität des Peer-Gutachterverfahrens kann nur dann gewährleistet werden, wenn der Beitrag die Identität des Autors nicht verrät. Beachten Sie bitte, dass bei elektronischer Übermittlung die Angaben zum Autor nicht zusammen mit dem Beitrag, sondern in einer separaten Datei abgespeichert sind. Die Datei mit dem Beitrag darf keinerlei Hinweise auf den Autor/die Autoren enthalten.

Der gesamte Beitrag einschließlich Zitaten, Fußnoten und Literaturangaben ist mit doppeltem Zeilenabstand zu schreiben. Für alle Seitenränder gilt ein Mindestmaß von 25mm.

Seitenzahlen sind rechts unten auf die Seite zu setzen.

Fußnoten sind auf das absolut notwendige Minimum zu beschränken. Sie sollten nicht für bibliographische Angaben benutzt werden. Die Fußnoten sind mit fortlaufender Nummerierung zu versehen.

Falls ausführliche Hintergrundinformationen erforderlich sind, können diese in einem Anhang hinzugefügt werden, auf den im Text an entsprechender Stelle verwiesen wird.

Tabellen, Abbildungen, Fotos und Diagramme sind ebenfalls auf ein Minimum zu beschränken und nur dann zu verwenden, wenn die Argumentation des Beitrags es zwingend erfordert.

Abstracts

Sämtlichen Beiträgen ist eine Zusammenfassung in englischer Sprache beizufügen, die zwischen 150 und 200 Wörtern enthalten sollte. Bitte widmen Sie der Zusammenfassung Ihres Beitrags besondere Aufmerksamkeit; sie soll die zentrale These und die Art ihrer Begründung vorstellen und wird für den Evaluationsprozess herangezogen. Deshalb ist es wichtig, dass dieses Abstract Ihrem Beitrag gerecht wird und seine Übersetzung auf höchstmöglichem Niveau erfolgt, ggf. durch einen professionellen Übersetzer. Die Zusammenfassung ist dem Artikel auf einer separaten Seite voranzustellen.

Beiträgen, die in einer anderen Sprache als dem Englischen eingereicht werden, ist ein längeres Abstract beizufügen, das 1.000 bis 1.500 Wörter enthält, auf Englisch verfasst ist und die Hauptthese expliziert. Dadurch wird es dem zuständigen Herausgeber und Redakteur ermöglicht, eine Entscheidung über eine etwaige Übersetzung des Beitrags zu treffen. Wird ein Beitrag zur Publikation empfohlen, der nicht in englischer Sprache verfasst wurde, übernimmt das IJP die Übersetzungskosten.

Die Abstracts (150 bis 200 Wörter) aller Beiträge werden auf Englisch,

Französich, Deutsch, Spanisch und Italienisch publiziert. Kollegen, die mehr als seine Sprache fließend beherrschen, werden gebeten, entsprechende Abstracts beizufügen.

ZITATE

Zitate sind sorgfältig auf ihre Genauigkeit zu prüfen und mit Seitenangaben zu versehen. Sämtliche Einfügungen in den Originaltext sind in eckige Klammern zu setzen, zum Beispiel: »He [Freud] regards ...« Auf Kursivdruck im Originaltext ist hinzuweisen. Jede zusätzliche Hervorhebung in Zitaten ist durch den in runde Klammern gesetzten Hinweis »(my italics)« nach dem Zitat zu kennzeichnen. Bei Freud-Zitaten ist grundsätzlich die Standard Edition zu benutzen. Hierbei wird die Angabe des Bandes und der Seitenzahl dem Zitat in runden Klammern nachgestellt. Auslassungen im zitierten Text sind durch drei Punkte zu kennzeichnen, zum Beispiel: »This is ... always the case.« Werden andere Ausgaben als die Standard Edition benutzt, sollte der Autor begründen, weshalb er diese Alternative gewählt hat.

Literaturhinweise sind nur zu Arbeiten zu geben, die absolut relevant und notwendig sind. Auf Versuche, eine ausführliche »Bibliographie« zusammenzustellen, ist zu verzichten. Literaturangaben im Text enthalten den Namen des Autors und das in runde Klammern gesetzte Erscheinungsjahr, zum Beispiel Freud (1918) oder (Freud, 1918). Werden zwei Ko-Autoren zitiert, sind beide Namen zu nennen, zum Beispiel Marty and de M'Uzan (1963) oder (Marty and de M'Uzan, 1963). Werden mehr als zwei Ko-Autoren zitiert, sollte der Quellenhinweis im Text dem Muster Smith *et al.* (1972) oder (Smith *et al.*, 1972) folgen. Vermeiden Sie es nach Möglichkeit, weitere Teile der bibliographischen Angaben wie den Titel des zitierten Beitrags, der Zeitschrift oder des Buches im Beitragstext zu nennen. Diese Angaben gehören lediglich ins Literaturverzeichnis.

LITERATURVERZEICHNIS

Das Literaturverzeichnis enthält die vollständigen Angaben zu sämtlichen im Text zitierten Werken. Die im Literaturverzeichnis genannten Titel müssen exakt mit den im Text angeführten Quellen übereinstimmen. Es sind keine zusätzlichen Titel aufzunehmen. Autoren werden im Literaturverzeichnis in alphabetischer Reihenfolge genannt, ihre einzelnen Arbeiten in chronologischer Reihenfolge ihrer Veröffentlichung. (Für Freuds Werke sind die relevanten Daten in runden Klammern in der Standard Edition angegeben.) Werden von einem Autor mehrere Titel mit demselben Erscheinungsjahr genannt, so ist die Jahresangabe durch a, b, c usw. zu erweitern. Wird ein Autor sowohl als Alleinverfasser wie auch als (erster) Ko-Autor zitiert, so werden zuerst die Titel angegeben, die er allein publiziert hat. Autorennamen werden wiederholt, wo es notwendig ist. Titel und Untertitel von Büchern sind zu kursivieren. Groß geschrieben werden nur das erste Wort sowie alle Namen. Die Literaturangabe muss den Ort der Veröffentlichung und den Namen des Verlags enthalten. Bezieht sich die Angabe nicht auf die Erstausgabe, ist das Erscheinungsjahr der zitierten Ausgabe am Ende der Angabe zu nennen. Bei Aufsatztiteln wird nur das erste Wort groß geschrieben. Auf den Titel folgt der abgekürzte Name der Zeitschrift (kursiv gesetzt) mit der Heftnummer sowie der Angabe der ersten und letzten Seite des Artikels. Benutzen Sie nach Möglichkeit die Abkürzungen des Index Medicus, die Sie im Internet unter www.ncbi.nlm.nih.gov/entrez/query.fcgi finden. Im Zweifelsfall können Sie den vollständigen Titel der Zeitschrift nennen. Beachten Sie bitte bei den folgenden Beispielen die Art und Weise, wie Großbuchstaben, Interpunktion, die notwendigen Informationen und ihre Reihenfolge gehandhabt werden: [Die Beispiele finden Sie auf der Homepage des *International Journal of Psychoanalysis* über www.wiley.com.]

2. Einreichen des Manuskripts

Bitte reichen Sie beim International Journal of Psychoanalysis alle Manuskripte elektronisch ein. Benutzen Sie dazu ScholarOne Manuscripts. Um ein Manuskript einzureichen folgen Sie bitte den Anleitungen. [Die Anleitung finden Sie auf der Homepage des *International Journal of Psychoanalysis* über www.wiley.com.]

Wenn Sie keinen Internet-Zugang haben oder Ihr Manuskript nicht online einreichen können, wenden Sie sich bitte an das Editorial Office, per Email unter IJPAoffice@wiley.com.

3. Peer-Review

Eingereichte Manuskripte werden auf ihre Übereinstimmung mit diesen Hinweisen für Autoren geprüft. Wenn die eingereichten Unterlagen vollständig

sind, prüft der verantwortliche Herausgeber, ob das Manuskript geeignet ist. Ein kleiner Anteil von Manuskripten wird bereits in diesem Stadium ohne Peer-Review abgelehnt, z.b. wenn der Beitrag für das Journal ungeeignet ist.
Alle übrigen Beiträge werden dem anonymen Peer-Review unterzogen. Autoren sollten ihre eigenen Arbeiten in der dritten Person zitieren, z. B.: »Michels (2003) ist der Ansicht ...«, und nicht in der Form: »Ich (Michels 2003) bin der Ansicht ...«. Dies trägt zum Schutz der Anonymität während des Review-Verfahrens bei. Wenn irgend möglich, erhalten die Autoren ungeachtet der letztlich getroffenen Entscheidung eine ausführliche Rückmeldung. Die meisten Beiträge, die am Ende veröffentlicht werden, wurden mindestens einmal überarbeitet.

Die Herausgeber sichern den Autoren Diskretion zu

Die Herausgeber sichern zu, alle eingereichten Manuskripte als vertrauliche Dokumente zu behandeln. Das bedeutet, dass sie ohne Einwilligung des Autors keinerlei Informationen über das Manuskript preisgeben werden. Während des Begutachtungsprozesses können die folgenden Personen das Manuskript einsehen:
➤ Herausgeber und Redaktionsmitarbeiter
➤ Externe Gutachter einschließlich Statistiker und Experten für empirische Methoden
➤ Dritte (der einzige Anlass, aus dem Details über ein Manuskript ohne Genehmigung des Autors an Dritte weitergegeben werden dürfen, ist der Verdacht auf gravierendes wissenschaftliches Fehlverhalten – siehe oben).

Umgang der Herausgeber oder des Herausgeberbeirats mit Interessens- und Publikationskonflikten der Herausgeber

Herausgeber oder Mitglieder des Herausgeberbeirats sind an editorischen Entscheidungen über ihre eigene Forschungsarbeit grundsätzlich nicht beteiligt. Journal-Herausgeber, Mitglieder des Herausgeberbeirats und andere Redaktionsangehörige (einschließlich Peer-Reviewer) nehmen an Diskussionen über eingereichte Beiträge nicht teil, wenn ihnen die Umstände eine neutrale herausgeberische Entscheidung unmöglich machen. An editorischen Entscheidungen über Artikel, die das Peer-Review-Verfahren durchlaufen haben und von einem Herausgeber (mit-)verfasst wurden, nehmen die betreffenden Herausgeber oder Redaktionsangehörigen nicht teil. Wenn den Herausgebern Beiträge vorgelegt werden, über die sie aufgrund ihrer eigenen Interessen keine unvoreingenommene editorische Entscheidung treffen können, übertragen sie die Entscheidungsbefugnis auf eine andere qualifizierte Person.

Einspruchsmöglichkeit

Entscheidungen über Manuskripte oder über ethisches Fehlverhalten sind endgültig; wir erkennen jedoch das Recht der betreffenden Person an, unsere Entscheidungen infrage zu stellen und Einspruch einzulegen.

Einsprüche sind in schriftlicher Form per Email an den Herausgeber zu richten. Falls es angemessen erscheint, wird das Manuskript erneut einer Peer-Begutachtung oder einer internen Untersuchung unterzogen.

4. Nach der Manuskriptannahme

Copyright

Von den Autoren aller zur Veröffentlichung angenommenen Beiträge ist ein Formular zur Abtretung des Copyright (CAF) zu unterzeichnen. Die Abtretung des Urheberrechts ist eine Voraussetzung für die Publikation; die Beiträge werden erst dann zur Produktion an den Verlag weitergegeben, wenn das unterzeichnete Formular vorliegt. (Von Regierungsangestellten ist die Author Warranty auszufüllen; in diesen Fällen muss das Urheberrecht nicht abgetreten werden.) [...] Sie können [das Formular] auch herunterladen, indem Sie auf http://mc.manuscriptcentral.com/ijp der Anleitung ›Instructions & Forms‹ folgen.

Autorenservice

Der Autorenservice ermöglicht es Autoren, ihren Beitrag – nach der Annahme – durch den Produktionsprozess bis zur Online- und Printpublikation nachzuverfolgen. Autoren können den jeweiligen Status ihrer Beiträge online überprüfen und außerdem automatisch versendete Benachrichtigungsemails über jeden wesentlichen Produktionsschritt anfordern. Der Autor erhält eine Mail mit einem individualisierten Link, der es ihm ermöglicht, sich zu registrieren und seinen Beitrag automatisch dem System hinzuzufügen. Achten Sie bitte auf die Vollständigkeit Ihrer Email-Adresse, wenn Sie das Manuskript einreichen. Weitere Details zur Online-Nachverfolgung der Produktion sowie Antworten auf zahlreiche häufig gestellte Fragen (FAQs) und Tipps zur Einrichtung und Abgabe von Manuskripten etc. finden Sie unter http://authorservices.wiley.com/bauthor.

Korrekturlesen

Angenommene Manuskripte werden redaktionell bearbeitet, bevor sie in Satz gehen. Sollten in diesem Stadium außergewöhnlich viele Fragen auftauchen, wird der Autor ggf. um Klärung gebeten, bevor der Satz beginnt.

Der korrespondierende Autor enthält ca. 6 bis 8 Wochen nach Manuskriptannahme ein Korrekturexemplar. (Bei der Online-Manuskripteinreichung können korrespondierende Autoren eine andere Person benennen, die nicht unbedingt zu den Verfassern gehören muss und sie während des Publikationsprozesses unterstützen wird. Der korrespondierende Autor erhält eine Email mit einem Link zu einer gesicherten Webseite. Aus diesem Grund muss er eine funktionierende Email-Adresse angeben. Um die Datei mit dem Korrekturexemplar lesen zu können, müssen Sie Acrobat Reader auf Ihrem PC installiert haben. Sie können diese Software kostenfrei herunterladen. Zusammen mit dem Korrekturexemplar erhalten Sie weitere Anweisungen. Im Falle seiner Abwesenheit hat der korrespondiere Autor dafür Sorge zu tragen, dass ein Kollege die Email erhält und das Korrekturexemplar abruft.

Wesentliche Änderungen am Text können im Korrekturstadium ohne schriftliches Einverständnis des Herausgebers nicht mehr vorgenommen werden. Sollten Sie genehmigt werden, führen Sie wahrscheinlich zur Verzögerung der Produktion. Die Herausgeber können dem Autor nicht garantieren, dass am Text eines zur Publikation angenommenen Manuskripts noch einmal Änderungen vorgenommen werden dürfen. Im Korrekturstadium werden Änderungen nicht akzeptiert, wenn Herausgeber und Redaktion der Ansicht sind, dass der dafür erforderliche Zeit- oder Kostenaufwand nicht gerechtfertigt ist.

Für den Inhalt ihrer Beiträge sind die Autoren verantwortlich. Beiträge werden erst nach ausdrücklicher Erklärung des Einverständnisses mit dem Korrekturexemplar publiziert. Aus diesem Grund sollten Autoren den für die Produktion zuständigen Redakteur über etwaige Abwesenheiten informieren.

Beiträge werden in der Regel unmittelbar nach Rückgabe des Korrekturexemplars online bzw. im nächsten Heft veröffentlicht.

Vorschau

Diese Zeitschrift wurde in den Wiley-Blackwell's Early View-Service aufgenommen. Vorschau-Artikel sind vollständige Beiträge, die vor der Druckveröffentlichung im Heft online publiziert werden. Bei Vorschau-Artikeln handelt es sich um die vollständige und endgültige Fassung. Sie wurden für die Publikation komplett begutachtet, überarbeitet und redigiert und enthalten auch die letzten Korrekturen des Autors. An dieser endgültigen Version können nach der Online-Publikation keine Änderungen mehr vorgenommen werden. Da es sich um Vorschau-Artikel handelt, enthalten sie noch keine Jahrgangs-, Heft- und Seitenangaben, so dass sie nicht auf herkömmliche Weise zitiert werden können. Stattdessen sind sie mit einem Digital Object Identifier (DOI) versehen, der es ermöglicht, den Artikel auch schon vor der Druckveröffentlichung zu zitieren. Der DOI bleibt auch nach der Druckveröffentlichung gültig und kann weiterhin für Zitatnachweise und für den Zugriff auf den Beitrag benutzt werden.

Offprints

Der PDF-Offprint Ihrer Beitragsfassung ist nur über Author Services zugänglich. Bitte registrieren Sie sich bei Author Services, damit Sie Ihren PDF-Offprint laden und von den zahlreichen weiteren Angeboten des Dienstes profitieren können.

Sachregister

Abspaltung 141, 176
 – dynamische ~ 141
 – statische ~ 141
Abstinenzregel 88, 91
Adoleszente 103, 162, 193
Adult Attachment Interview (AAI) 229, 242f., 254
Affekterfahrung 232
Affektverarbeitung 229, 233, 244, 248, 255, 258
 – explizite ~ 229, 255
Agieren 69f., 90, 158, 170, 172, 174, 176, 253
Alpha 30, 39, 43, 99, 106, 109, 130, 139f., 150
Alpha-Elemente 140
Alpha-Funktion 39, 43, 99, 106, 109, 130, 139f., 150
 – analytische ~ 139
 – synthetische ~ 139
Alphabetisierung 30
»als ob« 103
Ambivalenz, emotionale 235
Amnesie, infantile 198
Angriff, innerer 123, 135
Angriffe auf Verbindungen 135
Apparat, psychischer 140
après-coup 182, 187, 191ff., 197ff., 203ff., 263
Assimilation of Problematic Experience Scale (APES) 242
Assoziationen 48, 69, 110, 116, 118, 125, 128, 131f., 148, 157, 179
Aufmerksamkeit, gleichschwebende 28, 85
Ausbildung, psychoanalytische 48, 209, 211ff., 216, 218, 221, 224ff.

Ausbildungsinstitut 219
Auschwitz 195
Ausdruckskraft 125, 135, 140, 142f., 150f.

Basisemotion 239
Bedeutungskern, signifikanter 141
Beta 30, 39, 42, 99, 113, 140
Beta-Element 30, 42, 99, 113, 140
Bewusstwerdung 191, 193, 200ff., 205
 – Prozess der ~ 200, 203, 205
Beziehungsmuster 232, 242
 – dysfunktionales ~ 242
Bindungstheorie 210
Bion (Werk)
 – der frühe ~; ~s Frühwerk 28, 40, 43, 50, 54, 58
 – der mittlere ~ 55, 74f.
 – der späte ~; ~s Spätwerk 25–36, 37–51, 53–72, 73–79
Borderline-Persönlichkeitsstörung 210, 240, 256
Bw/Ubw 40

contain(en) 86, 89, 136f., 169, 176, 197
 – ~er 39, 42, 46, 67, 102, 106
 – ~er-Contained 39
 – ~ment 28, 31, 88, 91, 107, 112, 136, 175

Darstellbarkeit 127, 131, 137, 193
 – psychische ~ 193
Darstellung, narrative 200
de-symbolisieren 128, 134, 144

De-Symbolisierung 128, 134, 144
Denk(en)
 – ~apparat 54ff.
 – Theorie des ~s 38f.
 – träumerisches ~ 98f.
 – ~-Werkzeug 29
Denotation 128
denotativ 125, 128, 137, 140f.
Depression 46, 63, 131, 149, 152, 202, 230, 240f., 248, 266
Deutung
 – Formulierung einer ~ 123
 – kausale ~ 169, 173, 178
 – rekonstruktive ~ 156
docta ignorantia 45
Dritter, analytischer 116
DSM-III 230
DSM-IV 231
Durcharbeiten 65, 107, 127, 130, 134, 136f., 139, 143, 147, 157, 232, 247, 256, 258
 – Prozess des ~s 127, 134, 139, 143, 258

Ebene des Seins 55, 57f.
ehemals versteckte (jüdische) Kinder 187–207
Einfälle, schöpferische 43
Emotionsverarbeitung 233, 244, 253, 255ff.
 – explizite ~ 256
Enactment 87, 91, 167, 170f., 174ff., 178
Entwicklung, emotional-kognitive bzw. kognitiv-emotionale 229, 232ff., 238, 256
Erwachsenen-Bindungs-Interview siehe Adult Attachment Interview
Erwachsenenanalyse 95–121
expressiv 125, 128, 134f., 137, 140, 142f., 147f., 150, 161

Fachgesellschaften 211, 218f.
Fantasie, unbewusste siehe Phantasie, unbewusste
Fetischismus 64
Forschung 57f., 60, 74, 78, 185, 187, 191, 198, 209ff., 215ff., 220ff., 224ff., 263ff.
 – neurobiologische ~ 209

Gefühlsambivalenz 253
Gegenübertragung siehe Übertragung

Geisteswissenschaften 209, 211, 213f., 218, 226
Gemeinschaft, psychoanalytische 209, 211, 219, 222, 225
gerade-psychisch 39
Gestaltpsychologie 233
Gewahrsein, emotionales 229f., 234ff., 240f., 253, 257
Glaubensakt 42, 58, 71
Gleichgewicht, psychisches 167, 182f.
Gottheit 27, 40, 65

Halluzination 64, 86, 110, 264
Hamlet 63
Handlungsabsicht 234ff., 238ff., 248, 256
Haut, psychische 43
Heidelberger Umstrukturierungsskala 242f., 259
Hier und Jetzt *155–184*, 235
Hochschuleinrichtung 217
Holocaust 131, 149, 190, 267

ICD-10 230
Ich-Funktion 54, 231, 241
Ich-Psychologie 165, 214
Ich-psychologisch 165, 180, 214, 231
Idealisierung 55, 203, 212f.
Identifizierung, projektive 133, 138, 141, 147, 149ff., 167, 183
Identität
 – narrative ~ 191
 – sexuelle ~ 47, 68
Impuls, destruktiver 129
Indikation 214, 230, 244
 – ~sstellung 244
Institut, psychoanalytisches 209f., 212ff., 217, 220ff., 226
Inszenierung 69
Integration, psychische 35, 203f.
Intellektualisierung 158, 160, 163f., 180
Inter-Relation 83
International Psychoanalytic University 223, 226
Intersubjektivität 91
Introjektion 243
Intuition, klinische 60, 71
Islam 88

Judentum 147

K-Verbindung 27
Kandidaten 210, 212f., 216ff., 220ff., 225
Kinderanalyse 95–121, 268
Klassifikationssystem 210
Kleinianer 26, 30f., 38, 165
– Londoner ~ 26, 30f.
kleinianisch 25ff., 29f., 33f., 76, 101, 155–184, 214, 231, 263
kognitiv-behavioral 210, 224
Konnotation 73, 128, 137
konnotativ 125, 128, 135f., 139ff., 144, 147f., 150f.
Konzentrationslager 131, 187f., 190, 198f.
Körper 66, 68, 89, 95f., 102, 104ff., 110, 117f., 219, 234ff., 238, 256
– Konzentration des ~s 96, 104
– ~empfindung 108, 110
– ~sensation 234ff., 238
Krieg 83–94, 132, 158, 187–207, 214
Kunst 95ff., 105, 111, 117, 127, 142f., 211, 215, 218, 244, 246, 265, 268
– Bildende ~ 95f., 105

Langzeitbehandlung 231, 254, 256
Latenzzeit 187, 189, 201
Lebensbericht 187, 191, 194, 263
Lehranalyse 212
Lehranalytiker 212, 213, 215f., 218, 220, 224, 264ff.
– ~system 215f.
Lehre, akademische 209
Levels of Emotional Awareness (LEA) 229–260
– ~ Scale (LEAS) 229f., 232f., 237ff., 243f., 248, 252ff.
Likeness 126, 138
Logos 97f., 101, 103, 118, 127
– ~ im Werden 101, 103, 118
– ~ spermatikos 127
Lust-Unlust-Prinzip 40, 44

Malerei 96ff., 103, 117
Matrix 41, 60, 85, 88, 197
Medizin, evidenzbasierte 257
Mentalen, Theorie des 234

Mentalisieren 47, 91, 189, 241ff., 253, 255
Mentalisierung 47, 189, 241ff., 255
– ~sfähigkeit 242f.
Messinstrument 229, 237, 240f., 254f.
Messwiederholung 241, 257
Metabolisierung 142
Metapher 40, 50, 56, 73, 92, 102, 127f., 137, 215
Metaphorisches Sehen 150
Metaphorisierung 127

nachträglich 96, 118, 191ff., 198, 202ff.
– ~e Bedeutung 192
– ~e Bewegung 192f., 202, 204
– ~e Bewusstwerdung 191
– ~keit 187–207
Narrativ 44, 202, 205, 243, 267
Negatives
– Einwirkung des ~n 83
– Werk des ~n 92
Netzwerk
– affektives ~ 136, 139, 147
– präsentatives ~ 141
Neurobiologie 213f., 219, 263
nicht-psychisch 39
nicht-sinnlich 34f., 40, 42, 44, 47, 49, 74f.

Objekt, inneres 47, 62, 123, 141, 172, 174
Objektbeziehung 26, 62, 102, 174, 231
– innere ~ 174
– ~stheorie 102, 231
Ödipuskomplex 98, 182
omnipotent 86, 90, 171, 177
Omnipotenz 65, 174
Operationalisierte Psychodynamische Diagnostik (OPD) 229, 241ff., 254

Perversion 64, 177
Pflegefamilie 188, 195ff.
Phantasie, unbewusste 39, 98, 107, 124, 151, 162, 166, 171, 210
Philosophie 124, 136, 215, 226
Piktogramm 99, 140, 151
– affektives ~ 140, 151
– visuelles ~ 99
Prä-Post-Messung 257
Projektion 69, 137, 140, 172
Proto-Emotion 99

Proto-Sensation 99
Prozess
– analytischer ~ 98f., 155, 157, 159, 162
– kreativer ~ 95, 102, 105, 143
– therapeutischer ~ 102, 231f.
PS-D-Oszillation 42
Pseudodeutung 170
Psychose 27, 41, 46, 63

Realität
– innere ~ 90, 176, 211
– letzte ~ 65
– ~sskala 41
Reflexive Funktion (RF) 103, 231, 242, 254f.
– Konzept des ~ierens 231, 242
Register
– kognitives ~ 104
– symbolisches ~ 104
Regression 77, 112, 128, 232, 257
regressiv 86, 112, 212f.
Reinszenierung 69
Rekonstruktion 98, 139, 158, 164, 166, 171, 175
relational 25, 30, 74, 162, 165, 180, 214
Reliabilität 240ff.
Repräsentation
– mentale ~ 123, 125, 129
– symbolische ~ 127f., 132
Revolution, epistemologische 95

Sadomasochismus 64
Selbstpsychologie 161, 231
Sensibilität, ästhetische 96, 107
Setting 46, 83–94, 116, 118, 127, 230, 233
– Konstanz des ~s 84
Shoah 187, 189f., 201f., 206f.
Skalen psychologischer Fähigkeiten 229, 231, 241, 243, 254
Sosein siehe Suchness
Spaltung 49, 89, 128, 145, 217
Spielen 77, 95f., 99ff., 116ff., 126f., 144f., 160f., 174, 191, 202, 204, 218, 249
Sprache des Vollbringens 43, 45, 48, 58, 69f.
Squiggel 101
Störung, somatoforme 240f., 248
Struktur, psychische 230f., 237, 241ff., 256
Strukturmodell 231
Suchness 126, 138, 143

Supervision 76, 213, 216, 220, 267
Supervisor 216, 220, 225, 264f., 267
Symbol 123–154
– Prozess der ~bildung 123f.
– ~isierung 100, 125f., 128, 134, 138, 144, 268
Symbolismus 123–154
– diskursiver ~ 125f., 141, 148
– präsentativer ~ 125f., 131, 137, 140, 150

Tatsache
– ausgewählte ~ 39, 42, 59
– rohe ~ 59f.
Terrorzustand, sub-thalamischer 28
Therapieerfolg, Erfassen des ~s 244
Todestrieb 91, 176
Transformation 27ff., 32f., 36, 38ff., 44, 50, 53, 57, 59ff., 65, 73ff., 85, 89, 99f., 106, 118, 124, 129f., 135f., 138f., 232f., 236f., 256
– ~ in K [T(K)] 28, 32, 40ff., 45ff., 50, 67, 75, 77
– ~ in O [T(O)] 28, 40ff., 45f., 48ff., 57, 67, 75ff.
– ~ in Wissen siehe Transformation in K
– projektive ~ 63
– semiotische ~ 135, 139
– starre ~ 62
– symbolische ~ 100, 124, 136
– ~sprozess 85, 256
transformieren 75, 93, 97, 117, 127, 138, 140f., 150f., 254
Trauerarbeit 200, 204
Traum 43f., 46ff., 66ff., 77, 86, 98, 103, 109ff., 116f., 127ff., 136, 138, 140, 145ff., 149, 151, 267
– Tag~ 103, 112, 115f., 121
– ~material 49, 61
– Wach~gedanke 29
Trauma 83f., 89, 92f., 98, 128, 139, 161, 187–207, 263, 265
Traumatisierung, sequenzielle 189
Trennung, traumatische 194
Trennungserfahrung 193, 196, 198, 205
Trieb
– ~impuls 91f.
– ~modell 99
– ungebundener ~ 92
Turbulenz, emotional 28

Über-Ich 65, 91 , 231, 241
Übergangsraum 104
Überlebenden-Syndrom 190
Übertragung 44, 47ff., 62, 68, *83–94*, 98,
   156, 160ff., 166f., 175ff., 213, 231f., 246, 254,
   257f., 264
 – Arbeiten in der ~ 156
 – Gegen~ 47, 62, 68, 75, 83, 89ff., 93, 104,
   127, 143f., 156, 167, 171, 174, 213, 244
 – Gegen~sreaktion 174, 213, 244
 – ~s-Gegenübertragungs-Dynamik 47,
   68
 – ~sbesetzung 88
 – ~sdeutung 162, 246
 – ~skonzept 160f.
 – ~sneurose 86, 89ff., 98
 – unbewusste ~ 149
Unendliches 65
Unendlichkeit 40f., 43
 – ~s-Endlichkeits-Vektor 41
Unerkennbares 65
Universität 187, 205, *209–227*, 244, 263ff.
Unmittelbarkeit 84, *155–184*
 – ~ der Wahrheit 156
 – unbewusste ~ 159f., 162

Validität 32, 35f., 240
Veränderung
 – strukturelle ~ *229–260*
 – Theorie der ~ 168
 – zweigleisiges Modell psychischer ~ 37,
   54, 70
Verdrängung 98, 176
Verleugnung 86, 128, 135, 144, 176, 203f., 224

Wahrheit, unbewusste (psychische) *155–184*
Wahrheitsbegriff, der analytische 159
Wechsler-Intelligenztest 240
Widerstand 157f., 163, 213, 215
 – Umgehung des ~s 157
Wiedergutmachung, Wunsch nach 149
Wiederholungszwang 177
Wirksamkeit, psychische 192

Zäsur 28f., 42f., 46ff., 54, 68
 – Übergänge durch die ~ 47, 68
Zeigarnik-Effekt 134

Zeitlichkeit, psychische 205
Zentrum, psychoanalytisches 219, 222
Zone
 – ~ der Unendlichkeit 43
 – ~ des Pränatalen 41
 – differenzierte ~ 40
 – halluzinatorische ~ 74, 77
 – pränatale ~ 74
 – undifferenzierte ~ 43
Zweiter Weltkrieg 187, 191, 247, 263

Namenregister

Anzieu, Didier   43
Association for Psychoanalytic Medicine   221

Basile, Roberto   99, 103
Bell, Vanessa   95, 97ff., 120
Beutel, Manfred E.   229–260, 263
Bion, Wilfred R.   25–36, 37–51, 53–72, 73–79, 95, 99f., 129ff., 135, 137, 140, 142, 150, 214, 266
Birksted-Breen, Dana   165
Blass, Rachel B.   25–36, 155–184, 263
Bléandonu, Gerard   27, 55
Blum, Harold   46, 67, 134, 164
Boston Change Process Study Group   232, 258
Botella, César   127, 137, 193
Botella, Sara   127, 137, 193
Bott Spillius, Elizabeth   165
Bowlby, John   210
Brancusi, Constantin   111
Brenman Pick, Irma   165
Britton, Ronald S.   74, 149, 165, 172
Busch, Fred   163, 173

Cassirer, Ernst   124f., 127f., 136
Center for Psychoanalytic Training and Research   221
Cierpka, Manfred   231, 241
Collingwood, Robin George   142
Columbia Psychoanalytic Institute   221
Columbia University   221, 264
Croce, Benedetto   142

da Rocha Barros, Elisabeth Lima   123–154, 265
da Rocha Barros, Ellias Mallet   123–154, 265
da Vinci, Leonardo   41
de Bianchedi, Elizabeth Tabak   25, 27ff.
de Cortinas, Pistiner   126, 128
de Mijolla, Alain   89
Derrida, Jacques   98
Dewey, John   126
di Pietro, Lorenzo   115

Eigen, Michael   25, 27
Emory University   222
Euklid   39
Europäische Psychoanalytische Vereinigung (EPF)   78

Feldman, Marion   189ff.
Feldman, Michael   165ff., 173
Ferenczi, Sándor   160f.
Ferro, Antonino   25, 27, 29f., 36, 74, 99, 102f., 137, 164
Fohn, Adeline   187–207, 263
Fonagy, Peter   231, 234, 242f., 255
Freedman, Norbert   125f., 128, 131, 134, 144
Freud, Sigmund   27f., 30, 39, 89, 93, 97f., 137f., 155ff., 164, 167, 180, 191f., 239, 263f., 267

Garfield, David S.   229–260, 264
Gedo, John   162
Gill, Merton M.   162
Gray, Paul   162

Green, André 85, 87, 90ff., 141, 189, 191, 203
Grotstein, James 25, 28, 38, 41, 74

Hargreaves, Edith 167
Heenen-Wolff, Susann 187–207, 264
Hinshelwood, Robert D. 166f., 176
Hoffmann, Irwin 161, 165
Hume, David 39

International Psychoanalytic Association
 (IPA) 78, 209, 264
Isaacs, Susan 98

Joseph, Betty 101, 129, 155–184, 264

Kant, Immanuel 40, 42, 44
Kaplan, Suzanne 191, 201, 233
Keats, John 58, 75
Keilson, Hans 188f., 191
Kernberg, Otto F. 162, 165, 209–227, 264
Kestenberg, Judith 188f., 191, 201
Khair Badawi, Marie-Thérèse 83–94, 264
Klein, Melanie 26f., 30f., 38f., 62, 76, 95, 98,
 101, 116, 129, 149, 155ff., 159, 164f., 167, 171,
 194, 214, 263

Lagache, Daniel 134
Lane, Richard D. 229–260, 265
Langer, Susanne K. 124ff., 129f., 136, 138, 150f.
Laplanche, Jean 134, 192, 198, 203
Leuzinger-Bohleber, Marianne 231
Lichtenberg, Joseph 232

Matte-Blanco, Ignacio 34, 77
McEwan, Ian 119
Meltzer, Donald 27, 129f., 139
Michelangelo 41
Milner, Marion 102ff.
Molinari, Elena 95–121, 265
Mondrian, Piet 96

New York University Medical School 222f.
New York University Psychoanalytic Institute 222
Neyraut, Michel 86
Nietzsche, Friedrich 65

O'Shaughnessy, Edna 27ff., 74, 165
Ogden, Thomas 25, 74, 102, 116, 127, 129, 137f.
Oliner, Marion 190, 192

Peirce, Charles 126, 138
Piaget, Jean 229, 233ff.
Platon 40, 44
Poincaré, Henri 59f., 62, 73
Pontalis, Jean-Bertrand 203
Psychoanalytic Society of the Columbia Psychoanalytic Community 221
Psychoanalytische Vereinigung von Buenos
 Aires (APDEBA) 223

Rank, Otto 160f.
Ricœur, Paul 191
Rosenfeld, Herbert A. 27
Russell, Jared 125, 128, 131, 134, 144

Salomonsson, Björn 130, 135f.
Schafer, Roy 164f., 167
Schwartz, Gary E. 232ff., 238, 255
Segal, Hanna 27, 126, 155ff., 166f., 171, 176ff.
Shakespeare, William 41, 63
Smith, Henry 161f., 164, 168
Steiner, Riccardo 126, 150, 165
Stern, Daniel 102, 189, 232, 255
Strachey, James 159, 161, 176
Subic-Wrana, Claudia 229–260, 265
Sullivan, Harry 162
Symington, Joan 25, 27
Symington, Neville 25, 27

Target, Mary 231, 242
Taylor, David 31ff., 36, 53–72, 73–79, 266
Thomä, Helmut 210, 219
Tisseron, Serge 111, 118
Tustin, Frances 38

Varchevker, Arturo 167
Vermote, Rudi 25–36, 37–51, 53–72, 73–79, 266

Wallerstein, Robert 165, 209, 219, 221, 230f.,
 237, 241
Winnicott, Donald W. 25, 48, 87, 89f., 101f.,
 116, 196f.
Woolf, Virginia 95f., 99, 117

Psychosozial-Verlag

Antonino Ferro
Psychoanalyse als Erzählkunst und Therapieform

Antonino Ferro
Das bipersonale Feld

2009 · 224 Seiten · Broschur
ISBN 978-3-89806-795-9

2003 · 298 Seiten · Broschur
ISBN 978-3-89806-220-6

Der Autor betrachtet die Psychoanalyse aus zwei Blickwinkeln: als eine Form der Literatur, also als eine Reihe von Erzählungen, die zwischen Patient und Analytiker entstanden sind, und als eine Therapie oder auch Kur von seelischem Leid. Das Buch ergründet den Zusammenhang von Narrationen und Deutungen innerhalb der analytischen Sitzung sowie den Begriff des Charakters, wie er in der Literatur und in diversen psychoanalytischen Modellen gebraucht wird. Ein zentraler Teil ist den Möglichkeiten gewidmet, Sexualität zu verstehen – und Sexualität als Zugang zu den Funktionsweisen des Geistes zu begreifen. Ebenso wird ein Thema wieder aufgenommen, das Ferro besonders am Herzen liegt: die Kinderpsychoanalyse.

Antonino Ferro entwickelt ein neues konzeptuelles System zur Analyse des »bipersonalen Feldes«, auf das sich sein Deutungsansatz richtet. Während sich die Analyse in der Tradition Freuds auf die bewussten und unbewussten Auswirkungen der Biografie und der äußeren Beziehungen des Patienten konzentrierte und der kleinianische Ansatz auf dessen innere Welt der unbewussten Fantasien, rücken bei Ferro Interpersonalität und Intersubjektivität ins Zentrum der Behandlung. Der Autor beschreibt eine narratologische Theorie der Psychoanalyse, nach der an die Stelle der durch »starke« Deutungen des Analytikers gesetzten Zäsuren gemeinsame, von Patient und Analytiker konstruierte Narrationen treten – die Dechiffrierung von Bedeutungen wird ersetzt durch die Konstruktion neuer Bedeutungen.

Psychosozial-Verlag

Jean Laplanche
Neue Grundlagen für die Psychoanalyse
Die Urverführung

Jean Laplanche
Die unvollendete kopernikanische Revolution in der Psychoanalyse

2011 · 200 Seiten · Broschur
ISBN 978-3-8379-2006-2

2005 · 221 Seiten · Broschur
ISBN 978-3-89806-460-6

Mehr als 20 Jahre nach der Erstpublikation liegen die *Neuen Grundlagen für die Psychoanalyse* von Jean Laplanche nun erstmals in deutscher Übersetzung vor. Der profunde Kenner des Freud'schen Werkes setzt sich darin kritisch mit den Ursprüngen der Psychoanalyse bei Freud und seinen Nachfolgern auseinander. Er entwickelt einen weitreichenden Vorschlag für eine Neubegründung der Psychoanalyse. Das Buch bildet einen zentralen Moment im Schaffen des Autors und eröffnet den Weg zur »Allgemeinen Verführungstheorie«. Es ermöglicht, die Entstehung des Unbewussten, die Natur des Triebes, aber auch das Wesen der psychoanalytischen Praxis neu zu begreifen, und stellt insofern einen Meilenstein für eine metapsychologische Neubestimmung der Psychoanalyse dar.

Die in diesem Band enthaltenen Aufsätze aus den Jahren 1989 bis 1992 sind nach wie vor aktuell und zeigen, dass der Gegensatz zwischen einer »kopernikanischen« Tendenz, die den Menschen sich selbst gegenüber dezentriert, und einer »ptolemäischen« Tendenz, die ihn unaufhörlich auf sein Ich rezentriert, in der Psychoanalyse und auch im Denken Freuds gegenwärtig bleibt. Zu behaupten, dass der Mensch ursprünglich um den Anderen »kreist« und dass er sich von Kindheit an von einer radikalen Andersheit aus bildet, ist eine Revolution, die es fortzusetzen gilt – von Freud aus und über ihn hinaus.

Walltorstr. 10 · 35390 Gießen · Tel. 0641-96 99 78-18 · Fax 0641-96 99 78-19
bestellung@psychosozial-verlag.de · www.psychosozial-verlag.de

Psychosozial-Verlag

Yolanda Gampel
Kinder der Shoah
Die transgenerationelle Weitergabe seelischer Zerstörung

Katharina Rothe
Das (Nicht-)Sprechen über die Judenvernichtung

2009 · 159 Seiten · Broschur
ISBN 978-3-89806-763-8

2009 · 302 Seiten · Broschur
ISBN 978-3-89806-896-3

Für viele ist die Katastrophe der Shoah eine Vergangenheit, die endgültig Geschichte geworden ist. Da scheinbar nichts mehr auf das Geschehen hinweist, will man endlich einen Schlussstrich ziehen und zur Tagesordnung übergehen. Dabei prägt die Extremform gesellschaftlicher Gewalt, der Krieg, weiterhin das Leben. Gerade die Shoah, deren Auswirkungen virulent bleiben, hat das Verständnis von Geschichte ausgehebelt. »Radioaktiven Rückständen« gleich verbreitet sich ihre diffuse Schadwirkung über Zeit und Raum, in Gegenwart und Vergangenheit. Durch die Shoah ausgelöste Traumata bleiben nicht nur in Psyche und Körper der Überlebenden präsent, sie können auch an die nachfolgenden Generationen weitergegeben werden.

Die Autorin erhebt mit den Methoden einer psychoanalytisch orientierten Sozialforschung themenzentrierte Gruppendiskussionen und Einzelinterviews in drei Generationen und wertet diese psychoanalytisch orientiert aus. Hintergrund des Forschungsprojekts ist die Deportation der Jüdinnen und Juden aus einer nordhessischen Stadt in das Ghetto bzw. Vernichtungslager von Minsk im Jahre 1941. Die Bedeutung des Sprechens bzw. Nicht-Sprechens über diese Deportation ist ein Schwerpunkt der Analyse. Die psychoanalytische Erkenntnismethode und Theorie ermöglichen eine Herausarbeitung sowohl aktueller und kollektiver unbewusster Verstrickungen in Bezug auf die Shoah und deren Folgen als auch unbewusster Phantasmen, die im Nationalsozialismus selbst virulent waren.

Psychosozial-Verlag

Wolfgang Wiedemann
Wilfred Bion
Biografie, Theorie und klinische Praxis des »Mystikers der Psychoanalyse«

2007 · 343 Seiten · Broschur
ISBN 978-3-89806-734-8

Das Buch gibt erstmals in deutscher Sprache eine Einführung in das Lebenswerk von Wilfred Bion, dem englischen Psychoanalytiker, der Sigmund Freuds und Melanie Kleins Werk in seiner unnachahmlichen Originalität weitergeführt hat. Überraschend ist auch seine Neubewertung von »psychotischen« Mechanismen als Grundlage von Denken, Sprache und Kommunikation. Die Zusammenschau von Biografie, klinischem Material und Theorie, verständlich dargestellt, ergibt ein lebendiges Bild von Bions Leben und Wirken und eröffnet neue Aspekte im Dialog zwischen Psychoanalyse und Religion.

Edith Seifert
Seele – Subjekt – Körper
Freud mit Lacan in Zeiten der Neurowissenschaft

2008 · 326 Seiten · Broschur
ISBN 978-3-89806-746-1

Die Entdeckungen der Neurowissenschaft hätten die Positionen der Psychoanalyse zu Seele und Körper entwertet, diese sei nunmehr veraltet – so eine derzeit gängige Rede. Edith Seifert sieht das anders. Sie analysiert neurowissenschaftliche Aussagen zu den Phänomenen von Wahrnehmung, Sprache, Selbstbewusstsein, Ich und Subjektivität und setzt dem eine von Lacan inspirierte Lektüre der Freud'schen Schriften entgegen – und kommt zu dem Schluss, dass alle Versuche, die Psychoanalyse neurowissenschaftlich »aufzurüsten«, bestenfalls auf einem Selbstmissverständnis beruhen. Die Psychoanalyse hat eine andere, eine eigenständige Auffassung vom Psychischen, die in dieser Auseinandersetzung freilich neue Schärfe gewinnt.

Walltorstr. 10 · 35390 Gießen · Tel. 0641-969978-18 · Fax 0641-969978-19
bestellung@psychosozial-verlag.de · www.psychosozial-verlag.de